新编21世纪远程教育精品教材

• 经济与管理系列 •

管理学原理

主　编　安

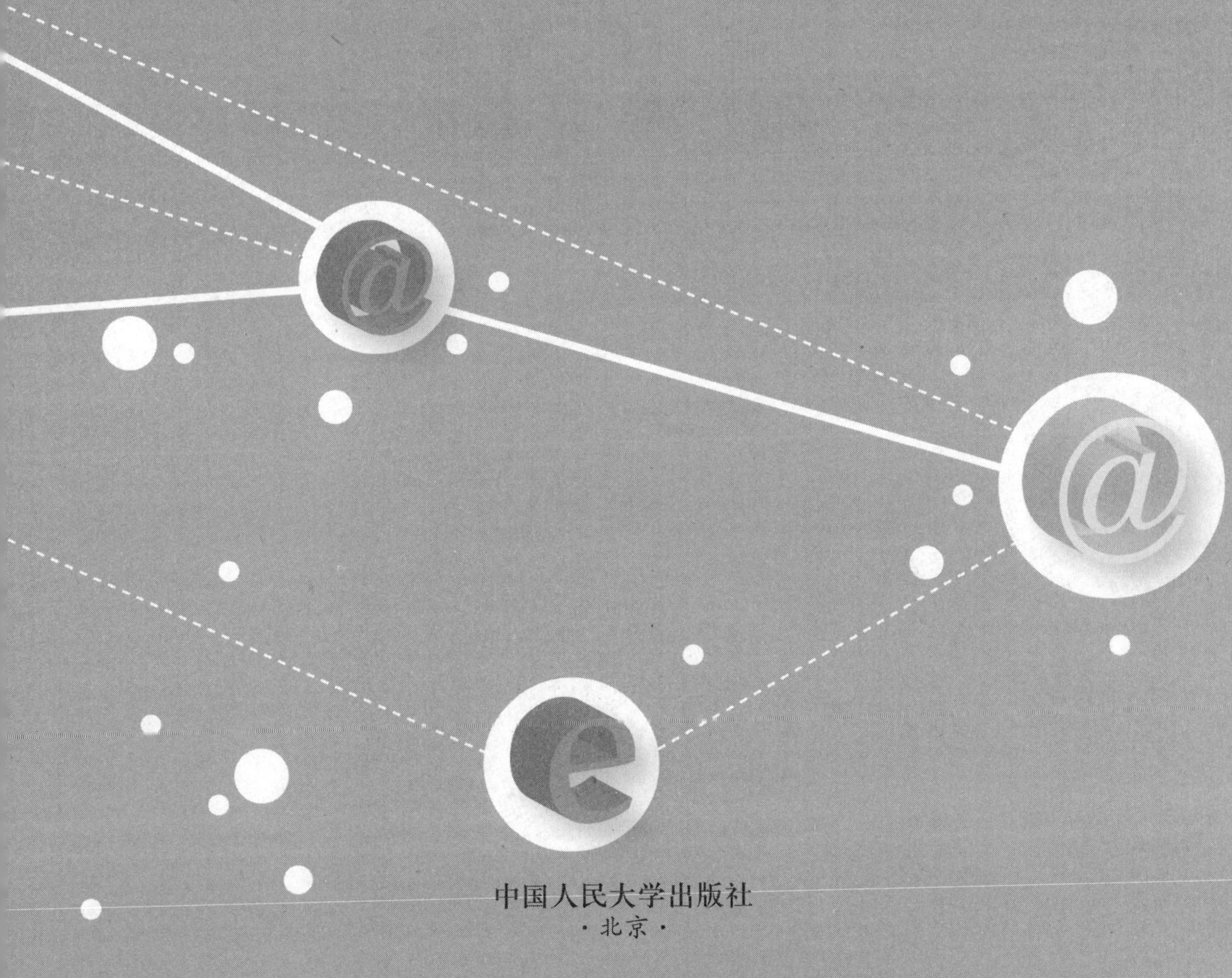

中国人民大学出版社

·北京·

作 者 简 介

安维，现任教于中国人民大学继续教育学院。主要研究方向：管理学、企业制度与公司治理、企业组织设计、企业流程再造等。主要讲授课程：管理学原理、现代企业管理、国际企业管理、薪酬管理等。多年来涉足企业咨询与培训，涉及战略、生产组织、薪酬设计等内容。已出版《管理学基础》《现代企业管理》《国际企业管理》等教材多部，并发表多篇学术论文。

内 容 简 介

本教材系统介绍了管理学的基本理论和方法。教材结构设计和内容安排力求理论与实际相结合，注重实用性和可操作性。一方面，教材介绍了管理学知识的完整框架及管理领域的新情况、新方法、新经验，另一方面，教材各章节穿插了大量案例思考，有利于提高学习者的兴趣，锻炼人们分析和解决实际问题的能力，达到学以致用的目的。

本书可作为成人教育院校经济与管理类有关专业本、专科的教材，也可供各类管理人员在职培训和自学使用。

总 序

我们正处在教育史尤其是高等教育史上的一个重大的转型期。在全球范围内，包括在我们中华大地，以校园课堂面授为特征的工业化社会的近代学校教育体制，正在向基于校园课堂面授的学校教育与基于信息通信技术的远程教育相互补充、相互整合的现代终身教育体制发展。一次性学校教育的理念已经被持续性终身学习的理念所替代。在高等教育领域，从1088年欧洲创立波洛尼亚（Bologna）大学以来，21世纪以前的各国高等教育基本是沿着精英教育的路线发展的，这也包括自19世纪末创办京师大学堂以来我国高等教育短短一百多年的发展史。然而，自20世纪下半叶起，尤其在迈进21世纪时，以多媒体计算机和互联网为主要标志的电子信息通信技术正在引发教育界的一场深刻的革命。高等教育正在从精英教育走向大众化、普及化教育，学校教育体系正在向终身教育体系和学习型社会转变。在我国，党的十六大明确了全面建设小康社会的目标之一就是构建学习型社会，即要构建由国民教育体系和终身教育体系共同组成的有中国特色的现代教育体系。

教育史上的这次革命性转型绝不仅仅是科学技术进步推动的。诚然，以电子信息通信技术为主要代表的现代科学技术的进步，为实现从校园课堂面授向开放远程学习、从近代学校教育体制向现代终身教育体制和学习型社会的转型提供了物质技术基础。但是，教育形态演变的深层次原因在于人类社会经济发展和社会生活变革的需求。在新世纪，人类社会开始进入基于知识经济的信息社会。知识创新与传播及应用、人力资源开发与人才培养已经成为各国提高经济实力、综合国力和国际竞争力的关键和基础。而这些是仅仅依靠传统学校校园面授教育体制所无法满足的。此外，国际社会面临的能源、环境与生态危机，气候异常，数字鸿沟与文明冲突，对物种多样性与文化多样性的威胁等多重全球挑战，也只有依靠世界各国进一步深化教育改革与创新，促进人与自然的和谐发展才能得到解决。正因为如此，我国党和政府提出了“科教兴国”“可持续发展”“西部大开发”“缩小数字鸿沟”以及“人与自然和谐发展”的“科学发展观”等基本国策。其中，对教育作为经济建设的重要战略地位和基础性、全局性、前瞻性产业的确认，对高等教育对于知识创新与传播及应用、人力资源开发与人才培养的重大意义的关注，以及对发展现代教育技术、现代远程教育和教育信息化并进而推动国民教育体系现代化，构建终身教育体系和学习型社会的决策更得到了教育界和全社会的共识。

在上述教育转型与变革时期，中国人民大学一直走在我国大学的前列。中国人民大学是一所以人文、社会科学和经济管理为主，兼有信息科学、环境科学等的综合性、研究型大学。长期以来，中国人民大学充分利用自身的教育资源优势，在办好全日制高等教育的同时，一直积极开展远程教育和继续教育。中国人民大学在我国首创函授高等教育。1952年，校长吴玉章和成仿吾创办函授教育的报告得到了刘少奇的批复，并于1953年率先招生授课，为新建的共和国培养了一大批急需的专门人才。在20世纪90年代末，中国人民大学成立了网络教育学院，成为我国首批现代远程教育试点高校之一。经过短短几年的探索和发展，中国人民大学网络教育学院创建的“网上人大”品牌，被远程教育界、媒体和社会誉为网络远程教育的“人大模式”，即面向在职成人，利用网络学习资源和虚拟学习社区，支持分布式学习和协作学习的现代远程教育模式。成立于1955年的中国人民大学出版社是新中国建立后最早成立的大学出版社之一，是教育部指定的全国高等学校文科教材出版中心。在过去的几年中，中国人民大学出版社与中国人民大学网络教育学院合作创作、设计、出版了国内第一套极富特色的“21世纪远程教育精品教材”。这些凝聚了中国人民大学、北京大学、北京师范大学等北京知名高校学者教授、教育技术专家、软件工程师、教学设计师和编辑们广博才智的精品课程系列教材，以印刷版、光盘版和网络版立体化教材的范式探索构建全新的远程学习优质教育资源，实现先进的教育教学理念与现代信息通信技术的有效结合。这些教材已经被国内其他高校和众多网络教育学院所选用。中国人民大学出版社基于“出教材学术精品，育人文社科英才”理念的努力探索及其初步成果已经得到了我国远程教育界的广泛认同，是值得肯定的。

2005年4月，我被邀请出席《中国远程教育》杂志与中国人民大学出版社联合主办的“远程教育教材的共建共享与一体化设计开发”研讨会并做主旨发言，会后受中国人民大学出版社的委托为“新编21世纪远程教育精品教材”撰写“总序”，这是我的荣幸。近几年来，我一直关注包括中国人民大学网络教育学院在内的我国高校现代远程教育试点工程。这次更有机会全面了解和近距离接触中国人民大学出版社推出的“新编21世纪远程教育精品教材”及其编创人员。我想将我在上述研讨会上发言的主旨做进一步的发挥，并概括为若干原则作为我对包括中国人民大学出版社、中国人民大学网络教育学院在内的我国网络远程教育优质教育资源建设的期待和展望：

● 新编21世纪远程教育精品教材的教学内容要更加适应大众化高等教育面对在职成人、定位在应用型人才培养上的需要。

● 新编21世纪远程教育精品教材的教学设计要更加适应地域分散、特征多样的远程学生自主学习的需要，培养适应学习型社会的终身学习者。

● 在我国网络教学环境渐趋完善之前，印刷教材及其配套教学光盘依然是远程教材的主体，是多种媒体教材的基础和纽带，其教学设计应该给予充分的重视。要在印刷教材的显要部位对课程教学目标和要求做明确、具体、可操作的陈述，要清晰地指导远程学生如何利用多种媒体教材进行自主学习和协作学习。

● 应组织相关人员对多种媒体的远程教材进行一体化设计和开发，要注重发挥多种媒体教材各自独特的教学功能，实现优势互补。要特别注重对学生学习活动、教学交互、学习评价及其反馈的设计和实现。

● 要将对多种媒体远程教材的创作纳入对整个远程教育课程教学系统的一体化设计和开发中，以便使优质的教材资源在优化的教学系统、平台和环境中，在有效的教学模式、学习策略和学习自助服务的支撑下获得最佳的学习成效。

● 要充分发挥现代远程教育工程试点高校各自的学科资源优势，积极探索网络远程教育优质教材资源共建共享的机制和途径。

中华人民共和国教育部远程教育专家顾问
丁兴富

前　言

人类懂得管理的作用，掌握管理的本领，可以说由来已久。人类社会自从开始群居狩猎时起，就知道“合群”的作用，即组织的作用。“合群”的目的无非是集结个人的力量，以发挥集体的更大的作用。有组织就需要合作、协作或协调，这样管理就应运而生了。管理是伴随着组织的出现而产生的，是协作劳动的必然产物。

管理作为现代社会的一种普遍现象，广泛适用于社会的一切领域。小到家庭、企业、学校、医院，大到一个国家，都需要管理。管理作为有助于实现目标的有效手段，无时不在，无处不在，人人都在以各种方式参与着管理、接触着管理。社会上的管理活动虽然十分繁杂，性质多样，涉及的领域广阔，但是这些表面复杂多样的管理活动之间存在着内在的必然性，即本质规律，这是社会各个领域管理的共性问题。管理学就是一门系统地研究各种管理活动的普遍规律、基本原理和一般方法的科学。它的研究的目的就在于寻找客观规律，总结管理的一般原理和方法用于指导人们的管理实践。

随着社会的进步和经济的发展，管理所起的作用也会越来越大。为了促进组织的不断发展，我们应该重视管理，学习管理，研究管理。这也是学习这门课的主要目的。

这本教材就是为了适应人们学习管理的要求，为培养各类组织的管理人才，提高各类组织的管理水平的需要而编写的。通过本课程的学习，力求使人们能够系统地掌握管理学的基本原理，能够综合运用管理学的基本理论和方法，认识、分析和解决现实中的管理问题，锻炼和提高人们解决实际问题的能力。

本书共分 12 章，从两个方面涵盖了管理学的基本知识框架，全面系统地介绍了管理学的基本理论、基本思想和基本方法。一是管理学的原理篇，包括 1～3 章，主要介绍了什么是管理、什么是管理者以及管理学的基本特性，并系统阐述了管理思想的历史发展脉络以及现代管理思想的创新发展；二是管理学的职能篇，包括 4～12 章，围绕管理工作的四项基本职能，介绍了管理中的计划工作、组织工作、领导工作和控制工作的基本原理和方法。

本书结构设计、内容安排以及材料选择，都力求理论与实际的结合，注重实用性和可操作性。一方面注意了管理学整体知识框架的完整性，密切联系国内外管理理论和实践中出现的新情况、新方法、新经验；另一方面，在书中随着各个管理学知识点的展开，穿插了大量的以人们在日常工作、学习和生活中经常可见的管理现象为主的案例思考，有利于提高学习者的学习兴趣，加深对相关管理知识的理解，更重要的是有利于锻炼人们运用管理学的基本原理、方法和技能，分析和解决实际问题的能力，达到学以致用的目的。

本课程是高等教育中经济与管理类诸多专业的一门主干基础课程，在经济与管理系列课程中具有总论的性质。本书既可以作为普通高等院校和成人教育院校经济与管理类有关专业本、专科的教材，也可供实际管理人员在职培训和自学使用。

在本书编写过程中，作者参考和引用了国内外有关管理学研究的部分成果和文献，其中的主要书目附于书后。中国人民大学出版社也为此书的编辑出版做了大量的组织工作，在此，向他们一并表示衷心的谢意！由于水平有限和时间紧迫，书中难免有不妥之处，望读者批评指正。

安　维

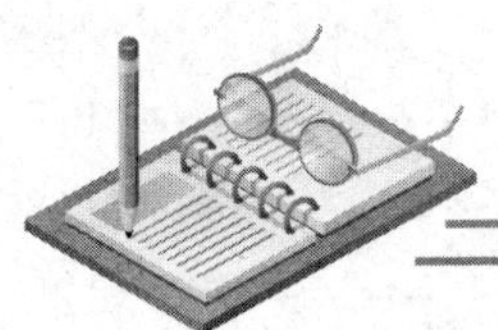

目　录

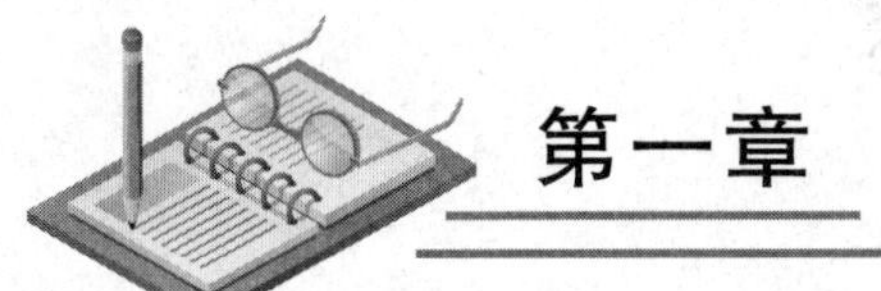

第一章

管理与管理者

本章要点提示

- 管理及其本质特征、管理目标
- 管理系统要素、管理职能与管理方法
- 管理者职责、管理者角色、管理者技能
- 管理学的研究对象与特性

引 例

美国国际商业机器公司的创办人托马斯曾经讲过这样一个故事，深入浅出地说明了管理的作用。有一个男孩子弄到一条长裤，穿上一试，裤子长了一些。他请奶奶帮忙把裤子剪短一点，可奶奶说，眼下的家务事太多，让他去找妈妈。而妈妈回答他，今天她已经同别人约好去玩桥牌。男孩子又去找姐姐，但是姐姐有约会，时间就要到了。这个男孩子非常失望，担心明天穿不上这条裤子，他就带着这种心情入睡了。奶奶忙完家务事，想起了孙子的裤子，就去把裤子剪短了一点；姐姐回来后心疼弟弟，又把裤子剪短了一点；妈妈回来后同样也把裤子剪短了一点。可以想象，第二天早上大家会发现这种没有管理的活动所造成的恶果。

上述例子可以看出，任何集体活动都需要管理。管理是人类共同劳动的产物。任何人类的活动都具有社会性，都需要分工和协调；任何个人为使自己的活动富有效率、能够与社会相协调，都需要合理统筹和安排；任何组织为了达到其团队目的、维持组织的存在，都需要整合资源和合力协作。这就是管理产生的基础和存在的意义。

第一节　管理概述

一、管理及其本质

什么是管理？人们对其有着各种各样的看法，所从事的管理对象也千差万别。管理有许多特殊的领域，例如行政管理、经济管理、企业管理、学校管理，这些领域都有专门的学科进行研究，如行政管理学、企业管理学、教育管理学等。即使一个组织内部也有着部门和过程的管理，如企业内部有着计划管理、生产管理、人力资源管理、营销管理、财务管理等。这些不同领域、不同部门乃至不同过程的管理存在着很多差异，但也有着许多共性的内容，如都有资源的有效组织与计划问题，都需要对人进行有效的领导和激励，都需要对活动过程进行有效控制等，这就是一般意义的管理。管理学所要研究的正是这种一般意义的管理。

（一）管理的含义

基于一般意义的管理的定义可表达为：管理，是在特定的环境下，通过计划、组织、领导、控制等环节来协调组织所拥有的资源，以期更好地达成组织目标的过程。管理的这一定义有其深刻的内容，表达了多方面的含义。

第一，管理活动过程有计划、组织、领导、控制等四项活动。这四项活动又被称为管理的四大基本职能。所谓职能，是指人、事物或机构应有的作用。任何一个组织的管理都离不开这四项基本职能，如每一个管理者，开展工作都要先制订有效的计划；为了实现计划目标则要对组织的各项资源进行有效的组织；为了促使组织成员积极性的发挥，要对员工进行有效激励；为防止计划出现偏差，要对计划实施过程进行控制等。

第二，管理基本职能作用于组织的各项资源。任何一个组织的发展都离不开人力、物力、财力和信息等资源。管理基本职能作用于组织的各项资源，在于使各项资源优化配置，同步、和谐。

第三，管理的目的在于实现组织目标。协调人力、物力和财力资源是为使整个组织活动取得成效，这也是管理活动的根本目的。管理是为实现组织目标服务的，是一个有意识、有目的地进行的过程。管理是任何组织都不可或缺的，但绝不是独立存在的。管理不具有自己的目标，不能为管理而进行管理，而只能使管理服务于组织目标的实现。

第四，环境是管理的约束条件。管理工作是在一定的环境条件下开展的，也就是说，管理须将组织看做一个开放的系统，它不断地与外部环境产生相互影响和作用。正视环境的存在，一方面，要求组织为创造优良的环境尽其“社会责任”；另一方面，管理的方法和技巧必须因环境条件的不同而变化，没有一种在任何情况下都能奏效的、通用的、万能的管理办法。审时度势、因势利导、灵活应变，对管理成功是至关重要的。

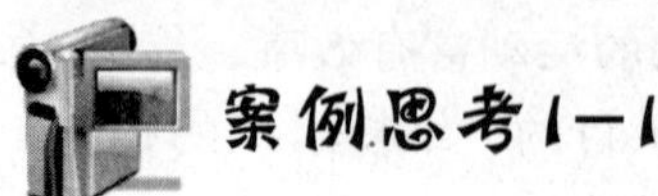

如何理解管理的含义

什么是管理？有这样几种说法：①管理就是为在集体中工作的人员谋划和保持一个能

使他们完成预定目标和任务的工作环境。②管理就是实行计划、组织、指挥、协调和控制。③管理就是决策。④管理就是通过其他人来完成工作。⑤管理是由一个或更多的人来协调他人活动，以便收到个人单独活动所不能收到的效果而进行的各种活动。

对于这些观点，下面哪一种判断更为科学？为什么？

A. ①的说法更为科学，很多管理学教材都遵循这种框架。

B. 这些说法本质上并没有什么差别，只是描述的角度不同而已。

C. ⑤的说法更科学，这反映出管理要追求增效效应的本质。

D. 这些说法都只是关注管理的某一局部问题，所以才有不同的解释。

(二) 管理的本质特征

对于管理的本质特征，人们有着各种不同的说法，如“管理就是领导”“管理就是决策”，这些观点都从不同的侧面阐述了管理的本质。但如何更全面地概括管理的本质特征则应从组织的特征入手。

人类社会自从开始群居狩猎时起，就知道“合群”的作用。作为一个群体可以共同抵御危险、征服自然。这种“合群”的目的无非是集结个人的力量，以发挥集体的更大的作用。“合群”实际上就是人类社会中普遍存在的“组织”现象。可以说，有人类就有组织。

所谓组织，是指由两个或两个以上的个人为了实现共同的目标组合而成的有机整体。组织是一群人的集合，组织的成员必须按照一定的方式相互合作，才能够形成一种整体的力量，才能完成单独一个人所不能完成的各项活动，实现组织的总体目标。组织需要合作、协作或协调，这样管理就应运而生了。管理是伴随着组织的出现而产生的，是协作劳动的必然产物。因此，我们说管理的本质特征就是协调。

协调就是使组织中的各个部门和成员、各种资源、各项活动之间有机结合，保持目标一致，同步和谐地开展活动。协调是管理活动所力图实现的根本要旨。管理者的任务，说到底就是协调组织的各种资源以及组织与环境的关系，以便更好地实现组织的目标。协调包括：组织内部各方面目标的协调；组织的人、财、物、信息的协调；组织与外部环境的协调；现时需要与未来需要之间的协调等。

管理的本质特征也就决定了管理工作的本质特征。正确认识这一特征，对于管理者认清自己的工作性质是非常重要的。

第一，管理工作不同于作业工作。为了完成其使命和目标，组织需要开展业务活动(通称作业工作)，如医院中的诊治、学校中的教学、企业中的生产等。组织是直接通过这些作业活动来达成组织目标的。而管理工作是独立进行、有别于作业工作又为作业工作提供服务的活动，如计划工作、组织工作、领导工作和控制工作。管理活动和作业活动并存于一个组织之中，才能保证组织目标的圆满实现。

第二，对管理工作与作业工作的概念区分，并不意味着这两类活动一定要由截然不同的两批人分别去做。事实上，组织中有不少管理人员也在做着一些各种各样的作业工作。如医院院长可能也从事诊治工作，学校校长可能也从事教学工作，企业总经理也可能参与业务谈判和签订合同等。

第三，管理者的本职工作是管理工作。现实中的管理者既要从事管理工作，也要从事作业工作，但绝对不能忘了其轻重。如果一位管理者把他的绝大部分时间和精力都用于从事作业工作而不是管理工作，那么，他要么忽视了自己的管理者身份，要么还不了解管理工作与作业工作的区别，这样，他也就不可能成为一个称职的管理者。

管理人员的工作，从本质上说，是通过他人并使他人同自己一起实现组织的目标。在通常情况下，管理人员并不亲自从事具体工作，而是委托他人去干。自己花大量的时间和精力进行计划安排、组织领导和检查控制其他人的工作。而且，管理者还要对这些人的工作好坏负最终责任。

案例思考1—2

对张经理该如何办？

某公司为了扭转销售不力的局面，提升销售能手张先生出任销售部经理。到了年末，销售部业绩虽然较上一年略有下降，但张经理一人完成的订单占部门完成任务总量的53%。在如何评价张经理工作方面，上级部门意见不一致。有人认为“能抓住耗子的猫就是好猫，张经理个人能力突出，公司应该根据其个人销售业绩，给予大力表彰”。还有人认为“产品的销售客观上依赖张经理的努力和能力。尽管并不欣赏他的风格，但还是赞同给他特别奖励”。另有人认为“对张经理的奖惩应该依据部门业绩，而不是个人销售业绩。销售部未能完成部门目标，所以必须对张经理予以严惩”。

对张经理该如何办？谈谈你的看法。

（三）管理的目标

严格地说，管理并不存在自己独立的目的或目标。管理是为服务于组织而存在的。不能为了管理而管理，而应该是为了实现组织的目标而进行管理。因此，管理的目标是与组织的目标联结在一起的。如果说管理有目标的话，管理的目标就是要促使组织有效地利用资源而达成组织的目标。具体地，可从如下两个角度来全面地衡量管理促进组织目标实现的情况。

第一，管理的目标在于实现组织的基本宗旨。宗旨是指组织的使命，它明确指出组织是干什么的和应该干什么，是对组织从事什么活动、达到什么目的和对社会起什么作用的具体描述。如中国乳业的知名企业蒙牛的企业宗旨是“对消费者：提供绿色乳品，传播健康理念；对客户：合作双赢，共同成长；对股东：高度负责，长效回报；对员工：学习培训，成就自我；对社会：注重环保，回馈大众”。明确的组织宗旨，明确了一个组织应该做什么，不应该做什么，以及在什么时候转向新的发展方向。管理的目标就在于使组织的各项活动遵循组织宗旨的要求。

第二，管理的目标在于实现组织的产出目标。目标是组织为完成其使命所要达到的预期结果，指明了组织具体的努力方向。一个组织要开展活动，必须具有人、财、物和信息资源。组织所获得的资源，构成了组织的“投入”。对资源的运用，就可以产生组织的成果。成果是组织活动过程的最终结果，通称为组织的“产出”。其具体表现可以是医院中治愈的病人，学校中培养出来的人才，制造业企业中生产的产品以及服务业企业中提供的各项服务等。

不同类型的组织，其成果的具体表现形式可能各不相同，但从一般的角度看，任何成果都可以从如下几个方面加以考察和衡量：一是表明组织能力成长和发展程度的发展性目标，如生产规模目标、人员素质目标、技术进步目标、管理现代化目标、提高市场竞争地位的目标等；二是表明组织获利程度的收益性目标，如投入产出目标、利润目标、劳动者收入目标等；三是表明组织资源利用程度的有效性目标，如劳动生产率目标、物耗水平目标、资金有效利用目标、资金利润率目标等；四是表明组织承担社会责任对社会做出贡献的社会性目标，如对社会公益事业的支持，提高组织的社会知名度等。

根据组织的性质不同，组织的目标可以有不同的表现形式。有一些组织以追求利润和资本保值增值为主要目标，这样的组织被称为营利性组织，如各种类型的企业组织；另一些组织则以满足社会利益和履行社会责任为主要目标，这样的组织被称为非营利性组织，如政府、学校、慈善机构等。

不论组织所要实现的终极目标有何差别，管理工作的使命基本上是一样的，即都要使组织以尽量可能少的资源而尽可能多地完成预期的目标。只有这样，才能称得上是有效的管理。

（四）管理的有效性

管理是否有效，直接的衡量结果是看组织的绩效。而组织的绩效高低，表现在效率和效果两大方面。

效率，是指投入与产出的比值。如企业经营中的设备利用率、工时利用率、劳动生产率、资金周转率以及单位产品成本等，这些是对企业效率的具体衡量。由于组织所拥有的资源通常是稀缺、有价的，所以管理者必须关心这些资源的有效利用。对于一定的资源投入，如果能获得更多的产出，就能获得较高的效率。类似地，对于较少的资源投入，要是能够获得同样的甚至更多的产出，也同样是提高效率的有效途径。

效果，是指组织实现的正确的活动目标，即一项活动要达到的目的。如企业效果的具体衡量指标有销售收入、利润额、销售利润率、产值利润率、成本利润率、顾客的满意度等。

效率和效果是两个有联系但并不相同的概念。效率涉及的只是活动的方式，它与资源的利用相关，因而只有高低之分而无好坏之别。效果则涉及活动的目标和结果，不仅具有高低之分，而且可以在好和坏两个方向上表现出明显的差距。

管理者仅仅关心组织活动的效率或仅仅关心组织活动的效果都是不够的。如一个企业的生产效率比较高，但如果所生产的产品没有销路，或者说不能满足顾客的需要，这样效率越高反而会导致有效性越差。因为此时产品生产得越多，库存积压也就越多，从而企业赔钱也越多。反之，产品适销对路，但生产效率低下，也同样无法取得好的效果。管理工作的完整任务必须是使组织在高效率的基础上实现正确的活动目标。

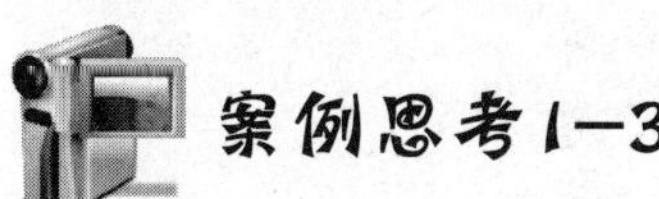

案例思考1-3

好事一定会有好结果吗？

某电信公司到了年底开展对消费者的回馈活动，规定凡是当年消费额度达到一定标准的用户可获得相应积分；积分达到一定标准，即可获得一定额度的充值卡；要求符合标准的用户在一定期限内到公司营业厅办理相关手续。通知发出后，用户积极响应，营业厅排起了长长的队伍，营业人员应接不暇，而充值卡的数量却准备不足，导致顾客多次往返。结果遭到了很多用户的抱怨。

请从管理有效性的角度对这一事件做出评价。

二、管理系统及其要素

管理系统，是指由相互联系、相互作用的若干要素或子系统，按照管理的整体功能和目标结合而成的有机整体。管理系统的构成要素主要有管理目标、管理主体、管理客体、管理方法、管理环境等要素。科学、有效的管理活动必须保证管理要素的完备，并将这些要素有机结合，与组织系统相适应。

（一）管理的目标

严格地说，管理并不存在自己独立的目的或目标。管理不过是组织中的一个“器官”，是为了服务于组织而存在的。不能为了管理而管理，而应该是为了实现组织的目标而进行管理。因此，管理的目标是与组织的目标联结在一起的。如果说管理有目标的话，管理的目标就是要促使组织有效地利用资源而达成组织的目标。在管理的不同阶段和不同领域上，管理有其阶段性目标、局部性目标，这些目标都是为管理的总体目标服务的。

（二）管理的主体

管理的主体是指在组织中承担管理职责的管理者。组织的管理者是管理活动的关键要素，管理主体的素质和能力，管理主体的价值观念和职业修养，对管理客体和管理过程的协调与控制有着至关重要的作用。随着社会经济的发展和管理的发展，管理的主体都有不断扩大和复杂化的趋势。现代管理所倡导的民主管理、参与管理、自我管理等，使更多的组织成员加入到管理的行列中，成为管理的主体。

（三）管理的客体

管理的客体是指管理者为实现管理目标，通过管理行为作用其上的对象。管理的对象可以从不同的角度加以观察。从管理者的职责看，管理的对象包括对工人和作业工作进行管理，对管理人员及其工作进行管理，对整个组织进行管理；从组织的构成要素看，管理的对象包括对人员、资金、物资资源、时间和信息的管理；从管理针对的组织活动过程看，管理对象是组织的各项职能活动，如企业中的计划活动、技术研发活动、生产活动、营销活动，学校中的教学活动、科研活动等。管理者正是在对各种活动进行筹划、组织、协调和控制的过程中，发挥着管理的功能。

管理的客体总的划分是人和物，其中，人的因素更为重要，所有管理要素都是以人为中心存在和发挥作用的。管理者要在人与人之间的互动关系中，通过科学的领导和有效的激励，最大限度地调动人的积极性，以保证目标的实现。管理人，是管理者最重要的职能。

（四）管理的方法

管理的方法是指管理中具体运作的方式与手段，主要有经济方法、法律方法、行政方法、社会学和心理学方法、定量方法等。不同的管理方法，各有长处和局限，各自有不同领域的优势，没有哪种方法是绝对适用于一切场合的，也没有哪种场合是只可以依靠一种方法的。因此，要善于灵活地选择多种方法，综合地、系统地运用各种管理方法，以求实现管理方法的整体功效。

（五）管理环境

现代组织是一个开放的系统，其不可避免要与环境发生各种各样的联系。组织的外部环境对组织的效果与效率有很大影响。组织的外部环境通常包含：行业；原材料供应；财政资源；产品市场；技术；经济形势；政治状况及国家法律、规章、条例；社会文化等。一般说来，组织内部的要素是可以控制的，组织的外部要素是部分可以控制（如产品市场等）和部分不可以控制的（如国家政策等）。

总之，管理进入知识化、系统化、网络化、一体化的时代，越来越多的要素成为组织管理的目标和对象，因而管理工作也越来越复杂。

案例思考 1—4

管理系统出了什么问题？

某公司在市场鸡蛋供应紧张时，积极拓展进货渠道，抓住机会扩大鲜蛋经营。该公司先后三次从外地调入鲜蛋 1 400 箱，每箱可赚取进销差价 40 元，而每只箱子的租金 30 元。一个月后，所有鸡蛋销完时，销售部门只收回箱子 200 个，其他蛋箱由于无人看管都已被附近的居民拿走。公司核算利润时，经理发现与预期收益相去甚远，责问财务部门。财务部门称有 1 200 只箱子，价值 36 000 元不知去向。经理询问进货部门，进货部门说是销售部门丢失了。经理责问销售部门，销售部门申辩说进货部门并未说明蛋箱是租借的。至此，企业应得的收益不翼而飞了。

请问：谁应当对此负责？从管理系统的角度看，该公司管理存在什么问题？

三、管理的基本职能

管理可以通过各种管理手段和方法达到组织的目标，管理者的管理活动也是丰富多彩的，尽管实现目标的手段和方式不同，管理的要求也不同，但若去掉管理的具体形式和做法，就可以发现管理者基本工作性质和特点是一致的，都共同遵循着一定的规律，这些管理者承担的本职工作称为管理职能。管理职能应包括计划、组织、领导和控制等基本职能。

（一）计划职能

计划职能是指为确定组织目标和实现目标的途径、方法、资源配置等进行的筹划和设计工作。管理的任何工作或行动，都需要进行必要的调查研究、未来预测、目标和方案的决策、具体行动计划的制订等过程。也就是说要解决两个基本问题：第一是干什么，第二是怎么干。计划职能的工作内容主要是：调查研究、预测分析、策划决策和拟订计划。

（1）调查研究，是在确定了一定目的的基础上，对组织活动所需的有关信息的收集、整理、分析和研究工作。调查研究的任务是为管理决策提供依据。

（2）预测分析，就是对组织活动的有关问题未来发展变化的趋势做出预见和估计。

（3）策划决策，在环境因素和前提条件清楚的基础上，要根据管理面临的问题，确定管理的目标和实现这一目标的途径。这是计划过程最关键的一步。它不仅决定组织目标的正确与否，而且关系到组织目标能否最终得以实现。

（4）拟订计划，管理决策形成后，要将目标和决策具体化、可操作化。要进一步制定各项实施细则，形成具体指标体系和可行的执行方案。

（二）组织职能

组织职能是指为了实现组织目标，明确规定组织人员应尽的职责及其相互的分工协作关系，合理配备和有效利用组织的资源，以保证组织目标能够顺利实现的一系列管理工作。组织职能的任务是把管理要素按照计划提出的目标和任务的要求结合成为一个整体，为计划的实现提供资源与组织的保证。组织职能主要包括组织设计、组织协调和组织变革等内容。

1. 组织设计

组织设计是以组织目标为中心，对组织的层次、部门、权力和责任进行分解、划分和分配，以及人员配置的过程。组织设计的结果是组织的层次结构、部门结构和权责关系的确立。

2. 组织协调

组织协调是对组织各部门之间以及成员之间的相互分工协作关系、权责关系的组织与协调，规范组织内部的各种关系，有效沟通和激励全体员工为实现目标而努力工作。

3. 组织变革

组织变革是根据组织内外部条件的变化对组织结构提出的要求，对组织结构做出相应调整或变革，促进组织活动的正常发展。使组织与竞争环境动态适应。

（三）领导职能

领导职能是管理者通过行使所拥有的权力，引导、影响和激励组织成员执行组织任务，以达到特定目标的行为过程。在管理中，领导是一种特殊的人与人交往的过程，领导工作的核心和重点是调动组织成员的积极性，带领和指导组织成员去实现共同的组织目标。

1. 指挥与引导

以各种有效的方式，安排和指导其下属人员的工作活动，调度和指挥组织的协作运营，使每一成员的行为符合组织目标的要求。

2. 沟通与协调

协调员工的关系和活动，使员工步调一致地朝着共同的目标前进。

3. 激励与鼓舞

掌握组织成员的行为规律和心理需求；运用灵活多样的激励手段和方法，激发和调动他们的自觉性、积极性和创造性；营造良好的工作环境和气氛，引导组织成员为共同的事业努力工作。

（四）控制职能

控制职能是指将各项工作实施的实际情况与预定的目标进行比较，发现问题，纠正偏差的管理活动。控制职能的任务是追踪和维护组织活动向着预定的目标进展，将不符合要求的活动拉回到正常的轨道上来。控制工作主要包括以下基本内容。

1. 确定控制标准

必须首先确定与计划统一的控制标准，作为共同遵守的衡量尺度。

2. 衡量成效

即将实际工作情况与预先确定的控制标准进行比较，以便找出组织目标和计划在实施中的问题。

3. 纠正偏差

通过差异分析，在查明问题原因的基础上，找出解决问题的办法，采取纠偏措施，使组织的各项活动回到预定的轨道上来。

上述四项管理职能是相互联系、相互制约的，其中计划是管理的首要职能，是组织、领导和控制职能的依据和目标；组织、领导和控制职能是有效管理的重要环节和必要手段，是计划及其目标得以实现的保障。只有统一协调管理的各个职能，充分发挥各项职能的功能作用，使之形成前后关联、连续一致的管理活动整体过程，才能保证管理工作的顺利进行和组织目标的圆满实现。

案例思考1—5

属于哪类管理职能？

大地公司为大宾馆、写字楼等提供各色盆景、景观植物，品种多达上千种。为了更牢固地占领市场，公司总经理要求公司外派业务员密切关注他们所负责的宾馆、写字楼的整体布局与风格调整、用户结构变化与否、大型商务活动计划等，为此还设计了专业的信息表，规定这些表多长时间必须填一次，填好后交给一个部门，该部门如何处理这些调查表等。

以上措施属于四大管理职能中的哪一类？为什么？

四、管理的基本方法

管理方法，是指管理者为实现组织目标，组织和协调管理要素的工作方式、途径或手段。管理方法是实施管理的途径或手段，是实现目标的中介和桥梁，是管理者管理行为的工作方式，对于管理功效及目标实现，具有非常重要的意义。

按方法的作用原理，管理方法可分为经济方法、行政方法、法律方法、社会心理学方法和技术方法等。

(一) 经济的方法

经济的方法是指依靠利益驱动，利用经济手段，通过调节和影响被管理者物质需要而促进管理目标实现的方法。经济方法的主要形式有：价格、税收、信贷、经济核算、利润、工资、奖金、罚款、定额管理、经营责任制等。

管理中的经济方法具有明显的特点：一是利益驱动性，被管理者的行为在经济利益的驱使下按照管理者的预期进行；二是普遍性，经济方法被整个社会所广泛采用，而且也是管理方法中最基本的方法，特别在经济管理领域，是最重要的管理方法；三是持久性，作为经济管理的最基本方法，经济方法被长期采用，而且，只要科学运用，其作用也是持久的。但经济方法也有其局限性，如可能产生明显的负面作用，会使被管理者过分看重物质利益，影响其工作积极性、主动性和创造性的发挥。

（二）行政的方法

行政的方法是指依靠行政权威，借助行政手段，直接指挥和协调管理对象的方法。行政方法的主要形式有：命令、计划、指挥、监督、检查、协调、仲裁等。

管理中的行政方法也有其明显特点：一是强制性，行政方法的采用主要依靠行政权威，强制被管理者执行；二是直接性，行政方法是采取直接干预的方式进行的，其作用明显、直接、迅速；三是垂直性，行政方法反映了组织内部明显的上下行政隶属关系，是完全垂直领导的；四是无偿性，行政方法是通过行政命令方式进行的，不直接与报酬挂钩。行政方法也有其局限性，如由于强制干预，容易引起被管理者的心理抵抗，单纯依靠行政方法很难进行持久的有效管理。

（三）法律的方法

法律的方法是指借助国家法规和组织制度，严格约束管理对象为实现组织目标而工作的方法。法律方法的形式主要有：国家及其有关部门的法律、法规、条例；司法和仲裁；组织内部的规章制度等。

法律方法的特点：一是具有高度强制性，法律方法凭借依靠国家或组织权威制定的法律或制度来进行强制性管理，其强制性大于行政方法；二是规范性，是采用规范进行管理的一种形式，属于“法治”，而非“人治”，这增强了管理的规范性，而限制了人的主观随意性。其局限性在于对特殊情况有适用上的困难，缺乏灵活性。

（四）社会学心理学的方法

社会学心理学的方法是指借助社会学和心理学原理，运用教育、激励、沟通等手段，通过满足管理对象社会心理需要的方式来调动其积极性的方法。社会学心理学方法的主要形式有宣传教育、思想沟通、各种形式的激励等。

社会学心理学方法的特点：一是自觉自愿性，主要通过被管理者内心受激励，而使其自觉自愿去实现目标的方法，不带有任何强制性；二是持久性，这种方法建立在被管理者的觉悟和自觉服从的基础上，因此其作用持久，不易出现负面影响。

（五）技术的方法

技术的方法是指采用自然科学的成果，如数学、计算机以及各种信息、网络技术，努力实现管理和办公手段的现代化。技术方法的主要形式有：定量方法、信息技术、网络技术等。

技术方法的特点：一是具有客观性，采用诸如数学、计算机以及其他自然科学技术的方法等，在管理工作中可以较好地规避主观认识上可能的偏见；二是高效性，可以有效提高管理工作的效率。

管理者无论采用哪一种管理方法，都必须弄清其作用的客观依据是什么，方法作用于哪个方面，是否能产生明显的效果，以及方法本身的特点与局限。要善于灵活地选择方法，综合地、系统地运用各种方法，以求实现管理方法的整体功效。

五、管理的基本内容

（一）不同层次的管理

一般组织的管理结构划分为三个层次，即高层管理（战略决策层）、中层管理（职能管理层）和基层管理（作业管理层）。

高层管理的任务是：根据组织环境和自身条件，拟定和设计组织的发展战略与规划；构建组织结构，培养和使用管理人才；培育组织文化，建立有组织特色的管理理念和管理理论；协调组织与外部各方面的关键性关系，处置组织出现的重大危机；寻找组织发展机会，引发组织变革等。组织高层管理是管理体系中最重要的组成部分，处于统帅地位。

中层管理是为实现组织总体战略目标而进行的管理专业化分工，具有明显的专业化和智能化特点。中层管理的任务是将组织战略决策和总体目标进行不同领域和不同组织中的设计与落实，使管理在专业领域中得以体现。同时，为高层管理提供专业依据，为基层管理提供职能参谋。中层管理是把高层管理同基层管理联结起来的纽带，既对高层管理发挥参谋和助手作用，又对基层管理进行指导、服务和监督。

基层管理的对象是作业层。作业层在工业组织中通常指的是生产现场，在商业组织中通常指的是交易现场，在服务性组织中通常指的是作业场所。基层管理的任务是科学合理地进行劳动分工与协作，充分调动员工的积极性和创造性，确保业务活动有计划、有条理地进行，并将现场的信息反馈到上级有关管理部门。

（二）各项专业管理

针对管理的对象和要素的不同，组织管理又可以形成一系列的专业管理。以企业为例，通常有技术管理、生产管理、物资供应管理、市场营销管理、财务管理、人力资源管理等。

技术管理是对企业从事经营活动必须进行的各种技术活动的管理，包括产品开发、技术开发、资源开发、设备开发等，对这些开发活动进行管理，为组织拓展良好的发展远景和提供充分的经营活动支持。

生产管理是指对日常生产活动的计划、组织、协调和控制等一系列管理活动过程。主要包括工厂布置、生产过程组织、劳动组织、生产计划、生产作业计划、质量管理、设备管理等工作。

物资供应管理包括物资的采购、储备、保管、发放和合理使用等项管理工作。

市场营销管理是指企业在变化发展着的市场环境中，为满足顾客需要，实现组织目标而进行的对商务活动过程的管理。包括市场研究、营销战略设计、营销组合策略设计、销售渠道、广告宣传、产品定价、用户服务等方面的管理活动。

财务管理是指对资金的管理。其主要内容有：资金筹措、固定资产和流动资产管理、成本费用管理、利润管理等。

人力资源管理是指根据组织发展的需要，对所需人力资源进行战略规划、开发利用、教育培养、考核评价和优化组合的管理过程。其主要内容有：人力资源规划、人员的招聘、录用、调配、考核升迁、工作设计、员工奖酬、组织福利等。

案例思考1—6

如何选择？

考虑以下两个事例，请做出选择，并说明原因：

1. 某公司最近从基层选拔了一批管理人员担任中层管理职务。上岗之前，公司委托你对他们进行培训，你认为，这种培训的重点应当放在：

A. 总结他们在基层工作的经验教训。

B. 熟悉公司有关中层管理人员的奖惩制度。

C. 促进他们重新认识管理职能的重点所在。

D. 帮助他们完成管理角色的转变。

2. 作为一名中层管理人员，要肩负许多方面的管理职责。下列几项职责中，哪项通常不属于中层管理者的工作范围？

A. 与下级谈心，了解下级的工作感受。

B. 亲自制定有关考勤方面的规章制度。

C. 经常与上级部门沟通，掌握上级部门对自己的要求。

D. 对下级的工作表现给予评价并及时反馈给本人。

第二节 管理者

一、管理者及其职责

（一）管理者的定义

究竟以什么标准来划分管理者与非管理者，应该主要从管理者在组织中扮演的角色及承担的责任来区分。美国管理学家德鲁克通过三个层次对这一问题作出了明确的回答。

第一，管理者的第一个责任是管理一个组织。管理者应该明确：我们的组织是什么，它的目标是什么，如何实现目标。只有这样，组织才能知道自己应该干什么和如何干。

第二，管理者的第二个责任是管理管理者。即上一级管理者对下一级管理者的管理。对下级管理者应该通过目标管理和自我控制进行管理；管理者应有责任培养其下属。

第三，管理者的第三个责任是管理工作和工人。即激励组织成员发挥其创造的热情，求得组织的最佳效果。

由此我们对管理者下这样的定义：管理者是指那些从事管理过程的实现，而且对组织内的员工进行领导、组织协调和监督其实施的人员。

美国管理大师德鲁克曾这样说过："如果一个企业运转不动了，我们当然是要去找一个新的总经理，而不是另雇一批工人。""管理者是事业的最基本的、最稀有的、最昂贵的，而且是最易消逝的资源。"人是组织的最重要的资源，而管理者是人力资源的核心资源，管理者对组织的生存发展起着至关重要的作用，其工作绩效的好坏直接关系着组织的兴衰成败。

（二）管理者的分类与职责

1. 高层管理者、中层管理者和基层管理者

高层管理者指的是居于组织的高级领导层的管理者。如学校的校长、副校长等，企业的董事长、首席执行官、总裁、副总裁、总经理、副总经理及其他高层管理人员。高层管理人员中，领导人对外可以代表组织，在组织内则与其他高级管理人员一起，制订组织目标、发展战略计划，做出计划和决策、审核整个组织的业绩等。

中层管理者是指直接负责或者协助管理基层管理人员及其工作的人。如企业里的部门经理、地区经理、产品事业部经理或分公司经理等，大学里的处长、院长等。中层管理人员的职责是贯彻高层管理人员的命令、指示及计划。他们负责向高级管理层直接报告工作，同时负责监督和协调基层第一线管理人员的工作。组织的大量日常管理在很大程度上要由中层管理人员来负责进行。在组织中起承上启下的作用。

基层管理者，亦称第一线管理者，处于作业人员之上的组织层次中，负责管理作业人员及其工作。如企业里的领班、工长、基层单位主管等，学校中的科长、教研室主任等。基层管理者的职责是给下属人员或办事员分派具体工作任务，密切监督下属人员的工作情况，协调下属人员的工作，以保证完成既定工作任务。基层管理人员向中层管理人员直接报告工作，他们的工作对实现组织的目标和业绩起着决定性作用。

组织中三个层次的管理者是一个有机整体，保证整个组织的管理工作正常地进行。

案例思考1—7

如何理解管理者的变化?

日本松下电器公司的创始人松下幸之助说过一段名言：当你仅有100人时，你必须站在第一线，即使你叫喊甚至打他们，他们也听你的。但如果发展到1 000人，你就不可能留在第一线，而是身居其中。当企业增至10 000名职工时，你就必须退居到后面，并对职工们表示敬意和谢意。

应如何理解管理者的这一变化?

2. 综合管理者与专业管理者

综合管理者指的是负责管理整个组织或组织中某个分部的全部活动的管理者。他们是一个组织的主管，对整个组织目标实现负有全部的责任；有权指挥和支配该组织的全部资源与职能活动。例如，公司总经理都是综合管理者，而公司的财务部门经理则不是综合管理者。对于小型组织来说，可能只有一个综合管理者。而对于大中型组织（如大中型企业）来说，可能会按产品类别设立几个产品分部，或按地区设立若干地区分部，此时，该公司的综合管理人员就包括公司总经理和每个产品或地区分部的总经理，每个分部经理都要统管该分部包括生产、营销、人事、财务等在内的全部活动，因此也是综合管理者。

专业管理者是指仅仅负责组织中某一类活动或业务的专业管理的管理者。这类管理者只对组织中某一职能或专业领域的工作目标负责，只在本职能或专业领域内行使职权、指导工作。专业管理者大多具有某种专业或技术专长。例如，就一般工商企业而言，职能管理者主要包括以下类别：生产经理、营销经理、人事经理、财务经理和研究开发经理等。不同专业领域的管理者，他们在履行管理职能中可能会产生具体工作内容侧重点上的差别。例如，同样是开展计划工作，营销部门做的是产品定价、推销方式、销售渠道等的计划安排，人事部门做的是人员招募、培训、晋升等的计划安排，财务部门做的则是筹资规划和收支预算，他们在各自的目标及其实现途径的规定上都表现出很不相同的特点。

3. 直线指挥人员和职能参谋人员

直线管理人员是指有权对下级进行直接指挥的管理者。他们与下级之间存在着领导隶属关系，是一种命令与服从的职权关系。直线管理人员的主要职能是决策和指挥。主要表现为组织等级链中的各级主管，即综合管理者。例如，企业中的总经理——事业部经理——车间主任——班组长这一等级链中的这些主管均属于直线指挥人员。

职能参谋人员是指对上级提供咨询、建议，对下级进行专业指导的管理者。他们与上级的关系是一种参谋、顾问与主管领导的关系，与下级是一种非领导隶属的专业指导关系。他们的主要职能是咨询、建议和指导。参谋人员通常是指各级职能管理者。例如，对企业而言，计划部经理、公关部经理、财务部经理等，都属于职能参谋人员。

案例思考 1—8

善于将将与善于将兵

《后汉书》中有一段有关刘邦和韩信的记载。一次刘邦因怀疑韩信谋反而逮捕了韩信，君臣有一段对话。刘问："你看我能领兵多少？"韩答："陛下可领兵十万。"刘问："你可领兵多少？"韩答："多多益善。"刘不悦，问道："既然如此，为何你始终为我效劳又为我所擒？"韩答："那是因为我们两人不一样呀，陛下善于将将，而我则善于将兵。"

从不同管理者的职责看，这段记载对我们有什么启示？

二、管理者的角色

管理者在组织中应该承担什么样的角色一直是人们所探讨的话题。现代管理学派的一个分支就是经理角色学派。早在 1938 年，切斯特·巴纳德就出版了他的代表作《经理人员的职能》一书，开创了对经理人员工作的专门研究。后续出现的管理学派也纷纷从不同的角度对这一问题展开探讨。

1980 年，加拿大管理学家亨利·明茨伯格出版了《经理工作的性质》一书，该书成为经理角色学派的重要著作。在该书中，他系统阐述了经理工作的特点、经理所担任的角色、经理工作中的变化及经理职务的类型、提高经理工作效率的要点、经理工作的未来等，并评介了其他管理学派有关经理职务的各种观点。

明茨伯格认为管理者在履行人际关系职责、信息传递职责和决策制定职责的过程中扮演着十种角色。

（一）人际关系方面的角色

1. 挂名首脑角色

这是经理所担任的最基本和最简单的角色。经理是一个组织的象征，必须履行许多这类性质的职责，如签署某些文件，主持某些事件或仪式等。

2. 领导者角色

经理作为一个组织的正式领导者，负责选拔所属的职工，要负责对下属进行激励和引导，包括对下属的雇用、训练、评价、报酬、提升、表扬、批评、干预以至开除。

3. 联络者角色

作为组织的联络员，经理通过各种正式的和非正式的渠道来建立和维持本组织同外界的联系。如参加外部各种会议，参加各种社会活动和公共事务，与其他组织的经理互相访问或互通信息，同政府和其他机构的人员进行各种正式和非正式的交往等。

（二）信息情报方面的角色

1. 信息接受者角色

一个组织在运行活动中，情况不断变化而有着大量的信息情报。管理者要善于获取各种信息，掌握各种情况，这是信息接受者的角色。

2. 信息传播者角色

经理把有关事实的信息或有价值的信息传播给他的组织和下属，使下属了解情况，便于对他们的日常工作和决策的制定进行引导。

3. 发言人角色

经理的信息传播者角色所面向的是组织内部，而其发言人角色则面向外部，发言人角色要求他把信息传递给供货者、同业组织、其他组织的总经理、政府机构、顾客以及新闻界。传递有关本组织的计划、政策和成果的信息。

（三）决策方面的角色

1. 企业家角色

经理作为组织的领导人，有责任确定组织的发展方向，在其职权范围内充当本组织许多变革的发起者和设计者。

2. 故障排除者角色

在组织内部出现矛盾和纠纷时，管理者要面对现实，解决矛盾，排除障碍，起纠纷调解者的作用。

3. 资源分配者角色

根据计划需要，安排自己的时间和工作，调配人力、物力和财力资源。

4. 谈判者角色

组织不时地要同其他组织或个人进行重大的谈判，这种谈判通常是由经理带队进行的。

经理的上述十种角色是一个互相联结的整体，不能割裂开来。经理的十项角色表明，经理有以下几项基本任务：保证组织实现其基本目标；设计和维持组织的业务稳定性；负责组织的战略决策系统；在组织同环境之间建立起关键的信息联系；负责组织的等级制度的运行。

明茨伯格的经理角色学说，给人们认识管理者的角色提供了一个更为系统、与现实结合更为密切的观察角度。

案例思考1—9

如何成为称职的管理者？

在现实中我们经常能够看到这样一种现象：一所高校的校长往往是位在某学科造诣很高的学术专家，一所医院的院长则是位医术精湛的医学专家。但是，有些学术专家乃至医学专家却未能成为称职的管理者。针对上述现象，你的看法是什么？

三、管理者的技能

所谓管理技能，是指管理者把各种管理理论与业务知识应用于实践、进行具体管理、解决实际问题的本领。能力与知识是相互联系、互相依赖的。基本理论和专业知识的不断积累与丰富，有助于潜能的开发与实际才能的提高；而实际能力的增长与发展，又能促进管理者对基本理论知识的学习消化和具体运用。

关于管理者应具备的基本能力，管理学家们提出了各种观点。美国学者罗伯特·卡茨认为，管理者应具有三种基本的管理技能：技术技能、人际技能、概念技能。

（一）技术技能

技术技能，就是指从事自己管理范围内的工作所需的技术和方法。需要注意的是，这里所说的技术技能，不是从工程技术角度讲的，而是指管理人员的管理技能。包括决策技术、计划技术、诊断技术、组织设计技术、评价技术等。例如一个财务管理人员应该具有撰写财务报告、进行财务分析的技能；一个营销管理人员应该具有撰写市场调研报告、进行市场分析的技能。

对于管理者来说，必须要掌握和运用各种管理技术。技术技能对基层管理者来说尤为重要，因为基层管理者大部分时间都从事训练下属人员或回答下属人员有关具体工作方面的问题，因而必须知道如何去做各种工作。具备技术技能，方能更好地指导下属工作，更好地培养下属，因此才能成为受下级成员尊重的有效管理者。

（二）人际技能

人际技能是指与人共事、激励或指导组织中的各类员工或群体的能力，是以合适的方式与人沟通的能力。人际技能包括表达能力、正确对待他人、处理和协调组织内外人际关系的能力，激励和诱导组织内工作人员的积极性和创造性的能力，正确地指导和指挥组织成员开展工作的能力。

由于管理是一种群体性的工作，主要是针对人的，因此，对于各个层次的管理者而言，人际技能都具有同等重要的意义。在同等条件下，人际技能可以极为有效地帮助管理者在管理工作中取得更大的成效。

（三）概念技能

概念技能是指对事物的洞察、分析、判断、抽象和概括的能力。作为一个管理者，要能够快速敏捷地从混乱而复杂的环境中辨清各种因素之间的相互关系，抓住问题的实质，并根据形势和问题果断地做出正确的决策。概念能力包括形势判定能力，分析和概括问题的能力以及能够提出新的想法和新的思想的能力。如管理者要能够快速、敏捷地从混乱而复杂的动态情况中辨别出各种因素的相互作用，抓住问题的起因和实质，预测问题发展下去会产生什么影响，需要采取什么措施解决问题，这种措施实施以后会出现什么后果。

出色的概念技能，可使管理者做出更佳的决策。概念技能对高层管理者来说尤其重要。对管理者来说，概念技能是最重要的也是最难培养的。处理像竞争对手市场策略的变化、政府政策的改变、内部机构的重组等问题时都需要概念技能。

罗伯特·卡茨同时指出，成功的管理者应具备较高的技术技能、人际技能和概念技能，但由于各个层次的管理者所承担的主要职责不同，因此对于不同层次的管理者而言，这三种技能的重要程度也是不同的。一般来说，对于高层管理者，最重要的是概念技能，因为要由高层管理者负责的计划、政策、决策都需要有理解各种事物间相互关系的能力；而对于基层管理者来说，由于他们最接近现场作业，所以技术技能格外重要；由于管理者的工作对象是人，因此人际技能对于各个层次的管理者来说都是很重要的。因此，多方面的管理技能是管理者提高管理有效性的必要条件，管理者应通过各种途径提升自己的管理技能水平。

案例思考1–10

如何理解概念技能？

高层管理人员需要更多地掌握概念技能，但概念技能的培养难度很大。这里设计了几种训练方法：(1) 分析一些看似不合理的政府政策制定的原因，如手机双向收费等；(2) 对众多的企业事务进行排序并重点阐述排序的理由；(3) 归纳企业家的共同特征，分析企业家对企业发展的贡献等；(4) 广泛阅读经典竞争案例。

试分析在以上几个项目中哪些有助于培养管理人员的概念技能。

第三节　管理学

一、管理学的研究对象

管理学是一门系统地研究管理过程的普遍规律、基本原理和一般方法的科学。管理学的研究对象是社会管理现象，研究目的在于寻找管理活动中的客观规律，系统总结管理理论和方法，并用于指导人们的管理实践。

管理是一种社会实践活动，在长期的管理实践中，人们积累了丰富的经验，经过总结、概括、上升为理论，形成具有一般指导意义的理论、原则和方法等，它们构成了管理学的知识体系，作为管理的一般规律反过来指导人们的管理活动。因此，我们说管理学提供给我们的是对管理活动具有一般指导意义的原理、原则、理论和方法。

如何认识管理学的研究对象是社会管理现象呢？

首先，应认识到社会的各个领域都有管理问题。谈到管理工作和管理人员，人们往往以为涉及的只是以盈利为目标的企业单位。而事实上，社会的各个领域都有管理问题。如营利性组织，工业企业、商业企业、交通运输企业、商业银行和保险公司、通信广播公司、财务公司、咨询公司和其他各种服务性单位等，尽管其规模、结构类型、行业性质不同，都需要对它们进行有针对性的有效管理。再如非营利性组织，不仅政府、军队、公安等组织，学校、医院、研究所，以及政治党派、宗教组织等也都需要管理。管理遍布人类社会的方方面面，时时处处都有管理活动在开展。有人群的地方也就有管理问题。管理问题普遍适用于任何类型的组织。

其次，应认识到社会的各个领域的管理问题都是有差异的。不同类型的组织，由于其业务活动的目标和内容多多少少存在一些差异，因而管理的具体内容和方法也不尽相同，如企业、学校、医院都有其特定的组织目标，管理在各行各业、各种组织机构中都有其专业的特点。

再次，应认识到社会各个领域的管理问题都有其共同点。社会各个领域的管理问题虽然都有差别，但从基本管理职能和管理原理与方法来看，各种不同类型的组织具有相似性、共通性。如任何组织机构都要确定组织目标，目标的具体内涵不同，但确定的原理是相同的；任何组织都需要一定的资源，都力求以尽可能少的消耗来正确地完成组织目标；都要运用管理，通过计划、组织、领导、控制这些管理职能来进行。管理学研究的对象恰恰是各类组织在管理中的这些共性问题，寻找管理活动中的客观规律，系统总结管理理论和方法，并用于指导人们的管理实践。

最后，应认识到管理学原理对社会各个领域的管理具有普适性。管理学研究的对象是各类组织在管理中的共性问题，是社会一般管理现象，研究目的在于寻找管理活动中的客观规律，它不同于应用管理学、专业管理学，它更加侧重于对各种组织中共性东西的研究，侧重于对管理普遍规律、基础理论的研究。正因为如此，管理学理论的通用性、基础性和概括性强，管理学的应用范围也就非常广，任何有组织的地方都需要管理，管理学的原理对任何组织都有着普遍性。

总之，通过对管理学研究对象的认识，应能感受到学习、研究管理学的重要意义。学习和研究管理学是培养优秀管理人才，提高管理人员素质和能力的有效手段和途径。管理的业绩和管理人员的素质与能力有着密切的关系，而作为管理主体的管理者，其素质和能力的提高则取决于管理教育和培训的水平，取决于他们掌握的管理理论和管理经验的程度和水平。

二、管理学的特性

管理学作为一门学科，有着与其他许多学科不同的特点，了解管理学的这些特点，将有助于加深理解这门课程的内容。

（一）管理学是一门综合性的边缘学科

管理学的主要目的是要指导管理实践活动。而当代的管理活动异常复杂，管理学研究的社会管理现象具有极其广泛和极其复杂的特点，作为管理者仅掌握某一方面的知识是远远不够的。只有具备广博的知识，才能对各种管理问题应付自如。因此，管理学的研究范围十分广泛，需要借助各种学科的理论和方法。以企业为例，其可能的内容包括：与生产产品有关的物理学、化学、工业技术学；与企业组织活动有关的经济学、法学；与定量研究有关的数学、运筹学；与思维有关的哲学、统计科学；与人有关的心理学、人类学、社会学、生理学、伦理学等学科的一些知识和方法。

管理活动的复杂性、多样性决定了管理学内容的综合性。管理学就是这样一门综合性学科，它不分门类，针对管理实践中所存在的各种活动，在人类已有的知识宝库中广泛收集对自己有用的东西，并加以拓展，以便更好地指导人们的管理实践。

（二）管理既是科学又是艺术

首先，管理是一门科学，这是因为它确实具有科学的特点。之所以这样讲，一是管理学的客观性，管理学的研究对象是人类社会中各种组织的管理活动，它从客观实际出发，揭示管理活动的各种规律，这些规律是客观存在的，谁违反这些规律就必然遭到惩罚；二是管理学的实践性，管理学是从实践中产生并发展起来的一门学科，它所包含的知识都是人们多年来实践经验的总结，它的直接目的就是有效地去指导实践；三是管理学的理论系统性，管理学已经具备了一整套理论，形成了系统的知识体系；四是管理学的发展性，管理学处于不断发展完善的过程当中，由于受到各方面条件的限制，管理学不可能达到尽善尽美的程度，它要在发展中不断充实、完善，有些内容还要进行修正，使之能够更有效地去指导实践。

其次，管理又是一种艺术。管理的艺术性表现在：管理作为一项实践活动，需要有一系列根据实际情况行事的经验、诀窍和准则，而这些经验和诀窍不是能够通过书本学到的，只能从长期的实践活动中获得。这一点同其他学科不同，学会了数学分析，就能求解微分方程，背熟了制图的所有规则，就能画出机器的图纸。管理学则不然，背会了所有管理原则，不一定能够有效地进行管理。管理技能是很难在书本上学到的，需要在实际管理工作中去掌握。

最后，管理是科学与艺术的统一。管理是科学，也是艺术，有效的管理是科学与艺术的统一。从事管理活动既需要掌握管理科学知识和管理技术，又需要有丰富的管理经验和技能。坚持管理科学与艺术统一的原理，就要认真探索和学习管理理论和管理规律，尊重科学，遵循规律，用先进的管理思想和理论指导管理实践。坚持管理科学与艺术统一的原理，就要充分发挥主观能动性、创造性、灵活性，积极实践、勇于探索，创造性地运用管理规律和管理理论。管理科学和管理艺术都是永无止境的，必须不断地努力学习。

案例思考1-11

如何看待管理经验？

曾有某高新技术企业的总裁，其个人并没有相关高新技术方面的教育背景及从事过相关领域经营的背景，而只接受过MBA教育并在其他非高新技术企业成功经营的履历，但他上任后，在短短不到3年的时间里，就迅速扭转了该公司多年亏损的局面，完成了当初董事会提出的盈利目标。对这一事例有以下几种说法，你认为应该如何看，为什么？

A. 企业高层管理者不需要专业知识和技能，有管理经验就行了。

B. 成功的管理经验具有通用性，可以不分行业地加以成功移植。

C. 企业核心领导的管理水平会对企业的发展产生不可估量的作用。

D. 这只是一种偶然发生的现象，可能是该总裁正好遇到市场机会。

（三）管理学是一门不精确的学科

在给定条件下能够得到确定结果的学科称之为精确的学科。数学就是一门精确的学科，只要给出足够的条件或函数关系，按一定的法则进行演算就能得到确定的结果。如在数学中1＋1等于2是唯一的答案。管理学则不同，在已知条件一致的情况下，有可能产生截然相反的结果。1＋1可能等于2、可能小于2、也可能大于2。比如两个企业，已知其生产条件、人员素质和领导方式完全相同，他们的经营效果可能相去甚远。

出现这种现象的原因是多方面的。首先，影响组织发展的因素众多，尤其是外部环境因素多是不可控因素，而且复杂多变，如国家的方针、政策和法令，竞争对手的突然变化等。这种无法预知的因素造成了管理结果的多样性。其次，管理主要是同人打交道，对人进行管理。而人的心理因素是难以精确测量的，诸如人的思想、感情、个性、作风、士气以及人际关系、领导方式、组织文化等，都无法给出明确的量化的结果。在这样复杂的情况下，没有完全的定量方法用来解决一切管理问题，使管理本身不可能精确化，而只能借助于定性与定量相结合的办法来研究管理。因此，管理是一门不精确的学科。

（四）管理学是一门软科学

软科学是和硬科学相对应的一种说法，这里借用了计算机技术中软件与硬件这两个术语的含义。一般把计算机主机及其外围设备称为硬件，而把有关计算机应用的技术及其程序称为软件。如果有了硬件，能否充分运用硬件，发挥计算机的全部功能，则取决于软件的优劣，两者要兼容。管理情况与计算机的情况相类似，如果把组织中的人力、财力和物力看做硬件的话，管理就是软件。

把管理看成软科学具有以下几层含义：首先，管理的任务在于充分地调动人的积极性，有效地利用各项资源，用较少的消耗取得较大的效益，即用软件发挥硬件的功能。这与用电脑是一个道理。先进的硬件配置，用落后的软件，不可能充分地发挥硬件的功能。只有提高系统软件的水平，才能充分发挥硬件的功能。其次，管理本身不能创造价值，它必须借助于各种资源的运用来体现管理的价值。这种价值很难明确界定究竟管理创造了多少价值。最后，管理效益只能通过较长的时期之后才能看得出来。这不像设计了一种新产品，生产出来，销路不错，就能见到明显的成效。而一项管理措施在没有实施之前，总会有各种不同的看法，有些管理措施甚至在实施相当长时间之后，还不能准确地评价。

（五）管理学是一门发展中的学科

管理学的正式确立已有近百年的时间，其间经历了科学管理思想、行为科学思想、现代管理思想等阶段，各个阶段的发展与社会经济的发展和科学的进步密切联系在一起，管理学发展的各个阶段均是社会生产力发展到一定阶段的产物。随着社会经济的发展，管理学也在不断创新和完善。

本章小结

管理，是在特定的环境下，通过计划、组织、领导、控制等环节来协调组织所拥有的资源，以期更好地达成组织目标的过程。

管理的本质特征就是协调，即使组织中的各个部门和成员、各种资源、各项活动之间有机结合，保持目标一致，同步和谐地开展活动。管理的目标就是要促使组织有效地利用资源而达成组织的目标。

管理系统的内部构成要素主要有：管理目标、管理主体、管理客体、管理方法、管理环境等要素。管理职能应包括计划、组织、领导和控制等基本职能。管理方法可分为经济方法、行政方法、法律方法、社会心理学方法和技术方法等。

管理者是指那些从事管理过程的实现，而且对组织内的员工进行领导、组织协调和监督其实施的人员。管理者在履行人际关系职责、信息传递职责和决策制定职责的过程中扮演着十种角色。

管理者应具有三种基本的管理技能：技术技能、人际技能和概念技能。

管理学是一门系统地研究管理过程的普遍规律、基本原理和一般方法的科学。管理学的研究对象是社会管理现象，研究目的在于寻找管理活动中的客观规律，系统总结管理理论和方法，并用于指导人们的管理实践。

管理学是一门综合性的边缘学科；管理既是科学又是艺术；管理学是一门不精确的学科；管理学是一门软科学；管理学是一门发展中的学科。

复习思考题

1. 什么是管理？如何理解管理的本质特征？
2. 管理有哪些基本职能？如何理解它们相互之间的联系？
3. 管理者在组织中起着什么作用？
4. 随着管理者地位的变化，管理的职责和技能有何变化？
5. 从管理者在组织中的角色看，管理者应注重自身哪些管理素质的提高？
6. 为什么说管理既是科学又是艺术？
7. 为什么要学习管理学？如何认识管理学的普适性？对学校的管理和对企业的管理有何共性和区别？

第二章

管理思想及其发展

本章要点提示

- 早期管理思想
- 科学管理思想阶段的主要思想
- 行为科学管理思想阶段的主要思想
- 现代管理思想阶段的主要思想
- 现代管理思想的创新发展

引　例

在公元前2000年左右，巴比伦重新统一两河流域以后，建立了古代巴比伦王国。国王汉穆拉比建立起强大的中央集权国家，任命各种官吏，管辖着各城市和各地区的行政、税收和水利灌溉。为了巩固其统治，汉穆拉比编制了《法典》，作为国家行为的准绳。法典共282条，内容涉及财产、借贷、租赁、转让、抵押、遗产、奴隶等各个方面，对各种职业、各个层面上人员的责、权、利关系给予了明确的规定。其中对人的活动作了许多规定，如个人财产怎样受到保护；百姓应该遵守哪些规范；货物贸易应该如何进行；臣民之间的隶属关系；最低工资标准；家庭纠纷与犯罪的处理等。从这些可以看出，这个法典涉及了许多管理思想。

人类的管理活动源远流长，在人类长期的实践活动中，留下了极其丰富的管理思想遗产。长期的管理实践活动促成了管理思想的产生。管理思想的丰富化和系统化促成了管理理论的形成。管理理论运用于管理实践，并在管理实践中不断地得到检验、丰富和发展。

第一节　早期管理思想

自从有了人类历史，就有了管理。这是因为人是社会动物，人们所从事的生产活动和社会活动都是集体进行的，要组织和协调集体活动就需要管理。因此，作为人类的一种实践活动，管理是伴随着人类的活动一直存在的。

一、古代管理思想的贡献

在古代，世界各国都有许多成功的管理实践，体现了人类对管理活动的渐进认识和创造性。

早在公元前5000年，古代埃及人建造了世界七大奇迹之一的大金字塔。大金字塔共耗用上万斤重的大石料230多万块，动用了10万人力。费时20年才得以建成。可以想象，在当时生产技术手段极为低下的情况下，组织这样的工程，在人员、材料和生产组织方面所具有的管理水平是很高的。

目前有记载的关于管理思想的最早资料是古巴比伦建国之前，在两河流域由美索不达米亚人留下的关于物资管理、库房管理的记载。古巴比伦的汉穆拉比法典曾谈到合同、证人及经济责任问题。

在古希腊，苏格拉底和亚里士多德都曾指出公务管理和家务管理有其共同性，从而肯定了管理存在的普遍性。其中古希腊学者色诺芬在公元前370年第一次提出了劳动分工的作用，他以制鞋为例，提出了劳动应遵循的原则：一个从事高度专业化工作的人，一定能工作得更出色。

在人类历史上，古罗马的文明也为我们留下了管理方面的宝贵文化遗产。公元284年，古罗马建立了层次分明的中央集权帝国。他们在权力等级、职能分工和严格的纪律方面都表现出他们在管理上具有相当高的水平。

西方中世纪时期的威尼斯在公元14世纪开设了一家造船厂，由政府即国家议会直接管理。工厂内部管理已具有相当的水平：管理井井有条，装配线已具有较高的科学水平，在管理上出现了标准化的概念，有了人事管理制度，试行了会计控制，要求严格进行资金、材料和人力消耗的核算。威尼斯工厂是最早实行成本控制，建立早期成本会计制度的典范。

处于资本主义萌芽状态的意大利对管理思想有许多贡献。15世纪，意大利著名的思想家和历史学家马基埃维利所著的《君主论》论述了有关管理的思想，如：领导应得到群众的认同；领导者必须维护组织内部的内聚力；领导者必须具备坚强的生存意志力，必须具有崇高的品德和非凡的能力等。

中国虽然在近代因闭关锁国而落后，管理的理论与实践均滞后于西方国家，但作为世界四大文明古国之一，中华民族悠久的历史积累了丰富的管理实践和许多影响深远的管理思想，为人类社会的进步和管理理论的发展做出了重要贡献。

与世界其他文明古国一样，中国古代就建造了许多世界著名的伟大工程，昭示着高超的工程管理水平。长城东起河北省山海关，西至甘肃省嘉峪关，横跨7个省、市、自治区，绵延6 700多千米；都江堰水利工程集防涝、排洪、灌溉于一身，其设计思想和工程管理令人赞叹不绝。在漫长的封建社会中，我国建立了高度集权的行政管理体制，特别是在人才的选拔录用方面建立了较完善的科举制度。兵马俑、赵州桥等伟大的艺术，也堪称系统工程、品质管理和工艺管理的杰作。

我国古代的管理思想也是非常丰富的，主要体现在先秦到汉代的诸子百家思想中，如儒家、道家、法家、兵家、商家等。《论语》《老子》《墨子》《韩非子》《孙子兵法》《贞观政要》《资治通鉴》《三国演义》《红楼梦》等名著也蕴含着丰富的管理思想，成为今天政治家、外交官和企业家们的常备图书。

从宏观的角度看，我国古代管理思想大致可分为三个部分：治国、治生和治身。治国主要是指处理整个社会、国家管理关系的活动，强调的是治理整个国家、社会的基本思路和指导思想，是对行政、军事、人事、生产、市场、田制、货币、财赋等方面管理的学问；治生是在生产发展和经济运行的基础上通过官、民的实践逐步积累起来的，它包括农副业、手工业、运输、建筑工程、市场经营等方面的管理学问；治身主要是研究谋略、用人、选才、激励、修身、公关、博弈、奖惩等方面的学问。

中国古代出现了许许多多的思想家，有着极为丰富的管理思想。老子是先秦道家学说的创始人，在他的思想体系中，不仅有着丰富的哲学思想，而且也包含着涉及政治、经济、文化、军事等多方面的社会及国家管理思想，诸如“道法自然”“无为而治”等许多思想对中外管理思想的发展产生了深刻影响；孔子作为儒家学派的创始人，以仁为核心、以礼为准则、以和为目标的以德治国思想是其管理思想的精髓，成为中国传统思想的主流；孟子是孔子思想的嫡派传人，他的“性善论”的人性观、施“仁政”的管理准则以及“修其身而天下平”等思想，对中国管理思想的完善与发展做出了重要贡献；孙子作为中国古代著名的军事家，其军事思想和管理思想主要体现在他的传世之作《孙子兵法》中，“不战而屈人之兵”“上兵伐谋”“必以全争于天下”“出其不意，攻其不备”等思想至今仍为管理者们所推崇。

纵观中国古代丰富的管理实践和古代名家管理思想可以看出，中国古代管理思想博大精深，是一个丰富的、无尽的宝库。事实上，许多西方管理理论都可以在中国古代管理思想中找到类似的论述，不仅是东方，也包括西方的许多企业都在主动应用中国古代管理思想指导管理活动。

中外早期管理思想的发展是较为缓慢的。长期以来，管理被认为是一种技能而不是一门科学，因而没有形成系统的管理理论。这种情况一直延续到 18 世纪的工业革命，工业革命以后，产生了现代企业，企业管理由此应运而生，以现代企业管理为对象的管理理论和思想进入了萌芽时期。

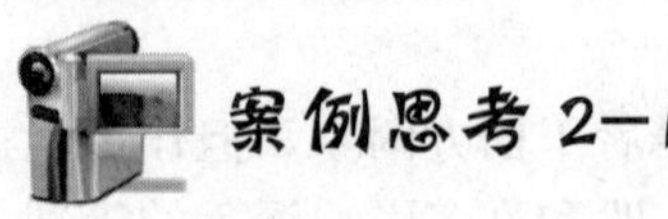

当代管理能否借鉴?

战国时代，齐国的孙膑是一位颇有管理思想的军事家。一次，齐王要和大臣田忌赛马，各出三匹马，每匹马赛一场，共赛三场，胜数多者胜。而如果将两人的三匹马分别以速度快慢分上中下三等，则齐王的三匹马都分别比田忌的三匹马要快一些。针对这样的实力对比，孙膑为田忌出谋，用己方的下等马对齐王的上等马，用己方的上等马对齐王的中等马，用己方的中等马对齐王的下等马。结果田忌在第二、第三场中获胜，以2比1的优势赢得比赛。这可以说是现代博弈论在中国古代的应用。孙膑运用运筹学和对策论的思想，帮助田忌在赛马中胜了齐王。

请问：孙膑的策略是什么？当代管理能否借鉴？

二、近代管理思想的贡献

近代管理思想阶段开始于18世纪中叶的工业革命时期，止于19世纪末，其间经历了一百多年时间。其原因是，蒸汽技术导致的第一次工业革命使工厂成为资本主义工业生产的主要经营组织，大力推动了经济的发展、劳动分工和专业化的加强。生产力发展水平和劳动方式的变化对管理提出了新的要求，从而促使人们从许多方面对管理工作进行探索。

（一）亚当·斯密的分工理论

英国古典经济学家亚当·斯密在他1776年发表的《国富论》中，第一次系统论述了古典政治经济学，他的许多学说对以后的管理理论产生了重大影响，成为后来资本主义管理理论的重要依据之一。其主要观点是：（1）认为劳动是国民财富的源泉，只在减少非生产性劳动，增加生产性劳动，同时提高劳动者的技能，才能增加国民财富。（2）强调了劳动分工对劳动生产力提高的重要性。亚当·斯密认为，一个国家财富的多少，取决于这个国家的国民所提供的劳动的数量，而劳动的数量又取决于两个因素，一是参加劳动人数的多少，二是劳动生产率的高低。而劳动生产率的高低又取决于个人的能力和技巧（技术），而技巧又取决于在生产上的分工。他列举了劳动分工的三个优点：分工使生产者的技能得到发展；节约了由于工作变化而损失的时间；有利于专门从事某项作业的劳动者改良工具和发明机械。在此基础上，他对由分工产生的管理问题作了理论分析。（3）提出了“经济人”的观点。他认为人们在经济活动中主要是为了谋求个人利益，但社会上每一个人的利益又总是受到他人利益的制约，要兼顾他人的利益，由此产生了公共利益和社会利益，因此，社会利益以个人利益为基础。

（二）罗伯特·欧文的人事管理思想

英国的空想社会主义者罗伯特·欧文提出了著名的管理思想：“人是环境的产物。”强调有什么样的环境，就会产生和塑造出什么样的人，他把这种思想应用到企业中，进行了管理实验。1850年，罗伯特·欧文在苏格兰一座棉纺厂中尝试了一种新的工厂管理制度，即大力减轻劳动强度，改善劳动条件，为职工提供较多的福利设施。他认为，工厂是由员工组成的，把他们有效地组织起来，相互合作，就能产生最大效果。因他较早注意到企业中人事管理问题，被后人称为“人事管理之父”。

（三）查尔斯·巴贝奇的一般管理原则

查尔斯·巴贝奇是英国剑桥大学著名的数学家，曾用几年时间到英、法等国的工厂了解和研究管理问题，提出了劳动分工、用科学方法有效地使用设备和原料等问题。他在工作方法和报酬制度方面的研究卓有成效，主张在科学分析的基础上制定出企业管理的一般原则，建议经过严密调查以获得数据来提高动力、材料的使用效率和工人的工作效率；在解决劳资矛盾方面，他提出了一种可以使工人们认识到工厂制度对他们是有利的分配方法——固定工资加利润分成的制度，主张采用利润分配制以谋求劳资之间的调和；巴贝奇还发展了亚当·斯密的关于分工的思想，分析了分工能够提高效率的原因。这些原因主要有：节省了学习所需要的时间；节省了学习中所耗费的材料；节省了一道工序转变到另一道工序所耗费的时间；节省了改变工具所耗费的时间；由于经常重复同一操作，技术熟练工人工作速度加快；劳动分工后注意力集中在比较简单的作业上，能改进工具和机器，从而设计出更精良更合用的工具和机器，从而提高劳动生产率。

在近代管理思想的发展中，对现代工厂制度的企业管理的研究引起了人们的广泛重视，并且做出了许多有益的探索，其中不乏卓越的思想。但是由于当时工厂的规模较小，缺乏必要的实践，难以形成系统的管理理论。

第二节　科学管理思想

随着自由资本主义向垄断资本主义过渡，企业生产规模日益扩大，对管理提出了更高的要求。这样，各种新的管理思想就纷纷出现，管理思想由传统管理思想阶段推进到科学管理思想阶段。科学管理思想阶段经历了19世纪末至20世纪的三四十年代。这一阶段管理思想的发展标志着管理学的正式确立。

一、科学管理思想阶段的主要思想

（一）泰罗的科学管理思想

费雷德里克·泰罗（1856—1915），生于美国宾夕法尼亚州的一个工人家庭，年轻时进入工厂当学徒，在费城的朱德维尔钢铁公司工作时，由于刻苦学习和勤奋工作，在六年中年年晋升，从普通工人提为工头、车间主任、直至总工程师，进入管理阶层。由于泰罗长期工作在企业的工作现场，对企业的现场管理有着丰富的经验和切身的体会，他的许多管理思想都是以现场工作为对象，具有实践意义。1911年，他出版了《科学管理原理》一书，这部著作奠定了科学管理理论基础，标志着科学管理思想的正式形成，泰罗也因而被西方管理学界称为“科学管理之父”。

泰罗对管理理论的主要贡献是：认为一切管理问题都可以而且应当通过科学的方法来加以解决，从而否定了靠经验办事的传统管理思想，把管理从经验上升为理论。泰罗的管理思想可归纳为以下几个方面：

1. 明确提出管理职能和作业职能的分离

泰罗主张设立专门的管理部门，其职责是研究、计划、调查、训练、控制和指导操作者的工作，工人应服从管理人员的命令和安排，这样使业务操作和管理分开；同时，管理人员也要进行专业分工，每个管理者只承担一两种管理职能，推行职能制和直线职能制；泰罗还提出在较大规模的组织中管理的控制原理，即“例外原则”，就是强调高层管理者应把例行的一般日常事务授权给下级管理者去处理，自己只保留对重要事项的决定权和监督权。这种思想对后来的分权管理体制有着积极的影响。

2. 主张一切问题实行科学化，推行定额和标准化管理

泰罗指出，管理是一门真正的科学，有明确的定义、规则和原理作为它的基础。他主张用科学的方法来代替经验的方法；强调用科学的观点分析管理中的一切问题，并制定各种标准和制度，实行标准化管理，健全组织系统，从而提高劳动生产率。泰勒解决问题的

方法和许多科学研究一样，都是从实验开始的，他详细地观察工人的工作过程，科学地制定工作标准，采用科学的方法对工人进行训练，从而促使生产效率大幅度提高。

3. 提出科学管理的中心问题是提高劳动生产率

泰罗认为，科学管理的实质，是要求企业劳资双方在思想上来一次“精神革命”，要求工人和雇主相互协作，共同为提高劳动生产率而努力。双方不应该把注意力放在盈余的分配上，而应该把注意力转到增加盈余的数量上，使盈余增加到使如何分配盈余的争论成为不必要。提出要在动作研究的基础上制定出工人的“合理日工作量”。为了提高劳动生产率，必须使工人的能力同工作相配合。

4. 提出刺激性的报酬制度

为了鼓励工人努力工作，完成工作定额，泰罗提出了一种刺激性的付酬制度。这一制度的特点是：通过工时研究和分析，将定额建立在科学的基础之上；采用“差别计件制”的付酬制度，按照工人是否完成其定额而采取不同的工资率；工资支付的对象不是职位，而是工人，即根据实际工作的表现，而不是根据工作的类别，以促使劳动生产率的提高。

(二) 法约尔的一般管理思想

亨利·法约尔（1841—1925），1860年毕业于法国国立矿冶学院，担任过工程师和总经理，晚年担任大学的管理学教授。1916年，法约尔出版了《工业管理和一般管理》一书，提出了他的一般管理理论。由于法约尔从早期就进入了企业管理高层，所以他的管理著作是以作为一个整体的大企业为研究对象的，更多地研究组织经营问题等，对管理进行了高层领域的开创性研究，因而被称为“管理过程理论之父”。法约尔对管理理论的突出贡献是：从理论上概括出了一般管理的职能、要素和原则，把管理科学提到一个新的高度，使管理科学不仅在工商业界受到重视，而且对其他领域也产生了重要影响。法约尔的管理思想主要体现在：

1. 概括了管理的基本职能

法约尔通过对企业活动的长期观察和总结，提出了企业所从事的一切活动可以归纳为六类，即技术活动、商业活动、财务活动、安全活动、会计活动及管理活动。他集中分析了管理活动，提出了管理的五项职能：计划职能，就是设计行动方案，使企业达到目标；组织职能，就是合理安排各项资源去实现目标；指挥职能，即指挥调动组织成员为企业目标而有序地工作；协调职能，即使组织内的资源、组织与活动能够相互配合；控制职能，就是保证实际工作与计划拟订的标准相一致。

2. 概括了管理的基本原则

法约尔根据对企业管理实践规律的总结，提出了企业管理的14项原则，这些原则是：(1) 劳动分工，实行劳动的专业化分工可以提高效率。(2) 权力和职责一致，权力与责任是互为依存、互为因果的。(3) 纪律，是企业领导人同下属人员之间在服从、勤勉、积极、举止和尊敬方面所达成的一种协议，纪律对于企业取得成功是绝对必要的。(4) 统一指挥，每一个下属都应接受而且只应接受一个上级的命令。(5) 统一领导，凡是具有同一目标的全部活动，仅应有一个领导人和一套计划。(6) 个人利益服从整体利益，集体的目标必须包含员工个人的目标。(7) 合理的报酬，薪酬制度应当公平。(8) 权力的集中与分散，领导人要根据本组织的实际情况，适时改变集权与分权的程度。(9) 等级链，管理机构从最高一级到最低一级应该建立关系明确的职权等级系列。(10) 维护秩序，凡事各有其位。(11) 公平，领导人为了激励其下属人员做好工作，应该善意地对待他们。(12) 人员稳定，任何组织都有必要鼓励职工做长期的服务。(13) 首创精神，促使职工提高自己的敏感性和能力。(14) 团结精神，一个机构内集体精神的强弱取决于这个机构内职工之间的和谐和团结情况。

3. 提出了对管理者素质和知识的要求

法约尔认为对管理者素质的要求应包括身体的（健康、精力、风度），智力的（理解与学习的能力、判断力、思想活跃、适应能力），精神的（干劲、坚定、乐于负责、首创精神、忠诚、机智、庄严），教育的（对不属于职责范围内的事情的一般了解），经验的（由工作本身产生的）等内容。

法约尔提出的管理理论和思想，对以后管理学理论的发展产生了重大影响，很多方面直到今天仍然为管理工作者所采用。

（三）韦伯的行政组织理论

马克斯·韦伯（1864—1920）是德国著名社会学家，担任过教授、政府顾问、编辑。代表性著作有《新教的伦理》《经济史》和《社会和经济组织理论》。他在管理学上的主要贡献是提出了理想的行政组织体系理论。其在组织管理方面有关行政组织的观点对社会学家和政治学家都有着深远的影响。他不仅考察了组织的行政管理，而且广泛地分析了社会、经济和政治结构，深入地研究了工业化对组织结构的影响。其管理思想主要体现在：

1. 权力与权威是组织形成的基础

韦伯认为组织中存在的三种纯粹形式的权力与权威：一是法定的权力与权威，是以组织内部各级领导职位所具有的正式权力为依据的；二是传统的权力，是以古老传统的不可侵犯性和执行这种权力的人的地位的正统性为依据的；三是超凡的权力，是以对个别人的特殊的、神圣英雄主义或模范品德的崇拜为依据的。韦伯认为，这三种纯粹形态的权力中，传统权力的效率较差，因为其领导人不是按能力来挑选的，仅是单纯为了保存过去的传统而行事。超凡权力过于带感情色彩并且是非理性的，不是依据规章制度而是依据神秘或神圣的启示，所以这两种权力都不宜作为行政组织体系的基础。韦伯强调，组织必须以法定的权力与权威作为行政组织体系的基础。因为法定的权力与权威具有较多的优点，如有明确的职权领域、执行等级系列、可避免职权的滥用、权力行使的多样性等。这样就能保证管理的连续性和合理性，能按照人的才干来选拔人才，并按照法定的程序来行使权力，因而是保证组织健康发展的最好的权力形式。

2. 理想的行政组织体系的特点

行政组织体系又被称为官僚政治或官僚主义，与汉语不同，它并不带有贬义。韦伯的原意是通过职务或职位而不是通过个人或世袭地位来管理。要使行政组织发挥作用，管理应以知识为依据进行控制，管理者应有胜任工作的能力，应该依据客观事实而不是凭主观意志来领导。韦伯认为理想的行政组织体系至少要做到以下几点：任何机构组织都应有确定的目标；组织的成员之间有明确的任务分工；按等级制度形成的一个指挥链，上下层次之间有职位、责权分明的结构；承担每一个职位的人都是经过挑选的，人员的任用，要根据职务的要求，通过正式的教育培训，考核合格后任命；人员实行委任制，组织内人员之间的关系是工作与职位关系，不受个人感情影响；管理与资本经营分离，管理者应成为职业工作者，而不是所有者；管理人员有固定的薪金，并且有明文规定的升迁制度，有严格的考核制度；管理人员必须严格地遵守组织中的法规和纪律。

二、科学管理思想对管理的影响

以泰勒为代表的一代管理学家使科学管理理论得以创立，为现代管理理论的进一步发展打下了基础，其在管理思想史上占有极其重要的地位。

（一）强调了管理的重要性和普遍性

有组织存在就需要管理，管理的普遍性和社会有组织活动的普遍性同样重要。企业、政府、学校、医院等都需要管理，管理普遍性的意义就在于管理的重要性、实用性和科学性，对管理实践有很大的指导意义。

（二）用科学管理代替单纯的经验管理

传统管理阶段的经验管理方法是与简单再生产的生产方式相适应的，随着生产社会化程度的提高，就需要用科学的方法来进行管理。在科学管理思想阶段，管理学家们着重要解决的问题就是促使管理者们由传统的家长式、放任式的管理过渡到制度化、标准化的科学管理。他们重点强调了严格分工、标准操作方法、按定额付酬、健全组织机构和人员培训等，从而使管理朝着遵循客观规律，讲究科学方法的方向发展。

（三）实现资本所有者与企业管理者的分离

在传统管理阶段的企业管理中，经营者和管理者大多是由同一资本家担任的，出于资本内在的增值冲动，资本家只追求减少成本和增加利润，缺少对企业业务活动和管理活动规律的研究，采取家长式的独裁管理。随着企业生产规模的扩大和生产过程的复杂化加强，这种管理方式逐渐暴露出致命的局限性。为此许多企业逐步进行了改革，建立了各级责任制，选拔有管理才能的人担任领导，由此开始了财产所有权和经营管理权的分离，企业中出现了一批像泰罗、法约尔等专门从事经营管理的管理者阶层。

（四）奠定了管理学发展的基础

从根本上说，当代管理技术与管理方法来源于古典管理理论。这些古典管理理论为管理学的进一步发展奠定了基础，百年后的许多现代管理思想仍可看到这些理论的影子。

科学管理思想对今天的管理仍然有着巨大的指导作用，对提高产量、提高生产和工作效率等方面具有不可替代的作用，其管理方法对今天的企业管理来说仍然是十分重要的。

案例思考 2-2

经理应怎样做？

一家邮购服务公司专门替客户把各种资料装入信封，在信封上填写地址。公司上个星期接到一家大客户的重要任务，这批邮件必须在这个星期寄走。经理急忙张榜通知，要求公司全体员工这个星期每天加班两小时，并给予加班奖励。同时，他还要求采购部门加倍购入邮签。可是到了星期三，经理发现这项任务几乎难以完成。原因有两个：一是公司中业务最强的两名员工说自己家里有急事，无法加班；二是采购部门告诉经理说，一直向公司供应邮签的厂商因为印刷机坏了，无法加倍生产。经理十分恼怒，声称如员工不能加班就立即辞退，采购部主任完不成采购任务将被免职。但是，员工和部门经理不以为然，宁愿离去。

请问：出现此问题的原因可能是什么？你认为经理应怎样做？试从这个案例所反映的问题出发，分析一下科学管理思想的局限性。

第三节　行为科学管理思想

行为科学管理思想起源于20世纪30年代，其社会背景一是组织规模进一步扩大，使管理活动的开展需要更为先进的管理方法和手段；二是在科学管理思想阶段，由于其管理方法的局限性，人成为“活机器”，使劳资矛盾不断激化，影响了劳动生产率的进一步提高，从而促使人们开始从人类行为的角度，运用社会学、心理学、人类学知识，对管理活动进行研究。

一、行为科学管理思想及其发展

（一）梅奥及其人际关系理论

在20世纪20年代，资本主义国家中许多企业尽管采取了泰勒的科学管理，但劳资纠纷和罢工还是此起彼伏，此种情况促使管理学者们深入研究决定工人劳动效率的原因。当时，有许多管理人员和研究人员认为，工作环境的物质条件同工人的健康和生产率之间存在着明确的因果关系。为此，1924年，美国科学院组织了一个包括各方面专家在内的研究小组，在芝加哥城郊外的西方电器公司的霍桑工厂进行了全面的考察和多种试验。霍桑实验没有证实专家们原有的设计和判断，却得出了以梅奥为代表的早期行为科学的人际关系学说的观点。

乔治·埃尔顿·梅奥（1880—1949）曾在美国哈佛大学任教，曾从事过哲学、医学和心理学方面的研究。1927年，梅奥应邀参加并指导霍桑试验，经过研究，取得了一系列重要成果，他在这些试验结果的基础上发表了他的代表作《工业文明中人的问题》和《工业文明中的社会问题》(1945年)，提出了人际关系理论的一系列思想。

1.“社会人”的观点

梅奥认为，工人首先是“社会人”，影响人的劳动积极性的因素，除了物质利益之外，还有社会心理的因素，工人并不是仅仅追求金钱收入，他们还追求人与人之间的友情、安全感、归属感和受人尊重等，因此，必须从社会心理方面鼓励工人提高生产率，而不是单纯从技术条件着眼。应该把职工当作不同的个体来看待，当作社会人来对待，而不应将其视作无差别的机器或机器的一部分。

2. 关于“非正式组织”的观点

梅奥认为，企业中存在着“非正式组织”。所谓“非正式组织”，是人们在共同工作中，由于兴趣、感情或归属等因素而形成的组织体系。“非正式组织”的作用是保护工人免受内部成员的疏忽所造成的损失，保护工人免受管理人员的干涉。企业中的正式组织和“非正式组织”都涉及每一成员，管理人员要想实施有效的管理，不仅要重视正式组织的作用，而且也要重视非正式组织的存在和作用。

3. 生产效率的高低主要取决于工人士气

梅奥认为，生产效率的高低主要取决于工人的士气，而工人的士气则取决于他们感受到各种需要的满足程度。在这些需要中，金钱与物质方面的需要只占很少的一部分，更多的是获取友谊、得到尊重或保证安全等方面的社会需要。因此，要提高生产率，就要提高职工的士气，而提高职工士气就要努力提高职工的满足程度。

4. 关于领导能力的观点

梅奥和行为科学的研究者们认为，企业中新的领导能力在于提高职工的满足度，以提高职工的士气从而提高劳动生产率。企业的管理者不仅要具有解决技术、经济问题的能力，而且要具有与被管理者建立良好的人际关系的能力。梅奥的人际关系理论在管理思想史上占有极其重要的地位，是管理思想的一个伟大的历史转折，给管理学的发展开辟了一个崭新的领域。行为科学也就由此成为管理学的一个重要分支，从此管理思想进入了一个丰富多彩的新的发展时期。

（二）行为科学管理思想的发展

早期人际关系理论仅侧重研究人们之间的相互关系，所以被称为“人际关系学说”。20 世纪 40 年代以后，随着研究范围的不断扩展，人们提出了“行为科学”的概念。行为科学是一个综合性的学科，它本身有一个发展的过程，对行为科学的定义，有广义和狭义两种。

广义的行为科学是指研究人的行为以及动物的行为，是一个学科群。在美国卡·海耶尔主编的《管理百科全书》一书中，给行为科学下的定义是：行为科学是运用自然科学的实验和观察方法，研究在自然和社会环境中人的行为（以及低级动物的行为）的一切科学。已经确认的学科包括心理学、人类学、社会学以及其他相关学科中类似的观点和方法。这个定义把行为科学看做是包括心理学、社会学、人类学在内的学科群。

狭义的行为科学是指应用心理学、社会学、人类学及其他相关学科的成果，来研究组织管理过程中人的行为和人与人之间关系规律的一门科学。通常所说的行为科学多数是指狭义的行为科学，也称组织行为学。

组织行为学作为一门边缘科学，大量借鉴了心理学、社会学、人类学、管理学、人机工程等相关学科的有益成果。组织行为学把组织及其成员的行为作为研究对象，并根据对象的组织化程度，划分为五个层次：

1. 对个体行为的研究

个体是构成组织的最基层单位，是组织的细胞。从人自身的角度看，人又是组织的主体，每个人都具有其独立的人格。认识个体是了解组织行为的基础。对个体行为的研究，包括对人性的认识，对个体心理因素中的认知、价值观、个性和态度的认识，以及对人的需要的认识及有关激励理论的研究。

2. 对群体行为的研究

群体是组织的基层单位，在组织中存在着大量的非正式组织。群体行为对组织行为有着重大影响，组织行为学要对群体的功能、分类、压力、规范、冲突、竞争、交流等方面做专题研究。

3. 对组织的心理及行为规律的研究

从组织心理及行为规律的角度对组织设计、组织诊断、组织变革和组织发展进行研究。

4. 对社会环境的研究

把组织作为一个开放系统，研究组织与社会的交换关系，社会环境和文化对组织行为的影响等。

5. 对领导行为的研究

从领导行为的角度研究领导有效性的问题。由于人们研究的角度和出发点的不同，共出现有三种类型的领导理论，即领导品质理论、领导行为理论和领导权变理论。

在组织行为学的几十年的发展中，具有代表性的人物和理论有：乔治·埃尔顿·梅奥的霍桑实验与人际关系学说；亚伯拉罕·马斯洛的需要层次理论；弗雷德里克·赫茨伯格的双因素理论；维克托·弗鲁姆的期望理论；戴维·麦克利兰的成就需要理论；斯塔西·亚当斯的公平理论；道格拉斯·麦格雷戈的X－理论与Y－理论；爱德华·劳勒和莱曼·波特的综合激励模型；埃德加·沙因的复杂人假设；卡特·勒温的群体动力学；坦南鲍姆和施密特的领导行为连续统一体理论；布莱克和莫顿的领导方格理论；何塞和布兰查德的领导生命周期理论，等等。上述理论将在后续的各个章节中展开学习。

二、行为科学管理思想对管理的影响

(一) 弥补了科学管理理论的不足，提出以人为中心来研究管理问题

科学管理思想阶段强调了组织形式而忽视了人，行为科学管理思想则主张以人为中心来研究管理问题，这是管理思想的一个重大转变。由于研究的目的与方法不同，行为科学管理思想阶段出现了许多不同的理论和假说，但是，它们的一个共同特点是重视人在组织中的关键作用，认为人是组织中最重要的因素。因此，一个管理者必须学会激励和领导其他人，必须学会理解和处理好人际关系。

(二) 否定了“经济人”的观点，肯定了人的社会性和复杂性

行为科学注意吸取心理学、社会学、人类学、经济学等多学科的研究成果，对人的行为规律进行了多方面的剖析，认为人们工作不仅仅是为了物质利益，也不仅仅是为了建立社会关系，人的行为的动机和需要是非常复杂的，行为科学研究的重点就是人的动机、人的需求、人的行为的激励和领导方式等问题。行为科学重视发挥人的主动性、创造性，强调民主型、参与式的领导方式。

(三) 奠定了现代管理理论的基础，对管理理论的研究有很强的指导和借鉴作用

行为科学的诞生，使人类观念发生了很大的变化，使很多领域的管理逐渐趋于科学。它的研究和运用，也由最初的企业管理逐步向各领域延伸。它适用于所有国家；它不仅适用于企业的管理，同样也适用于社会各类组织的管理。

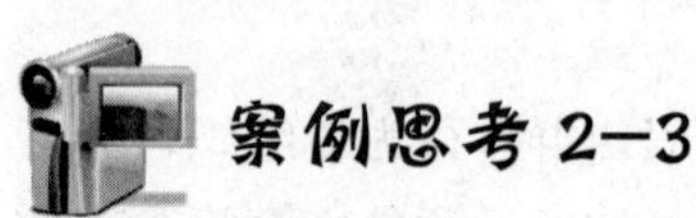

案例思考 2-3

好事一定会有好结果吗？

管理工作的有效性要从效率和效果两个方面来评价。在管理学界，效率大多被理解为“正确地做事”，效果则被理解为“做正确的事”。考察管理思想及其演变，学者们归纳出古典管理思想、行为管理思想、定量管理思想、系统和权变管理思想等大的流派。比较不

同流派管理思想，更加侧重于效率的流派是哪些呢？

第四节　现代管理思想

现代管理思想最早起源于第二次世界大战时期，其迅速发展是在20世纪60年代以后。这一时期，由于资本主义企业不断走向垄断和国际化，管理环境和管理的重点发生了变化，从微观转向宏观，从技术转向战略，从局部转向系统，从定性化转向定量化。此外，现代运筹学、社会学以及系统论、信息论和控制论等科学技术的发现和推广，促使企业生产过程的自动化、连续化的程度以及生产社会化程度空前提高；企业规模的扩大、市场竞争的激烈、市场环境的变化多端都对管理提出了更高的要求。在这种背景下，各种管理理论和管理学派如雨后春笋般涌现出来，管理学进入了繁荣发展的新时代，形成了“管理理论的丛林”，从而推动了管理科学思想的新发展。

一、现代管理思想的主要代表

（一）管理过程学派

管理过程学派是继科学管理思想和行为科学思想之后影响最大、历史最悠久的一个学派。事实上，科学管理思想时期的代表人物之一法约尔就是这个学派的开山鼻祖，这个学派后来经美国管理学家哈罗德·孔茨等人的发扬光大，成为现代管理理论的一个主流学派。

管理过程学派将管理视为一个由管理职能组成的，在时间上继起、空间上并存的不断循环发展的动态过程。其管理思想主要体现在：

1. 把管理过程和管理职能作为研究对象

管理过程学派认为，管理就是在组织中通过别人或同别人一起完成工作的过程。管理过程同管理职能是分不开的，因此，研究管理必须从管理过程和管理职能上进行分析，从理论上加以概括。

2. 把管理揭示为通过别人使事情做成的各项职能

把管理工作划分为一些基本职能，包括：（1）计划，即选择目标和实现的手段；（2）组织，即设计有一定目标的权责机构；（3）用人，即选拔、考核和培训人员，以便有效承担责任；（4）领导，即采取措施激励人们积极性；（5）控制，即对人们的活动进行估量，及时纠正偏差，以保证计划实现。

3. 对管理职能进行研究，探求管理的基本规律

在分析基本职能的基础上对每项职能提出以下一些基本的问题：每项职能的特点和目的；每项职能的基本结构；每项职能的过程、技术、方法及其优缺点；有效实施每项职能的障碍以及排除这些障碍的手段和方法。

管理过程学派无论是从理论基础还是从研究方法上都与自然科学有些类似，因而它的科学性比较容易被人们理解和接受，在现代管理理论中也占有相当重要的地位。

（二）社会系统学派

社会系统学派的创始人是切斯特·巴纳德。他以社会科学家的高瞻远瞩来看待组织，又以物理学家的细致态度来分析组织。他把社会学概念应用于分析经理人员的职能和工作

过程，并把研究重点放在组织结构的逻辑分析上，提出了一套协作和组织的理论体系，出版了《经理人员的职能》《组织与管理》等著作，为建立和发展现代管理学做出了重要贡献。其管理思想主要体现在：

1. 组织是一个协作的系统

巴纳德认为，组织是有意识地协调两个以上的人的活动的一个体系。他认为这个定义适用于各种形式的组织，从公司的各个部门或子系统直到由许多系统组成的整个社会。组织系统包括：（1）物理的因素，即厂房、机器和其他物质条件；（2）生物的因素，即组织成员；（3）社会心理因素，即信息、热情、集体的相互作用等。巴纳德指出，正式组织的协作基础是成员相互协作的愿望、共同的目标和相对稳定的信息联系；非正式组织的协作基础是没有共同的或自觉配合的共同目标的社会相互作用。正式组织和非正式组织相互创造条件，对系统协作产生影响。

2. 经理的作用

经理是协作组织系统中的关键人物，在三个方面发挥重要作用：一是建立整个组织的信息系统并保持其畅通；二是发现最好的人员，并能正确任用；三是确立组织的目标和宗旨。

3. 经理的权威

巴纳德认为，权力的使用必须同时满足下列条件才能顺利实现：一是必须使下属理解这个命令；二是必须使下属认识到这个命令是和组织的目标相一致的；三是必须使下属认识到这个命令和他们本身的利益是一致的；四是使下属认识到他们具备完成任务的能力。

巴纳德在组织管理理论方面的开创性研究，奠定了现代组织理论的基础。后来的许多学者如德鲁克、孔茨、明茨伯格、西蒙等人都极大地受益于巴纳德，并在不同方向上有所发展。

（三）决策理论学派

决策理论学派是以社会系统论为基础，吸收了行为科学、系统论的观点，运用电子计算机技术和运筹学的方法而发展起来的一种理论。决策理论学派是现代管理理论的一个重要学派。美国著名的经济学家和社会科学家赫伯特·西蒙是决策学派的代表人物。他由于在决策理论研究方面所做出的贡献，被授予了 1978 年度的诺贝尔经济学奖。其管理思想主要体现在：

1. 突出决策在管理中的地位

决策理论认为：管理的实质是决策，决策贯穿于管理的全过程，决定了整个管理活动的成败。如果决策失误，组织的资源再丰富，技术再先进，也是无济于事的。

2. 系统地阐述了决策原理

西蒙对于决策的程序、准则、类型及其决策技术等作了科学的分析，并提出用“满意标准”来代替传统决策理论的“最优化标准”，研究了决策过程中冲突的解决方法。

3. 强调了决策者的作用

认为组织是决策者个人所组成的系统，因此强调不仅要注意在决策中应用定量方法、计算技术等新的科学方法，而且要重视心理因素、人际关系等社会因素在决策中的作用。

决策理论的一个重要特点，是把各种具体的组织观念加以抽象，重点分析组织活动的一般特征，指出决策是贯穿于组织活动全部过程的核心内容。因此决策理论不仅适用于企业，而且适用于其他各种组织的管理，具有普遍的适用性。

（四）系统管理学派

系统管理理论源于一般系统论和控制论，侧重于用系统的观念来考察组织结构和管理的基本职能。其主要代表人物有美国的理查德·约翰逊和弗里蒙特·卡斯特。系统管理学派是运用系统科学的理论、范畴及一般原理，全面分析组织管理活动。其对管理的定义是：用系统论的观点对组织或企业进行系统分析、系统管理的过程。其管理思想主要体现在：

1. 组织本身是一个以人为主体的系统

系统管理学派从系统观点出发，认为工商企业是一个由相互联系而共同工作的各个要素（子系统）所组成的以便达到一定目标（既有组织的目标，又有其成员的个人目标）的系统。组织系统中任何子系统的变化都会影响其他子系统的变化，系统的运行效果是通过各个子系统相互作用的效果决定的。

2. 组织是社会系统中的一个分系统

组织不是一个封闭的人造系统，而是开放的社会技术系统，是更大的社会系统中的一个分系统。它同周围环境（顾客、竞争者、工会、供货者、政府等）之间存在着动态的相互作用，并具有内部和外部的信息反馈网络，能够不断地自动调节，以适应环境和自身的需要。

3. 管理必须建立在系统的基础上

管理要善于将各种资源要素集合起来，在同一目标下形成一个整体。管理人员必须从组织的整体出发，研究组织各组成部分之间的关系，研究组织与外部环境之间的关系，以利于做出正确的决策和进行组织与协调。

系统管理学派盛行于20世纪60年代。由于当时系统科学的兴起，对管理学派的发展和演变产生了巨大的影响。

（五）权变管理理论学派

权变管理理论学派是20世纪60年代末70年代初发展起来的管理理论，其代表人物是美国管理学家卢桑斯以及英国学者伍德沃德等人。权变理论的核心思想是，认为不存在一成不变的、无条件适用于一切组织的最好的管理方法。强调在管理中要根据组织所处的内外环境的变化而随机应变，针对不同情况寻找不同的方案和方法。其管理思想主要体现在：

1. 传统理论存在认识上的缺陷

这个学派以系统观点为理论依据，从系统观点来考虑问题，认为以往的理论有两个方面的缺陷：一是忽视了外部环境的影响，主要侧重于研究加强企业内部的组织管理；二是以往的管理理论大都带有普遍真理的色彩，追求理论的普遍适用性和最合理的原则、最优化的模式，但是真正在解决企业的具体问题时，却常常显得无能为力。

2. 环境变量与管理变量之间存在着函数关系

这里所说的环境变量包括组织的外部环境，也包括组织的内部环境。在一般情况下，环境是自变量，管理观念和技术是因变量。因此，如果环境条件一定，为了更快地达到目标，必须采用与之相适应的管理原理、方法和技术。

3. 管理应该权宜变通

权变管理理论认为，管理模式不是一成不变的，要适应不断变化的环境而有所变革，要根据组织的实际情况来选择最适宜的管理模式。

权变理论在提出以后的几十年内，其理论价值和应用价值日益为管理实践所证明，因而得到了越来越多的人的支持，成为具有重大影响的管理学派之一。

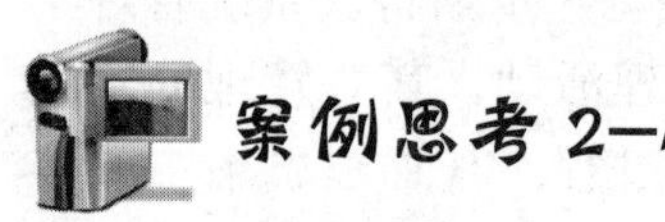

案例思考 2-4

效果为什么不理想？

新中国成立以来，政府为了提高企业管理水平，经常性地总结一些成功的典型经验，如“大庆经验”“鞍钢宪法”“满负荷工作法”“成本倒推法”等，并通过各种方式宣传，要求企业推广实施，但是效果并不是十分理想。下述原因中，哪一种更为可能？

A. 管理方法的总结不具体，应用受到限制。

B. 在这些方法的推广过程中没有很好地体现权变管理思想。

C. 在这些方法的推广过程中没有很好地体现系统管理思想。

D. 没有将这些方法上升为理论，因而不容易被理解和应用。

（六）经验主义学派

经验主义学派又称为经理主义学派，其代表人物是彼得·德鲁克，他的主要著作有《管理实践》《管理——任务、责任、实践》等。经验主义学派认为，管理学就是研究管理经验，通过对管理人员在个别情况下成功的和失败的经验教训的研究，会使人们懂得在将来相应的情况下如何运用有效的方法解决管理问题。因此，这个学派的学者把对管理理论的研究放在对实际管理工作者的管理经验教训的研究上，强调从企业管理的实际经验而不是从一般原理出发来进行研究，强调用比较的方法来研究和概括管理经验。其管理思想主要体现在：

1. 管理的性质

经验主义学派认为，管理是对人进行管治的一种技巧，是一个特殊的、独立的活动，同时也是一个独立的知识领域。管理学如同医学、法律学和工程学一样，是一种应用学科，而不是纯知识的学科。但管理又不是单纯的常识、领导能力或财务技巧的应用，管理的实际应用是以知识和责任为依据的。管理应侧重于实际应用，而不是纯粹理论的研究。

2. 管理的任务

管理的任务主要有三项：一是取得经济成果，这对于企业而言是合理的并且本身就是它的目的；二是使企业具有生产性，并使工作人员有成就感；三是妥善处理企业对社会的影响和企业承担对社会的责任等问题。

3. 管理的职责

作为企业的经理，有两项职责是别人不能替代的。第一个职责是他必须造成一个生产的统一体，这个生产统一体的生产力要比它的各个组成部分的生产力的总和更大。从这个意义上讲，经理要造成生产统一体，就要克服企业中的所有的弱点，并使各种资源（特别是人力资源）得到充分的发挥。经理的第二个职责是在做出每一次决策或采取每一个行动时，要把当前的利益和长远的利益协调起来。

经验主义学派从企业管理实际出发，以企业特别是以大企业的管理经验为主要研究对象，并对这些管理经验加以抽象和概括，然后传授给管理人员。也就是说，他们认为管理学就是研究管理的经验，把实践放在第一位，以适用为主要目的，这是经验主义学派的主要特点。

（七）管理科学学派

管理科学学派也称数量管理科学学派或数量学派，是第二次世界大战以后发展起来的管理学派。该学派注重定量模型的研究和应用，以求得管理的程序化和最优化。认为管理就是制定和运用数学模式与程序的系统，就是用数学的符号和公式来表示计划、组织、控制、决策等合乎逻辑的程序，求出最优的解答，以达到组织的目标。管理科学学派推动了运筹学在管理中广泛应用，使管理从以往定性的描述走向了定量的预测阶段。其管理思想主要体现在：

1. 借助数学模型

在管理决策中利用数学工具建立数量模型研究各因素之间的相互关系，决策的过程就是建立和运用数学模型的过程。依靠建立一套决策程序和数学模型以增加决策的科学性，力求减少决策的个人艺术成分。

2. 强调用数字说话

寻求将众多方案中的各种变数或因素加以数量化，用数量表示最优化的答案，各种可行方案要以经济效果作为评价的依据。

3. 广泛使用电子计算机

现代组织管理涉及的信息量不断加大，使处理信息的工作量加大。充分利用现代科学技术可使决策建立在准确、及时和充分的信息基础之上。

管理科学学派把现代科学技术方法运用到管理领域中，为现代管理决策提供了科学的方法。它使管理理论研究从定性到定量，在科学的轨道上前进了一大步，同时它的应用对管理水平和效率的提高也起到了很大作用。

案例思考 2-5

古代管理的启示

宋真宗祥符年间，因皇城失火，宏伟的昭君宫被烧毁，大臣丁渭受命全权负责宫殿的修复。这是一项浩大的工程，需要解决很多问题，特别是运输问题。丁渭在对皇宫进行实地考察后，提出了一个巧妙方案：先在宫殿前的街道挖沟，取出的泥土烧砖、烧瓦；再把京城附近的河水引入沟渠中，形成一条运河，用船把各地的木材石料等建筑材料运至宫前；最后沟渠撤水，把清墟的碎砖烂瓦和建筑垃圾就地回填，修复了原来的街道。这个蕴含着运筹学思想的方案合理、高效，是中国古代管理实践的典型范例。

请问：现代企业哪些管理是继承这一思想的？它给我们提供了什么管理启示？

二、现代管理思想对管理的影响

（一）强调系统管理

现代管理理论以系统论为基础，用系统的观点和方法研究组织及其管理问题，认为任何组织都是由复杂的内部因素所构成的，并且处于复杂的外部环境之中，因此，强调从全局出发，而不是从个别部分出发来考虑管理问题；强调不仅从静态的角度，更要从动态的角度，即各个因素之间、系统与环境之间的相互影响和变化中去研究管理问题；要求管理者具有较宽的视野、灵活的思维方式、科学的管理方法和卓越的协调能力，从而进行有效管理，顺利地实现组织目标。

（二）突出决策的战略地位

在现代复杂多变、竞争激烈的环境中，一切组织都应重视战略研究和决策研究，要注意了解外部环境，及时掌握各种信息，进行科学决策，才能实现既定目标，获得生存和发展。

（三）重视以“人”为中心的管理

强调以人为中心研究管理问题，重视人在组织中的关键作用。强调探索人类行为的规律，提倡善于用人，进行人力资源的开发。主张民主参与管理，改变上下级之间的关系，由命令服从变为支持帮助，由监督变为引导，实行组织成员的自主自治。

（四）强调组织与环境的适应性

强调组织是开放的系统，因而不可避免地会受到周围环境的影响，但反过来，组织也会影响环境，且在与环境的相互影响中达到自身的动态平衡。

（五）重视管理方法的定量化和管理手段的自动化

在现代管理和决策中，传统的直观判断和单靠经验的做法越来越不适用了，要求广泛采用现代管理科学方法，进行科学决策。所以，在现代管理中，非常重视系统科学方法、运筹方法、数理统计方法和计算机模拟等定量化方法的运用，并且越来越重视计算机等先进技术手段的应用。

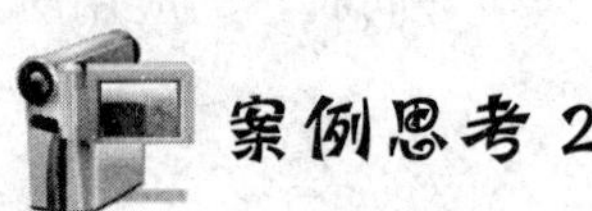

不同管理思想的解决方法

王忠是一个冷饮厂厂长，该厂专门生产冰淇淋。在过去的四年中，每年的产量都稳步上升。但是今年的情况发生了较大的变化，到 7 月份，累计销售量比去年同期下降了 17%，生产量比计划少了 15%，缺勤率比去年高了 20%，迟到早退现象也有所增加。王忠认为这种情况的出现，很可能与管理有关，但他不能确定发生这些问题的原因，也不知道应该怎样去改变这种情况。他决定去请教管理专家。

请问：具有不同管理思想（科学管理思想、行为科学思想、权变管理思想）的管理专家，会认为该厂的问题出在哪里，会提出怎样的解决方法？

第五节　现代管理思想的创新发展

20 世纪 90 年代以来，知识经济的迅速发展，新时期管理的实践，促成了管理新思想的不断涌现。

一、管理重点由基层向高层转移，由业务管理向战略管理转移，出现了“战略热”

从泰罗起到20世纪五六十年代开发出来的组织管理办法，基本上以提高企业内部效率为中心，按现代系统观点来看，属于“闭系统的管理方法”，即关起门来提高效率。可是到了环境多变的70年代，企业如果跟不上环境的变化，那就非失败不可。因此，人们逐渐认识到：内部效率问题固然重要，但更重要的则是紧跟环境的变化方向，及时做出战略决策。只有在战略决策正确的前提下，提高效率才有意义；否则，战略决策错了，效率再高也于事无补，甚至可能失败得更惨。效率问题基本上靠公司内的业务管理和技术管理来解决，更多属于中层和基层的工作；战略决策则属战略管理问题，主要依靠高层管理去解决。基于这种认识，企业管理工作的重心，就逐步转移到高层的战略管理上来。管理理论也跟着纷纷去研究战略管理问题，从而形成一股“战略热”。

二、强调注重“软”管理，把抓好“组织文化”作为管理的根本立足点

20世纪70年代以后，日本生产率以惊人的速度增长，日本产品大量打入美国市场，日本经济实力迅速上升。这大大促进了美国在比较管理学方面的研究。经过对日本管理进行深入研究，寻求其实质，人们发现日美管理的根本差异并不在于表面的一些具体做法，而在于对管理因素的认识有所不同。美国管理过分强调诸如技术、设备、方法、规章、组织机构、财务分析等这些“硬”的因素，而日本则比较注重诸如目标、宗旨、信念、价值准则等这些“软”的因素。在日本人看来，管理工作中关键的关键，是企业通过对全部职工的教育和包括领导者在内的身体力行，树立起大家共同遵守的信念、目标和价值观，产生一种“大家同心协力共赴目标”的精神状态。如果说美国人偏重于从经济学角度去考虑管理问题，那么日本人则更偏重于从社会学角度去对待管理问题；如果说美国人在管理中注意的是“科学”因素，那么日本人更注意的是“哲学”因素。在这里，“科学”可以被更多地理解为是自然科学和技术方法，理解为是理性分析方法，“哲学”则相对地指属于更高层次的理论和观念问题。

美国人同时对美国管理成功的大量企业做了调查。结果发现，美国成功的企业，也普遍存在这种情况：它们也是首先抓这些“软”因素，即它们也把抓好“公司文化”作为管理的根本立足点。于是得出一个结论：公司文化这类软因素是管理的核心因素，是管理成败的根本关键。由此，“公司文化热”兴起了。从1981年起，有关这方面的大量著作相继出版发行，其销售量之大，被迅速转译为别国文字之多之快，都是管理发展史上罕见的。目前，企业文化在理论和实践方面均得到了长足的发展，企业文化不仅作为一种理论得到系统地研究，而且成为现代企业的一种战略在企业中实施，这标志着管理从物质的、制度的层面向文化层面发展的趋势，标志着管理进入了新的发展阶段。

三、强调对人的作用的认识，提出了“人本管理”的新思想

“人本管理”在传统“以人为中心”的管理思想基础上进一步发展，将人的因素从单纯强调管理客体的地位上，提升到管理主体和管理目的的高度。即把人视为组织的最重要资源，强调“依靠人的管理”和“服务人的管理”。通过激励，调动和发挥员工的积极性

和创造性，挖掘员工的潜能；通过民主参与、个人职业生涯设计，引导员工参政议政，将个体行为纳入实现组织目标的轨道，实现员工的价值。“人本管理”理论的确立和发展是管理理论和实践的升华，在管理诸多方面实现了根本性的转变，包括运用于团队建设，人力资本运作、劳动者权益保护、推行民主管理、企业文化建设、创造核心竞争力等。

四、强调革命性的变革，提出了“企业再造”的新思路

“企业再造”是美国麻省理工学院的教授迈克尔·哈默和詹姆斯·钱皮于1993年出版的著作《企业再造》中提出来的。美国学者认为：自工业革命200多年以来，主宰当今企业组织的基础理论没有变，即亚当·斯密的分工理论：劳动分工产生效率。因此人们关注的重点都是如何通过专业化分工提高效率，生产过程越分越细，管理职能也越分越细。人们对生产经营系统、管理组织结构的变革都持一种比较慎重的态度，主张用改良、完善的办法来改善和加强企业管理，对管理组织结构也是要求保持稳定性和灵活性的统一，避免出现大的震动，造成工作秩序的混乱。而“企业再造”理论认为，现今社会已进入信息社会，信息革命和技术的发展使得企业的效率不一定产生于分工之中，而有可能产生于重新整合之中，即把按分工原则拆开的组织体系、工作流程进行重新整合。

美国学者对再造工程下的定义是：“将组织的作业流程进行根本的重新思考与彻底翻新，以便在成本、品质、服务与速度上获得戏剧化的改善。”其中心思想是强调企业必须采取激烈的手段，彻底改变工作方法。强调企业流程要“一切重新开始”，摆脱以往陈旧的流程框架。

企业流程再造的目的是提供企业竞争力，从业务流程上保证企业能以最小的成本、高质量的产品和优质的服务为企业客户服务。企业再造的实施办法是：以先进的信息系统和信息技术为手段，以顾客的中长期需要为目标，通过最大限度地减少对产品增值无实质作用的环节和过程，建立起科学的组织结构和业务流程，使产品的质量和规模发生质的变化。

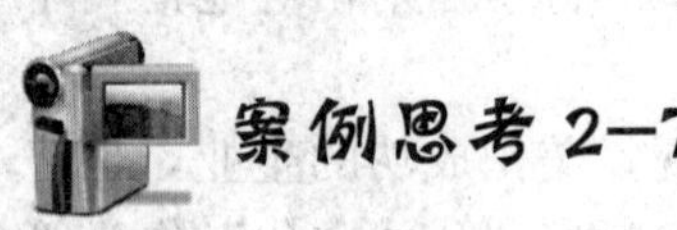

如何解决问题？

去过医院的人或多或少地会对某些医院内部的管理程序感到有点不太适应。你从大夫那里拿到处方，得先到划价窗口排队等候划价，然后到交费窗口排队交费，好不容易排到了药房取药，得到的答复是其中的一种药没有，必须找大夫修改处方。找到大夫后，大夫的做法可能只是将这种药划去。你拿着新的处方再进行一轮新的排队旅行，你能没有抱怨吗？

思考一下解决问题的思路及措施。

五、提出了建立学习型组织，进行五项修炼的新理论

学习型组织理论是美国麻省理工学院教授彼得·圣吉在他的著作《第五项修炼》中提出来的。该书出版后，受到了管理学界和企业家们的广泛关注，于1992年荣获世界企业

学会的最高荣誉开拓者奖，并被喻为“21 世纪的管理圣经”。

学习型组织理论认为：传统的组织类型已经越来越不适应现代环境发展的要求，未来真正出色的企业，将是能够设法使组织成员全心投入，并有能力不断学习的组织。彼得·圣吉曾说过，未来最成功的企业将会是学习型的组织，因为未来唯一持久的优势，是有能力比你的对手学得更快。因而，创建学习型组织不仅是时代的要求，也是信息社会一个企业走向成功所必然也是必须经历的过程。

学习型组织，是指更适合人性的组织模式。这种组织由一些学习团队形成，有崇高而正确的核心价值、信心和使命，具有强韧的生命力与实现共同目标的动力，不断创新，持续蜕变。在这种学习型组织中，人们胸怀大志，心手相连，脚踏实地，勇于挑战权限及过去的成功模式，不为眼前利益所诱惑；同时，以令成员振奋的远大共同愿景以及与整体动态搭配的政策与行动，充分发挥生命的潜能，创造超乎寻常的成果，从而由真正的学习中体悟工作的真义，追求心灵的满足与自我实现，并与周围的世界产生一体感。

案例思考 2-8

如何认识学习型组织？

将企业培养成为一个学习型组织，已经成为许多企业领导者的共识。为此，一些企业的领导者投入大量的人力、物力、财力开展企业内部培训工作，鼓励员工读书，为个人学习创造各种便利条件。这样是否意味着企业已经变成了学习型组织？

彼得·圣吉在《第五项修炼》一书中提出的五项修炼，实际是改善个人与组织的思维模式，使组织朝学习型组织迈进的五项技术。作为一个整体，它们是紧密相关、缺一不可的。这五项修炼是：

1. 自我超越

组织成员应能不断认识自己，认识外界的变化，不断给予自己新的奋斗目标，做事要精益求精，永远努力发展自我，超越自我。一个组织能否成为学习型组织，能否具备内在的创新机制，关键在于能否不断地提升自我超越的能力，在于激发员工的创造性张力。

2. 改善心智模式

心智模式是根深蒂固于心中，影响我们如何了解这个世界，以及如何采取行动的许多假设、成见，甚至图像、印象等。要求组织成员要善于改变传统的认识问题的方式和方法，要用新的眼光看世界。

3. 建立共同愿景

共同愿景指组织中所有成员所共同发自内心的意愿和向往的景象，是一个组织中各个成员发自内心的共同日标，是蕴藏在人们心中一股令人深受感召的力量。它帮助组织培养其成员主动而真诚地奉献和投入。

4. 团队学习

使组织成员学会集体思考，以激发群体的智慧。凭借完善的协调和一体的感觉，发挥出综合效率。团体的智慧总是高于个人的智慧。当团体真正在学习的时候，不仅团体能产生出色的效果，其个别成员的成长速度也比其他的学习方式快。

5. 系统思考

企业和人类的其他活动一样，也是一种系统，也都受到细微且息息相关的行动所牵连，彼此影响着，因此，必须进行系统思考修炼，即整体地、动态地、本质地思考问题。强调要把企业看成一个系统，并把它融入社会这个大系统中，考虑问题既要看到局部又要看到整体，既要看到当前又要看到长远。要把系统原则融入行为之中，必须能从广泛的角度观察世界。

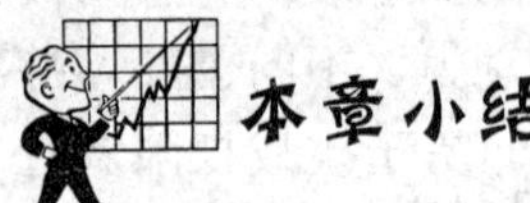

本章小结

人类的管理活动源远流长，在人类长期的实践活动中，留下了极其丰富的管理思想遗产。在古代，世界各国都有许多成功的管理实践，体现了人类对管理活动的渐进认识和创造性。

传统管理思想阶段开始于18世纪中叶的工业革命时期，止于19世纪末。这一阶段的企业管理实践有以下几个特点：由资本家直接担任企业管理者；靠个人的经验从事生产和管理；管理的重点是解决分工和协作问题。

科学管理思想阶段经历了19世纪末至20世纪30年代。这一阶段管理思想的发展标志着管理科学理论的建立。科学管理理论是人类历史上第一次尝试以科学的、系统的方法探讨管理问题。

行为科学思想起源于20世纪30年代，管理学家开始从人类行为的角度，对管理活动进行研究。强调从社会学、心理学、人类学的角度出发，强调人的需要、人的相互关系对组织活动的影响。

现代管理思想最早起源于第二次世界大战期间，60年代以来更有了迅速发展。现代管理思想强调系统管理；突出经营决策的战略地位；重视以"人"为中心的管理；强调组织与环境的适应性；重视管理方法的定量化和管理手段的自动化。

进入80年代以来，知识经济的迅速发展，新时期管理的实践，促成了管理新思想的不断涌现。管理重点由基层向高层转移，由业务管理向战略管理转移，出现了"战略热"；强调注重"软"管理，把抓好"公司文化"作为管理的根本立足点；强调对人的作用的认识，提出了"人本管理"的新思想；强调革命性的变革，提出了"企业再造"的新思路；强调对管理整体性和系统性的重视，提出了建立学习型组织，进行五项修炼的新理论。

复习思考题

1. 我国古代管理思想对当代管理具有哪些借鉴意义？
2. 科学管理思想的主要特点是什么？
3. 行为科学管理思想的主要特点是什么？
4. 如何理解权变理论的思想？
5. 如何理解系统理论的思想？
6. 当代管理思想的创新发展有哪些特点？

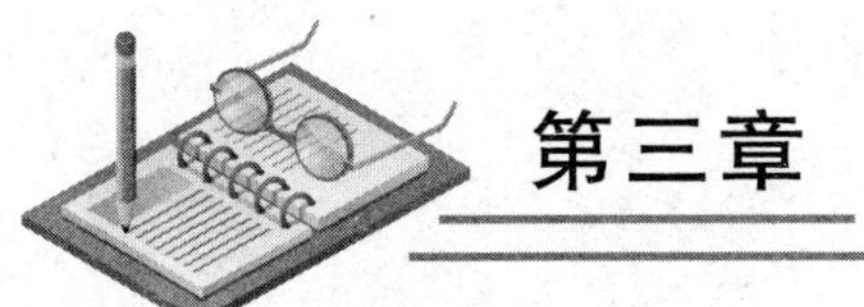

第三章

管理与环境

本章要点提示

- 环境与环境管理
- 组织的一般环境和任务环境
- 组织环境的分析方法
- 社会责任的含义和内容
- 社会责任的组织保证

引　例

一位伐木工说："过去的生活多么简单。我父亲只要砍下一棵树来，运到工厂就可获得报酬。木材的需求十分稳定，树木的供应也是绰绰有余，那时候的生活是多么美好呀！"

有人问这位伐木工："那么现在的生活有什么不同呢？"

伐木工回答："一切都变了。现在环保组织反对砍伐树木；砍树要得到政府的许可；能够代替树木的新材料越来越多了；木材市场需求波动越来越大了。我现在每挣一个子都非常困难。我还不知道能否挣扎着维持生计。"

环境的复杂多变，对每一个组织乃至每一个人的影响越来越大。因此，组织的生存与发展必须建立在对环境研究的基础之上，要对环境进行调查、分析，预测其发展趋势，掌握其变化规律。只有这样，才能保证组织活动的顺利开展。

第一节 管理与环境概述

一、环境及其分类和特点

（一）环境及其分类

组织环境，从广义上来说，包括外部环境和内部环境（内部条件）两大方面。从狭义上来说，是指组织的外部环境。这一章谈的问题主要涉及组织的外部环境。

组织的外部环境，是指组织周围的、不受组织控制但与本组织的生存和发展相关联的各种外界因素的总和。组织能否有效地开展活动，并获得预期的目标，与组织的外部环境有着直接的关系。对于复杂多变的外部环境，组织必须要用全方位的思想、多角度的眼光加以审视。

组织的外部环境并不是指整个外界事物，而是指与组织的活动有关联的外界事物的总和。因此，外界和外部环境不是同一概念，两者既有区别，又有联系。对任何组织而言，外界都是一个，是相同的，但不同组织有不同的外部环境，外界诸因素对每个组织的作用和影响不同，导致各组织所采取的行动也不尽相同。例如：学校组织与企业组织的外部环境就有着较大差异；同样是企业组织，生产服装和生产汽车的企业，生产主机和生产协作零部件的企业，它们之间的外部环境也会有较大差别，其组织目标和市场策略也会各有不同。但是，外界和外部环境两者又有密切联系，商品经济的发展、科学技术的进步、政治经济形势的变化等，必然导致组织的外部环境不断向外界渗透、扩大。外部环境的日趋复杂多变，是任何一个组织都要面对的必然趋势。

组织的外部环境可划分为硬环境和软环境，一般环境因素和任务环境因素。

按环境的表现形态划分，组织的外部环境可划分为硬环境和软环境。硬环境泛指与组织发展直接相关的物质条件，主要包括自然地理条件，诸如地理位置、资源、气候等，基础设施结构，诸如交通、能源、供水、供电、生活居住、金融、邮电以及其他相应配套的服务设施等。软环境则指对组织发展有重大影响的政治、经济、人文社会方面的因素，包括政治与社会安定、政策稳定、法律体系，政府行政管理水平和办事效率，市场运行机制，人口的文化教育程度，人们的观念意识和道德修养，社会规范等。

按各种因素对组织活动的影响程度划分，组织的外部环境可分为一般环境因素和任务环境因素。一般环境因素是指可能对组织的活动产生影响但其影响的相关性及其程度并不十分清楚的各种因素，一般包括政治、法律、经济、社会文化、自然等因素，一般环境因素对一个组织的影响一般不是直接的，但有可能对组织的发展产生某种重大的影响。特殊环境因素是指对组织的发展有直接影响的外部环境因素，一般包括资源供应者、竞争者、服务对象、政府管理部门及社会上的各种利益代表组织，这些因素与组织的活动有着直接的密切的联系，直接关系着组织目标的实现以及实现的程度。

案例思考3-1

为什么对环境的要求不同?

一只小猪、一只绵羊和一头乳牛被关在同一个畜栏里。有一次，牧人捉住小猪，小猪大声嚎叫，猛烈地抗拒。绵羊和乳牛讨厌小猪的嚎叫，便说：“他常常捉我们，我们并不大呼小叫。”小猪听了回答道：“捉你们和捉我完全是两回事，他捉你们，只是要你们的毛和乳汁，但是捉住我，却是要我的命呢!”

根据案例所反映的思想，试分析不同组织（如企业、学校）对环境的不同要求。

(二) 环境的特点

1. 综合性

环境是由许多因素交织而组成的矛盾综合体，涉及范围广，包括内容多，因此投资者在进行投资决策时，必须对各种因素进行综合分析，统筹考虑。只强调环境的某一因素或几个因素，都会陷入片面性。

2. 系统性

环境是一个有机的整体，各部分相互连接、协调，互为条件，构成一个纷繁复杂的庞大系统。例如：经济因素不能脱离政治因素而单独存在，政治因素也要通过经济因素来体现。又如：良好的经济环境、完善的政治制度，也需要由健全的法律保证。而政治的、法律的、经济的等因素都要受到社会文化背景的影响；社会文化的发展，又反过来要受政治的、法律的、经济的等各种因素的制约。其中，任何一个因素的变化，都可能使其他因素发生连锁反应，进而导致整个环境的变化，影响到组织对环境的评价。因此，外部环境的分析要善于运用系统分析的方法，在把握整个系统功能的基础上，分别考虑各子系统的结构功能。

3. 客观性

外部环境作为一种客观存在，是不以任何一个组织的意志为转移的。外部环境因素的变化对于组织来说是不可控制的。如企业不可能控制国家的政策法令，不可能控制人口的发展及变化趋势；同样，企业也不可能控制竞争对手的生产经营情况。环境因素尽管对组织来讲不可控制，但环境中许多因素的变化对组织构成的影响是完全可以通过组织的努力得到改变的，即组织在不可控制的环境面前绝不是完全被动的。如公众对企业的评价和看法、竞争对手对企业构成的威胁等，都可以通过企业自身的努力得到改变。因此，组织对环境的适应不应只是一种消极的反应，而应是在对环境透彻了解基础上的主动管理。

4. 动态性

影响环境的各种因素总是处于不断变化之中的，其导致组织的外部环境也在不断变化。这种环境的动态发展，既可能带来环境的改善，也可能带来环境的恶化，因而会给组织带来新的机会或威胁。因此，组织对环境的观察和分析不是一时一事的工作，要善于密切观察环境的变化，以便适时适地采取相应行动，不断提高组织自身对环境变化的应对能力。

二、环境对管理的影响

（一）环境对组织的影响

任何一个组织都不可能脱离社会而独立存在，必然要承受各种环境因素的作用与影响。

首先，环境为组织活动提供必要条件。组织的生存和发展是以外部环境为条件的，投入与产出都依赖于外部环境。从系统观点看，外部环境向组织输入所需要的各类资源和信息，如企业经营所需的各种资源都需要从属于外部环境的原材料市场、能源市场、资金市场、劳动力市场等去获取。同时，组织也要依赖于外部环境输出自己的产品（或劳务）。

其次，环境为组织的生存和发展提供了机会。比如新材料的利用可以帮助企业开发新的产品；互联网的普及使得许多网络增值服务公司蓬勃发展。环境在变化中也会对组织生存造成某种不利的威胁，比如数码技术的发展，使得传统照相技术被淘汰。

再次，环境对组织活动起着制约作用。组织的活动不能与环境相抵触，如企业必须遵守国家的法律和法规，否则将会受到制裁。

最后，组织的生存和发展，取决于它对外部环境变化的适应程度和应变能力。组织要实现自己的目标，就必须不断地了解现实，熟悉外部环境，特别是要分析未来环境的变化，使组织在变化的环境中求得生存和发展。

（二）环境对管理的影响

一般而言，环境对管理的影响主要体现在以下几个方面：

首先，组织的管理与环境之间存在着相互对应的关系。社会组织（如学校、企业）是整个社会的一个子系统，社会上的诸种因素总是不可避免地在组织内部体现出来。以一家企业为例，外部环境会涉及经济、技术和社会等因素，那么，企业内部就与之相对应存在着经营、作业和人际关系等管理领域。

其次，组织的管理与环境之间存在着相互交换关系。组织与环境之间不断地进行着物质、能量和信息的交换。如一家企业从市场上搜集情报信息，购进原材料，再将加工完的产品拿到市场上销售，并通过广告等形式向社会广泛传递有关产品的信息，而组织、协调和控制这些活动的管理行为，也必然同环境之间存在交换关系。

再次，组织的管理职能发挥受外部环境的制约。管理所具有的计划、组织、领导和控制等四大职能的发挥，都要受环境因素的影响和制约。如计划工作的好坏受制于对环境因素能否有正确的认识和把握；随着客观环境的变化，组织结构也要做出适当的调整；领导工作要受到社会文化背景的制约；控制工作则要求能够根据客观环境的变化，及时对组织活动做出相应调整等。

最后，管理也会反作用于外部环境。虽然客观外部环境对于组织而言是不可控的，但组织的管理活动在一定程度上也会导致客观环境发生变化，如通过积极的宣传引导，使消费潮流发生转变。通过对客观环境变化的分析，有利于对管理活动的进一步发展做出正确的调整。

资料 3—1

企业面临的环境挑战

根据约翰·奈斯比特和帕翠西亚·阿伯登等人对未来经济社会发展趋势的研究，可以看出主要有三大趋势与企业管理密切相关：

(1) 世界经济全球化与区域化发展。随着现代交通、通信、金融业的发展，国际商务合作迅速由商品贸易发展到海外投资，进而跨国经营，经济行为超越了国家和民族的界限。经济全球化和区域化将使管理由母国取向转变为世界或区域取向。

(2) 信息产业兴起并成为支柱产业。信息时代的来临将对传统产业的生产管理活动产生重大影响。企业的组织结构将分散化，变得更有生机，员工的个人价值将得以更充分地体现，而不再只是"金字塔"上的一块"砖"。新的技术、新的生产组织与经营环境必然带来新的管理问题和新的组织管理方式。

(3) 文化碰撞加剧，具有不同价值观念和信仰的人群将在全球范围内展开竞争与合作。不同文明之间世界观、价值观、社会法律、道德、伦理都相去甚远，直接表现为不同文明中人的思维模式、行为方式、情感好恶的差异。文化发展的趋势要求管理有新的价值观念形成，既要有对本民族文化内涵的认知，还要有对非本民族文化的理解。

上述趋势使新世纪具有全球化、网络化、虚拟化、知识化的基本特征，这些特征彻底地改变了企业自身的活动和管理方式，也改变了企业的基本生存环境。

资料来源：席酉民：《企业外部环境分析》，2～3 页，北京，高等教育出版社，2001。

(三) 管理者要加强环境管理

环境对组织的生存发展及对管理的决定与制约作用，要求管理者必须抓好环境管理，能动地适应环境，谋求内部管理与外部环境的动态平衡。

首先，管理者要了解、认识环境，这是环境管理的基础。管理者要把对环境的了解与掌握作为重要的管理工作。要通过各种渠道搜集有关环境的信息，掌握关于环境的各种因素与变量，把握环境发展变化的趋势与规律。

其次，在掌握组织环境大量信息，对组织环境充分了解的基础上，要对各种环境因素进行深入的分析与评估。要划分与确定环境因素的类型，确定环境对组织与管理影响的领域、性质及程度的大小。例如，可以根据一些因素与组织之间的联系，将环境区分为一般环境和任务环境，还可以根据环境的变化程度，将组织所面临的环境分为稳定环境和动态环境两类。

最后，在对环境科学评估、正确分类的基础上，管理者要从组织环境既定条件与因素出发，去研究、解决本组织的问题，千方百计地利用环境的有利条件，发挥本组织适应环境的优势，因势利导地寻求组织与环境的平衡，以获得组织的发展。

总之，环境是组织生存和发展的重要条件，加强环境管理应该是组织管理工作的十分重要的一项基础性工作。

第二节 组织环境因素与分析

一、一般环境因素的内容及对组织的影响

一般环境因素是指可能对企业的活动产生影响，但其影响的相关性及其程度并不十分清楚的各种因素，一般包括政治、经济、技术、社会文化、自然环境等因素。

一般环境因素对组织的影响通常不是直接的，但这些因素都有可能对组织的活动产生某种重大的影响。

（一）政治、法律环境

政治、法律环境是指一个国家的政治制度、执政党的纲领、政府的方针政策以及国家的法律法规所构成的对组织的影响因素。政治环境的好坏影响着宏观政治经济形势，从而也影响着组织活动的开展。

国家政治体制反映了一个国家的国体和政权的组织形式及其有关制度，如国家的政治和行政管理体制、经济管理体制、政府部门结构以及选举制度、公民行使政治权利的制度等。另外，世界上不同的国家有着不同的政党体制，如多党制、两党制、一党制等，不同的政党体制、不同的政党有着不同的哲学思想和奋斗纲领，其对政府的政策必然会产生不同的影响。而国家的政策关系到资源状况、居民的收入水平、消费与市场需要、组织内部制度与政策以及人员心理等，这些对组织的管理均有重要的影响作用。

国家政局的稳定性以及社会的安定状况直接关系到社会组织的运行与管理。如国家领导人的更换、政府的更迭可能导致国家政体的变化以及政治主张的改变；再如社会动乱以及种族、宗教冲突等都将导致政局动荡不定。

法律环境则是指国家乃至各级政府颁布的各种法律法规。法律是由国家制定并以国家强制力保证实施的各种行为规则的总和。法律和法规对组织的活动起着制约的作用，规定了组织可以做什么、不可以做什么。

以上因素虽然较为宏观，但对组织的影响是不容忽视的，组织的管理者如果对政治不关心，缺乏政治敏锐性，就很难驾驭组织，捕捉机遇，谋取成功，促进发展。

企业法律环境分析

法律环境分析主要分析的因素有：

(1) 法律规范，特别是和企业经营密切相关的经济法律法规，如《公司法》《中外合资经营企业法》《合同法》《专利法》《商标法》《税法》《企业破产法》等。

(2) 国家司法执法机关。在我国主要有法院、检察院、公安机关以及各种行政执法机关。与企业关系较为密切的行政执法机关有工商行政管理机关、税务机关、物价机关、计量管理机关、技术质量管理机关、专利机关、环境保护管理机关、政府审计机关。此外，还有一些临时性的行政执法机关，如各级政府的财政、税收、物价检查组织等。

(3) 企业的法律意识。企业的法律意识是法律观、法律感和法律思想的总称，是企业对法律制度的认识和评价。企业的法律意识，最终都会物化为一定性质的法律行为，并造成一定的行为后果，从而构成每个企业不得不面对的法律环境。

(4) 国际法所规定的国际法律环境和目标国的国内法律环境。

(二) 经济环境

经济环境是指社会整体的发展形势和景气状况。社会宏观经济的发展状况和趋势，常常成为组织决策的重要依据。其对组织的影响主要表现为从资金来源、人员供给、市场需求等方面影响着组织的投入和产出，从而制约管理活动的进行。

(1) 国家的经济制度、经济体制与经济政策，政府对各类组织活动的干预程度，直接决定着管理的社会属性，并对整个管理产生影响。例如，市场经济与计划经济对组织的管理提出了不同的要求，影响也是明显的。如果国家宏观经济政策实施紧缩，企业融资就会发生困难，从而影响生产的投入。

(2) 社会的经济规模与发展水平，包括国民生产总值、国民收入、制造业产值及其增长趋势、国家的城市化发展程度、国际收支状况等，直接决定着一些组织的经营状况，进而对管理提出不同的要求。处在经济繁荣期和经济衰退期的企业，其管理思路、战略与方法有着根本性的差异。

(3) 市场供求与消费水平，包括人口数量及其增长速度、人口分布状况、人均国民收入水平、市场消费水平、消费性质和消费结构以及市场的竞争态势、物价水平等，都对企业的经营管理有重要影响作用，尤其对企业的产品结构、质量要求和销售数量都将产生直接的影响，是企业经营状况的重要影响因素。

(4) 生产要素市场的完善程度，包括健全的商品市场、资本市场、劳务市场、技术市场以及金融市场等，这些都是组织能否从事正常活动，获得资源和利益的基本条件。企业生产的产品要有容纳吸收的消费市场，要能为企业提供有效的资金融通渠道，能够获得质量优异的劳动力资源等。

经济环境对组织的影响是最为直接的，对管理的影响也是最大的。管理者应有宏观视野，善于分析和把握所在国家或地区的国民经济运行情况和发展态势、国家产业政策以及国际经济情况和发展态势等内容。

(三) 社会与文化环境

社会与文化环境是指组织所在国家或地区人们的处事态度、价值取向、教育程度、风俗习惯等所构成的环境因素。社会与文化因素和政治因素不同，政治因素一般带有强制性，而社会与文化因素则带有习惯性，一般是指一个社会在长期的发展中，虽未明确成文，却是无形中制约着每一个人习惯的因素。由于社会组织是由人组成的，而且，人既是管理者又是管理对象，这就决定了社会组织及其管理离不开人与人之间的关系，离不开人们的社会心理因素。社会上的各种人文环境及心理氛围必然对社会组织的成员及管理产生广泛而深刻的影响。

(1) 教育水平与人口素质，包括国家的教育制度和结构、教育的普及程度、教育与社会的结合程度、国民对教育的态度、人口结构等方面。一个国家的教育水平往往与其经济水平是统一的，教育水平的高低也反映人们的文化素养，从而影响着组织的发展水平，乃至对人才的需求。

（2）宗教信仰是社会与文化环境的一个重要组成部分，其对人们内在的心理活动及其对客观世界的认识有着重要的影响，影响着人们认识事物的方式、行为准则和价值观念，影响着人们的消费行为，也会对组织及其成员的行为准则和道德规范产生影响。

（3）社会心理包括人们的价值观念，对物质利益和物质分配的态度，对新事物的态度，对经营和风险的态度以及民族心理、民族意识等。这些社会心理因素决定着人的是非观念、善恶观念、主次观念，决定着人的行为。

（4）风俗习惯是人们长期自发形成的习惯性的行为模式，是一个社会大多数人共同遵守的行为规范。风俗习惯遍及社会生活的各个方面，包括婚丧习俗、饮食习惯、节日习俗、商业习俗等。世界不同国家和地区的风俗习惯千差万别，从而会对组织活动产生不同的影响。

管理者必须高度重视这些社会环境的影响，并能主动地通过思想教育、激励与沟通，做好适应、协调工作，并因势利导，使其能为实现组织目标服务。

（四）技术环境

技术环境主要指组织所在国家或地区的技术进步状况以及相应的技术条件、技术政策和技术发展的动向与潜力等。在知识经济即将到来的今天，组织的发展越来越依靠技术进步。无论是国内还是国际，领先的企业无一不是依靠先进技术取得优势的。技术环境已成为组织环境中的关键因素。

技术环境对组织管理的影响是显著的，它对组织业绩的影响主要表现在促进组织劳动生产力水平的提高，变革组织的运行方式和管理方式上。如企业新技术、新产品的开发，新的管理方法和手段的应用等，都离不开不断发展的客观技术环境因素。

技术因素从劳动力、劳动资料和劳动对象等三个方面影响着组织劳动生产力的提高。先进技术的采用，可以使组织的人员技术素质得到提高，可以增强组织的物资技术基础，从而提高组织的经济效益。

技术的发展和变化可以为管理方法和手段的现代化提供技术基础，从而可以影响和改变组织的运行方式和管理方式，促进组织整体管理水平的提高。

当今世界，技术的发展日新月异，能否密切追踪技术发展的趋势，能否在技术竞争中处于领先地位，直接关系到组织的市场竞争能力。

（五）自然环境

自然环境一般是指非人为因素所形成的环境条件，主要包括自然资源、地理位置、地形、气候等因素。自然地理环境的差异，以及对自然地理环境的利用程度和利用效益的差异，对组织活动会产生不同的影响，关系到资源取得成本的高低等。

（1）自然资源状况，包括资源的分布、质量以及可使用性，比如石油、矿藏、森林资源、土地资源、水力资源等。自然资源状况的发展变化会给组织造成一些环境威胁或市场机会。因此，管理者应关注自然环境方面的动向，如某些自然资源短缺或即将短缺；国际市场石油价格变动；环境污染程度的变化；政府对自然资源管理的干预等。

（2）地理位置、地形、气候等因素。不同国家和地区的地理差异通常是对组织投资环境进行评估的重要因素。对企业而言，地势、气候、高度、湿度、温度都是影响产品与设备的使用和性能的自然因素，可以明显地影响产品的适应能力，影响投资效率。

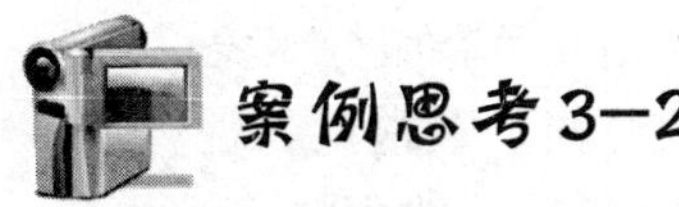

案例思考3-2

哪些外部环境因素对公司有影响？

某集团公司在2004年看到房地产市场日益兴旺的势头，经过研究，决定调整公司的经营方向，将公司的投资全部转向房地产的开发。公司凭借自己较强的经济实力，多方筹集资金，并同时投向了全国的几个重点地区，开工了大批的公寓、别墅等开发项目。5年后，随着国家经济形势的变化，公司的经营呈现以下情况：三分之一的项目有少量盈利，三分之一的项目建成后长期卖不出去，三分之一的项目由于资金和原材料的问题处于停工状态，公司的经营也陷于困境。

请从一般外部环境因素对管理影响的角度，谈谈公司经营可能受到哪些因素的影响。

二、任务环境因素的内容及对组织的影响

任务环境因素是指对组织目标的实现有直接影响的外部环境因素。对大多数组织而言，其任务环境因素主要包括资源供应者、服务对象、竞争对手、政府管理部门和社会特殊利益代表组织。与一般环境相比，任务环境对组织的影响更为直接和具体。这些因素与组织的活动有着密切的联系，直接关系着组织目标的实现以及实现的程度。

（一）资源供应者

资源供应者是指向组织提供各种资源的人或单位。这里所指的资源不仅包括设备、人力、原材料、资金，也包括信息、技术和服务等。对大多数组织来说，金融部门、政府部门、股东是其主要的资金供应者，学校毕业生分配部门、劳动人事部门、各类人员培训机构、人才市场是其主要的人力资源供应者，各类媒体、咨询服务机构、政府部门是主要的信息供应者。

由于组织在其运转的每一个阶段中，都依赖于供应者的资源供应，一旦主要的资源供应者发生问题，就会导致整个组织运转的减缓或中止。这种影响主要表现在组织能否有稳定的资源供应渠道，以保证组织活动的顺利进行。如企业原材料供应的可靠性直接影响着企业产品的质量和生产的连续性；融资渠道的可靠性则直接影响着企业的投资活动能否顺利进行等。

（二）服务对象

服务对象是指组织为其提供产品或劳务的人或单位。如企业的客户、商店的购物者、医院的病人、图书馆的读者等，都可称其为相应组织的服务对象。

顾客是组织赖以生存的基础，任何组织之所以能够存在，是因为有需要该组织服务对象的存在，如果一个组织失去了其服务对象，该组织也就失去了其自身存在的基础。如一个企业如果其生产的产品无人问津，就必然走向破产。组织的服务对象是影响组织生存的主要因素，组织业绩最终要表现为是否能很好地满足顾客的需求，使组织具有一个广泛而稳定的顾客群体。

（三）竞争对手

组织的竞争对手是指与其争夺资源、服务对象的人或组织。任何组织都不可避免地会

有一个或多个竞争对手。这些竞争对手不是相互争夺资源，就是相互争夺服务对象。

基于资源的竞争一般发生在许多组织都需要同一有限资源的时候，最常见的资源竞争是人才竞争、资金竞争和原材料竞争。基于顾客的竞争一般发生在同一类型的组织之间，或许这些组织提供的产品或服务方式不同，但它们的服务对象是相同的。例如航空部门与铁路运输部门之间、铁路运输部门与公路运输部门之间就可能为争夺货源和乘客而展开竞争。竞争也不仅限于国内，随着经济全球化的发展，国内的各类组织不仅面临着来自国内组织的竞争，而且还将直接面临来自国外组织的竞争。

没有一个组织在管理中可以忽视竞争对手，否则就会付出沉重的代价。竞争对手是管理者必须对其有所了解并及时做出反应的一个重要环境因素。

（四）政府管理部门及其政策法规

政府管理部门主要是指各级政府及其相应机构，如工商行政管理部门、税收部门、卫生防疫部门、物价部门等。政府政策是指政府部门制定的包括经济、财政与税收政策以及各种重大的管理规定和法规等。政府管理部门拥有特殊的官方权力，可制定有关的政策法规、规定价格幅度、征税、对违反法律的组织采取必要的行动等，而这些对一个组织可以做什么和不可以做什么以及能取得多大的收益，都会产生直接的影响。如政府的法规直接规范着企业的经营行为；国家经济政策的调整可能直接涉及企业的经营发展方向等。

（五）社会特殊利益代表组织

社会特殊利益代表组织是指代表着社会上某一部分人的特殊利益的群众组织，如妇联、工会、消费者协会、环境保护组织等。这些组织虽然没有像政府部门那么大的权力，但却同样可以对各类组织施加相当大的影响。如消费者协会借助各种舆论对生产质量低劣产品的企业进行曝光，可以导致企业生产经营陷入困境；环保组织的呼吁可以促使政府制定法规，约束企业的生产经营行为等，可以通过直接向政府主管部门反映情况，通过各种宣传工具制造舆论以引起人们的广泛注意。事实上，有些政府法规的颁发，部分地是对某些社会特殊利益代表组织所提出的要求的回应。

案例思考3-3

制约公司发展的任务环境因素有哪些？

中国石油化工股份有限公司是一家从事石油、天然气的勘探、开采和贸易，石油产品的炼制与销售及化工产品的生产与销售的上、下游一体化的能源、化工公司。公司的竞争实力主要体现为：在中国成品油生产和销售中的主导地位；是中国最大的石化产品生产商；在中国经济增长最快的区域拥有战略性的市场地位；拥有完善、高效、低成本的营销网络；一体化的业务结构拥有较强的抗行业周期波动的能力；品牌著名，信誉优良。公司将以发展企业、回报股东、奉献社会、造福员工为目标，努力推进中国石化持续、有效、和谐发展，逐步实现具有较强国际竞争力跨国能源化工公司的目标。

试分析中石化要实现其公司目标，需考虑哪些现实的任务环境因素。

三、组织环境的分析方法

(一) 组织环境的综合分析

现代组织的外部环境和内部条件之间是相互影响的，组织外部环境所提供的情况，反映了组织可利用的发展机会和存在的对组织的威胁。而组织能否利用机会，避开威胁，则要通过内外部条件的综合分析才能做出判断。因此，组织要进行正确的决策，必须将组织外部环境和内部条件的各种因素结合起来进行分析。通过综合分析，为制定决策提供科学的依据。现代组织环境综合分析的方法有很多种，其中 SWOT 分析法是一种简便实用的方法。

SWOT 分析法是指帮助决策者在组织内部的优势和劣势，以及外部环境的机会和威胁的动态分析中，确定相应的发展战略的决策分析方法。

运用此方法，首先要进行组织外部环境和内部条件的分析。从外部环境中寻找组织可利用的发展机会和存在的威胁；从内部条件中寻找组织发展的优势和劣势。在分析时，通常进行以下提问：能否发挥优势来减少劣势；能否发挥优势来利用机会；能否利用机会来消除劣势；能否利用机会来加强优势；劣势是否会削弱优势；劣势是否会妨碍利用机会；威胁是否会加大劣势；威胁是否会削弱优势。

机会、威胁、优势、劣势的不同组合，对战略的要求也是不一样的。SWOT 分析划分为四个象限，根据组织所在的不同位置，应采取不同的战略，如图 3—1 所示。

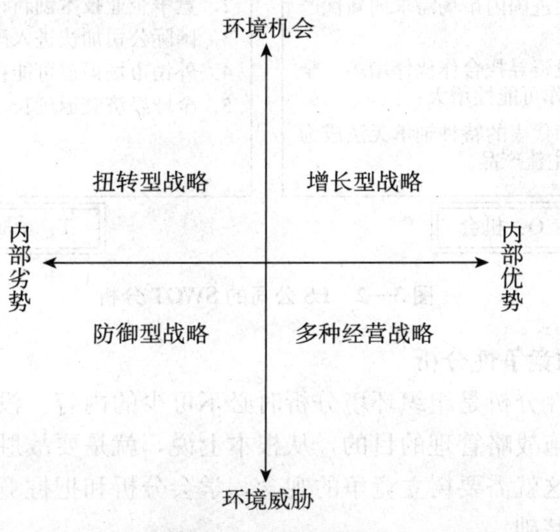

图 3—1　SWOT 分析图

SWOT 分析图提供了 4 种战略选择：组织具有强大的内部优势和众多的环境机会，宜采用增加投资、扩大生产、提高生产占有率的增长型战略；组织外部有机会但内部条件不佳，宜采用扭转型战略，以改变组织内部的不利条件；组织外部有威胁，内部状况又不佳，应当设法避开威胁和消除劣势，宜采用防御型战略；组织拥有内部优势而外部存在威胁，应利用优势开展多种经营，分散风险，寻求新的机会。

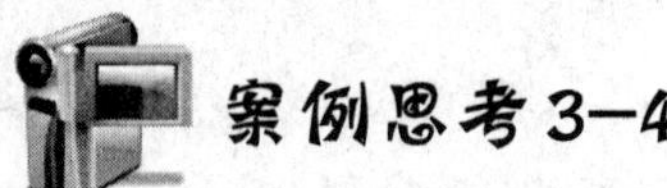

该企业进一步发展的思路是什么？

图3—2中所归纳的是某轴承制造企业LS公司的外部环境和内部条件的要素，试根据其分析内容，进一步提出LS公司的战略发展思路。

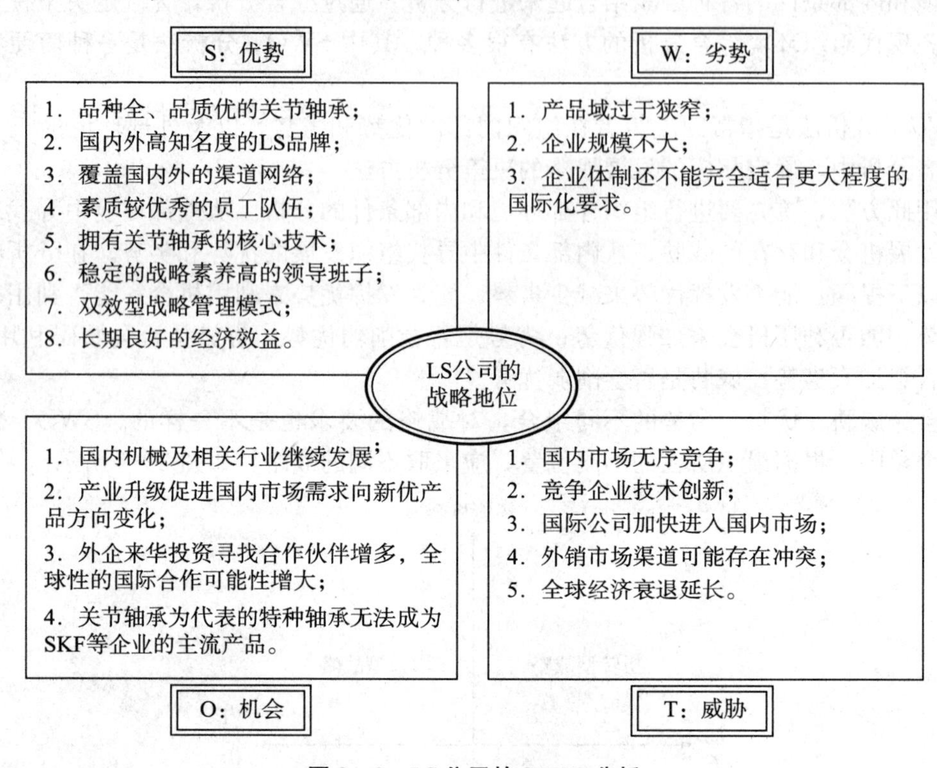

图3—2 LS公司的SWOT分析

（二）组织环境的竞争性分析

组织环境的竞争性分析是组织环境分析时必不可少的内容。没有竞争就没有战略。组织制定战略决策，实施战略管理的目的，从根本上说，就是要战胜竞争对手，为自己获得生存和发展的空间。这就需要树立竞争的观念，学会分析和把握竞争的局面，为组织在竞争中获胜打下坚实的基础。

哈佛大学波特教授提出的行业结构分析模型，也称五种竞争力量模型，是组织在制定战略过程中对行业竞争环境进行分析的重要工具。这种分析思想主要是针对企业组织而言的，但其分析原理对于许多其他类型的组织是有借鉴意义的。

波特认为，影响行业内竞争结构及其强度的主要有潜在竞争者、供应商、客户、替代品生产者以及行业内现有竞争对手等五种环境因素，见图3—3。

1. 行业内竞争者的竞争程度

大部分同行业中的企业，相互之间的利益都是紧密联系在一起的，各个企业的竞争战略，其目标都在于使得自己的企业获得相对于竞争对手的优势，所以，在实施中就必然会

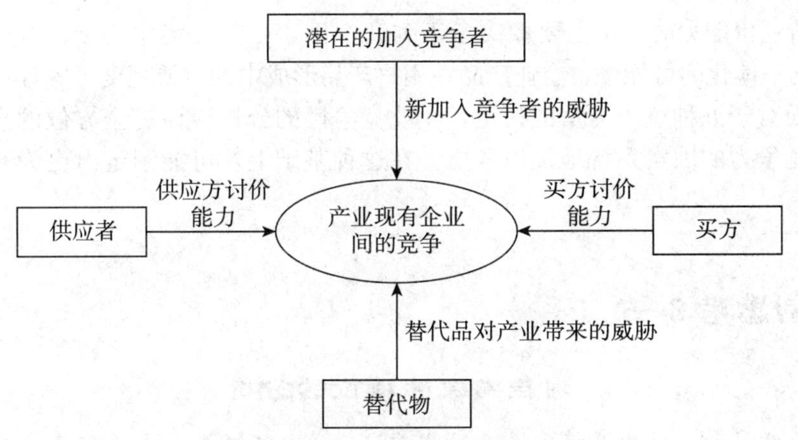

图 3—3 五种竞争力量模型

产生冲突与对抗现象，这些冲突与对抗就构成了现有企业之间的竞争。

行业内竞争激烈的程度往往取决于下列几个因素：企业间的实力是否相当；市场增长的快慢；固定成本的高低；产品差异程度；退出市场障碍的大小，等等。

行业内企业间的竞争往往是五种竞争力量中最重要的一种。企业只有制定出比竞争者的战略更具竞争优势的战略，才能获得成功。

2. 潜在进入者的威胁

新进入者进入某个行业，能给该行业注入新的活力，促进市场竞争，但也给原有企业造成压力，影响原有企业的市场和竞争地位。对于一个行业来说，新进入者威胁的大小既取决于行业特点所决定的进入难易程度（进入壁垒），又取决于现有企业可能做出的反应。

进入某个行业难易程度的大小主要受到下列因素的影响：进入行业必须达到的规模经济；新行业所需要的资金成本；产品差异化程度；资源供应与销售渠道；原有企业的反应，等等。

3. 替代品的威胁

从广义上说，一个行业中所有的企业都在与生产替代品的其他行业进行竞争，例如人造纤维与天然织物、人造橡胶与天然橡胶、金属与塑料等的竞争。这种源于替代品的竞争会以各种形式影响行业中现有企业的竞争战略。

替代品所导致的竞争的激烈程度往往取决于替代品的性价比、生产替代品的企业所采取的经营战略、用户的转换成本等因素。

4. 供应商的议价能力

企业生产经营所需的许多生产要素都是从外部获得的。提供这些要素的卖方（供应商）的讨价还价能力也影响着企业的生产经营活动。

卖方讨价还价能力的大小主要取决于下列几个因素：卖方集中程度、有无其他供货来源及转向其他供应商的成本高低、企业前向一体化的可能性、企业是不是供应商的重要客户等。

5. 买方的议价能力

买方总是企图压低价格，要求较高的产品质量，并索取更多的服务项目，从而获得更多的利益。这会影响行业中现有企业的盈利能力。

买方讨价还价能力的大小主要取决于下列几个因素：买方集中程度、有无其他供货来源、用户后向一体化的可能性、企业产品在用户产品形成中的重要程度，等等。

根据上面对于五种竞争力量的讨论，企业竞争性的分析应该有全方位的意识，要把各种影响企业竞争力的因素系统地加以考虑。在这种基础上才可能制定出更为有效的竞争战略和策略。

案例思考 3-5

对自身竞争地位的分析

影响行业竞争的五种力量模型是一种非常好用的分析工具，在进行竞争分析和制定竞争战略时，很多人都会借鉴这一模型。现在，假设你是某大城市一个经营手机业务的零售商，请你试用此分析工具，对手机经销商所面临的竞争状况进行分析，并对自身竞争地位的变化提出看法。

（三）组织战略经营领域的分析

依据组织在行业中的发展状态，确定发展战略时，业务（或产品）组合分析法是一种重要的分析工具，它由美国波士顿咨询公司提出，因此也被称为波士顿矩阵。这种分析方法认为，企业在确定各类业务发展方向时，应考虑企业在市场上的相对竞争地位和业务增长情况。相对竞争地位往往反映为企业的市场占有率，业务增长情况往往反映为该类业务的市场增长率。

将市场增长率和相对市场占有率分别按一定的水平划分为高低两种状况，从而在坐标中形成四个象限，可以将企业所有业务分为四种不同类型，如图 3—4 所示，然后根据每种类型业务的不同特征，选择相应的对策。

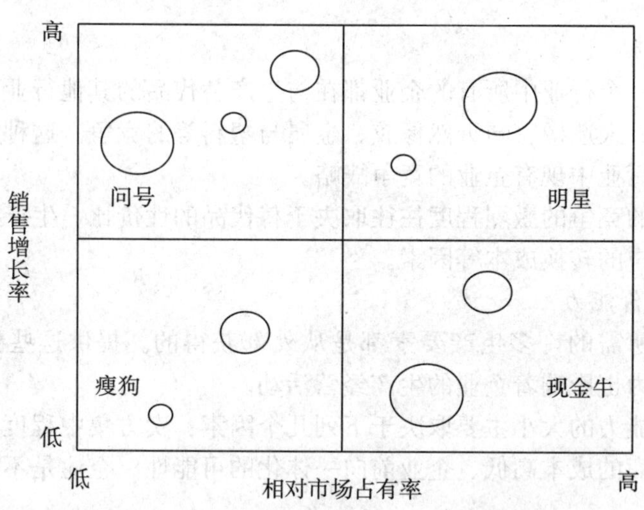

图 3—4 业务（或产品）组合分析法

在图 3—4 中，圆圈分别代表企业的各项业务，圆圈在图上的位置表示各项业务的市场增长率和相对市场占有率，而圆圈的大小则表示各项业务销售额的大小。

1. “问号”型业务，即高增长、弱竞争地位的业务

这类业务通常处于最差的现金流状态。一方面，所在行业市场增长率极高，企业需要大量的投资支持其生产经营活动；另一方面，企业市场份额较低，能够生成的资金较少。因此，企业对于此类业务的投资需要进一步分析，判断使其转移到“明星”业务所需要的投资量，分析其未来是否盈利，研究其是否值得投资。

2. “明星”型业务，即高增长、强竞争地位的业务

这类业务处于迅速增长的市场，具有很大的市场份额。在企业的全部业务中，“明星”业务在增长和盈利上有着极好的长期机会，但它们是企业资源的主要消费者，需要大量的投资。为了保护或扩展明星业务在增长的市场中占据主导地位，企业应在短期内优先供给它们所需要的资源，支持他们继续发展。

3. “现金牛”型业务，低增长、强竞争地位的业务

这类业务处于成熟的低增长市场中，市场地位有利，盈利率很高，本身不需要投资，反而能为企业提供大量资金，用以支持其他业务的发展。

4. “瘦狗”型业务，低增长、弱竞争地位的业务

这类业务处于饱和的市场当中，竞争激烈，可获利润极小，不能成为企业主要资金的来源。如果这类业务还能自我维持，则应缩小经营范围，加强内部管理。如果这类业务已彻底失败，企业应当及时采取措施，清理业务或退出经营领域。

波士顿矩阵将企业不同经营领域内的业务综合到一个矩阵中，具有简单明了的效果。企业可以通过波士顿矩阵判断自己各经营业务的机会和威胁、优势和劣势，判断当前的主要战略问题和企业未来的竞争地位，从而为企业确定自己的总体战略，提供分析依据。

第三节　组织的社会责任

一、社会责任的含义和意义

（一）社会责任的含义

对于如何认识企业的社会责任，人们有着不同的看法。随着社会的发展，对其认识也在不断地深化。

20 世纪 70 年代以前，人们对企业责任的认识还仅仅停留在实现利润最大化上。诺贝尔经济学奖获得者米尔顿·弗里德曼认为，企业的天职是获取利润，企业有一个而且只有一个责任，那就是“在公开、自由的竞争中，充分利用资源、能量去增加利润”。在弗里德曼理论的影响下，企业获取利润之外的社会责任被认为是可有可无的问题，不被人们所重视。

20 世纪 70 年代以来，随着经济繁荣所带来的日益严重的环境、劳工及消费者权益保护问题，企业社会责任开始被人们所重视，提出了对社会责任的各种看法和解释，为人们形成对社会责任概念的共识打下了基础。

1. 综合社会责任说

1971 年，美国经济发展委员会发表的《工商企业的社会责任》报告中指出，“企业应

该为美国人民生活质量的提高做出更多贡献，而不仅仅是提供产品和服务的数量”。认为企业社会责任是指企业对社会所负有的经济责任、法律责任、道德责任和慈善（自由决定）责任，并且用三个同心圆来表示这几个责任的关系：最里边的圆表示的是企业基本经济责任，即为社会提供产品、工作机会并促进经济增长的经济职能；中间圆表示的是法律责任和道德责任，即在承担经济责任过程中，要重视社会标准和社会价值观，不违背风俗习惯、道德和法律，如保护环境、合理对待雇员、回应顾客期望等；外圆表示企业更大范围地促进社会进步的其他无形责任，如消除社会贫困和防止城市衰败，企业对这个责任的履行有着自由决定权，一般这个责任表现为慈善行为。

2. “金字塔”层次说

美国佐治亚大学教授阿奇·B·卡罗尔提出了金字塔层次说。他认为：企业社会责任是指特定的社会对企业所寄托的经济、法律、伦理和自由决定（慈善）的期望，是社会寄希望于企业履行之义务。社会不仅要求企业实现其经济上的使命，而且期望其能够遵法度、重伦理、行公益。因此，完整的企业社会责任，是企业经济责任、法律责任、伦理责任和自主决定其履行与否的责任（慈善责任）之和。他认为四种责任犹如金字塔，底层是经济责任，企业必须获利才能生存；第二层是法律责任，企业必须遵纪守法；第三层是道德责任，即企业有义务公正、公平和正确地行事；第四层金字塔的顶端是慈善责任，企业应成为一个合格的公民。公司慈善责任是建立在经济责任、法律责任和道德责任基础之上的，只有履行了前三个责任之后才能履行慈善责任。

3. “三重底线”说

1997 年，约翰·埃尔金顿出版了《拿叉子的野人：21 世纪企业的三重底线》一书，提出了三重底线理论。该理论认为，企业的行为不仅要考虑经济底线，还应当考虑社会底线与环境底线。三重底线不只是用经济、社会和环境的变量去衡量和报告企业的业绩，从最广泛的意义上讲，它包括一系列的价值观、问题和过程，企业必须分析所有这些方面，以尽可能减少其活动可能带来的害处，同时创造经济、社会和环境价值。这意味着企业要考虑所有责任对象的需求，这些责任对象包括股东、客户、雇员、商业合作伙伴、政府、当地社区以及公众。

随着经济全球化的进一步发展，企业社会责任由欧美发达国家向发展中国家发展，适应其需要，许多著名的国际组织力图提出适合全球发展的企业社会责任概念。

欧洲委员会在 2001 年将企业社会责任定义为“公司在自愿的基础上把社会和环境密切整合到它们的经营运作，以及与其利益相关者的互动中”。

国际标准化组织在其 2006 年 10 月社会责任指南工作草案中，从组织的角度给社会责任的定义是：所谓组织社会责任，是指组织对其活动给社会和环境带来的影响承担责任的行为，这些行为要：符合社会利益和可持续发展；以道德行为为基础，符合适用法律和政府间的契约；融入组织正在进行的各项活动之中。

上述对社会责任的各种解释虽然有着不同角度，但都有其共同的基础。从企业社会责任的对象来看，企业社会责任除了传统的对企业股东负责外，还要承担对企业的利益相关者责任。利益相关者是指企业的顾客消费者、员工、供应商、社区、民间社团和政府等。企业要想获得长期生存和发展，仅仅考虑经济环境对股东负责是远远不够的，必须同时考虑到自然环境和社会环境因素，并同时承担起相应的环境责任和社会责任。

案例思考3-6

企业必尽之责任、应尽之责任和愿尽之责任

有学者将企业的社会责任做了如下概括和归纳：

(1) 对股东：证券价格的上升；股息的分配（数量和时间）。

(2) 对职工或工会：相当的收入水平；工作的稳定性；良好的工作环境；提升的机会。

(3) 对政府：支持政府号召和政策；遵守法律和规定。

(4) 对供应者：保证付款的时间。

(5) 对债权人：遵守合同条款；保持值得信赖的程度。

(6) 对消费者或代理商：保证商品的价值（产品价格与质量、性能和服务的关系）；产品或服务的方便程度。

(7) 对所处的社区：对环境保护的贡献；对社会发展的贡献（税收、捐献、直接参加）；对解决社会问题的贡献。

(8) 对贸易和行业协会：参加活动的次数；对各种活动的支持（经济上的）。

(9) 对竞争者：公平竞争；增长速度；在产品、技术和服务上的创新。

(10) 对特殊利益集团：提供平等的就业机会；对城市建设的支持；对残疾人、儿童和妇女组织的贡献。

按照此内容，如何理解企业必尽之责任、应尽之责任和愿尽之责任三个层次？

（二）履行社会责任的重要意义

世界发达国家对企业社会责任的认识已经有了长期的探讨。但中国企业对这个问题的认识是相对滞后的。2008 年出了“三鹿奶粉”事件，使得人们对企业社会责任的问题愈加重视，社会责任问题无论对于企业还是对于社会都已成为人们非常关心的话题。

改革开放以来，随着市场经济的发展，我国各类组织的社会责任意识从无到有，逐渐加强，社会责任的理念逐渐得到人们的认同。但从当前的现实看，这种意识相对于客观要求还存在很大的差距。以企业为例，有些企业在决策时，根本就没有考虑应承担的社会责任；有些企业仅仅把履行社会责任当作标语和口号，没有真正体现在公司的行为中。当经济利益与社会责任发生冲突时，有些企业往往片面地追求眼前的经济利益，而忽视和故意逃避应承担的社会责任，也由此引发了大量的社会问题。如企业在生产经营过程中创造了巨大物质财富的同时，也带来了严重的环境破坏和资源的过度消耗；一些企业在劳动管理上的违法违规现象仍然十分严重，损害员工的基本权益；一些企业漠视对消费者的社会责任，在商品中以假充真、以次充好；企业慈善在我国还是起步阶段，很多企业还没有认识到作为“公民”的社会责任，等等。这些问题的普遍存在说明很多企业的社会责任意识还相当淡薄，对企业履行社会责任的重要意义尚缺乏最基本的认识。

1. 履行社会责任是贯彻落实科学发展观、构建和谐社会的客观要求

全面落实科学发展观、构建社会主义和谐社会，是我国改革开放进入关键时期的客观

要求，关系到我国经济社会发展全局。和谐社会的内涵是："民主法制、公平正义、诚信友爱、充满活力、安定有序、人与自然和谐相处。"

企业积极承担社会责任，在构建和谐社会方面有着不可替代的重要作用。如在保护资源和环境，实现企业和社会的可持续发展，促进民主法治、公平正义、安定有序的局面，建立诚信友爱的社会氛围，实现人与自然和谐相处，建立公平的利益分配机制等方面都将发挥不可替代的重要作用。

2. 履行社会责任有利于社会和企业可持续发展的需要

我国人口众多，人均自然资源远远低于世界平均值。近 20 年来，我国经济增长了 6 倍，而资源的消耗却增长了几十倍。脆弱的生态状况承受着历史上最多的人口和最强的发展压力。由于企业作为资源消耗和环境污染的主体，这就要求企业的发展不能仅考虑自身的经济利益，而必须认真地履行社会责任，认识到可持续发展的重要性。企业履行社会责任的重要内容就是要加强环境保护的力度，加强资源的节约利用。通过企业履行社会责任，大大降低资源和能源的消耗，减少对环境的危害，保证宏观经济发展的质量，增强社会和企业自身的可持续发展能力。

3. 履行社会责任有利于提高企业的竞争力

企业承担社会责任不仅可以促进经济社会的良性发展，也是提高企业自身竞争力和降低经营风险的有效途径。开展企业社会责任运动，可以使管理者接触到国外先进的管理理念和技术，大大提高企业的经营管理水平，有利于促进管理的科学化和规范化；企业为保护环境、消除贫穷、提高人类生活质量等承担社会责任，有利于优化并创造更广阔的生存环境；公司的产品和服务质量、公司员工的整体素质以及公司对社会及环境承担的责任和义务有利于提升企业社会形象；具有良好社会形象的公司更容易招聘到优秀人才。履行社会责任的过程正是企业塑造自身形象，增强市场竞争力的过程。

4. 履行社会责任有利于扩大对外开放、实施"走出去"战略

经过三十多年的努力，我国的外向型经济建设取得了巨大的成就。越来越多的企业已经开始融入国际经济的大环境中。而国际市场的竞争要求企业必须遵守国际通行的准则和全球协定，这是任何一个企业无法回避的现实。如一些国家要求中国的企业必须事先通过有关社会责任标准的认证；在国外的中资企业以及我国在海外上市的企业，也都面临着越来越多的来自股东和各种组织的不同形式的社会责任方面的要求。企业社会责任问题已经与国际贸易问题、海外直接投资紧密地联系在一起，成为中国企业进入国际市场的必要条件。因此，企业积极承担社会责任并进行广泛宣传，将有助于在国际社会树立中国企业的良好形象，为我国企业走向世界、实施"走出去"战略创造更好的条件。

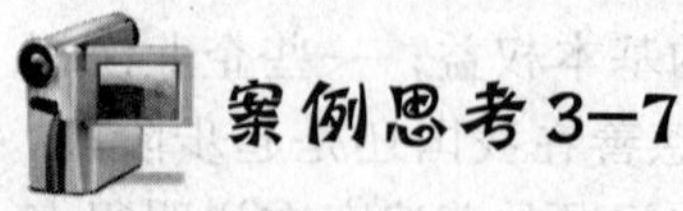

"三鹿奶粉"事件的反思

"三鹿奶粉"事件暴露之前，在三鹿网站上有一段关于三鹿公益史的描写，里面这样写道："作为一个拥有 50 年历史的企业，三鹿集团一贯致力于社会公益事业，投入公益事业资金已达上千万元。捐资助教，关心儿童成长。关爱婴幼儿，捐助双胞胎、三胞胎、四

胞胎近百家，为他们免费提供奶粉、衣物；赞助少儿基金会救助孤儿及贫困儿童60余名；资助石家庄三十中、机场路小学等学校10万余元。扶贫济困，捐助弱势群体，三鹿还开展了'关爱儿童老人，捐助弱势群体'等活动。"

如果只看企业自我宣传的材料、各类评选的标准和获奖企业事迹，我们很容易认为"热心公益"就是企业应尽的社会责任，更具体来讲，就是热心向环保、教育、体育、医疗卫生等公共事业捐款就是企业负起了社会责任。

这样理解对吗？如何从"三鹿奶粉"事件反思中国企业对社会责任的认识？

二、社会责任的内容

企业社会责任分为企业必尽之责任、应尽之责任和愿尽之责任三个层次，包括经济、法律、道德和慈善责任等诸多方面，而责任的指向对象就是与企业发展相关联的利益相关者，包括股东、用户、债权人、员工、政府与社会团体等。企业社会责任就是要求企业在创造自身经济效益的同时，正确地处理与利益相关者之间的关系，最终实现企业与社会的和谐和可持续发展。某电力企业的社会责任如图3—5所示。

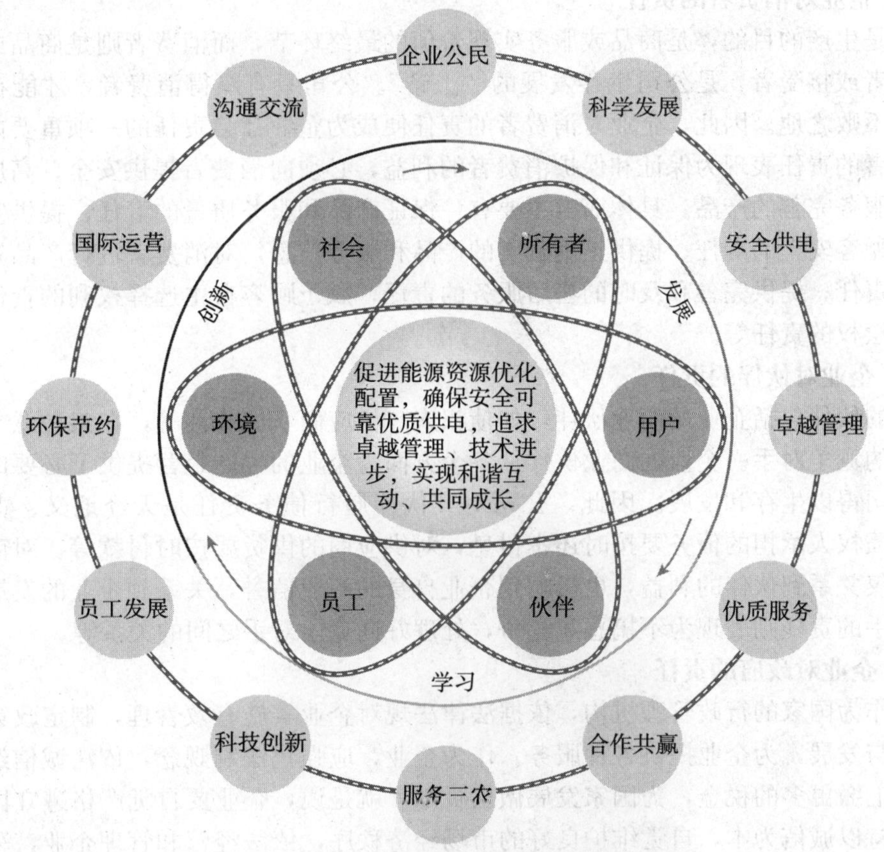

图3—5　某电力企业的社会责任图

（一）企业对投资者的责任

投资者对企业的投入，是企业得以存在的保证，也是企业发展的基础。因此，保证投资者对企业管理的权益，保证投资者的股权收入，实现资产的增值保值，是企业最基本的责任，也是最重要的责任。为此，企业有责任不断提高经营业绩，增强企业持续发展能力。企业要不断提高拥有的资金、技术、管理、人才资源的配置效率，提升生产要素的质量、生产过程的质量、产品和服务的质量，最终提升企业发展的质量，实现内涵式、可持续发展。

（二）企业对员工的责任

员工是公司的劳动者，为公司创造财富，是推动企业发展进步的主体力量，因而切实维护员工合法权益，保障职工的正当权益不受侵害，是企业不断发展的需要，也是企业基本的责任。因此，公司既需要员工的劳动，又要对员工负责。企业对员工的责任是多方面的，不仅包括保证雇员实现劳动法、社会保障法意义上的就业和择业权、劳动报酬获取权、休息休假权、劳动安全卫生保障权、职业技能培训权、社会保险和社会福利取得权等权利的法律义务，也包括企业按照高于法律规定的标准对员工担负的道德义务。公平对待员工，为员工创造平等的发展机会，加大员工培训投入，推进员工民主管理，要以员工的全面发展保障企业的可持续发展。

（三）企业对消费者的责任

消费是生产的目的，是商品或服务实现价值的最终环节，而消费者则是商品或服务的最终使用者或接受者，是公司生存发展的“上帝”。公司只有赢得消费者，才能在市场竞争中立于不败之地。因此，企业对消费者的责任便成为企业社会责任的一项重要内容。企业对消费者的责任表现为保证和保护消费者的利益，必须向消费者提供安全、高质量、价格合理、服务完善的产品。具体而言主要有：保证产品和服务质量的责任；提供安全的产品，保障顾客安全的责任；提供正确真实的产品和服务信息，对消费者进行产品知识宣传和教育的责任；提供完善和及时的售后服务的责任；赋予顾客自主选择权利的责任和保障消费者求偿权的责任等。

（四）企业对伙伴的责任

企业的伙伴包括企业的商业伙伴，如债权人、供应商、广告商等，在某种意义上也应包括企业的竞争对手。企业的商业伙伴从各个方面为企业的生产经营提供了必要的生产要素，使公司得以生存和发展。因此，公司对其伙伴履行债务责任是天经地义、责无旁贷的，如对债权人承担的债务要按时还本付息，对供应商的供货要按时付款等。对商业伙伴的责任不仅关系到伙伴的利益，也影响到企业自身的商业信誉，关系到企业的发展。企业对竞争对手的责任则表现为不搞恶意竞争，处理好同竞争对手之间的关系等。

（五）企业对政府的责任

政府作为国家的行政管理机构，依据法律法规对企业实施有效管理，制定政策引导企业的投资与发展，为企业提供各种服务。作为企业，应强化法制观念，依法诚信经营，照章纳税，上缴更多的税金，为国家发展做出贡献。就是说，企业要自觉严格遵守国家法律法规，坚持以诚信为本，自觉维护良好的市场经济秩序，依法经营和管理企业，采取多种措施确保诚信经营，重合同、守信用，公平竞争，拒绝商业贿赂，成为依法经营、诚实守信的表率。

（六）企业对社会发展的责任

企业对社会发展的责任是相对于企业所面对的社会环境而言的。社会为企业的发展提供了广泛的资源，如土地资源、各种物料资源以及人力资源等。企业也应该给予社会以回报，承担起相应的责任。这方面包含的内容也是广泛的。如企业以自然资源作为自己的劳动对象，就对自然界的能源、原料来源负有保护之责，要提升环境意识，不断降低资源消耗量，减少各种污染物的排放，积极参与环境保护，提高资源利用效率和综合利用，提高社会可持续发展的能力；又如，企业与其所在社区有着密不可分的联系，对社区的经济发展、社区规划、交通状况、教育事业、文化事业和医疗卫生事业负有不可推卸的责任；再如，企业作为有经济能力的组织，应负有回报社会，积极参与公益和社会慈善活动的责任，可向养老院、贫困者、患病者等进行慈善性捐赠，安排残疾人就业，关怀社会弱势群体，向教育机构提供奖学金，举办公益性的社会教育宣传活动，等等。

资料 3-3

联想企业社会责任观

联想坚持诚信经营，持续学习，勇于创新，积极承担对价值链伙伴、环境和社会的责任；回报股东长远利益，给员工提供“没有天花板的舞台”，成就客户，与合作伙伴共赢，保护环境，回馈社会。做优秀的全球企业公民，让世界因为联想更加美好！

联想企业社会责任基本原则：

诚信守法——严于律己，诚信经营，遵守联想开展业务的国家和地区的法律，做当地的好公民。

全员参与——企业社会责任是所有联想人的共有责任，我们需要将企业社会责任观与各项业务紧密结合，使其在我们的意识、行为和结果中得以体现。

协作发展——加强与利益相关方的交流与合作，了解并回应他们的期望和要求，共同实现可持续发展。

关注全球——作为源自中国的国际化企业，重视并积极关注全球各类重大社会和环境问题。

三、履行社会责任的组织保证

一个组织履行社会责任，不能仅仅停留在口头上，也不能只是一时一事的工作，而要想将这一工作成为一种常态的管理工作，则必须要有组织保证。

（一）树立并不断提高社会责任意识

企业履行社会责任首先在于提高认识，即企业的管理层和全体员工对企业的社会责任有深刻的理解和认识。企业最高管理层充分认识到社会责任对形成良好企业形象、实现可持续发展的重要作用，并形成深刻的社会责任理念，将其上升到企业战略的高度，并在实践中摸索和创造履行社会责任的新方法和新思路。社会责任工作作为企业重要的工作，常抓不懈，才能真正切实履行好自己的社会责任。

（二）以企业文化建设推动履行社会责任

一些企业成功经验证明，能长久享受成功的公司一定拥有能够不断地适应世界变化的核心价值观。这些价值观的核心内涵大多是企业社会责任，并深深根植于企业文化中，成为长期引领企业开展经营活动的指导性原则。因此，企业要真正履行好社会责任，除了需要高层管理者坚定不移地推进社会责任理念外，还需要企业全体员工在日常工作中时时处处按照社会责任理念的要求从事各项活动，将企业社会责任作为公司的核心价值观之一，使企业的社会责任融入企业文化建设过程中，并通过树立企业公民意识，让全体员工认识、了解并坚持企业的社会责任理念。

（三）将企业社会责任纳入企业管理系统

在确立社会责任意识的基础上，企业应将社会责任融入管理体系和日常的经营活动中，使其成为企业经营的有机组成部分。企业的社会责任管理不仅仅是企业高层管理者的事务，而是全员参与、全方位、全过程的管理，它的实施主体是企业的各职能部门及所有员工。也就是说，从企业的董事会成员、总经理和各部门经理，到企业的基层管理者和每一位员工，都必须参与到企业的社会责任管理中来。

联想（中国）社会责任管理体系

联想（中国）设立了企业社会责任指导委员会，并成立了企业社会责任推进部。推进部具体负责联想（中国）企业社会责任工作的落实，包括责任体系建设与管理、机构建设与管理、提案受理、业务规划以及绩效管理等。联想（中国）的社会责任管理体系如图3—6所示。

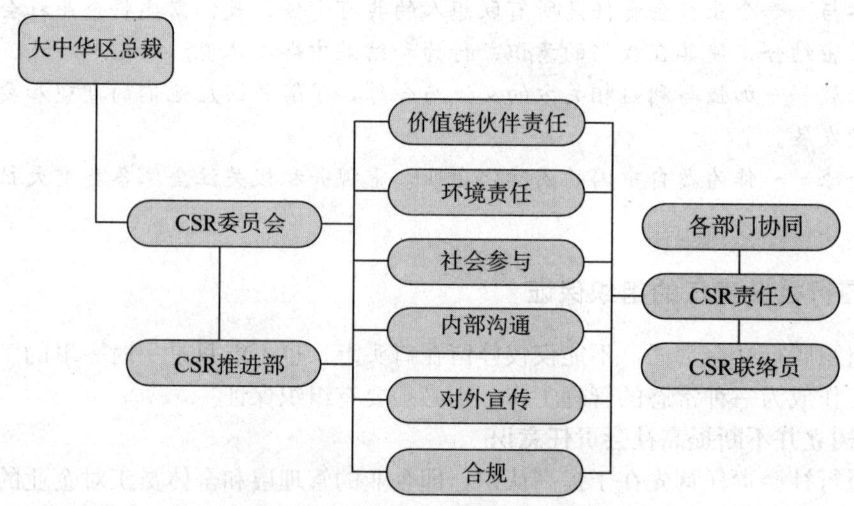

图3—6 联想（中国）的社会责任管理体系

（四）建立企业社会责任管理体系

建立社会责任管理体系，就是将社会责任的行为、衡量、监督活动系统化、制度化，使企业履行社会责任有制度上的保障。社会责任管理体系应包括以下内容：规定和规范企业在维护劳动者权益、环境保护、生产经营行为、保护消费者权益、参与社会发展等方面的基本行为准则，以及实施这些规定的程序；确定评价企业社会责任的各项指标，并落实到企业的各个层级、各个部门、每个员工；对企业在社会责任方面履行情况进行定期的全面评价；保证对企业活动进行自我持续监督，发现问题立即加以纠正，从而实现动态的管理和调整。

某公司社会责任指标体系构架图

某公司社会责任指标体系如图 3—7 所示。

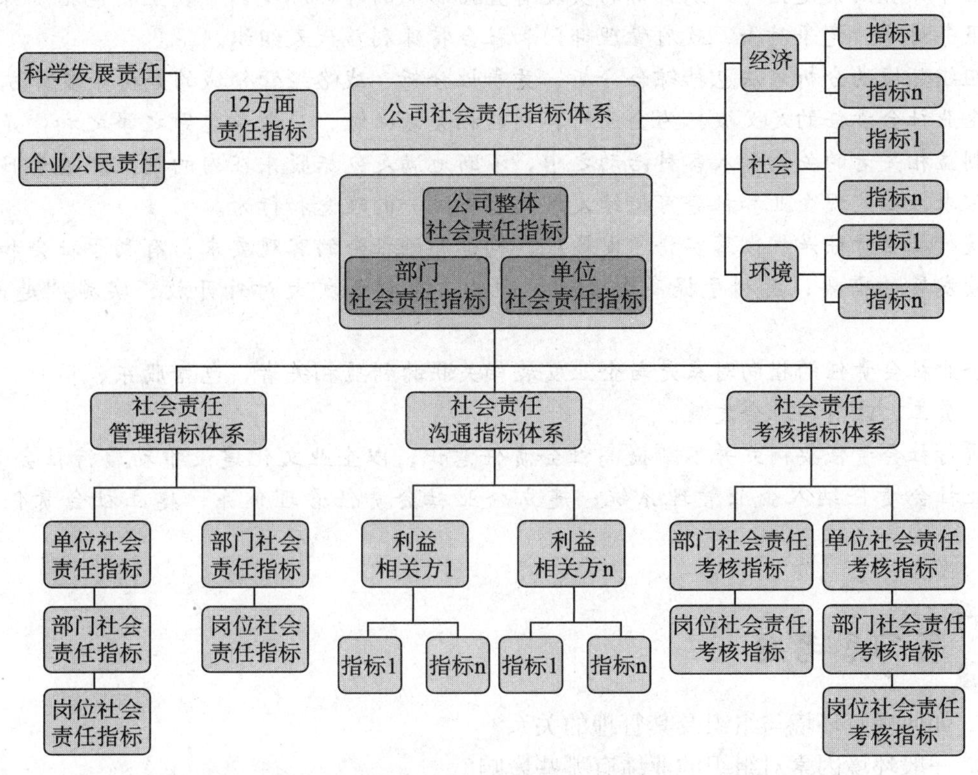

图 3—7　某公司社会责任指标体系

（五）建立社会责任报告制度

企业社会责任报告是企业发表的介绍本企业社会责任的理念、机制、所开展的活动以及取得的成效等的文本。社会责任报告实际上是企业与社会沟通的一种方式。我国一些大型国有控股企业，如中移动、中石化、国家电网公司等近几年均发表了自己的社会责任报告。企业编制和发布社会责任报告的好处在于：有利于企业总结自己在社会责任方面的活动和问题，以便能够持续改进；有利于各利益相关方和全社会了解企业履行社会责任的情况，从而形成必要的社会监督；有利于让世界了解我国企业所从事的社会责任活动，树立我国企业在国际上的正面形象。

以上概括的五点内容，都是企业履行社会责任的组织手段和措施，只有组织的落实，才能保证企业社会责任工作与企业的日常经营活动融合在一起。

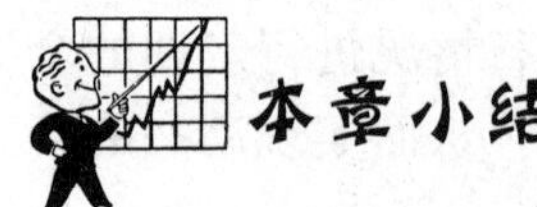

组织的外部环境，是指组织周围的、不受组织控制但与本组织的生存和发展相关联的各种外界因素的总和。组织的环境具有综合性、系统性、客观性和动态性的特点。

环境对组织的生存发展及对管理具有决定与制约作用，要求管理者必须抓好环境管理，能动地适应环境，谋求内部管理与外部环境的动态平衡。

一般环境因素是指可能对企业的活动产生影响但其影响的相关性及其程度并不十分清楚的各种因素，一般包括政治、经济、技术、社会文化、自然环境等因素。

任务环境因素是指对组织目标的实现有直接影响的外部环境因素。主要包括资源供应者、服务对象、竞争对手、政府管理部门和社会特殊利益代表组织。

组织环境的分析方法包括综合分析、竞争性分析、战略经营领域的分析等多种方法。

企业社会责任的定义概括为企业对其利益相关者必做、应做和愿做之事之和，是企业将其利益相关者的关切融入各种活动之中，不断地满足包括股东在内的利益相关者日益增长的需求，以实现企业和社会可持续发展的有机统一的理念和行为。

履行社会责任是贯彻落实科学发展观、构建和谐社会的客观要求；有利于社会和企业可持续发展的需要；有利于提高企业的竞争力；有利于扩大对外开放、实施“走出去”战略。

企业社会责任的指向对象是与企业发展相关联的利益相关者，包括股东、用户、合作伙伴、员工、政府与社会发展。

履行社会责任要树立并不断提高社会责任意识；以企业文化建设推动履行社会责任；将企业社会责任纳入企业管理系统；建立企业社会责任管理体系；建立社会责任报告制度。

复习思考题

1. 如何理解环境与组织及其管理的关系？
2. 一般环境因素对组织的业绩有哪些影响？
3. 任务环境因素对组织的业绩有哪些影响？
4. 如何才能对组织的环境做出正确的评估？
5. 什么是组织的社会责任？如何理解其内涵？
6. 组织社会责任的内容包括哪些？
7. 如何促进组织履行社会责任？

第四章

决策原理与方法

本章要点提示

- 决策的含义及其特性
- 决策在管理中的地位与作用
- 决策的类型
- 健全组织的决策机制
- 决策方法的原理和运用

引　例

美国管理大师彼得·德鲁克曾说过：“任何一家成功的企业，都曾经有人做过勇敢的决策。”我国家电业的领头羊海尔、电脑业的领头羊联想在其近二十年的发展脉络中，都包含有清晰的一系列正确的战略决策的关键点。而同样曾声名显赫的一些企业，如巨人、秦池、飞龙、三株、太阳神、爱多等，却都未能避免昙花一现的结局，就其本质而言，决策失误是这些企业失败的根本原因。正如民营企业家刘永好曾经说过的那样：“中国失败的企业家70%～80%是在于投资失败，而投资失败来源于决策失败。”飞龙总裁姜伟闭门思过、修炼内功，反省出二十大失误，头三条赫然是：“决策的浪漫化、决策的模糊性、决策的急躁化。”《财富》杂志根据对CEO失败原因的长期分析，将这些企业家们失败的六大原因依次列为：缺乏对坏消息（亏损或利润下降）的处理能力、疲劳综合征、缺乏处理人际关系的能力、决策有局限性、缺乏财务知识、错失良机。可见决策失败是最大的失败，对中外企业家都是如此。

中国有句古话：“先谋后事者昌，先事后谋者亡。”就是说应谋划在先，行动在后，才能确保成功，反之则事必败。当前，信息社会的发展使组织所面对的外部环境日益复杂，竞争日趋激烈，正确决策对于一个组织的生存与发展将有着至关重要的作用。

第一节　决策概述

一、决策的含义及重要性

（一）决策及其特性

如何看待决策，人们从不同的角度有着不同的理解。有人认为决策当然是领导者的事了。这种看法显然是不对的。在日常生活中，每一个人都是决策者。人们在吃饭、穿衣、出行等活动中，经常在做着各种判断。组织工作当中每一个工作者也是决策者，管理者要制订工作计划，即使处于基层的操作者也会时常面临着工作如何干的抉择。因此，决策是现实中普遍存在的现象。无论个人还是组织，几乎每时每刻都在做着各种决策。

在现实的管理活动中，一些决策者仅仅把决策理解为一种判断行动，认为决策就是对方案的最后选择，即人们通常说的“拍板”，这是对决策的一种狭义的理解。

对决策的正确理解应是广义的：决策是指在明确问题的基础上，为未来的行动确定目标，并在多个可供选择的行动方案中，选择一个合理方案的分析判断过程。

对决策的理解从“狭义”拓宽至“广义”，有利于个人或组织全面地改进和提高决策的质量。换句话说，决策的质量高低、有效性如何，取决于完整的决策过程。这一过程应包括提出问题、搜集资料、调查研究、预测未来、确定目标、拟订方案、方案的分析评价、确定最终方案等一系列活动环节。其中任何一个环节出了问题，都会影响决策的最终效果。

科学的决策应有其基本特性。

1. 决策要有明确的目标

决策的最终结果是要解决组织所面临的各种问题，因此对于决策者而言，在决策之初首先应明确为什么要进行决策，决策最终要达到的目标是什么。方向明确，目标清楚，才能做出正确的决策。这里需要做好两项工作，一是要善于发现、分析和确定问题，找出管理中所面临的现实状况与应达到或希望达到的状况之间的差距；二是要确定符合客观实际的决策目标，要明确决策要解决的问题应达到的程度，取得什么样的结果。

2. 决策应有若干个可供选择的可行方案

可行方案是指能够解决决策问题、实现决策目标、具备实施条件的方案。在科学的决策中，可行方案的数量应具有选择余地，只有一个方案而无从比较的决策不是科学的决策，只有多个方案的选择才能评价优劣，得到满意的结果。因此，“多方案选择”是决策应该遵循的重要原则。

3. 决策是一个分析判断过程

决策可供选择的各个方案都会有不同的特点，孰优孰劣，必须要通过技术、经济等各个方面的综合评价才能获得满意的结果。对方案的科学评价必须要建立在科学的价值评价准则的基础上，要有明确的价值评价指标，包括技术、经济和社会等多方面的价值指标。要对众多的评价指标按照轻重缓急的不同进行排序，以确定评价时的取舍原则。

4. 决策的结果是选择一个满意的方案

在决策中，由于受人们认识程度的局限，受时间、人力和财力等主客观条件的制约，要想获得满足一切要求的最优方案是不现实的，因此，决策者应能分清决策问题的主次目标，以获得足够好的满意方案为准。

5. 决策应是一项有组织的集体活动

现代环境的复杂变化，使组织的决策问题具有信息量大、涉及面广、变化快的特点，这就增加了决策的复杂性和艰巨性，从而使个人决策成功的可能性大为减少。因此，科学决策不能是领导者的个人行为。决策的民主性是决策成功的重要条件。

6. 决策要与环境的发展变化相适应

决策的主要目的之一是使组织活动的内容适应外部环境的要求。然而，外部环境是在不断发生变化的，决策者必须监视并研究这些变化，从中找到可以利用的机会，据此调整组织活动，实现组织发展与环境的动态平衡。

案例思考4-1

如何才能做出有效的决策?

李东是东方公司市场营销部总经理。在一次部门会议上，他说："我希望所有的管理人员都能进行完全合理的决策。我们中的每一个人，无论职位高低，都应成为一名合理化主义者。我希望我们所有人不仅知道自己在做什么和为什么做，而且知道他们的决策是正确的。有些人曾说过，一名优秀的管理人员仅仅需要做出一半以上的正确决策。但是，这对于我来说还不够。我同意偶然犯一次错误是可以原谅的，尤其是当事情超出你的控制范围时，但我绝不会原谅不合理的行动。"广告部经理陈刚说："我同意李总的看法，而且我总是努力实现合理的和合乎逻辑的决策。没有人会愿意做出不合理的决策。但是，你能向我们解释一下，我们怎样做才能达到你的合理化要求?"

请问：李总的观点正确吗？如何才能做出有效的决策？

（二）决策在管理中的地位和作用

有人曾对高层管理者做过一项调查，要他们回答三个问题："你认为每天最重要的事情是什么?""你每天做什么工作花的时间最多?""你在履行职责时感到最困难的是什么?"结果他得到的答案中 90%以上都是"决策"。因此，决策是管理者从事管理活动的基础，决策能力是衡量管理者水平的重要标志之一，其在管理工作中具有重要的地位和作用。

1. 决策是管理工作的核心，贯穿于管理的全过程

在组织的各项管理活动中，从计划工作、组织工作、领导工作乃至控制工作，无一例外地都离不开决策。如确定组织的使命目标，制订各种战略计划和战术计划等，这便是计划工作的决策问题；组织机构的设置，部门化方式的选择，职责和权限的分配以及人员的选聘等，这些是组织工作的决策问题；如何使用和激励员工，这属于领导职能的决策问题；绩效标准的制定，纠正偏差措施的选择，这属于控制职能的决策问题。决策是管理者履行各种管理职能的基础，管理活动的开展，其实质也体现为一个"决策——执行——再决策——再执行"往复循环的过程。

2. 决策的正确与否关系着组织的生存与发展

在复杂多变的环境中，组织为提高自身的竞争能力和适应能力，要经常面临一系列的

抉择。如企业的经营方向决策、产品结构决策、营销决策、技术改造决策、财务决策、组织与人事决策等等，这些决策常常涉及组织的总体发展或重要活动的开展，体现为组织重要的战略与策略。这些决策的正确与否对组织的兴衰存亡常常具有决定性的作用。决策的成功可以使组织获得生存与发展；决策的失败则可以使组织陷于困境。

3. 决策是管理人员的首要工作

由于决策贯穿于管理的全过程，因此无论是组织的中高层管理者，还是基层管理者，都不可避免地要从事与之职责相应的大量的决策工作。因此，管理人员是决策的主体，决策能力是衡量管理者水平的重要标志。科学的决策对决策者的素养有多方面的要求，一要有广博的知识和正确的思维方法；二要有创新和进取精神；三要有民主作风，善于听取各方面的意见；四要有胆识和魄力，要善于决断，勇于负责。

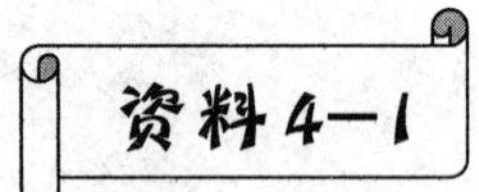

管理职能中的决策

计划：组织的长远目标是什么？
什么战略能够最好地实现这些目标？
组织的短期目标应该是什么？
每个目标的困难程度有多大？

组织：直接向我报告的下属是多少人？
组织中的集中程度应多大？
职务如何设计？
组织何时应实行改组？

领导：我应当如何对待缺乏积极性的员工？
在特定的环境中，哪一种领导方式最有效？
一个具体的变化将如何影响工人的生产力？
何时是激发冲突的最恰当时机？

控制：组织中的哪些活动需要控制？
如何控制这些活动？
绩效偏差达到什么程度才算严重？
组织应建立哪种类型的管理信息系统？

（资料来源：斯蒂芬·P·罗宾斯：《管理学》，124页，北京，中国人民大学出版社，1997。）

二、决策的类型

决策可分为多种类别，不同的决策有着不同的性质和特点。正确认识决策的分类，有助于管理者明确自己决策工作的职责范围，有助于确定各类决策的方式和方法。

（一）战略决策与战术决策

按照决策所要解决的问题在组织中所处的地位或重要程度的不同，组织决策可分为战略决策与战术决策。

战略决策是指对直接关系组织生存发展的全局性、长远性问题的决策。如企业经营方针与目标的确定、资本运营的重大举措、产品结构的改变、重大技术革新与技术改造的实施、组织体制的重大调整等。战略决策一般与组织的未来较长时期的发展密切相关，通常考虑的是组织如何与外部环境的适应问题，决定着组织未来发展的方向和内容。战略决策一般属于组织高层管理者的职责范围。

战术决策是指组织为实现战略决策对组织资源做出合理安排，以及提高各种具体业务工作的质量或效率的策略性决策。如对组织年度及月度计划的确定、基层作业的计划与控制、能源与原材料的合理配置、定额的实施与考核、劳动力的调配等。战术决策一般涉及的是实施方案的选择、资源的合理分配、工作实际业绩的评估等方面的问题，涉及问题较为具体，一般属于常规性、技术性的决策。战术决策通常属于组织各职能管理部门和基层管理人员的职责范围。

（二）程序性决策与非程序性决策

按照决策问题出现的重复程度的不同，组织决策可分为程序性决策与非程序性决策。

程序性决策是指对经常出现的重复性问题，并已有处理经验、程序和方法的问题的决策。如企业生产作业计划的制订、对生产过程的质量控制、成本控制、对组织人员奖惩的实施等。在组织涉及的所有决策问题中，程序化决策的数量一般占有绝对多数，由于这类决策问题大量重复出现，涉及的主要是例行性的活动，因此在决策的管理上应重视对决策程序、方法和规章的制定，以便于人们碰到此类决策问题时，能够有法可依，照章办事，从而提高决策的科学性和准确性。程序化决策一般是组织中层和基层管理人员经常要解决的问题。

非程序性决策是指对不经常出现的偶然性问题，非例行性问题所进行的决策。如组织涉及的经营方向的调整、新产品的开发、重大的投资项目等。这类问题一般没有先例可鉴，无固定章法可循，通常需要管理者根据掌握的材料和自己的判断来做出决策。非程序化决策从数量上看，在组织涉及的决策问题中占的比重较小，但通常是关系到组织全局和长远发展的重要问题，并没有处理经验，完全靠决策者个人的知识、经验、直觉判断能力和解决问题的创造力来进行的决策，因而一般属于组织高层管理者的决策范畴。

案例思考 4-2

是否应该下放权力？

某公司的销售流程中，提货单审核活动主要审核顾客的资金情况。在原有流程中，只要客户资金不足，审核人员无权加盖财务章，必须经过上级认可，审核人员只是起到“橡皮图章”的作用。一些信誉较好而一时资金紧张的顾客常常抱怨审核的僵硬做法。如何解决此类问题，以在满足顾客需求的同时降低组织风险？

（三）确定型决策、风险型决策与非确定型决策

按照决策问题所处客观条件的不同，组织决策可分为确定型决策、风险型决策与非确定型决策。

确定型决策是指决策条件明确，方案的结果是确定的，只要经过直接比较即可做出方案选择的决策。如企业准备投产新开发的产品，有多个投产方案，在已知未来的市场条件肯定是畅销的前提下，此时只要在各种可行的投产方案中选择出最好的方案即可。确定型决策由于未来的结果是肯定的，因此决策相对较为容易。

风险型决策是指决策条件存在不可控因素，可供选择的方案存在多种结果，各种结果出现的可能性事先可以做出估计的决策。如企业准备投产新开发的产品，有多个投产方案，产品未来投入市场的前景并不肯定，可能销路好，也可能销路不好，但销路好坏各自出现的可能性能够事先做出估计，此时由于对投产方案进行的选择，其未来的结果只能按某种概率实现，有一定的风险，因此属于风险型决策。

非确定型决策是指决策条件存在不可控因素，可供选择的方案存在多种结果，各种结果出现的可能性事先无法做出估计的决策。如组织准备投产新开发的产品，有多个投产方案，产品未来投入市场的前景并不肯定，可能销路好，也可能销路不好，销路好坏各自出现的可能性事先也无法做出估计，此时由于对投产方案进行的选择，其未来的结果是不定的，因此属于非确定型决策。非确定型决策由于未来的条件是不确定的，且无概率参考，决策的盲目性大，风险大。因此决策的难度较大。

（四）个体决策与群体决策

按照决策的主体划分，决策可分为个体决策与群体决策。

个体决策是指由决策者个人做出的决策。个人决策由于决策权的相对集中，协调工作量小，因而有利于决策的迅速确定。但是。当今世界是信息爆炸的时代，组织管理面临着更多的复杂性、多变性和竞争性，个人的能力必定有限，个体决策易导致决策质量的下降，特别是当决策者以权决策，大搞一言堂，以个人意志代替科学决策时，势必导致决策失败。

群体决策是指涉及两个或两个以上的人，集体做出的决策。群体制定决策有利于集思广益，发挥群体每个成员的专业知识、技能和经验，可从更广泛的角度对方案进行评价和论证，从而做出更准确、更富有创造性的决策；以群体方式做出决策，也易于增加群体成员对决策方案的认同。但是群体决策参与制定决策的人员越多，提出不同意见的可能性越大，就需要花更多的时间和进行更多的协调来达成相对一致的意见，从而导致群体决策的效率较低。

除了上述分类方法外，决策还可以根据决策目标的多少而分为单目标决策和多目标决策；根据所涉及的时间长短而分为中长期决策和短期决策；根据决策组织层次的划分可分为高层决策、中层决策和基层决策；根据决策可否用数量表示可分为计量决策和非计量决策，等等。

案例思考4-3

群体决策的困境

按理说，群体在一起能够集思广益，应该发挥出超常的智慧，就像俗话所说："三个臭皮匠，顶个诸葛亮。"但是绝大多数的时候，臭皮匠就是臭皮匠，多少个臭皮匠也成不了诸葛亮。《第五项修炼》的作者曾调查了 4 000 家企业，发现了一个现象：很多团队中，个人智商都很高，120分以上，但团队智商却很低，只有62分。有位教授经常讲，在各国企业里，很多情况下是三个诸葛亮在一起，结果变成一个臭皮匠，而不是三个臭皮匠合成一个诸葛亮。

请问：为什么会出现这种现象？如何避免这种现象，提高群体决策的效率和效果？

第二节　决策组织与过程

一、决策组织

现实中组织决策的重大失误导致组织失败的例子比比皆是，比如巨人、秦池、三株、太阳神、爱多等。这些组织失败的原因中，有一点是相同的，即决策没有建立在科学的组织机制基础上。现实中的不少组织的创业者、所有者、决策者和执行者的角色集为一身，下级只能俯首听命。这些条件与权力的结合，在没有监督和约束机制下行事，使决策者所犯错误的几率大大提高。曾经的巨人总裁史玉柱在检讨失败时曾坦言："巨人的董事会是空的，决策是一个人说了算，因我一人的失误，给集团整体利益带来了巨大的损失。"这也恰好说明，权力必须有制约，科学的决策要建立在科学的决策组织机制的基础上。

资料4-2

企业决策常见病

1. 独断决策：个人决策是国内知名企业失败的主要原因

一些企业决策往往是由总裁垄断，即所谓"总裁＝独裁"。一个人说了算，一个人包打天下，个人素质决定企业命运，可谓"成也萧何，败也萧何"。

2. 急进决策：企业不要重蹈"大跃进"覆辙

企业在发展顺利时，往往无法客观、全面地把握现实，决策常常比较冒进，决策目标不是建立在客观实际的基础上，而是在主观想象的基础上，决策目标超过了企业自身能力。

3. 跟风决策：人云亦云最终只能是害自己

不是全面衡量内外各方面的条件进行创新，而是简单模仿，望风而动，盲目跟进。

4. 空想决策：以主观设想为基础，其失败在所难免

决策不是以客观事实为基础，而是以主观想象代替客观事实，先入为主，把自己习以为常的东西作为决策的基础，其失败在所难免。

5. 经验决策：没有放之四海而皆准的真理

企业遇到问题，只以老经验为解决问题的答案，而很多时候，过去成功的经验变成了未来失败的根源。

6. 迟滞决策：企业决策的反应迟钝症

企业的生存环境是个复杂多变的世界，决策者必须时刻有高度的危机感，若对外界变化麻木不仁，或者轻视各种不利的变化，不及时采取相应对策，则可能祸至不日矣。

7. 感性决策：不见棺材不掉泪

很多企业领导决策时的依据就是感觉、直觉。凭着“大概”“估计”“大致”“好像”等非理性判断进行决策。

资料来源：陈放：《企业大夫》，29 页，北京，中华工商联合出版社，1999。

决策组织机制是指对组织决策过程中的各个层次、各个部门在决策活动中的决策权限、组织形式、机构设置、调节机制、监督方式的规定。随着组织环境的发展，组织决策具有日益复杂化的特点，涉及的因素越来越多，决策对组织成败的影响越来越大。因此，为保证决策的有效性，必须按照不同时期组织发展的需要，对决策活动加以规范，形成制度，建立相应的决策组织机制，以便从组织上保证决策活动的顺利发展。现代组织决策机制一般由决策系统、智囊系统、信息系统、执行系统和监督系统等构成。

（一）决策系统

决策系统是指在决策中确认决策问题和决策目标，确定决策方案，对整个决策过程进行协调和控制的权力机构。决策系统是决策机制的核心，只有它才有权对相关的问题做出最终决策。同决策有关的其他系统，都是适应决策系统的需要建立的，甚至许多活动也是在它的领导和统筹安排下进行的。

决策系统的主要任务是根据信息系统提供的大量情报和智囊系统制定的若干可供选择的方案，从全局出发，充分运用决策者长期积累的丰富经验和所掌握的科学知识，经过分析比较，权衡利弊得失，最后做出决策。

决策系统的核心是拥有决策权的领导集团或领导者个人。要做到正确决策，决策的领导者应具备一定的素质：一是科学素质，即要有广博的科学知识和思维方法，有深厚的专业素养；二是创新精神和进取精神，即善于针对新的问题，提出新的见解；三是民主作风，即善于听取来自各方面的意见；四是胆识和魄力，即英明果断、勇于负责。

（二）智囊系统

智囊系统是指专门为决策服务，协助决策系统的参谋咨询系统。其主要是对决策进行参谋咨询，利用由信息系统提供的数据资料，采用现代科学方法，对决策问题进行系统研究，最终提出可供决策者选择的比较方案。

智囊系统的主要任务：一是对信息系统提供的情报信息进行分析和加工，对决策问题做出科学预测，帮助决策者发现问题，确定决策目标；二是针对决策目标，拟订各种可供选择的方案，并对方案做出评估论证，提出选择性建议，以供决策者比较、权衡；三是方案实施后，通过对反馈信息的分析，评估决策的有效性，并帮助决策者纠正决策偏差，提供修正和追踪方案。

智囊系统一般由组织内部的相关专业人员和组织外部的有关专家组成。

（三）信息系统

信息系统是指设立在各级决策系统周围，专门搜集、统计、储存、检索有关情报资料信息的组织，它充分利用各种手段对来自各方面的信息进行综合处理与分析，为正确的决策奠定基础。现代社会是信息社会，信息已经成为现代组织开展活动的重要资源，决策的每个步骤和环节都离不开信息系统。整个决策过程可以说就是信息输入、转换和输出的过程。

信息系统的主要任务：一是信息的获取，即通过各种渠道，建立纵横交错的畅通的情报信息网络，不断获得充足、可靠的信息资料；二是信息的处理，即在对原始信息资料分析、研究的基础上，根据决策的各种不同的需要，搞好筛选、提炼、加工和分类，形成有价值，便于储存、传输和利用的信息资料；三是信息的储存管理，即搞好信息资料的储存和管理，保证信息的随时检索和使用；四是信息的传输，通过合理的信息流程，使决策系统所需的信息能及时、准确地传递到使用者手中。

信息系统的建立，既要适应决策系统和智囊系统的需要，又要适应执行系统和监督系统的需要。要促进各类信息的交流，形成上下左右互相通达的情报信息网络。

(四) 执行系统

执行系统是指执行各项决策指令并付诸实施的系统。执行系统体现的是组织从上至下的各层次、各环节保证决策逐步实施的组织体制。下一级的执行机构除保证自己实施上一级决策机构正确的决策方案外，还必须为上一级决策机构服务，以保证上一级的决策目标的实现。执行系统在执行决策指令的过程中，要将执行情况及新的信息反馈到决策系统和其他系统中，再由决策系统进行追踪决策，由此循环前进，保证决策活动顺利进行。

(五) 监督系统

监督系统是指对执行系统贯彻执行决策系统的指令情况进行检查监督的系统。它帮助决策系统实现自我调节，以保证指令的顺利贯彻执行和决策目标的顺利实现。

组织的决策组织机制由以上五个系统有机地加以组合，依据这一决策组织机制进行决策，具有依据信息、广泛咨询、集中决策、分散执行、独立监督、及时反馈、不断调节的特点，有利于实现决策的科学化和民主化。

二、决策过程

一项决策从问题的提出，可行方案的确定，直到方案实施后问题得到解决，是一项涉及众多工作、众多人的复杂活动。为了保证决策顺利进行，使决策富有成效，就必须认识决策工作的规律性，遵循决策的科学程序。

决策前应该问自己的十个问题

美国哈佛商学院教授、全美著名的决策顾问 R. A. 罗宾斯提出了在决策前应该问自己的十个问题：

(1) 这个问题的主要症结和困难是什么？它属于决策过程中关键因素的哪一项？

(2) 像这样的决策该如何做？

(3) 做出这个决策会影响到其他的决策吗？

(4) 这个决策是非做不可吗？是必须现在做吗？是全部由自己来做还是找别人合作？

(5) 在过去做类似这样的决策需要多长时间？现在这个决策计划用多长时间？

(6) 是按顺序来从框架到情报收集再到下结论做这个决策呢？还是一部分一部分不按顺序来做？

(7) 应该将时间和资源集中在什么地方？在决策过程的每一个层次上应该花多少时

间？在框架的选择、情报的收集上会遇到什么困难？

(8) 自己过去做相关决策的经验，可以运用来做更佳的决策吗？在这个决策中，自己的技巧、偏差、限制是什么？

(9) 是否需要引进其他的观点？其他的观点哪一项会更有用处？

(10) 一位让自己崇拜的、更有经验的决策者会如何来处理这些问题？

一般决策的程序应有以下几个环节：

(一) 明确决策问题

问题是指组织的现实状况与应达到或希望达到的状况之间的差距。决策的最终目的是要解决问题，因此能否正确地发现、分析和认识问题是决策的首要环节，是确定决策目标的前提条件。在实际工作中，对这种问题的认识常常受人们的主观状况以及对客观认识的影响。

明确问题可从以下几个方面入手：

(1) 当组织内的正常活动发生某种异常变化时，往往意味着发生了某种问题。如业务部门之间的矛盾冲突增多导致管理人员协调工作量加大；产品质量问题增多，等等。此时应对异常现象深入分析，找出问题的原因，以此作为决策的出发点。

(2) 当组织的外部环境条件发生变化，对组织的正常活动产生影响，从而要求组织做出相应反应，或者是从外部环境的分析中找出了组织存在的问题时，此时都可作为决策问题加以把握。

(3) 当组织的运行与原有的计划目标发生偏差时，此时或者说明组织的运行发生了问题，偏离了原有目标的方向；或者说明原有计划与实际情况不符，需要对原有计划做出调整，这些均可作为决策问题加以把握。

(4) 当组织受到来自于组织内部或外部的各方面批评时，此时应多方听取不同的批评意见，从中发现可把握的决策问题。

对现实中存在的问题需要如实地、全面地、有定性定量分析地来说明它的状况、产生的原因、性质、严重程度、发展趋势、解决的迫切程度和条件等，尤其是要说明产生问题的根本原因。只有明确了问题产生的根本原因，才可能有针对性地确定决策目标和制定解决问题的方案。

明确问题乃至进一步确定决策目标、选择方案，不能简单地建立在人的主观臆断的基础上，要有丰富的信息资料作为基础。要想在决策上不失误，必须有丰富可靠的信息来源、快速的信息传递、准确的信息分析与研究，这是决策科学化的重要前提。搜集信息资料要达到以下要求：一是信息资料必须具有完整性，凡与目标要求有关的直接或间接资料，都要尽可能搜集齐全；二是信息资料必须具有可靠性，要有依据，要具有时间、地点，数字要准确无误；三是对信息资料要做系统分析，着重从事实的全部总和、从事实的联系去掌握事实，从事物的发展中全面估计各种对比关系，以保证掌握情报信息的科学性；四是对一些不确切的问题或疑难问题，要召集专家及有关人员进行集体会诊，以做出定性分析和概率估计。

(二) 确定决策目标

决策目标所表达的是决策要解决的问题应达到的程度或取得的结果。决策目标是决策的出发点和归宿。没有目标，决策就没有方向；目标不明确，则会导致决策失误。因此，决策目标的确定既是决策后续工作的前提条件，也是最终评价决策成效的标准。

确定经营决策目标应注意以下问题：

(1) 决策目标要有明确的针对性。确定决策目标必须有的放矢，要明确针对所要解决的问题，切中问题的要害，选中解决问题的突破口。决策目标不能含糊不清，否则，制定与选择方案都会无所适从。

(2) 决策目标要有具体衡量实现程度的标准，不能抽象空洞。为了使人们对决策目标有清晰而具体的认识，并且能够具体衡量决策方案实施后的效果，应为决策目标规定具体的数量界限。在企业的经营决策中，有些决策目标本身就是数量指标，如产量、产值、利润、劳动生产率、市场占有率等等。有些则是非数量指标，如属于质量问题、组织问题、社会问题等方面的决策问题，是难于直接用数量指标表示的目标，对这类目标也应尽可能地采取间接的方法使其数量化，如用百分比法、评分法等。不论是组织必须达到的最低目标，还是希望实现的理想目标，不论是组织的总体目标，还是各职能部门的分目标，都必须符合三个特征：可以计量、可以规定其期限、可以确定其责任者。

(3) 要明确决策目标的约束条件，把决策目标建立在需要与可能的基础上。这里的约束条件是指对决策目标的实现起制约作用的条件，决策只有在符合约束条件的前提下才能实现其目标。在组织决策中，无附加任何约束条件的决策目标是极为少见的。决策目标中常涉及的约束条件，一是组织的外部环境条件，如国家的政策法规、外部资源等；二是组织自有资源条件，如人力、物力、财力等；三是决策者对决策目标附加的主观要求。这些约束条件都是确定决策目标的依据和注意事项。只有把这些约束条件搞清楚，拟定和评价决策方案才能有明确的标准，决策目标的实现才有其可能性。

(4) 决策目标的确定要符合系统性的要求。组织作为一个整体系统，其管理问题涉及方方面面，对其中任何一个问题的解决，都会与其他管理问题发生各种各样的关系。因此决策目标的确定必须要综合考虑各方面的要求。从目标管理的角度看，决策目标既应符合上一级目标的要求，同时又能分解为下一级目标，使下一级决策有明确的目的。因此，明确目标既可向上落实，弄清上一级决策目标的实质、要求，看本级目标是否是达到上一级目标的手段，又可向下落实，看本级目标是否是下一级决策目标的目的。

(5) 要处理好多目标问题。决策的目标常常有多个，并且有的目标还相互矛盾，给决策方案的制订和选择造成困难。因此，必须对多目标进行妥善处理。处理的原则是尽量减少目标个数。应取消那些根本达不到的目标，放弃某些矛盾目标的一方或子目标，应把相差不多的目标、某些次要的目标合并成一个目标。还可采用综合的方法使目标减少。如果实在不能减少时，就要按目标的重要程度分出目标的主次。

案例思考4—4

难以完成的工作

曾经听过这样一个故事，有人要将一块木板钉在树上当隔板，一个叫贾金斯的人便主动去帮忙。他说："应该先把木板头锯掉再钉上去。"于是，他找来锯子，才锯两三下又撤手了，说要把锯子磨快些。于是，他去找锉刀，接着又发现必须先在锉刀上安一个顺手的柄。于是，他又去灌木丛中寻找小树，可砍树又得磨快斧头。磨快斧头需将磨石固定好，这又免不了要制作支撑磨石的木条。制造木条少不了木匠的长凳，可这没有一套齐全的工具是不行的。于是，贾金斯到村里去找他所需的工具，这一走，就再也不见他回来了。

从决策目标的角度看，出现这种情况的原因是什么？

（三）拟订可行方案

在明确了决策目标之后，要从多方面寻找和发现实现目标的途径和措施，通过创造性的活动，拟订出各种可行方案以供进一步选择，这就是拟订方案阶段。方案就是指解决问题的方法，从提出方案到确定方案，是决策整个过程的中心环节。

拟订方案应遵循的原则有：

（1）要有两个以上的可行方案。众所周知，没有比较就没有鉴别。正与误，优与劣，都是在比较中发现的。因此，只有拟订出一定数量和质量的可行方案并经过综合的评价与对比，才能知道所选定的方案是否能最有效地达到所定目标。在实际工作中，有些领导人不懂得决策需要选择的道理，往往只有一个方案便轻率地决定实施。这样的决策只能将其结果寄托在偶然与侥幸的基础上，极易导致决策的失误。

（2）各方案之间要有原则区别，要有明确的约束条件。拟订的多个可供选择的方案不能千篇一律或大同小异，各个方案之间应有原则的差异且互相排斥，只有这样才有可能和必须进行选择。各种决策方案的制订都有其约束条件，在制订决策方案时，约束条件越明确，越便于方案的分析比较，决策者提出的解决问题的办法才能更具有针对性。为了便于权衡比较，各方案应做到：方案都能以确切的定量数据反映其结果；都能够明确说明各方案的特点、弱点及实践条件；各方案的表达方式能够做到条理化和直观化。

（四）分析评价方案

对可行方案要确定评价标准，采用科学的方法对方案进行分析比较，并做出客观的评估。分析评价方案应注意的问题有：

（1）要有合理的评价标准。不同的决策问题有不同的具体评价标准，但确定评价标准的基本原则是共同的，这就是：一要能保证实现决策目标；二要在保证实现决策目标的前提下，付出的代价尽可能小；三是实现决策目标要承担的风险尽可能小；四是方案实施后产生的副作用尽可能小。

（2）评价标准既要有全面性又要突出重点。决策中对决策方案的评价通常有三个方面的衡量标准，即技术价值、经济价值和社会价值，方案评价应建立在三个方面综合评价的基础之上。在实际决策过程中，要同时满足各方面的所有要求通常是不现实的。因此，评价标准应有轻重缓急之分，根据实际情况确定标准的取舍原则。

（3）要采用科学的评价方法。决策中常用的评价方法有经验判断法、归纳法、数学方法、试验法等。

经验判断法是最古老的一种传统方法。20 世纪 40 年代以前的管理决策基本上都是依靠经验判断，即使在把数学方法、物理模型、网络模型方法引入决策过程后，经验判断的方法仍然是不可缺少和不容忽视的，尤其是一些涉及社会、心理因素等复杂问题和非计量性因素多的决策，需要有领导者的经验判断。

归纳法，就是在方案众多的情况下，先把方案归成几大类，看哪类最好，就选中哪类，然后再从中选出最好的方案。这个方法的优点是可以较快缩小选择范围，缺点是可能漏掉最优方案，因为最优方案也可能处在不是最好的那个类中。不过，在不允许进行全面对比的情况下，这个办法仍被采用，因为按此法选出的方案一般还是比较令人满意的。

运用数学方法选择方案，在20世纪50年代以后发展很快。因为在控制变量属于连续型的情况下，经验判断方法很难直接找到最优或满意方案，所以要借助于数学方法。数学方法通常在经济决策中使用。运用数学方法，可以使决策达到精确化。但到目前为止，尚有许多复杂的决策用数学方法还解决不了，要综合运用选择方案的多种方法加以解决。

对重大问题的决策，尤其是对新情况、新问题及无形因素起重大作用而不便用数学方法分析时，先选择少数几个典型单位进行试点，然后总结经验以作为最后决策的依据，也不失为一种有效的方法。有些复杂的决策，虽然反复计算、讨论、比较，仍然没有多大把握，这时，试验就被提上日程。但也不是事事都经过试验。在方案选择过程中，往往是在选择范围已经缩小到只剩下两个关键方案而定不下来时，或方案已初步选出但仍感到不放心时才去做试验。

上述各种方法都有其长处和短处，决策者应根据不同的决策对象和要求，灵活地加以运用，并且应善于在决策中广泛地采用现代化的科学技术手段，不断提高决策评价的科学性。

资料4—4

决策质量的六个衡量范围

美国战略决策集团（一家世界知名的专门做决策咨询的咨询公司）马塞森1998年著的《精明的组织》一书，通过对世界几百家企业各种决策的成功和失败的经验进行调查，总结出了评价决策质量的六个衡量（或评价）范围。评价时对六个衡量范围分别进行评价，然后综合得出总的评价结果。这六个衡量范围及其包含的内容如下：

（1）适当的框架。包含内容举例：是否提出了正确的问题；任务是否明确了；所采取行动的方向是否与本公司的实力和发展目标相适应等。

（2）创造性的、可行的比较方案。包含内容举例：是否识别并评估了比较方案；如遇失败，是否有补救方案；有否实施决策的可行方案等。

（3）重要、可靠的信息。包含内容举例：是否提出了应有问题，并取得有效答案；技术和市场成功的概率是多少；是否取得了良好数据断面；是否听取了公司不同部门的信息等。

（4）弄清价值和替换效果。包含内容举例：回报与风险的关系如何；将做决策的期望值如何；失败的代价如何等。

（5）逻辑正确的推理。包含内容举例：得出的决策意见是否具有清晰逻辑；资金模型说明什么；应能说明建议的决策方案具有明显的竞争优势等。

（6）行动的承诺。包含内容举例：是否从公司不同部门听到不同意见；此决策方案是否已得到公司全力支持；是否已有实施此决策的可行方案等。

（五）选择确定方案

选择确定方案在多方案评估的基础上权衡利弊，做出决断，确定能满足决策目标要求的满意方案。

现代决策理论认为，通过决策选择的最终方案应以“满意”为原则，即决策不是选择最优方案，而是选择满意方案。这是因为要获得最优方案，决策者必须能够找到解决问题的全部可行方案，并能明确各个方案的实施结果。而在决策中，由于环境的不确定，人们的认识和经验总是有限的，再加上人力、物力和时间的局限性，一般是很难将所有可行方案都找出来。因此，实际决策中一般不具备选择最优方案的条件，只能是在有限的可行方案中选出满意的方案。

选择确定方案就是领导者的决断过程，也是决策过程中最核心、最关键的一步，在这个决定性的环节上可以看出领导者决策能力的高低。通常说的领导“善断”也就是指方案“优选”。无“优选”即无“善断”。在复杂的环境和管理工作中，真正要做到“善断”不是一件易事，要求领导者有很高的决策素养，要有战略的、系统的观点，科学的思维方法，丰富的经验判断和很强的鉴别能力。

在面临决断时，管理者应避免两种心态：

（1）优柔寡断，当断不断。当面临决策有不同意见或决策者更多地考虑个人承担的风险时，一些管理者会采用回避决策的方法，其结果或者丧失了有利的商机，或者导致工作中的矛盾进一步扩大，结果造成了不可挽回的损失。方案的选择要求决策者有决断的魄力。任何方案都有其支持者，赞同不同方案的人都可以列出一大堆相应方案的优势。在众说纷纭的情况下，决策者要在充分听取各种意见的基础上，根据自己对组织任务的理解和对形势的判断，权衡各种方案的利弊，做出决断。

（2）急于求成，草率决断。一些管理者不愿意忍受问题的煎熬，希望问题能够迅速解决。因此在决策时常常采用直观的管理方法，处理问题仅凭条件反射，在考虑不周到时就贸然决断，强行采取行动，其结果常常是“欲速则不达”，难以解决问题。

（六）方案的实施与监控

方案选定以后的实施与监控过程并不是决策活动，但是由于决策的实现和决策的成效直接取决于这一过程，并且在这一过程中仍然包含有决策的因素，因此它也应属于整体决策过程的重要组成部分。

在方案的实施过程中，首先应抓好方案的贯彻实施，要制订方案的实施计划和有效的控制措施，做到组织上的落实和资源上的保障；其次，在方案实施中要采取有效控制，建立完善的监督机制和反馈信息系统，监督实施过程，从反馈中分析问题，以便于修正偏差，保证决策目标的实现。

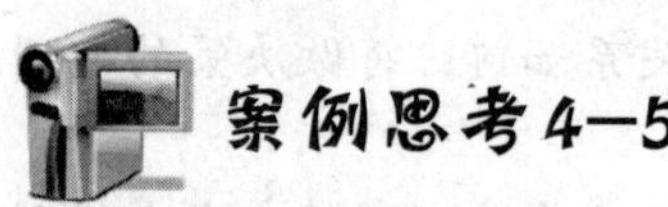

决策方案迟迟不能确定

某公司拟收购一家企业，公司总经理责成战略规划部负责收集潜在收购对象的信息，供董事会和高层经理决策参考。战略规划部经过调研，确定六家可供选择的收购对象，并提供了每一家潜在收购对象详尽的财务、技术、市场、管理等方面的分析报告。董事会开过两次会议之后，形成三种不同的意见。一部分人赞同收购甲企业，一部分人赞同收购乙企业，还有部分人赞同收购丙企业。因为三家企业各有各自的特点，虽多次开会，仍难以达成一致，以至于决策方案迟迟不能确定。

从决策的一般原理角度看，出现这种情况的原因可能有哪些？

第三节　决策方法

决策必须借助于各种科学的决策技术和方法。决策技术方法已成为完成决策必须凭借的手段。决策技术方法的优劣也直接影响到决策的效果。

一、决策方法的类别

决策技术方法经历了一个由低级向高级逐步发展的过程。现代自然科学和社会科学的发展也为决策的科学化提供了手段和工具，有力地促进了决策水平的提高。随着决策实践和决策理论的发展，人们创建了各种各样的决策技术方法，其主要分为两大类方法：主观决策法与计量决策法。

主观决策法是指决策者根据已知的情况和现有资料，直接利用人们的知识、经验和能力，在决策的各个阶段，根据客观实际情况，提出决策目标、方案、参数，并做出相应的评价和选择。常见的主观决策法有：头脑风暴法、名义群体法、德尔菲法等。主观决策方法重视在决策中充分发挥人的聪明才智，这类方法简单易行、经济方便，是决策常用的方法。

计量决策法是指建立在数学工具基础上的决策方法。它的核心是把同决策有关的变量与变量之间的关系、变量与目标之间的关系用数学关系表示出来，即建立数学模型。然后，根据决策条件，通过计算求得决策答案，以此作为决策者的决策参考。计量决策法采用何种数学工具，主要取决于决策问题本身所包含的变量多少、决策环境的不确定程度以及是静态分析还是动态分析等三方面因素。定量决策方法在条件具备时一般较客观、准确性高，便于采用计算机辅助计算，从而有利于提高决策的效率。

在实际工作中，各种决策方法都有其优缺点，因此在决策方法的选择上，应能根据各种不同的决策问题和实际条件加以灵活运用。特别是应善于将定性方法和定量方法结合运用，以不断地提高决策的科学性。

决策方法现代化

运筹学是应用于现代企业决策的有效办法。它被广泛地用于解决有限资源如何合理运用以实现既定目标的问题。

(1) 线性规划。主要用于解决两类问题：一是目标确定后，如何统筹安排，尽可能地以最少的资源实现目标；二是在一定的资源条件下，如何实现目标最大化。

(2) 整数规划。是在线性规划的基础上增加变量为整数的约束条件。整数规划的可行解和最优解都不应超出无整数约束条件下的线性规划的可行解范围。

(3) 非线性规划。线性规划中的一般目标函数和约束条件均可表示成变量的一次函数，而在实际中，不少目标函数和约束条件与变量之间并不是简单的一次函数关系，即非线性关系，而表示成多次的函数关系。这就产生了非线性规划。

(4) 动态规划。主要着眼于解决多阶段的最优化问题。1951 年美国数学家贝尔曼等人开始研究这类问题的决策，并创立了运筹学的新方法——动态规划。

(5) 图论与网络方法。主要应用于对实际管理问题的用图描述和决策的最优化问题，解决“时间最少、路径最短、费用最省”等管理中的决策问题。

(6) 排队论。主要探讨系统设计的最优化和控制系统的最优化问题。前者是设计出一个最高效的系统，后者是使现有系统高效地运作。

(7) 库存理论。主要研究如何找出最佳库存策略，使目标函数最优化。

(8) 决策论。是运筹学中研究以什么样的方法和原则进行决策的方法，更多涉及和研究的是风险型和不确定情况下的决策问题。

(9) 博弈论。主要研究多元决策主体的行为发生直接作用时的决策问题。如在势均力敌的市场竞争中，企业竞争对手之间的竞争决策。

(10) 管理模拟。近年发展起来的通过计算机建立行为的模拟系统，通过各种变量的输入，进行试验，比较各种方案的优劣，为决策提供依据。

二、几种常用的计量决策方法

(一) 盈亏分析法

盈亏分析法也叫量本利分析法，是指通过研究产量、成本和利润之间的关系，分析企业盈亏，从而对企业经营状况和经营决策做出评价的方法。

企业从事生产经营活动要消耗大量的人力、物力和财力，它们构成了企业的成本费用。在企业的成本费用中，有的是随着产量的增长变化而变化，称为变动成本费用。有的则与产量的增长变化无关，称为固定成本费用。变动成本费用与固定成本费用之和就构成产品的总成本费用。此种成本的划分方法是运用盈亏分析方法的基础。

当企业单位产品的价格高于单位产品成本时，企业的销售收入和产品总成本的数量在一定的产量上是相等的，即达到盈亏平衡，产量高于盈亏平衡点时，企业有盈利，产量低于盈亏平衡点时，企业则亏损。这种产量、成本和利润的关系如图 4—1 所示。

运用盈亏分析法的关键在于确定盈亏平衡点，其计算方法有多种。

(1) 产量法，即根据固定成本和变动成本，确定盈亏平衡点所对应的产量。其公式如下：

$$X_0 = \frac{F}{W - C}$$

式中：X_0 为盈亏平衡点产量；

F 为总固定成本；

W 为产品单价；

C 为单位产品变动费用。

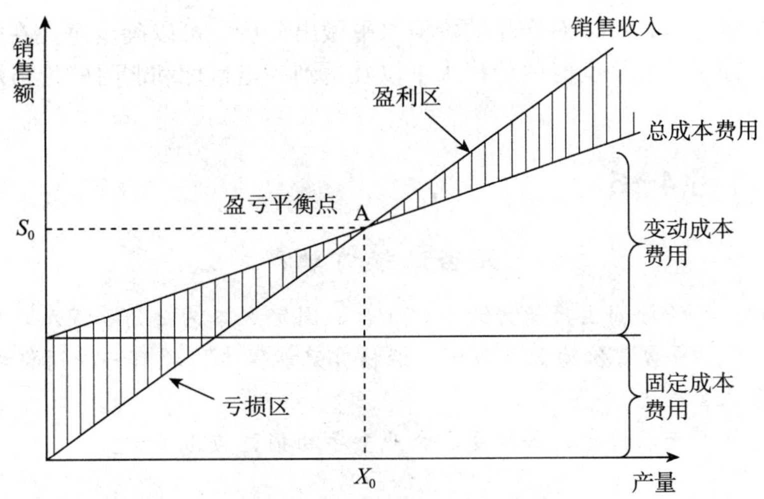

图 4—1　产量、成本和利润分析图

注：A 为盈亏平衡点；X_0 为盈亏平衡点的产量；S_0 为盈亏平衡点的费用，此点也是盈亏平衡点的销售收入。

（2）销售额法。即根据固定成本和变动成本，确定盈亏平衡点所对应的销售额。其公式如下：

$$S_0=\frac{F}{1-\frac{C}{W}}$$

式中：S_0 为盈亏平衡点销售额。

（3）临界收益法。临界收益是指销售收入减去变动成本后的余额，即固定成本加利润。临界收益除了可对单一品种产品的盈亏状况做出分析外，还可用于研究和分析多品种生产的盈亏状况。另外，临界收益还可用于企业在亏损状态下考虑产品的定价问题，由于临界收益等于单价减去单位产品变动成本，因此在亏损状态下，产品单价只要大于单位产品变动成本，企业即可收回一定的固定成本，从而取得临界收益，减少亏损。

盈亏分析法的应用如下：

（1）运用盈亏分析选择经营方案。通过计算盈亏平衡点的产量，可以判断各个经营方案的现实产量是在盈利区还是在亏损区。如果现实产量低于盈亏平衡点的产量，则方案不可取；凡高于盈亏平衡点产量的方案是可行方案。

（2）通过盈亏分析，寻找降低成本，增加利润的途径。可以确定达到一定目标利润的目标销售量或销售额，其公式分别如下：

$$X=\frac{F+P}{W-C}$$

$$S=\frac{F+P}{1-\frac{C}{W}}$$

式中：X 为实现目标利润的产量；

S 为实现目标利润的销售额；

P 为目标利润。

（3）通过盈亏分析，可以对产品的价格水平做出分析。可以确定企业在一定的产量和成本的条件下，处于盈亏平衡时的价格水平以及达到一定目标利润时的价格水平。

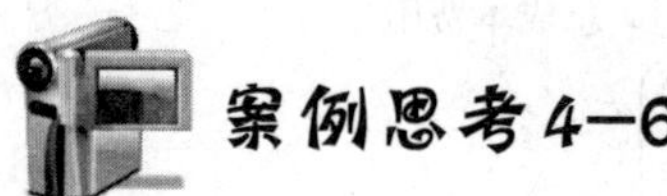

案例思考4—6

是否该接订单？

某企业某种产品的计划生产能力为6 000台，固定成本为2 200万元，现国内用户的订货已有4 200台。每台售价为3.5万元，经核算只能保本。现有一外商要订货1 800台，要求价格为每台3.2万元。

外商的订货是否可以接受，若接受，企业全年的损益值为多少？

（二）决策树法

决策树法是风险型决策常用的一种决策方法，该方法利用了概率论的原理，并且利用树形图作为分析工具。基本原理是用决策点代表决策问题，用方案分支代表可供选择的方案，用概率分支代表方案可能出现的各种结果，经过对各方案各种结果条件下损益值的计算比较，为决策提供依据。

运用决策树法进行决策的基本步骤如下例所示。

例：某企业准备生产某种新产品。预计该种产品的销售有两种可能：销路好，概率为0.7；销路差，概率为0.3。可采取的方案有三个：方案Ⅰ，建设一新车间，使用期为10年；方案Ⅱ，对现有设备和厂房进行改造，使用期为10年；方案Ⅲ，先按Ⅱ方案进行，如果销路好，三年后再进行扩建，扩建部分使用期7年。其有关数据如表4—1所示。

表4—1

单位：万元

方案	投资额		每年损益值			
	当前	三年后	头三年		后七年	
			销路好	销路差	销路好	销路差
Ⅰ	300	0	100	－20	100	－20
Ⅱ	120	0	30	20	30	20
Ⅲ	120	180	30	20	98	

决策步骤如下：

（1）绘制决策树图形，如图4—2所示。

（2）计算各方案的期望值。

方案Ⅰ的期望值计算：

$$100\times10\times0.7+(-20)\times10\times0.3-300=340\text{（万元）}$$

方案Ⅱ的期望值计算：

$$30\times10\times0.7+20\times10\times0.3-120=150\text{（万元）}$$

扩建点的期望值计算：

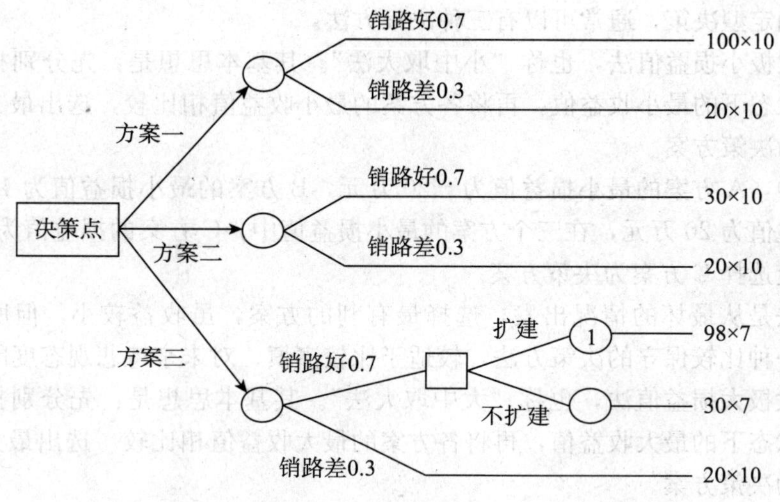

图 4—2　决策树图

注：□表示决策点，从它引出的分支称为方案分支，代表可采取的行动；○表示自然状态点，从它引出的分支称为概率分支。

98×7×1－180＝506（万元）

不扩建点的期望值计算：

30×7×1＝210（万元）

比较扩建和不扩建的期望值，选择扩建。

方案Ⅲ的期望值计算：

(30×3＋506)×0.7＋20×10×0.3－120＝357.2（万元）

(3) 剪枝，即淘汰经济效益不好的方案，采用经济效益好的方案。在本例中，期望值大的方案是方案Ⅲ。

(三) 期望值法

期望值法可用于不确定型决策，在不确定型决策中，由于对方案实施中的状态和结果无法做出估计，因此决策在很大程度上取决于决策者的主观判断，不同的决策者对同一问题的决策结果也可能是完全不一样的。

例：现有 A、B、C 三个方案可供选择，方案实施后的未来状态可能有销路好、销路一般、销路差三种结果，各方案在各种结果下的损益值见表 4—2，而各种结果出现的可能性现在尚无法做出估计。此时对方案的选择就属于不确定型决策。

表 4—2

方案	损益值（万元）		
	销路好	销路一般	销路差
A 方案	120	50	－20
B 方案	85	60	10
C 方案	40	30	20

对于不确定型决策，通常可以有三种决策方法。

(1) 极大极小损益值法，也称“小中取大法”。其基本思想是：先分别找出每个方案在各种自然状态下的最小收益值，再将各方案的最小收益值相比较，选出最大数值相对应的方案，作为决策方案。

在上例中，A 方案的最小损益值为－20 万元，B 方案的最小损益值为 10 万元，C 方案的最小损益值为 20 万元，在三个方案的最小损益值中，C 方案的损益值为 20 万元是最大值，因此应选择 C 方案为决策方案。

此种方法是从最坏的情况出发，选择最有利的方案，虽收益较小，但所冒风险也最小，因而是一种比较保守的决策方法，较适于比较谨慎、对未来持悲观态度的决策者。

(2) 极大极大损益值法，也称“大中取大法”。其基本思想是：先分别找出每个方案在各种自然状态下的最大收益值，再将各方案的最大收益值相比较，选出最大数值相对应的方案，作为决策方案。

在上例中，A 方案的最大损益值为 120 万元，B 方案的最大损益值为 85 万元，C 方案的最大损益值为 40 万元，在三个方案的最大损益值中，A 方案的损益值为 120 万元是最大值，因此应选择 A 方案为决策方案。

此种方法是从最好的情况出发，选择最有利的方案，虽收益较大，但所冒风险也最大，因而是一种比较冒险的决策方法，较适于敢冒风险、对未来持乐观态度的决策者。

(3) 极小极大后悔值法，也称“大中取小法”。这里的后悔值是指将某种自然状态中各个方案的收益值相比较，同其中最大收益值之间的差额。此法的基本思想是：先计算出各个方案在各种自然状态下的后悔值，并从中找出最大值，再将各方案的最大后悔值中的最小值所对应的方案作为决策方案。

在上例中，首先根据所给资料计算出各个方案在各种自然状态下的后悔值，见表 4—3，然后找出各个方案的最大后悔值，其中 A 方案的最大后悔值为 40 万元，B 方案的最大后悔值为 35 万元，C 方案的最大后悔值为 80 万元，在三个方案的最大后悔值中，B 方案的后悔值为 35 万元，是最小值，因此应选择 B 方案为决策方案。

表 4—3 单位：万元

方案	后悔值			最大后悔值
	销路好	销路一般	销路差	
A 方案	0	10	40	40
B 方案	35	0	10	35
C 方案	80	30	0	80

案例思考 4–7

按还是不按按钮？

假设猪圈里有一头大猪，一头小猪。猪圈的一头有猪食槽，另一头安装着控制猪食供应的按钮。按一下按钮就会有 10 个单位的猪食进槽，但是按按钮需要付出 2 个单位的成本。若大猪先到槽边，大、小猪吃到食物的收益比为 9∶1；同时到槽边，收益比是 7∶3；小猪先到槽边，收益比是 6∶4。

在这种情况下，运用期望值法分析一下，对于小猪而言，主动去按按钮和等待大猪按按钮，哪一个是最佳选择？

本章小结

决策是指在明确问题的基础上，为未来的行动确定目标，并在多个可供选择的行动方案中，选择一个合理方案的分析判断过程。

科学的决策应有其基本特性：决策要有明确的目标；决策应有若干个可供选择的可行方案；决策是一个分析判断过程；决策的结果是选择一个满意的方案；决策应是一项有组织的集体活动；决策要与环境的发展变化相适应。

决策在管理工作中具有重要的地位和作用：决策是管理工作的核心，贯穿于管理的全过程；决策的正确与否关系着组织的生存与发展；决策是管理人员的首要工作。

管理人员是决策的主体，决策能力是衡量管理者水平的重要标志。科学的决策对决策者的素养有多方面的要求。

按照不同的角度，决策可分为战略决策与战术决策；程序性决策与非程序性决策；确定型决策、风险型决策与非确定型决策；个体决策与群体决策。

决策组织机制是指对组织决策过程中的各个层次、各个部门在决策活动中的决策权限、组织形式、机构设置、调节机制、监督方式的规定。现代组织决策机制一般由决策系统、智囊系统、信息系统、执行系统和监督系统等构成。

为了保证决策顺利进行，使决策富有成效，就必须认识决策工作的规律性，遵循决策的科学程序：明确决策问题；确定决策目标；拟订可行方案；分析评价方案；选择确定方案；方案的实施与监控。

决策必须借助于各种科学的决策技术和方法。其主要分为两大类方法：主观决策法与计量决策法。各种决策方法都有其优缺点，应能根据各种不同的决策问题和实际条件加以灵活运用。

复习思考题

1. 如何理解决策的含义和特性？
2. 现代决策理论有一句名言："管理就是决策"，如何理解其含义？
3. 如何理解决策的地位和作用？
4. 决策有哪些类型？管理者应如何理解和处理各类决策？
5. 如何健全决策组织机制？
6. 科学的决策应包括哪些基本环节？
7. 如何理解决策方法的原理与应用？

第五章

计划原理与方法

本章要点提示

- 战略与战略管理
- 战略类型
- 计划工作及其内容
- 计划的编制程序和方法
- 目标管理的原理

引　例

我国知名企业海尔的发展过程，体现了战略制胜的过程。1984 年—1991 年，海尔实施了名牌战略，通过专心于冰箱一种产品的生产、营销和服务过程，在国内创立了海尔的名牌形象；1992 年—1998 年，海尔在名牌形象形成后，从一种产品开始向多种产品扩张，全面实施多元化战略，通过兼并、收购、合资、合作等手段，迅速由单一的冰箱产品全面进入白色家电领域、黑色家电领域和电脑行业，达到了在最短的时间内把海尔的规模做大、把企业做强的目的；1998 年至今，随着世界经济一体化步伐的加快，为了与国际市场接轨，海尔提出了国际化发展战略，并取得了国际化经营的巨大进展。海尔的发展历程向我们清晰地展示了海尔成长战略的三个阶段。

对于组织而言，战略的制定指明了一个组织较长时间的发展方向，但是沿着什么样的途径，采用什么样的方式方法去实现战略，还需要有分阶段的具体实施计划。现实中尽管人们都谈到了战略与计划工作的必要性，但工作中却常常表现出各种问题。如计划与战略无法衔接，使战略流于形式；计划目标模糊、不完整或过于繁多，导致执行者无所适从；组织各级目标相互脱节，无法形成一个完整的目标体系；计划僵化，无法适应多变的环境等。这些问题的存在常常导致组织目标的流产。因此，管理者要注意避免这些问题的发生，不断提高自己的战略与计划能力，增强计划的有效性。

第一节　战略与战略管理

一、战略及其内容

“战略”一词，原为军事用语，指战场上的指挥员指挥战争或战斗的谋略和艺术。

随着社会的不断发展，“战略”一词已被人们广泛运用于军事领域之外，人类社会的政治、经济、社会、文化、教育、科技等各个方面都被纳入了战略管理的范畴。因此辞海中对“战略”的进一步解释为“战略泛指重大的，带全局性的或决定全局的谋划”。

现代社会组织面对的环境日益复杂和多变，客观上要求组织的领导人必须具备长远发展的观点，具备运筹帷幄的能力，提高组织对市场的抗争能力。因此，以往军事学上的战略思想与观点逐步地被人们用于各类组织的管理中。

对于战略，人们有着各种各样的解释。概括而言，战略是指组织面对复杂多变的环境，为谋求生存和不断发展而做出的总体性、长远性的谋划和方略。其目的在于使组织在正确分析和估量外部环境和内部条件的基础上，求得组织的目标、结构和资源配置与外部环境提供的机会的动态平衡，从而在变化的环境中求得组织的生存和不断发展。

错误的战略观念

我国学者通过对部分企业实地调查，发现一些领导的战略观念是错误的，他们对战略认识的局限性使其不能适应当今企业战略管理的需要。这些错误的战略观念表现为：

(1) 将企业战略看做仅仅是与战略专家和企划人员有关的事务，认为企业高级管理者不必过问企业战略管理的问题，这就使得只应该充当参谋顾问角色的战略计划人员实际上接管了企业战略决策的权力。

(2) 认为只要制定了企业战略规划就可以高枕无忧，忽视战略实施过程的管理，使得企业战略规划成为点缀和空谈。

(3) 认为只要有资金、技术、设备、产品就能解决一切市场问题，忽视了企业内部人的因素和企业外部环境因素的巨大影响，战略观念十分狭隘。

(4) 战略规划与企业组织结构脱节，使得二者因不适应而导致战略无法发挥效力。

(5) 对于过去的成功的战略采取经验主义态度，不能随着内外因素变化而不断调整战略，使得企业战略失去灵活性。

(6) 陷入日常事务管理之中，忙碌不停，认为这才是战略管理者的首要问题。

(7) 抓住权力不放，压抑了其他战略管理人才的积极性、创造力，认为只有自己才能决定战略问题，下属只应负责战术问题。

(8) 认为战略就是“远”“大”，因此制定的战略时间跨度大，目标太高、偏离实际，丧失了战略的实际意义。

(一) 战略的特征

从对战略含义的认识出发，战略具有以下几个突出的特点。

1. 战略是以组织全局为对象，是根据组织总体的发展需要而制定的

战略追求的是通过战略规划规定组织的总体行动，通过对组织各种经营资源的优化配置，发挥出组织的整体功能和总体优势。战略的这一特点要求组织的领导者必须具备系统的观点，战略管理不能是一时一事的管理，要立足于组织的整体发展来思考问题。

2. 战略是对组织未来较长时期生存和发展的统筹谋划

战略着眼于组织的长远发展，追求的是组织长期利益。战略所规定的目标，一般都是组织较长时期的奋斗目标，实现这些目标需要较长时间，少则 3 至 5 年，多则 10 年以上。战略的这一特点要求组织的领导者必须具备长远的观点，一个具有战略眼光的组织领导者应能立足当前，放眼未来，善于为组织的长远发展做出安排。

3. 战略是组织发展的纲领性文件

战略规定的是组织总体的长远目标和发展方向，以及实现目标的基本方针、重大措施和步骤。这些内容一般带有原则性规定的特点，具有行动纲领的意义。战略的这一特点要求组织的领导者既要善于为组织的发展明确方向，规划大政方针，也要善于将战略目标和方针通过展开、分解和落实等过程，转变为组织员工的具体行动计划，以指导和激励全体员工努力工作。

4. 战略是组织在市场竞争中与对手相抗衡的行动方略

战略是针对来自市场竞争对手的冲击、压力、威胁和困难，为争取顾客，争夺市场，提高市场占有率而进行的运筹谋划。组织的战略也像军事战略一样，其目的也是为了克敌制胜，赢得竞争的胜利。战略的这一特点要求组织的领导者必须具备敏锐的洞察能力和调控能力，要善于捕捉环境的瞬息变化，通过战略的有效实施抗衡对手，保证自己的生存和发展。

5. 战略必然存在着一定的风险

战略是对组织未来发展的规划，战略实施的环境总是处于不确定的、变幻莫测的趋势中，因此战略必然存在着一定的风险。战略的这一特点要求组织的领导者既要正确的对待风险，要善于从风险中寻求组织发展的机会；也要具备较强的应变能力，要善于提高对环境预测的准确性，不断提高组织自身素质，提高抵御风险的能力。

6. 战略要有相对的稳定性

战略规定了组织较长时期的发展目标，具有长远性，因此从有利于组织贯彻实施的角度看，只要战略实施的环境未发生重大变化，战略中所确定的战略目标、战略方针、战略重点、战略步骤等应保持相对稳定。但这种稳定不应是绝对的，战略的实施要求能够适应环境的变化，在不影响全局的情况下，也应该有一定的灵活性，能够做出适时的调整。

(二) 战略的内容

战略不是简单的规定几项任务，确定几个目标，而是由多项内容组成的一个完整的战略系统。表 5—1 表现了某企业战略报告的整体框架。

表 5—1　　某企业战略报告整体框架

S企业战略规划书

第一部分　战略分析

一、行业环境分析

（一）全球××行业环境及其变动趋势对S的影响

（二）国内××行业环境及其变动趋势对S的影响

二、S企业分析

（一）企业基本情况

（二）S的市场地位

（三）S的战略地位SWOT判断

第二部分　企业战略

一、S的定位

（一）S的宗旨：S要成为全球××产品及相关材料、机械配件的主要供应商

（二）S的价值观：与用户共谋发展，为股东创造财富，与员工共谋富裕，为社会创造繁荣

二、S的战略目标

（一）国内××行业地位目标

（二）国际××行业地位目标

三、S的企业战略

（一）S的总体战略方针："一坚持、二转化、三实现"

（二）S的核心事业域和核心竞争力战略选择

（三）S的非核心事业域的选择

第三部分　企业职能战略

（一）S业务组合战略

（二）S技术创新战略

（三）S营销战略

（四）S组织战略

（五）……

（六）……

从上述例子来看，一个组织的战略至少应包括以下内容：

1. 组织使命

组织使命是指组织的目的、责任及发展方向。组织使命说明了组织存在的理由和目的。具体地说，组织使命包括两个方面的内容：经营哲学和组织宗旨。

经营哲学是指组织在从事活动时所持有的基本信念、价值观念和行为准则。是组织在长期实践中形成的，为组织全体员工所接受的共同的信念、共同的价值观。

实践表明，一个组织要取得真正的成功，单靠资金、技术、产品等是不够的，还必须有一套明确统一的指导思想和价值观念。世界上经营成功的公司，无一例外地都具有自己组织独特的经营哲学。如IBM公司在长期的经营实践中树立了"尊重个人、服务顾客、精益求精"的经营哲学，使其在激烈的市场竞争中始终保持全球计算机业的霸主地位。麦当劳公司坚持"质量超群，服务优良，清洁卫生，货真价实"的经营哲学，使其快餐业的发展遍及世界的各个角落。四川长虹集团的"长虹以产业报国、民族昌盛为己任"的经营

哲学，为我国民族品牌的发展做出了杰出的贡献。

组织宗旨是指组织现在和将来应该从事什么事业，应该成为什么性质的组织。具体地说，确定组织宗旨就是确定组织的性质，明确组织的经营范围和服务对象，明确组织今后发展的方向。

宝钢把自己的宗旨表述为“为创造世界第一流的钢铁企业而奋斗”。这一宗旨不仅指出了企业应该从事的事业（钢铁生产），而且还说明了要成为什么样的企业（世界第一流）。这就确定了组织在行业中的地位和社会中的形象，为组织指明了发展方向和奋斗目标。

2. 战略目标

战略目标是指以组织使命为指导，根据对主客观条件的分析，在战略期内努力发展和应达到的总体水平，其主要表现为组织活动在一定时期所要得到的结果。是组织战略的实质性内容，构成战略的核心。

战略目标的确定对于战略的制定具有十分重要的作用。只有明确战略目标，组织才能根据实现目标的需要，合理地分配组织的各种资源，正确地安排组织活动的优先顺序和时间表，明确各部门各环节的任务和职责。

一般而言，组织的战略目标不是一个，而是由若干目标项目组成的一个战略目标体系，应涉及多方面内容。

首先，战略目标应能表明组织能力的成长和发展程度。如经营规模目标、人员素质目标、技术进步目标、管理现代化目标、提高组织市场竞争地位的目标等。

其次，战略目标应能表明组织的获利程度。如投入产出目标、利润目标、经营者和劳动者收入目标等。

再次，战略目标应能表明组织资源利用程度。如劳动生产率目标、物耗水平目标、资金有效利用目标、资金利润率目标等。

最后，战略目标应能表明组织应承担的社会责任及对社会做出的贡献。如在对待环境保护、社区问题、公益事业时所扮演的角色和所发挥的作用、提高组织的社会知名度等。

组织的管理者应善于从组织的内外环境的实际出发，有重点地选择战略目标。战略目标要在需要与可能的基础上具有进取性和挑战性，选择要有明确的主题，要能给予定量性的描述。

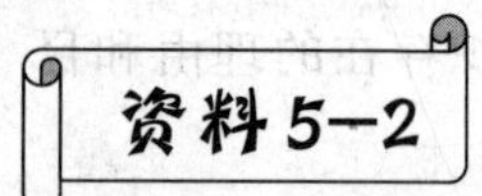

战略目标体系

彼得·德鲁克在《管理实践》一书中提出八个关键领域的目标：

(1) 市场方面的目标：应表明本公司希望达到的市场占有率或在竞争中应占据的地位。

(2) 技术改进和发展方面的目标：对改进和发展新产品，提供新型服务内容的认知及其措施。

(3) 提高生产力方面的目标：有效地利用原材料，最大限度地提高产品的数量和质量。

(4) 物质和金融资源方面的目标：获得物质和金融资源的渠道及其有效地利用。

(5) 利润方面的目标：用一个或几个经济指标表明希望达到的利润率。

(6) 人力资源方面的目标：人力资源的获得、培训和发展，管理人员的培养及其个人才能的发挥。

(7) 职工积极性发挥方面的目标：对职工激励、报酬等措施。

(8) 社会责任方面的目标：注意公司对社会产生的影响。

B. M. 格罗斯在其所著的《组织及其管理》一书中归纳出组织目标的七项内容：

(1) 利益的满足：组织的存在以满足相关的人和组织的利益、需要、愿望和要求为目的。

(2) 劳务或商品的产出：组织产出的产品包括劳务（有形的或无形的）或商品，其质量和数量都可以用货币或物质单位表示出来。

(3) 效率或获利的可能性：投入—产出目标，包括效率、生产率等。

(4) 组织、生存能力的投资：生存能力包括存在和发展能力，有赖于投入数量和投资转换过程。

(5) 资源的调动：从环境中获得稀有资源。

(6) 对法规的遵守。

(7) 合理性：令人满意的行为方式，包括技术合理性和管理合理性。

3. 战略重点

战略重点是指那些对于实现战略目标具有关键作用而又有发展优势或自身需要加强的方面。战略重点是组织资金、劳动和技术投入的重点，是决策人员实行战略指导的重点。

4. 战略方针

战略方针是指组织为贯彻战略思想和实现战略目标、战略重点所确定的组织活动应遵循的基本原则、指导规范和行动方略，它对战略的实施起着导向作用。

5. 战略阶段

战略阶段是指根据战略目标的要求，在规定的战略期内所划分的战略实施发展阶段。目的在于提出实现战略目标的分期要求。

6. 战略对策

战略对策是指为实现战略目标而采取的重要措施和重要手段。战略对策也叫策略。一项战略任务需要采取多种灵活的策略加以保证。

以上六项内容，解决了组织的定位，确定了行动要达到的要求，明确了行动的方针、政策和时间，提出了解决问题的对策。这也就构成了一个组织战略的完整内容。

案例思考 5-1

联想人对战略的理解

联想集团总裁柳传志某次在西安科技电子大学做讲座时，关于战略问题讲了如下一段话：“我们常把制定战略比喻为找路。在前面，草地、泥潭和道路混成一片，无法区分的时候，我们要反反复复细心观察，然后小心翼翼地、轻手轻脚地去踩、去试。当踩过三步、五步、十步、二十步，证实了脚下踩的确实是坚实的黄土路的时候，则毫不犹豫，撒腿就跑。这个去观察、去踩、去试的过程就是谨慎地制定战略的过程，而撒腿就跑则是坚决执行的过程。”

陈惠湘先生在其《联想为什么》一书中总结联想的成长过程时对战略的理解为：什么是战略？战略就是你要干什么行当，要干到多大，钱和人往哪儿投。

上述讨论说明了战略的核心是什么？

二、战略管理

组织的战略管理，主要是指战略制定和战略实施的过程（如图 5—1 所示），主要包括四项相互联系的任务。

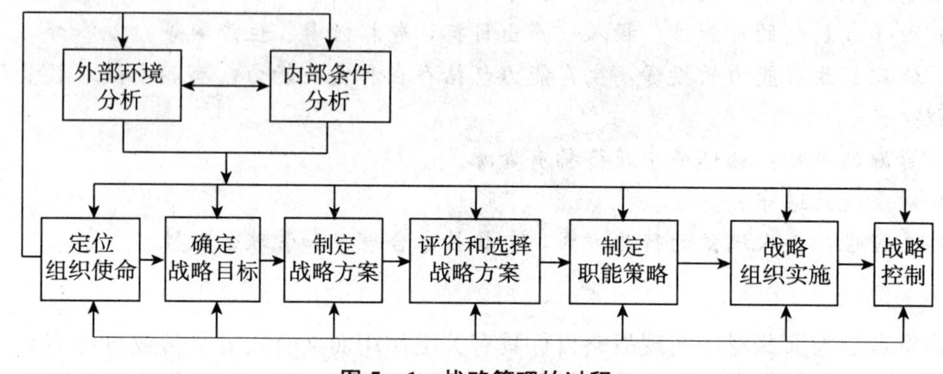

图 5—1 战略管理的过程

（一）战略环境分析

对组织战略环境的正确分析，有利于组织正确地把握环境中的有利和不利因素，认清组织的优势和劣势，从中把握组织发展的正确方向。因此，这一环节是正确制定组织战略的前提条件。

1. 对组织的外部环境因素的分析

外部环境因素的分析可以归纳为两类，一类是直接对组织生产经营活动产生影响的环境因素，如政府、股东、供应者、竞争者、顾客等；一类是间接地影响组织活动的环境因素，如政治、经济、科学技术、社会文化等客观环境因素。进行外部环境分析的目的，一是要了解有哪些因素会对组织的未来活动产生影响；二是认清这些影响的性质，认清外部环境为组织提供的发展机会和可能对组织造成的威胁。

2. 对组织内部条件的分析

内部条件分析可以归纳为两类，一类是组织在人、财、物、信息、技术等资源方面的状况；一类是组织在研究与开发、财务、生产、市场营销、人事以及组织文化等方面的现实表现。组织内部条件分析的目的，一是了解哪些因素会对组织未来活动产生影响；二是认清这些影响的性质，从中认清组织的优势和劣势。

（二）战略制定

组织战略制定是指在对战略环境分析基础上，对组织战略进行规划的过程。确定组织的宗旨，明确组织所要达到的战略目标，制定组织达到目标的规划、政策和策略。

1. 组织使命的定位

组织使命的定位，是为组织确定明确的理念和宗旨，使组织既不至于在面临的多种发展机会与方向面前无所适从，又不至于在复杂的环境中迷失方向。组织必须在深刻认识组织的现状和需要的基础上，在分析环境的机会和风险基础上，通过确定组织的宗旨，明确自己应该做什么，不应该做什么，以及在什么时候转向新的发展方向。

2. 确立组织的战略目标

明确战略目标，组织才能根据实现目标的需要，合理地分配组织的各种资源，正确地安排组织经营活动的优先顺序和时间表，明确各部门各环节的任务和职责。

组织的经营者应善于从组织内外环境的实际出发，有重点地选择战略目标。战略目标要在需要与可能的基础上具有进取性和挑战性，选择要有明确的主题，要能给予定量性的描述。

3. 评价与确定组织战略方案

在明确了组织环境和战略目标之后，进一步的工作是要拟定多种战略方案，对每个方案进行全面评价，并从中做出选择，即确定最后满意的战略方案。

伊丹敬之的战略评价标准

日本战略学家伊丹敬之认为，优秀的战略是一种适应战略，它要求战略适应外部环境因素，包括技术、竞争和顾客等；同时，企业战略也要适应企业的内部资源，如企业的资产、人才等；另外，企业的战略也要适应企业的组织结构。企业家在制定优秀的战略时应该权衡七个方面的战略思想。

(1) 战略要实行差别化，要和竞争对手的战略有所不同。

(2) 战略要集中。企业资源分配要集中，要确保战略目标的实现。

(3) 制定战略要把握好时机。企业应该选择适当的时机推出自己的战略，时机要由自己积极创造。

(4) 战略要能利用波及效果。企业利用自己的已有成果，发动更大的优势，扩大影响，以便增强企业的信心。这一点实质上是强调企业要利用自己的核心能力。

(5) 企业战略要能够激发员工的士气。

(6) 战略要有不平衡性。企业不能长期地稳定，要有一定的不平衡，造成一定的紧迫感。

(7) 战略要能巧妙组合。企业战略应该能把企业的各种要素巧妙地组合起来，使各要素产生协同效果。

(三) 战略实施

战略的实施是指围绕贯彻和执行已选定的战略所开展的活动过程。为了保证这些实施活动的顺利开展，需要抓好以下工作：

1. 制订详细的战略实施计划

任何活动都必须在计划指导下有序地进行。战略实施计划是根据战略所规定的各项目标而制订的较为详细的战略行动计划，以便有计划、有重点地推行战略。战略实施计划应做到：有明确的战略实施的分阶段目标；有明确的行动计划和项目；战略目标的分解与落实；资源的合理配置；战略实施与组织保证的协调。

2. 确立战略组织

战略组织是战略实施中最重要的要素和管理职能，建立与战略相适应的组织结构是战略实施的组织保证。战略组织应做到：按照战略实施的客观要求，设计并组建战略组织模式，确定组织内部各管理层次和单位的划分；按照管理业务性质进行分工，确定组织内部各个层次和各个单位的职责范围，赋予应有的权限；确定组织的人员结构，配备符合工作要求的各级各类人员；明确各层次、单位（部门）之间及管理人员之间的分工协作关系、联系方式和协调控制手段；确定组织运行的标准，用以规范组织成员的工作行为。

3. 保证战略资源的有效配置

战略资源是战略转化为行动的前提条件和物质保证。战略资源的有效配置需涉及的内容主要有：采购与供应实力；生产能力与产品实力；市场与促销实力；财务实力；人力资源实力；技术开发实力；管理经营的实力；时间、信息等无形资源的把握能力等。

（四）战略控制与调整

战略控制的功能是要保护战略规划实施的稳定性，同时又要保证战略实施能够适应环境的变化。战略控制过程一般包括三个基本环节：

1. 确定战略控制标准

控制标准是控制过程中对实际工作进行检查的衡量尺度，是实施控制的必要条件。战略控制中的控制标准是从战略计划中所选出的对工作成果进行计量的一些关键点，它用来确定是否达到战略目标和怎样达到战略目标。

2. 衡量实际业绩

衡量实际业绩过程是指控制过程中将实际工作情况与预先确定的控制标准进行比较，找出实际业绩与控制标准之间的差异，以便找出组织目标和计划在实施中的问题，对实际工作做出正确的评估。这是发现战略实施过程中是否存在问题和存在什么问题，以及为什么存在这些问题的重要过程。

3. 采取纠偏措施

通过差异分析，在查明问题原因的基础上，就要进一步找出解决问题的办法，采取纠偏措施，使组织的各项活动回到预定的轨道上来，以保证组织目标和计划的顺利实现。纠正偏差必须针对其产生的原因采取纠正措施，才能真正达到战略控制的目的。纠正的措施有的是改变战略实施的活动、行为，有的则是改变战略的目标、措施和计划。

战略调整是指在战略执行过程中产生的实际结果与预定目标有明显差距时采取的对战略方案的修改。战略的制定一般都带有主观预测的成分，战略的实施环境又存在着许多不可控的多变的环境因素，战略的长期性与战略环境的多变性之间常常会发生矛盾。另外，在战略实施过程中，也有可能产生明显的失误。这些主客观因素的出现都可能要求对战略做出调整。战略调整视其范围大小可以分为三类：局部性调整，是指对战略进行的局部性小修改，而不涉及战略方向的变化；职能战略调整，是指对战略子系统的调整，它涉及组织局部战略方向的改变；总体战略调整，是指涉及组织全局的基本战略方向的修改。

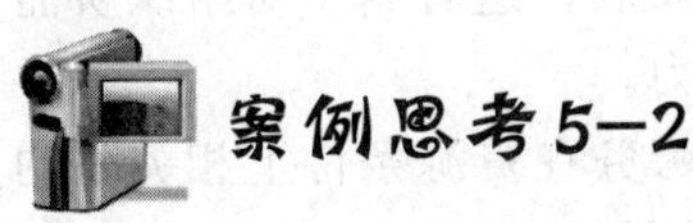

案例思考5-2

大陆公司的战略研讨

大陆公司是一家房地产公司，公司推出的几处住宅楼盘以设计合理、质量上乘赢得了良好声誉。近年来公司又开始涉足物业管理、建材经营与加工、装饰工程、组合厨具、太阳能热水器等产品与服务的生产经营。在一次主要讨论发展战略的公司经营工作会议上，总经理许繁指出，讨论企业战略最重要的是搞清大陆公司的能力之所在，沿着正确的方向形成本公司最合理的业务结构；房产部经理时巨峰则认为，房地产经营构成了公司的主要收入，因此讨论战略问题一定要解决下一步房地产业务的竞争策略；组合厨具部则关心与太阳能热水器如何进行产品互补的问题；公司财务部提出了严格控制预算的问题；管理部则提出组织变革与文化建设也非常重要……

根据研讨会出现的这种情况，有人认为：

(1) 企业战略很难统一到一个清晰的框架下来讨论。

(2) 企业战略问题必须分解成很具体的问题才有意义。

(3) 企业其实并不存在战略问题。

对这一研讨会你有什么看法？

三、战略类型

与组织的内在组织结构相适应，战略也分为一定的层次。有组织的总体战略，也有各个事业领域的战略，同时还要有与组织内各项职能相适应的职能战略。各个层次和各个领域的战略之间存在着相互配合和相互制约的关系，形成一个完整的战略体系。

(一) 总体战略

总体战略是指为实现组织的总体发展目标，对组织较长时期内的未来发展方向所做的综合性和总体性的谋划。组织对总体战略的选择，将决定组织未来发展方向的基本战略态势。组织总体战略主要有发展型战略、稳定型战略、紧缩型战略等基本类型。

1. 发展型战略

发展型战略又称为进攻型战略，是指组织在现有规模和实力的基础上，向更高的目标推进，以使组织规模或领域不断发展的战略。发展型战略有以下几种可供选择的类型：

(1) 集中发展战略。是指以较快的增长速度增加组织现有能力，以促进组织的不断成长。这种战略在市场需求增长较快时较为适用，但在市场发生萎缩时，组织将面临能力过剩的风险。

(2) 横向多样化发展战略。是指组织通过购并同行业或相关行业的竞争对手等手段，以获得组织业务和规模扩大的发展战略。该战略有利于提高组织的市场份额，增加新的产品和劳务，扩大组织的实力范围，提高竞争能力。

(3) 纵向一体化发展战略。是指从组织的供、产、销等一系列相关环节上扩大组织现有业务和规模的发展战略。该战略分为前向一体化和后向一体化，前向一体化是指组织的经营范围向消费它的产品或劳务的领域扩展，这有利于获得更高的产品或劳务的附加价值；后向一体化是指组织向其产品或劳务的供应商的经营领域发展，这有利于对组织所需原材料的供应渠道和价格的控制，从而提高组织的整体竞争能力。

（4）同心多样化发展战略。是指发展与组织现有的产品或劳务在资源条件上相关联的新产品或新劳务。这种战略是建立在新产品或新劳务能继续利用组织原有技术、工艺、经验、销售渠道等基础之上的发展战略。它有利于充分利用组织的现有资源，为组织提供新的发展机会，提高组织对环境的适应能力。

（5）复合多样化发展战略。是指组织在原有经营方向和领域的基础上，向全新的方向和领域的扩展，增加与组织现有产品或劳务完全不相同的新产品或劳务。采用这种战略的目的在于通过开拓新的经营领域，使组织的资源能够向优势行业和市场转移，扩大组织的整体规模，分散组织的风险，提高组织的整体盈利能力等。

2. 稳定型战略

稳定型战略又称为防御型战略，是指组织在内外环境的约束下，将组织的经营状况和水平维持在现有基础上的战略。稳定型战略有以下几种可供选择的类型：

（1）积极防御战略。是指组织以稳定为手段，积蓄力量以备进一步大发展的战略。采用这种战略的目的在于组织在有了一段时间的较快发展后，为组织提供一个调整期，以便于组织为其资源的合理配置做出进一步的优化，为进一步的快速发展创造条件。

（2）消极防御战略。是指组织以稳定为目的，使组织的经营状态不发生急剧变化的战略。采用这种战略的组织无论经营环境有无变化，一般都以不变应万变，以稳定的资源配置状况，努力维持组织的现有水平。

3. 紧缩型战略

紧缩型战略又称退却型战略，是指组织在内外环境的制约下，在现有的状态或领域中退却的战略。紧缩型战略有以下几种可供选择的类型。

（1）以退为进战略。是指先暂时从现有的地位与水平上倒退，等到条件成熟或在寻求新的机会中，再求发展的战略。采用这种战略的目的在于应付由于经济不景气、需求紧缩、资源有限、产品滞销等情况的出现给组织带来的暂时困难，或者为了寻求新的发展机会，从原有领域中退出，对组织的资源进行重新配置。

（2）失败性撤退战略。是指组织受市场或资源条件的制约，不得不将一个或几个经营领域出让、转卖或者停止经营的战略。采用这种战略的目的在于在经营不善的条件下，及时甩掉包袱，以减少损失。

案例思考 5-3

菲利普·莫里斯公司经营战略的改变

在20世纪50年代，当医生们把香烟与癌联系在一起时，烟草公司就立即意识到，如果他们自己要正常地生存下去，就必须采用新的战略。由于消费者和广告限制对企业构成的威胁十分强大，因而不能忽视，于是绝大多数著名的烟草制造商就开始寻求进行多种经营，进入新的市场领域的方法。

菲利普·莫里斯公司是规模最大，获利最丰的烟草公司之一，它的主要产品——万宝路牌香烟风靡世界，它的强大财力足可使它购买其他企业。

1959年，菲利普·莫里斯公司用1.3亿美元收购了米勒啤酒公司，米勒公司的经历是开发市场最为成功的例子之一。此前，啤酒行业都采用保守和陈旧的方法来开发市场，菲利普·莫里斯公司采用了与之不同的新方法，并附之以庞大的市场开发预算。它对米勒公司的产品结构进行了改造，淘汰了老式产品，而主要生产低度的高级啤酒和高度的低级啤酒，并加强广告宣传。结果，米勒牌啤酒获得巨大成功，在美国的销售量仅次于巴德韦塞牌啤酒。接着，以米勒牌啤酒为基础，又生产出迎合各种顾客需要的莱特牌啤酒，这样就使菲利普·莫里斯公司的销售量和利润都大幅上升。

1978年，菲利普·莫里斯公司又购买了七喜饮料公司，并把原来含咖啡因的饮料改为无咖啡因饮料，随后又发展了一种无咖啡因的可乐饮料，并在广告上大量宣传这两种饮料，使其销售量飞速上升。

菲利普·莫里斯公司又购买了国际第四大烟业公司——罗思曼斯，使菲利普公司成为全方位的国际公司，使它不但能保持原产品线和市场，而且把万宝路牌香烟推向了国际市场。

试说明菲利普·莫里斯公司的战略发展特点。

（二）总体竞争战略

竞争战略是指组织为对付市场上各种竞争力量的挑战和威胁，为确立和维持自己的市场地位而进行的总体性的谋划。对总体竞争战略的选择，将决定组织优化资源配置的重点，决定组织在市场上的战略竞争地位。总体竞争战略一般有三种基本类型，即低成本战略、差异化战略和重点战略。

1. 低成本战略

低成本战略是指组织为寻求使自己的成本达到本行业最低，从而拥有竞争优势的战略。这种战略要求组织采取各种措施，千方百计降低成本，争取使本组织的成本达到同行业的最低水平，进而在市场上能够采用比竞争对手更低的价格，使组织在行业内拥有竞争的优势地位，不断地扩大和提高自己的市场占有率。

2. 差异化战略

差异化战略是指组织通过在产品的性能、外观、服务和营销策略等方面，寻求与竞争对手的差异化，求取竞争优势的战略。这种战略的关键在于企业在竞争中要能够做到标新立异，即企业在产品设计、商标、形象、技术、服务、信誉、销售方式等诸方面与竞争对手相比，要有明显的独到之处。产品差异化战略运用恰当会使顾客的兴趣和购买行为发生转移，而对价格不十分敏感，从而可以使企业扩大市场占有率和增加利润。

3. 重点战略

重点战略是指组织集中力量专门为某个或少数几个特殊的细分市场服务，从而寻求在局部市场上拥有竞争优势的战略。这种战略的关键在于企业在竞争中要将目标集中到整个市场的某一部分，在这一部分建立自己的产品在成本或产品差异上的优势地位。一般来说，市场的某一部分可以是某一特定的顾客群，也可以是某一特定的地区市场，还可以是某一特定用途的产品。

资料5—4

迈克尔·波特对三种基本竞争战略的阐述

著名战略学家迈克尔·波特认为，三种基本战略的成功实施需要不同的资源和技能。基本战略也意味着在组织安排、控制程序和创新体制上的差异。其结果是，保持采用其中一种战略作为首要目标对赢得成功通常是十分必要的。现将三种基本战略在这些方面的通常含义列举如下（见表5—2）。

表5—2

基本战略	通常需要的基本技能和资源	基本组织要求
成本领先战略	• 持续的资本投资和良好的融资能力 • 工艺加工技能 • 对工人严格监督 • 所设计的产品易于制造 • 低成本的分销系统	• 结构分明的组织和责任 • 以满足严格的定量目标为基础的激励机制 • 严格的成本控制 • 经常、详细的控制报告
差异化战略	• 强大的生产营销能力 • 对创造性的鉴别能力 • 很强的基础研究能力 • 在质量或技术上领先的公司声誉 • 在产业中有悠久的传统或具有从其他业务中得到的独特技能组合 • 得到销售渠道的高度合作	• 在研究与开发、产品开发和市场营销部门之间的密切协作 • 重视主观评价和激励，而不是定量指标 • 有轻松愉快的气氛，以吸引高技能工人、科学家和创造性人才
集中重点战略	• 针对具体战略目标，由上述各项组合构成	• 针对具体战略目标，由上述各项组合构成

（三）职能战略

职能战略是指为了保证总体战略的实现，运用各项管理职能，使组织活动更加有效地适应外部环境而制定的战略。职能战略是总体战略的落实和具体化，比总体战略更清晰更详细地表达了组织的战略目标、任务和措施等。一般来说，组织的总体战略都要通过具体的职能战略来实现，没有职能战略，总体战略只是一个良好的愿望和目标。职能战略的特点是，它既受总体战略的制约，又必须保证总体战略的实现。以企业为例，为了保障企业总体战略的实施，通常还会有市场战略、产品战略、技术战略、人力资源战略、财务战略、资本运营战略等。

第二节　计划与计划工作

一、计划工作及其任务

（一）计划工作及其作用

计划是指组织未来的行动方案，是组织开展各项活动的指导性文件。计划的目的在于为组织及其成员提供行动指南，以利于组织目标的更好实现。

计划工作有广义和狭义之分。广义的计划工作包括计划的制订、贯彻、修正和实现的全过程。其主要包括对组织目标及目标体系的确定过程，对实现组织目标的行动方案进行选择的过程，对计划的贯彻实施过程，对计划实施中的修正控制过程，直至计划得以完成。

狭义的计划工作是指根据组织内外部的实际情况，权衡客观需要和可能，提出在未来一定时期要达到的目标，以及实现目标的途径和方法。狭义的计划工作也就是指计划的制订过程。

组织的各项活动需要在计划的指导下有条不紊地进行。没有计划，活动就经常会出现混乱和低效率。因此，计划是一项重要的不可或缺的管理职能。

(1) 计划明确了组织成员行动的方向和方式，从而成为协调组织各方面行动的有力工具。计划使组织的各个部门都有自己的目标，任务明确，从而有利于管理人员将注意力集中于目标。同时，计划是一种协调过程，他给管理者指明了方向，使组织的活动协调一致，以利于组织目标的更快实现。

(2) 弥补环境的不肯定性和变化带来的动荡。计划是面向未来的，而未来又是不确定的，所以计划工作的重要性就体现在它能促使管理者展望未来，预见变化，减小不确定性。完善的计划可以针对环境提出各种应变措施，以利于管理者针对不同情况采取不同对策，有助于提高组织的应变能力。

(3) 计划工作能促使人们改善组织运行的效率，可以使各种资源得到充分合理的分配和利用。当人们为实现某一目标而拟订各种行动方案时，必然要考虑组织现行的各种活动的合理性，由此挖掘潜力、减少各种浪费和不合理性，有利于更经济地进行管理。

(4) 计划工作为组织各层管理人员的日常考核和控制工作提供最基本的依据。计划是控制的基础。计划的编制为及时地检查实际活动情况提供了客观依据，从而也就为及时发现和纠正偏差提供了可靠保证。

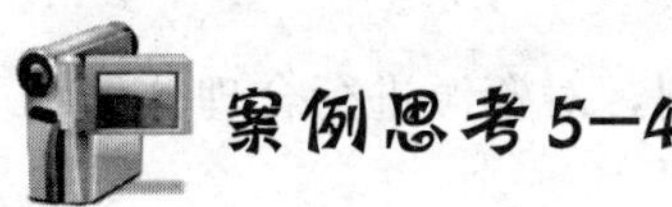

案例思考5-4

活动的区别在哪里？

曾有人做过一个实验：组织三组人，让他们分别朝着十千米以外的三个村子步行前进。

第一组的人不知道村庄的名字，也不知道路程有多远，只告诉他们跟着向导走。刚走了两三千米就有人叫苦，走了一半时有人几乎愤怒了，他们抱怨为什么要走这么远，何时才能走到，甚至有人坐在路边不愿走了，越往后走他们的情绪越低落。

第二组的人知道村庄的名字和路段，但路边没有里程碑，他们只能凭经验估计行程时间和距离。走到一半的时候，大多数人就想知道他们已经走了多远，比较有经验的人说："大概走了一半的路程。"于是大家又向前走，当走到全程的四分之三时，大家情绪低落，觉得疲惫不堪，而路程似乎还很长，当有人说："快到了！"大家又振作起来加快了步伐。

第三组的人不仅知道村子的名字、路程，而且公路上每一千米就有一块里程碑，人们边走边看里程碑，每缩短一千米大家便有一阵的快乐。行程中他们用歌声和笑声来消除疲劳，情绪一直很高涨，所以很快就到达了目的地。

这三组人活动的区别在哪里？为何效果不同？

(二) 计划工作的任务

计划工作的任务就是根据组织的外部环境和内部条件，确定出组织在一定时期内的奋斗目标；通过计划有效地整合组织的人力、物力和财力等各种资源，协调和合理安排组织中各方面的活动，以取得最佳的经济效益和社会效益。通俗地说，计划就是对组织未来行动方案的一种说明，一项完整的计划要告诉管理者和执行者未来一定时间内的行动目标是什么，人们要采取什么样的活动去实现目标，以及由谁去完成这些活动。我们可以扼要地将计划工作的任务和内容概括为六个方面：what（做什么），why（为什么做），when（何时做），where（何地做），who（谁去做），how（怎么做），简称为“5W1H”。

(1) 做什么：即要为管理者和执行者明确工作的具体任务和要求，明确每一个时期中心任务和工作重点。例如企业生产计划的任务主要是确定生产哪些产品，生产多少，合理安排产品的投入和产出的数量、进度，在保证按期、按量、按质完成订货合同的前提下，使得生产能力得到尽可能的充分利用。

(2) 为什么做：即要明确计划工作的宗旨、目标和战略，并论证其可行性。实践证明，员工对组织的宗旨、目标和战略了解得越清楚，认识得越深刻，就越有助于他们在工作中发挥主动性和创造性。

(3) 何时做：规定计划中各项工作的开始和完成的进度，以便进行有效的控制和对能力及资源进行平衡。

(4) 何地做：规定计划的实施地点和场所，了解计划实施的环境条件和限制，以便合理安排计划实施的空间组织和布局。

(5) 谁去做：计划不仅要明确规定目标、任务、地点和进度，还应规定由哪个主管部门负责。例如开发一种新产品要经过产品的设计、样机试制、小批试制和正式投产等阶段。在计划中要明确规定哪个部门负责，哪些部门协助，各阶段的交接由哪些部门和哪些人员参加鉴定和审核等。

(6) 怎么做：即制订实现计划的措施以及相应的政策和规则，对资源进行合理分配和使用，对人力、设备等能力进行平衡。

案例思考 5-5

孙兰的目标

孙兰最近被提拔为一家医疗器械制造公司的研发部主任。为适应公司发展和市场竞争的需要，她制订了一份工作计划，列出了一系列重要目标。

A. 使本公司在今后若干年形成有层次的技术储备。

B. 在最短时间内使本公司主力产品 XP2000 成像仪达到欧洲国家准入标准。

C. 从现在起一年半时间内完成公司所有产品售后服务标准的编制与完善。

D. 用两年时间使全部研发人员接受高水平的业务培训。

你认为这些目标完善吗？存在哪些问题？

二、计划的种类

根据不同标准，可以将计划分成不同类型。

（一）战略计划、管理计划和作业计划

根据计划对组织的影响范围和影响程度的不同，可将计划分为战略计划、管理计划和作业计划。

战略计划是组织高层管理人员的计划工作范畴。战略计划需要分析如何在不确定的环境中选择组织未来的行动目标，规定组织活动的任务，体现了组织在未来一段较长时间内总的战略构想和总的发展目标以及实施的途径。因此，战略计划通常具有长远性、全局性和指导性的特征。战略计划的计划期涉及较长的时间范围，如三年、五年甚至更长时间。

管理计划是组织中层管理人员的计划工作范畴，也称为职能计划。管理计划主要是将战略计划中具有指导性的目标和政策，转变为具体的目标和政策，体现了组织在未来一段较短时间内要实现的具体职能目标。管理计划的计划期涉及较短的时间范围，通常以年度为限。

作业计划是组织基层管理人员的计划工作范畴。作业计划主要用于规定组织年度计划目标的具体实施细节，它将计划目标进一步细分到岗位乃至个人，为计划的实施确定工作流程、确定人选、分派任务和资源、确定权利和责任。作业计划的计划期最短，通常表现为季度计划、月度计划、周计划、日计划等。

（二）长期计划、中期计划和短期计划

按计划期的时间不同，可以将计划分为长期计划、中期计划和短期计划。

长期计划与战略决策相对应。它描述了组织在较长时期的发展方向和方针，规定了组织的各个部门在较长时期内从事某种活动应达到的目标和要求，绘制了组织长期发展的蓝图。长期计划的目的在于组织活动能力的再生和扩大，因而其执行结果主要影响组织的发展能力。长期计划的计划期通常为五年以上。

中期计划依据长期计划制订，比长期计划更为具体和详细，具体说明组织各年应达到的目标和应开展的工作。中期计划的目的在于协调长期计划和短期计划的关系。中期计划的计划期通常在一年以上五年以下。

短期计划比中期计划更为具体和详尽，规定了组织的各个部门在较短的时期内应该从事的各种活动及应达到的要求，为组织各部门、各环节在近期内的行动提供依据。短期计划的目的在于对已经形成的组织活动能力的充分利用，因而其执行结果主要影响组织活动的效率以及由此决定的生存能力。短期计划的计划期通常在一年或一年以下。

（三）综合性计划、专业性计划和项目计划

按计划的对象不同，可将计划分为综合性计划、专业性计划和项目计划。

综合性计划是对组织各方面所做的全面的规划和安排。综合计划通常具有多目标，涉及整个组织的多个方面。如较长一段时期内执行的战略计划往往是覆盖面较广泛的综合性计划，但短期计划有的也是综合性的，比如组织在制定年度生产经营计划时往往就需要编制综合经营计划。

专业性计划则是对某一专业领域职能工作所做的计划，它通常是对综合性计划某一方面内容的分解和落实。如企业的生产计划、销售计划，以及为业务活动顺利开展服务的人力资源计划、产品成本计划、财务计划、物资供应计划、设备维修计划和技术改造计划等，就是特定职能领域的专业性计划。这些计划都只涉及组织活动的某一方面，与综合性计划构成一种局部与整体的关系。专业领域的计划并不一定都是短期的，也有长短期之分。

项目计划是针对组织活动中的某些特定项目所做的计划。如企业的改造计划、扩建计划、企业购并计划等。

三、计划工作程序

计划编制本身也是一个过程。为了保证计划编制的合理性，在计划编制过程中必须遵循科学的计划程序，合理安排计划内容。计划编制过程包括四个阶段的工作：收集信息的准备阶段，目标的确定、分解与目标结构的分析阶段，综合平衡阶段，编制并下达行动计划阶段。

（一）收集资料，为计划的编制提供依据

收集信息资料是编制计划的前提。在正式编制计划前需要做的工作和把握的资料有：

（1）分析组织的发展战略，把握组织决策层对计划的要求。为保证组织长远发展战略的实现，作为战术性的计划应做到与组织长期发展战略的有机衔接。

（2）分析报告期计划执行情况。报告期计划的完成情况是编制计划的参照标准。无论报告期计划完成与否，都应进行全面深刻的分析。完成好的应总结经验，未完成的应分析原因，找出薄弱环节。编制计划时应考虑这些因素对下期目标的影响。

（3）调查研究当前和未来的市场环境，并对市场的发展趋势进行预测。市场环境调查的内容包括经济形势及发展趋势、竞争对手的活动及发展动向、顾客需求及变化等。在定性调查的基础上尽可能多地得到量化数据，为市场预测提供数据资料。进行环境分析和市场预测时，还必须注意两个方面的问题。一是本组织在市场中所处的地位及其发展势态；二是要充分估计经营风险，以便在编制计划时，考虑采取相应的风险防范措施。

（4）内部条件分析。分析组织内部的主客观条件对保证计划实现是十分重要的。一份有效的计划，实际是内部要素与外部要素以及内部要素之间的一种平衡，外部要素是确定计划目标的依据，内部要素则是实现计划目标的保证条件，只有内外协调平衡，制订的计划才有可行性。

（二）确定计划目标

计划目标是计划方案的核心，它通常以量化的数字指标来表示。一项计划必须首先明确该计划的总体目标，然后才可能为组织的各部门和各环节选定进一步的具体目标。选定目标阶段应注意以下问题：

（1）合理选择计划目标的内容。组织的目标通常不是唯一的，目标常常有许多个，一些目标之间又有相互制约的关系。因此给计划目标的制定和选择造成了困难。因此，必须对多目标进行妥善处理。

（2）合理选择计划目标的先后顺序。组织的计划目标可以是多样化的，但多样化的目标一定要有主次之分和实现目标的优先次序。确定目标的主次之分是为了合理地分配组织资源，保证组织整体目标的实现。

（3）计划目标要具体、可衡量，不能抽象空洞。为了能够衡量具体计划目标实施后的效果，应为目标规定具体的数量界限。如产量、产值、利润、劳动生产率、市场占有率等。难于直接用数量指标表示的目标，也应尽可能地采取间接表示的方法使其数量化，如用百分比法、评分法等。

（4）计划目标要简明扼要、易懂易记。为了使计划的执行者能够理解计划目标，并在

实施过程中牢记目标，目标的表述要尽可能简短，条理化，易懂易记，要善于用简单的术语来说明目标。

组织的计划目标通常是通过组织内部各种活动的相互联系、相互促进来实现的。因此，组织自上而下的各个管理层次的目标之间，以及各横向管理部门的目标之间必须构成一个相互关联的网络，即目标体系。要使目标体系具有效果，就必须使各个目标彼此协调，互相支援，互相衔接。这就要求计划编制过程中要做好计划目标的分解和目标结构的分析工作。计划目标分解是将计划确定的组织总体目标分解落实到各个部门、各个活动环节，将长期目标分解为各个阶段的分目标。目标结构分析是研究较低层次的目标对较高层次目标的保证能否落实，即分析组织各个部分的具体目标能否实现，从而能否保证整体目标的达成。如果较低层次的某个具体目标不能充分实现，则应考虑能否采取有关补救措施，否则就应调整较高层次的目标要求，有时甚至可能导致整个计划的重新修订。

（三）计划的综合平衡

计划综合平衡的目的是分析计划期内组织各部门、各环节和各时期的任务是否相互衔接和协调，综合平衡包括：

（1）任务的时间平衡和空间平衡。时间平衡是要分析组织在各时段的任务是否相互衔接，从而能否保证组织活动顺利地进行；空间平衡则要研究组织的各个部分的任务是否保持相应的比例关系，从而能否保证组织的整体活动协调地进行。

（2）任务与资源供应之间的平衡。分析组织能否在适当的时间筹集到适当品种和数量的资源，从而能否保证组织活动的连续性。

（3）任务与能力之间的平衡。即研究组织的各个部分是否能够保证在任何时间都有足够的能力去完成规定的任务。由于组织的内外环境和活动条件经常发生变化，从而可能导致任务的调整，因此在任务与能力平衡的同时，还须留有一定的余地，以保证这种将会产生的调整在必要时有可能进行。

（四）编制并下达执行计划

在综合平衡的基础上，组织即可为各个部门（如业务部、人事部、财务部、供应部）编制各个时段（年度、季、月等）的行动计划，并下达执行。

案例思考 5-6

目标应如何确定？

杨丽是一家连锁快餐集团属下的一个分店经理，集团公司为她确定了今年上半年的经营目标：从今年 1 月 1 日到 6 月 30 日，将销售额相对去年同期提高 6%。对这一目标人们有以下看法：

（1）该目标已经给分店经理一个明确无误的指令，是一个可考核的执行性目标。

（2）该目标没有提出一个度量目标是否完成的客观标准，所以需要进一步改进。

（3）该目标没有平衡利润与销售增长之间的关系，可能给分店经理以误导，需要改进。

（4）该目标没有规定清楚如何达成目标的步骤、措施和资源配置，需要进一步改进。

你对这一目标如何看？

四、计划方法与技术

计划工作效率的高低和质量的好坏在很大程度上取决于所采用的方法和技术。以往人们通常采用定额核算、系数推导以及经验平衡等方法制订计划。现代组织面对着更加复杂和动荡的外部环境，未来的各种不确定因素也日益增多，这就要求采用现代数学工具和以计算机技术为基础的各种新的计划编制方法和技术。

（一）滚动计划法

滚动计划法是一种将长期计划、中期计划和短期计划有机结合起来，根据计划实施过程中的变化，定期修订计划并逐期向前推移的方法。

传统的计划方法通常带有静态分析的特点，一般是等一项计划全部执行完了之后再重新编制下一时期的计划，这种方法无法主动地反映环境的变化，环境不变的情况下对计划的影响不大，环境一旦出现较大变化，随时可能把计划完全打乱。

滚动计划法为了减少环境不确定性对计划的影响，在计划制订时，同时制订若干期的计划，在计划内容上采用近细远粗的办法，即近期计划内容详尽，是计划的具体实施部分，具有指令性；远期计划内容粗略，是计划的准备实施部分，具有指导性。在第一个计划期完成后，再根据环境变化的要求将下一期的计划加以调整和细化，同时再将未来计划期顺延一期，如此逐期滚动，以保持计划的连续性，故称滚动计划法。

例如，某公司在 2008 年制订了本年度各季度的销售计划，采用滚动计划法。到 2008 年第一季度结束时，该公司的管理者就要根据 2008 年第一季度计划的实际完成情况和客观条件的变化，对原来的计划进行必要的调整和修订，据此编制 2008 年第二、三、四季度及 2009 年第一季度的销售计划，以此类推。如图 5—2 所示。

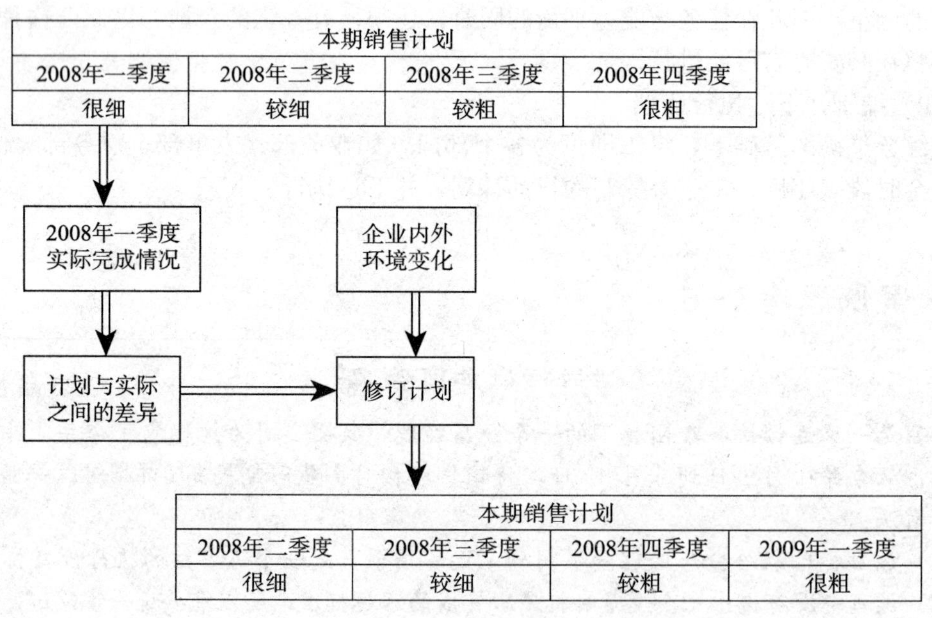

图 5—2 滚动计划法

滚动计划法加强了计划内容与客观实际的衔接，使长期计划、中期计划、短期计划有机结合，使计划具有相当的弹性，提高了组织对环境的应变能力。

需要指出的是，滚动间隔期的选择，要适应组织的具体情况，如果滚动间隔期偏短，则计划调整较频繁，优点是有利于计划符合实际，缺点是降低了计划的严肃性。一般情况下，外部环境和内部条件相对稳定的组织宜采用较长的滚动间隔期，外部环境和内部条件相对变化较大的组织则可考虑采用较短的间隔期。

（二）线性规划法

线性规划法是通过给出数学模型，求解最优解以确定最优计划方案的方法。线性规划是运筹学中最基本的方法，也是运筹学最早研究的数学方法。它于1947年问世以来，一直被广泛地运用。特别是20世纪70年代以来，随着计算机技术的不断发展，利用计算机技术处理成千上万的约束条件和变量的大规模线性规划问题，使运算时间大大缩短，简化了运算，使线性规划技术得到了更广泛的运用。小至解决一个小组的日常工作和计划的安排，大到整个部门，乃至国民经济计划的最优化方案的提出，都有其用武之地。

线性规划在企业经营决策中，主要用于解决两类问题。一类是在任务和目标确定后，如何统筹安排，尽可能地以最少的人力、财力、物力去实现这个任务和目标。另一类是在一定的人力、财力、物力资源条件下，如何最大限度地利用这些资源，完成更多的工作或使任务完成得更好。

线性规划即是在一组给定的线性约束条件下，求线性的目标函数的最大（小）值。例如在确定产量与利润的关系时，不可避免地要涉及人力、设备、材料供应、资金、时间等条件的制约，需加以综合考虑。这时，可以运用线性规划来帮助我们选择最优的产量方案。

例：某企业同时生产甲、乙两种产品，设备能力的有效台时为每月150台时，电力消耗每月不能超过240千瓦小时。每吨产品的台时消耗和电力消耗定额如表5—3所示。

表5—3　单位产品的台时消耗定额和电力消耗定额

产品 资源	甲产品	乙产品
设备能力（台时）	6	3
电力消耗（千瓦小时）	3	8

甲产品每吨的利润为200元，乙产品每吨的利润为400元。求甲、乙产品各生产多少，则企业获得的利润最大？

先列出线性规划的模型。设甲产品月计划生产 X_1 吨，乙产品月计划生产 X_2 吨，最大利润为 $\max P$。根据上述条件可列出一组联立方程如下：

目标函数　　$\max P=200X_1+400X_2$

约束条件　　（1）$6X_1+3X_2\leqslant 150$（设备能力限制）

（2）$3X_1+8X_2\leqslant 240$（电力限制）

（3）$X_1, X_2\geqslant 0$（产量非负）

上述联立方程，可以用图解法解出，如图5—3所示。

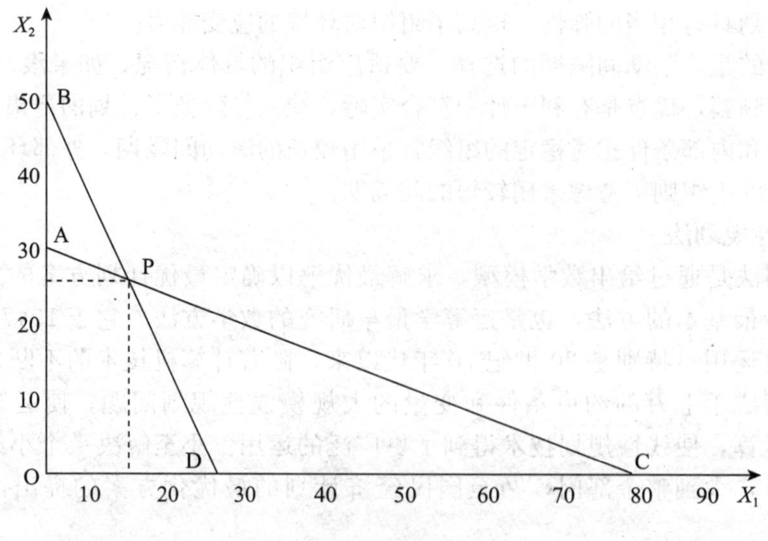

图 5—3 线性规划的图解法

图解法的基本原理是确定上述联立方程（即线性规划模型）的可行解区域，然后从中找出最优解。

解：X_1 为横坐标，X_2 为纵坐标。由于产量不能是负数，所以图解范围应当在第一象限。

图 5—3 中，直线 BD 满足方程 $6X_1+3X_2\leqslant 150$

直线 AC 满足方程 $3X_1+8X_2\leqslant 240$

AC、BD 两直线相交于 P 点。根据题意，坐标图中的 $OAPD$ 区域构成可行解区。P 点的坐标为：$X_1=12.3$，$X_2=25.4$。

可见，该目标函数的最优解为：

甲产品每月生产 12.3 吨；乙产品每月生产 25.4 吨。

每月最大利润额：

$$\max P = 12.3\times 200+25.4\times 400 = 12\ 620\ (\text{元})$$

线性规划方法的优点：便于使计划内容具体量化，量化结果又易于比较选优；数学工具和计算机技术的运用，可以节省大量人力，提高工作效率，尤其适用于资源配置，即解决如何更合理、更富有效率地分配有限资源。

（三）投入产出法

投入产出法是对物质生产部门之间或产品之间的数量依存关系，进行科学分析，并对再生产进行综合平衡的方法。这种方法最先是由美籍俄国经济学家瓦西里·里昂惕夫在1936 年提出来的。

投入产出法的基本原理：任何经济活动都包括投入和产出两部分。投入是指生产活动中的消耗，产出是指生产活动的结果。投入与产出具有一定的数量比例关系。投入产出法就是利用这种数量关系求出各部门之间的一定比例，编制投入产出表；然后计算各部门（各生产环节）的直接消耗系数和间接消耗系数（合计为完全消耗系数）；进一步根据某些部门最终产品的要求，算出各部门应达到的指标，用来编制综合计划。

投入产出分析法的优点：反映各部门（或各类产品）的技术经济结构，可用以合理安排各种比例关系，特别是在综合平衡方面是一种有效的手段；在编制投入产出表的过程中不仅能充分利用现有统计资料，而且能建立各种统计指标之间的内在关系，使统计资料系统化；表格形式直观简易，便于理解；使用面广，可在不同组织和各类企业中应用。

（四）计量经济学方法

计量经济学方法是运用现代数学和各种统计方法来描述和分析各种经济关系的方法。这种方法的奠基人是挪威经济学家弗瑞希。严格地说，计量经济学方法就是把经济学中关于种种经济关系的学说作为假设，运用数理统计的方法，根据实际统计资料，对经济关系进行计量，然后把计量的结果与实际情况进行对照。这种方法对于管理者调节经济活动，加强市场预测，以及合理安排生产计划和改善经营管理都具有很大的实用价值。

计量经济学方法应用于计划工作的步骤：

（1）因素分析。即按照问题的实际情况分析影响它们的因素种类、因素之间的相互关系，以及各因素对问题的影响程度。

（2）建立模型。即根据分析的结果，把影响问题的主要因素列为自变量，所有次要因素作为因变量；然后，建立起含有一些未知参数的数学模型。

（3）参数估计。即利用数学方法及统计资料确定数学模型中的参数值。

（4）实际应用。一是为经济预测服务，即预测因变量在将来的数值；二是用于评价方案，即对计划工作或决策工作中的各种方案进行评价，以选出最优方案；三是进行结构分析，即利用模型对经济系统进行更深入的分析，以找出关键问题，保障计划顺利实施。

计量经济学方法的优点：通过对各种问题及影响它们的因素的分析，便于管理者加强市场预测；数学方法的运用和数学模型的建立，可以使计划的任务指标量化，具有较大的应用价值；参数的设立，使模型具有相对的弹性，减少了因用数学方法对一些问题的假设而造成的误差。

（五）网络计划技术

长期以来，人们在制订计划以及控制计划的实施进度时，都习惯于采用横道图（即计划进度表）的方法，如图 5—4 所示。

时间（月）/工序名称	1	2	3	4	5	6	7	8	9	10	11	12	13	14
产品设计	////	////	////	////	////									
外购零部件						////	////	////	////					
工艺准备						////	////	////						
零件制造									////	////	////	////		
产品装备													////	////

图 5—4　横道图

在一张图上沿横轴表示时间的进程，每个活动（工序）用一条横道来表示。这种方法是美国人亨利·甘特于第一次世界大战期间设计的，所以也叫做甘特图，直到现在这种方法还在被广泛应用。

横道图最大的特点是“简单明了，容易理解，容易绘制，容易应用”。从图中可以直观地看出一项计划有哪些工作，各项工作该何时开始、何时结束、进度如何等。

但是这种图表也存在不少缺点。如各项工作之间的相互依赖和制约关系不能一览无余地看出来；哪些是关键工作、哪些是非关键工作，图上是不能反映的；不同的计划方案无法比较其优劣程度；一个项目如果包括几百甚至上千个工序，用横道图就很难表示出来；如果计划条件变化，就必须重新绘制横道图，否则就会失去指导作用；无法用电子计算机进行计算等。因此，横道图只适用于小而简单的工作计划，难以适应规模大且内容复杂的计划。

现代化大生产具有生产过程复杂，劳动分工精细，协作关系严密的特点。因此必须要有科学的组织和严密的计划与控制，才能保证生产的连续进行和充分有效地利用各种资源，取得最好的经济效果。

20 世纪 50 年代以来，许多工业发达国家为了适应现代化生产的发展，为了组织生产和科学研究的需要，进行了大量的调查研究工作，先后发明并采用了一些新的科学管理方法，其中一类是以网络图形式表示的计划管理方法，被称为网络计划技术。

网络计划技术的基本原理是：利用网络图来表达计划任务的进度安排及各项工作之间的相互关系；在此基础上进行网络分析，计算网络时间，找出关键工序和关键路线；通过不断改善网络计划，选择最优方案，并付诸实践；在计划的执行过程中，进行有效的控制与监督，保证最合理地使用人力、物力和财力，达到预定的计划目标。

对网络计划技术特征的理解可见图 5—5。

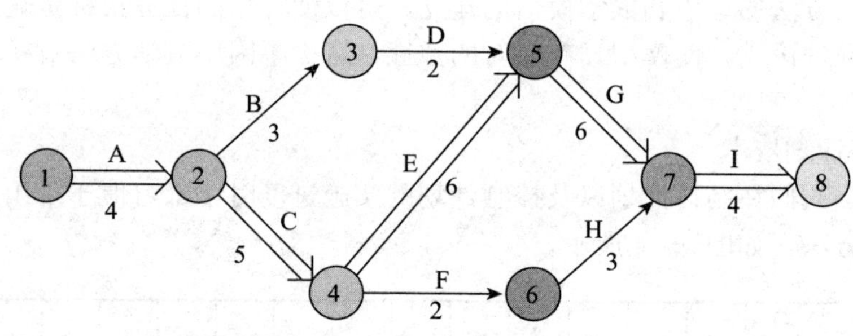

图 5—5 网络图

图 5—5 为一个简单的网络图，表明了要进行的一项计划。该项计划共包含 A、B、C、D、E、F、G、H、I 等共九个工序。图中的每一条箭线代表一项要完成的工序，箭线旁的数字表示完成该项工序所需要的时间；图中的圆圈代表着一项工序的结束和下一项工序的开始；图中的双箭线表示关键工序，双箭线自始至终相连接在一起的工序表示关键线路，表明要完成该线路上的工序所需时间最长，因而是保证计划能否按时完成的关键。

从上面简单的网络图中，我们可以看出网络计划方法有如下几个特点：

(1) 它能够形象地把整个计划用网络图形式表示出来，这比横道图法更为形象和清晰。

(2) 从网络图上可以清楚地看出各个工序的先后顺序与制约关系。如 B 和 C 两道工序必须要在 A 工序完成之后才能开始；G 工序则必须要在 D 和 E 两道工序都完成之后才能开始。

(3) 可以确定出自始至终对完成计划在期限上有关键性影响的工序和关键线路。图中A、C、E、G、I 等工序经过的路线为关键线路，耗时最长，因而是计划进度控制的关键。

(4) 网络计划的优劣容易比较。经过多个网络图的编制与比较，便于从多种可能方案中选择最优方案付诸实践。

(5) 在执行过程中，可根据各工序实际完成情况加以调整，保证自始至终对计划进行有效的控制与监督，使总计划如期或提前完成。

(6) 可以用电子计算机计算。对于大型工程的复杂网络，用电子计算机进行计算、优化和调整，经济效果更加显著，这是传统的横道图不能比拟的。

第三节　目标管理

目标管理是由美国著名的管理专家德鲁克在 1954 年发表的《管理实践》一书中提出的一种管理方法。这种管理方法提出后，逐步发展成为许多西方国家组织普遍采用的一种系统地制定目标并据此进行管理的有效方法。

一、目标管理及其基本思想

目标管理，是由组织的最高领导层根据组织面临的外部环境和内部条件，制定出一定时期内组织活动所要达到的总目标，然后上下协商将总目标层层分解落实到各部门直至每个员工，形成一个目标体系，并制定实现目标的措施和对目标完成情况的考核与奖惩办法。

目标管理的基本思想：

(1) 强调以目标为中心的管理。认为明确的目标是有效管理的基础，管理者科学地制定目标、实施目标、考核目标，是实现管理任务的根本方法。目标管理强调成果，注重目标实现，是一种以目标为中心的成果管理，因此也被称作“根据成果进行企业管理的方法”。

(2) 强调以目标体系为基础的系统管理。认为既要有组织的总体目标，也要有分解的具体目标，形成总目标指导分目标，分目标保证总目标的目标体系，从而提高组织的整体性和一致性，有效保证组织目标的圆满实现。实行目标管理要在组织内部建立起一个纵横交错、相互联系的目标体系，并用目标层层展开的方法及目标卡片的形式，把目标明确固定下来。这和以往各种事后的被动管理方法相比，由于是借助目标管理，所以具有事前管理的特点。

(3) 强调以人为中心的主动式管理。认为下属人员应参与目标的确定，以提高下属人员工作的主动性，以下属人员自我控制和参与的办法实现目标管理。目标管理是一种民主管理，它让全体员工参与管理，实行组织管理民主化。在制定目标时，尽量尊重目标制定者的愿望，使人们增强责任感和工作兴趣。目标管理也是一种“主动型”管理，即鼓励人们自觉地努力追求目标的实现，以自我要求代替被动从属，以自我控制代替被人把持，激励人们把潜力尽量发挥出来，通过自我控制实现组织和个人的目标。

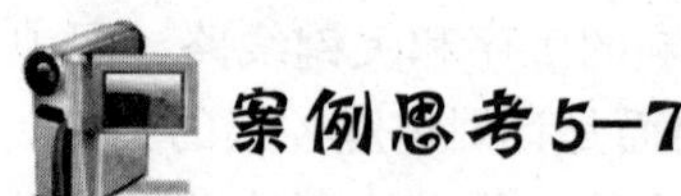

案例思考5-7

某公司的目标管理

某公司从组织结构和组织关系上原属于集权型的组织，每年的公司目标和计划均由高层管理人员确定，并组织贯彻实施，各级部门只能根据上级下达的指令开展工作。

随着公司规模的扩大，工作越来越多，总经理的工作精力深深地陷入了日常事务当中，越来越感到难以招架。在一次外出开会之际，总经理听别的公司谈到目标管理的好处，很受启发，决定回公司后推行。

第二年，总经理将公司总体目标分派给了各级各部门，让他们自主地去管理。但是事与愿违，工作中各部门之间的矛盾没有减少，反而增多了，都要他去协调处理，搞得总经理焦头烂额，人们的积极性也没有预想的那样被调动起来。到了年底，预定的公司目标未能完成。

请从目标管理的角度，谈谈公司的问题可能出在什么地方。

二、目标管理的过程

实施目标管理应包括确立目标体系、组织实施、检验结果三个环节。

(一) 确立目标体系

目标管理中目标体系的确定包括目标制定和目标展开工作。

1. 目标制定

组织在目标管理过程中，目标的完整内容应有以下几项：

(1) 组织方针，即确定组织计划期内总的指导思想。组织方针是对目标的高度概括，应能一目了然地反映组织一定时期的奋斗目标，因此用词要精练，简单的几句话就能点明组织全年的发展方向和工作重点。

(2) 目标项目，即确定组织的目标内容。组织目标具有多样化、层次性的特点。组织常见的目标内容有：经济效益目标，如产量、成本、利润、质量等；组织素质目标，如管理者素质、员工素质、技术及装备水平等；市场目标，如销售渠道、市场占有、用户服务等；人力资源目标，如人才开发、干部培养、奖惩、福利等；科研开发目标，如产品开发、新技术应用等；安全文明生产目标，如安全措施、劳动保护等；环境保护目标，如"三废"治理、绿化等；思想工作目标，如思想教育、员工觉悟、劳动态度等。

(3) 目标值，即表明目标项目所要达到的程度或水平的具体标准。目标值通常有定量目标值和定性目标值两种。定量目标值具有精确度高、可比性强的特点。定性目标值要注意文字表达要清楚、准确，是非标准要明确，要注意其可考核性。

(4) 对策措施，即表明为实现方针目标而需要抓的主要工作或需要解决的关键问题。对策措施一般应包括的内容：为实现目标必须提供的组织上、思想上、制度上的保证；为实现目标必须具备的情报信息、检测手段、各种标准、考核办法等基础条件；为实现目标应共同遵循的基本原则、管理标准、规范要求、纪律作风等；为实现目标应当采取的重大行动、须抓住的关键环节、要开展的有益活动等。

目标制定的程序通常有两种。一是自上而下，即由组织高层管理者提出目标，经集体讨论，征求意见，最后确定；二是自下而上，即由下属部门自行提出目标，由上级汇总，提出目标方案，再经集体讨论，最后确定。

目标制定过程中无论采取哪种办法，都应注重下级的参与。因为目标管理强调的是自我控制，自我管理。要达到这一目的，就必须使各级人员参与到目标制定过程中，这样在目标的实施过程中，下级人员才会从心理上感觉到完成目标是自己分内的事，而不是被人强加的，才会有实现目标的自觉性。

2. 目标展开

目标展开是指将组织总体目标从上到下层层扩展，把以总目标为核心的各个目标分别落实到下属各部门、各单位直至员工个人，形成自下而上的层层保证的目标体系。

目标展开的基本思想如图 5—6 所示。

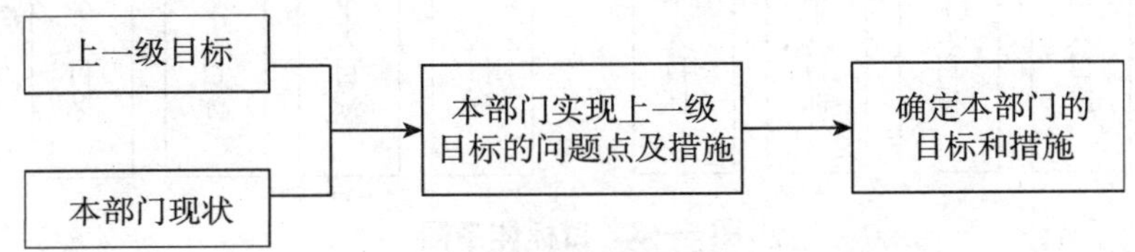

图 5—6　目标展开的基本思想

目标展开运用系统图法的原理如图 5—7 所示。为了达到一定的目的，就要采用一定的手段；为了采用一定的手段，又要考虑进一步要采用的手段。这样上一阶段的手段对下一阶段而言就是目的。依此类推，目标即可层层展开。

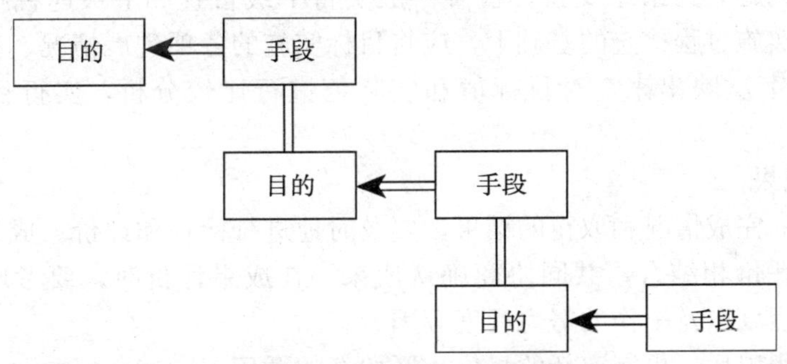

图 5—7　目标展开系统图

展开后的目标体系如图 5—8 所示。

在此过程中，应编好目标展开图和目标管理卡，作为目标展开内容的书面记录，并找出目标展开的问题点，提出相应的目标对策。

(二) 组织实施

目标体系确定后，目标管理就进入了实施阶段。

(1) 权限下放和自我控制。目标制定出以后，实现目标主要靠执行者的自主管理，因为目标制定出来以后，就靠组织的每个人去努力完成，如果上级干预过多，就会限制每个人的主观能动性的发挥。在目标实施过程中，上级关心的应是下级达到的各个分目标和取得的最终成果，对于目标实施的具体途径和方法，则应完全由下级自由选择。

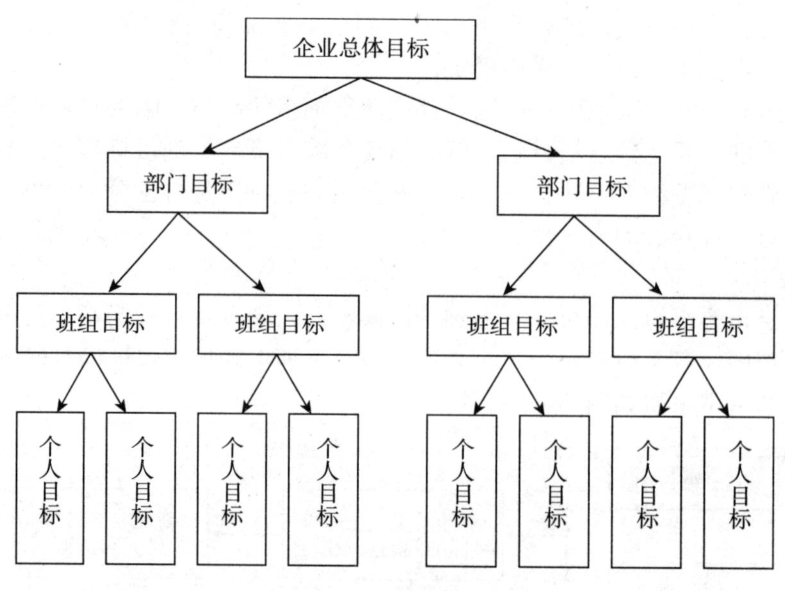

图 5—8 目标体系图

（2）下级在目标实施过程中，一方面要对照自己的目标检查行动；另一方面要依靠自己的判断充分行使下放给自己的权力，努力达到目标，实现自我控制。

（3）对实施过程的检查与控制。目标管理如同授权，授权者给予下级权力，但并不等于说他完全可以撒手不管，还要监督下级的执行状况，要了解下级的工作进度，要了解下级工作中出现的问题，并给予支持。检查一般实行下级自查和上级巡视指导相结合的办法。另外，在对实施过程检查的基础上，应将目标实施的各项进展情况、存在的问题等用一定的图表和文字反映出来，对目标值和实际值进行比较分析，实行目标实施的动态控制。

（三）检验结果

对各级目标的完成情况和取得的结果，要及时地进行检查和评价。成果评价一般实行自我评价和上级评价相结合，共同协商确认成果。在成果评价时，要考虑目标的完成程度、目标的复杂程度以及工作的努力程度等因素。

完成上述过程以后，再制定新的目标，开始新的循环。

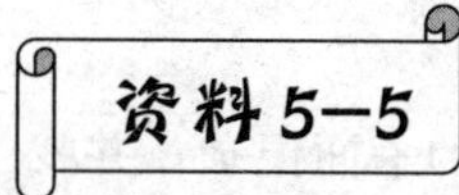

目标管理制度的八大成功要则

目标管理制度有如下八大成功要则：

（1）高层管理者要积极参与，并以身作则，持之以恒，确立整个组织对目标管理的信心。

（2）开始建立制度时，要有周详的计划，并要特别重视对各级主管提供有关目标管理的基础教育和训练。

（3）应从容确立目标管理制度的思想基础。因为积习难除，过去的观念绝非一朝一夕就能改变的。

(4) 目标的设定要尽可能量化，将来执行时的成果也必须是人人都能具体认定的。

(5) 目标管理制度应与现行的信息系统及控制制度相结合。

(6) 对于良好的绩效应有所奖励，奖励标准应与成果大小挂钩。

(7) 在目标管理制度的推行中，应鼓励公司上下各级管理人员都热心参与讨论。

(8) 要定期安排检查，并建立反馈制度。

本章小结

战略是指组织面对复杂多变的环境，为谋求生存和不断发展而做出的总体性、长远性的谋划和方略。一个完整战略应包括组织使命、战略目标、战略重点、战略方针、战略阶段、战略对策等。

战略管理，主要是指战略制定和战略实施的过程，包括战略环境分析、战略制定、战略实施、战略控制与调整等。

总体战略是指为实现组织的总体发展目标，对组织较长时期内的未来发展方向所做的综合性和总体性的谋划。主要有稳定型战略、发展型战略、紧缩型战略和混合型战略等基本类型。

计划是指组织未来的行动方案，是组织开展各项活动的指导性文件。计划的目的在于为组织及其成员提供行动指南，以利于组织目标的更好实现。

计划工作有广义和狭义之分。广义的计划工作包括计划的制订、贯彻、修正和实现的全过程。狭义的计划工作也就是指计划的制订过程。

一项完整的计划要告诉管理者和执行者六个方面的内容：what（做什么）、why（为什么做）、when（何时做）、where（何地做）、who（谁去做）、how（怎么做），简称为“5W1H”。

计划编制过程中必须遵循科学的计划程序：收集信息的准备阶段；目标的确定、分解与目标结构的分析阶段；综合平衡阶段；编制并下达行动计划阶段。

计划工作效率的高低和质量的好坏在很大程度上取决于所采用的方法和技术。这就要求采用现代数学工具和以计算机技术为基础的各种新的计划编制方法和技术。

目标管理的基本思想：强调以目标为中心的管理；强调以目标体系为基础的系统管理；强调以人为中心的主动式管理。

实施目标管理应包括确立目标体系、组织实施、检验结果三个环节。

复习思考题

1. 如何理解战略及其特点？
2. 战略与战略管理包括哪些内容？
3. 战略包括哪些基本类型？
4. 如何理解计划工作在管理中的地位及其重要意义？

5. 一项计划应包括哪些内容？
6. 计划工作的步骤应包括哪些环节？
7. 目标管理的基本思想是什么？
8. 推行目标管理应注意哪些问题？

第六章

组织与组织设计

本章要点提示

- 组织与组织结构
- 组织工作的任务和内容
- 组织工作的一般原则
- 组织结构设计原理
- 常见组织结构形式

引 例

据《旧约全书·出谷记》第十八章中记载，摩西是希伯来人的领袖，他在行政法、人际关系、人员挑选和训练等方面都有出色的能力。摩西的岳父耶特鲁曾批评摩西处理政务事必躬亲的做法。他提出三点建议：第一，制定法令，昭示民知；第二，建立等级制度，委托管理人员；第三，分级管理，各负其责。摩西采纳了他的建议：从以色列人中挑选有才能的人，立他们作百姓的首领，作千夫长、百夫长、五十夫长、十夫长，他们随时审断百姓的密件，有难断的案件就呈到摩西那里，各样的小事由他们自己处理。这则故事体现了即使如摩西那样出众的管理者，也需要有好的组织系统设计，以利于更好地完成组织职能。

组织结构是组织的“骨骼系统”，健全的组织结构可以使组织的人、财、物和信息等诸要素有机结合，对于实现组织目标，协调组织内部关系，充分发挥各级人员的积极性，提高组织应变能力和竞争能力，有着极其重要的意义。

第一节　组织与组织工作

一、组织及其结构

(一) 组织

“组织”一词的最初含义，在汉语中是指把丝麻纺织成布的意思，组织就是通过织，把纬线和经线组合起来，将丝织成帛。虽然这个词最初不是直接用于人或人群本身的概念，但是却非常形象地说明了现在使用着的组织的基本含义。

人类社会的各种活动，如经济活动、政治活动、社会活动、科技活动等，都是以组织的形式进行的。我国古代思想家荀况曾说：“人力不若牛，走不若马，而牛马为用，何也?”曰：“人能群，彼不能群也。”指是有合群性特征的人类能够组织起来，以群体的方式有目的地从事各项活动。这里荀子的论述，已涉及组织的功能、特征等问题，说明人类很早就注意到组织问题，组织是一个古老的课题。

人们对组织的认识是随着管理实践的深入而逐步深化的。传统的组织观念认为组织就是为了达到特定目标结合而成的团体或单位。这种看法认为：组织具有特定的共同目标，这个目标单凭个人的力量是无法实现的，必须靠群体的协调努力；组织具有一定的稳定性，维持着组织体的存在；组织是闭合系统，不与外界发生直接联系。基于传统组织观念的这种认识，组织被看做是一个静态的结合体，即组织的目标是不变的，组织机制是稳定的，组织结构是固定的，组织与外界是隔绝的。

随着生产力和科学技术的高速发展，现代组织的社会性，活动的复杂性，逐渐使人们摆脱了对组织的狭隘理解。

现代组织观念把组织看做是一个有机系统。即组织是在特定环境下，为了实现某种目标，而由具有合作意愿的人群组成的职务或职位的结构，是人们为了实现共同目标而形成的一个系统集合。这种看法认为：组织依赖其他组织而存在，同其他组织在特定的环境下发生着千丝万缕的联系；组织与环境之间有着密切的依赖性，要同外部环境进行信息的、物质的、能量的交换，要随环境的变化进行目标的调整，组织的功能与机制也要随外界环境的变化不断补充完善。基于现代组织观念的这种认识，组织被看做是一个动态的、开放系统的、充满生机和力量的有机整体。

组织理论的发展

1. 传统组织理论产生于20世纪初，是建立在科学管理思想基础上的组织理论，是以工作需要为中心的组织理论，强调依靠权力来维系组织成员之间的相互关系。

(1) 强调统一命令和指挥，组织中层次分明，上下级关系明确。

(2) 强调权力和责任要明确和相称。

(3) 强调组织结构的明确分工，使组织成员各行其责。

2. 行为组织理论是20世纪30年代至60年代伴随着行为科学的产生而发展起来的。它是以人为中心的组织理论，强调人际关系和信息沟通对组织行为的影响。

(1) 强调发挥人的主导作用，认为人是组织的主宰。

(2) 强调组织设计要以调动人的积极性为出发点。

(3) 强调发挥非正式组织的作用。

(4) 强调良好的人际关系，管理者应同下属建立融洽的关系。

(5) 强调以沟通代替指挥监督，激发组织成员的积极性。

3. 现代组织理论是伴随着现代管理思想的形成而发展起来的。以系统理论和权变理论为理论基础，强调组织要在与环境的适应中求得生存和发展。

(1) 强调组织是由众多相互联系的子系统有机组合的整体系统。

(2) 强调组织是一个开放系统，应在与环境的适应中求得变革与发展。

(3) 强调组织的社会性，人是组织的中心，人的价值及其需求应在组织中得到体现。

(4) 强调不存在固定不变的普遍适用的最好的组织结构模式，不同的组织应根据组织、人员、任务、环境之间的适应性来确定组织模式。

(二) 组织结构

"人无骨不立"，一个人的骨骼是其重要的组成部分，若骨骼失去了作用，这人就完了。对于一个组织来说，其组织结构就是组织的骨架，没有好的骨架，组织也难以生存和发展。

组织结构是组织的空间表现形式。现代组织活动的过程主要体现为，为实现组织的总体目标，对人、财、物和信息进行合理组织，使之有效配合的过程。组织结构就是把动态的组织活动过程中，人、财、物和信息有效的合理配合关系相对固定下来所形成的架构。组织结构也可理解为是为了实现组织目标，对员工在分工协作、职务范围、责任、权力等方面进行划分所形成的组织结构体系。

组织结构的内容主要包括职能结构、层次结构、部门结构和职权结构。其中职能结构是指为了实现组织目标，由组织内部应具备的各项业务工作形成的任务结构；层次结构是指组织内部自上而下纵向划分的管理层次结构；部门结构是指组织内部在各管理层次上，按职能和工作专业化分解形成的横向组织结构；职权结构是指组织内部对各部门各环节的权力、责任及其相互关系进行划分所形成的权责关系结构。典型的组织结构如图6—1所示。

现实中我们见到的组织结构是形式多样，千差万别的。那么如何去观察和分析组织结构呢？这需要从组织结构特征因素的分析入手。组织结构特征因素是指描述一个组织结构的各方面特征的标志或参数，是对组织结构进行比较和评价，乃至组织设计的基础。这就如同要寻找一个人，就要了解这个人的身高、性别、年龄、面部特征、发色和肤色等一样。组织结构的主要特征因素有以下十个方面。

1. 管理层次和管理幅度

一个组织的管理层次的多少，表明组织结构的纵向复杂程度。大型组织，从高层领导到一般员工，中间可能有五六个或更多的层次，而小型组织则可能仅两三个管理层次。管理幅度则说明一名上级直接领导的下级人数，管理幅度少则为三四人，多则可达十余人或更多。

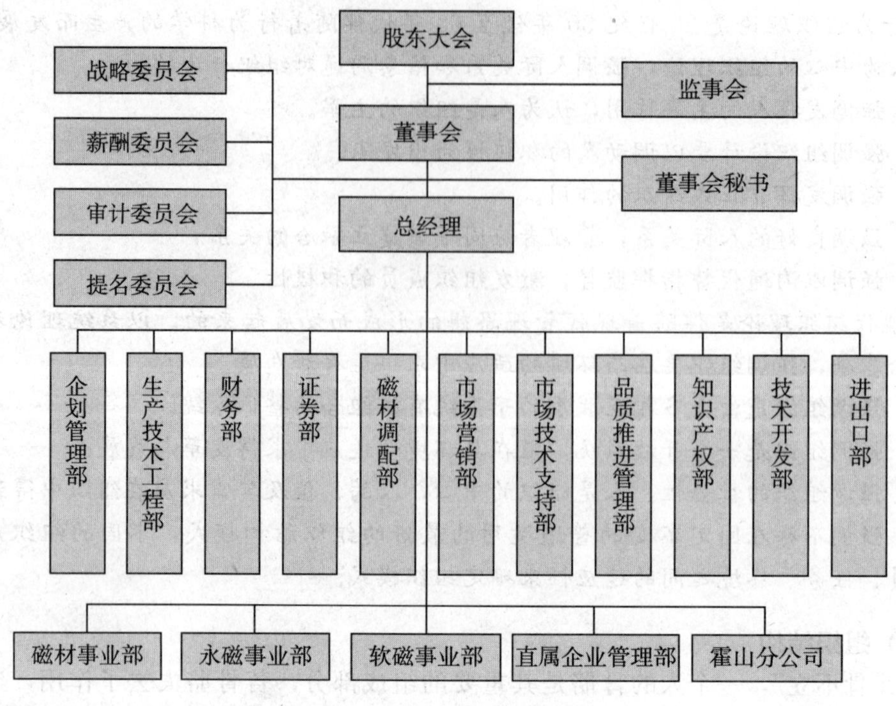

图 6—1　某公司组织结构图

2. 专业化程度

组织结构的专业化程度，表明组织各职能工作分工的精细程度。具体表现为部门（科室）和职务（岗位）数量的多少。同样规模的组织，如果部门机构多，说明分工较细，专业化程度较高。

3. 地区分布

组织的地区分布表明组织结构在空间上的复杂程度。如组织机构集中在某一个城市，这是地区分布最简单的情况；如果在国内某几个地区设有分公司、分厂或派出的管理机构，则地区分布就较复杂些；如果在国外设有分支机构，则地区分布就更为复杂。

4. 分工形式

各部门的横向分工，不仅表现为分工的精细程度，而且表现为分工采取的形式。在工业企业中，常见的分工形式有：职能制（按职能分工）、事业部制（按产品分工）、地区制（按地区分工）以及混合制等。

5. 关键职能

关键职能是指在组织结构中处于中心地位、具有较大职责和权限的职能部门。关键职能对实现组织目标起着关键的作用。不同的组织可能具有不同的关键职能，有的可能是质量管理，有的则可能是技术开发、市场营销等。

6. 集权程度

集权程度表明组织权限的集中和分散程度。当组织的决策和管理权集中在高层管理人员手中，表明这种组织结构的集权程度是高的；反之，如把其中相当大的部分放给较低的管理层次，则其集权程度是低的，或说分权程度较高。

7. 规范化程度

规范化是指以同种方式完成相似工作的程度。组织各项管理业务，特别是日常事务性工作，一般都具有标准的程序和方法。如计划编制工作，就应有程序和内容的规范标准。组织规范化程度，具体可以用已经纳入组织管理工作标准的数量及其详细程度来衡量。

8. 制度化程度

制度化是指组织中采用书面文件的数量，表明组织中各项管理工作的程序、方法、要求等的规章制度，以及上下左右用以传递信息的各种书面文件，如计划、指示、通知、备忘录等，都是用正式的书面文件的形式来描述的。

9. 职业化程度

职业化是指员工为了掌握本职工作需接受正规教育和职业培训的程度。如果组织中的多数员工需具有较高文化程度，或经过较长时间的职业培训才能熟练地从事某项工作，则这种组织的职业化程度就比较高。

10. 人员结构

人员结构是指各部门人员、各职能人员在组织员工总数中的比例情况。它通过技术人员比率、管理人员比率、中高级领导人员比率、基本生产工人同辅助生产工人的比率等来表示。

以上十个方面的因素，概括地反映了一个组织结构的主要特征和全貌，是调查和了解一个组织结构所应掌握的基本方面。

案例思考6-1

公司出了什么问题？

有一天，某公司总经理发现会议室的窗户很脏，好像很久没有打扫过，便打电话将这件事告诉了行政后勤部负责人，该负责人立刻打电话告诉给事务科长，事务科长又打电话给公务班长，公务班长便派了两名员工，很快就将会议室的窗户擦干净了。过了一段时间，同样的情况再次出现。

试从组织管理的角度分析该公司在管理方面存在什么问题？

二、组织工作

组织工作是对现代社会人们从事的各种社会活动进行组织、协调的过程，是指通过设计和维持组织内部的结构和相互之间的关系，把目标、人、财、物、信息等在一定时间和空间进行合理调配，使人们为实现组织的目标而有效地协调工作的过程。

组织工作是管理的重要职能，其在管理中具有不可忽视的地位和作用，对提高组织生存与发展的能力有着极其重要的影响。

（一）组织工作的任务

（1）规定组织中每一个人的责任。现代组织是众多人在分工协作的基础上共同劳动的产物，组织中的每一个人都应围绕组织的共同目标各负其责。组织工作的任务就在于通过组织结构的建立，明确组织各部门各单位的划分，明确每一个组织成员的职责范围。

（2）规定组织成员之间的关系。在现代组织中，人们的劳动都有着紧密的联系，这里面既有上下级之间的权力命令关系，也有着横向的分工协作关系。组织工作的任务就在于通过组织结构和权责关系的确立，使组织成员之间明确相互之间的关系，以便人们的共同劳动能够协调地进行。

（3）调动组织中每一个成员的积极性。组织作为共同劳动的产物，其整体效能的发挥有赖于组织每一个成员积极性的发挥。组织工作的任务就在于使组织成员明确自己的目标和责任，明确自己在组织中的地位，从而增强组织的凝聚力。

（二）组织工作的内容

（1）组织设计，即以组织目标为中心，对组织的层次、部门、权力和责任进行分解、划分和分配的过程，组织设计的结果是组织的层次结构、部门结构和权责关系的确立。

（2）组织协调，即对组织各部门之间以及组织成员之间的相互分工协作关系、权责关系的组织与协调，规范组织内部的各种关系，激励全体员工为实现组织目标而努力工作。

（3）组织变革，即根据组织内外条件变化给组织结构提出的要求，对组织结构做出相应调整或变革，促进组织活动的正常开展。

（三）组织结构设计工作的内容

组织结构设计工作具有涉及面广、内容繁杂的特点，其对组织未来运行的效率和效果有着重要的影响。为保证组织结构设计的成功，其工作必须科学地、有步骤地进行。组织结构设计程序如图 6—2 所示。

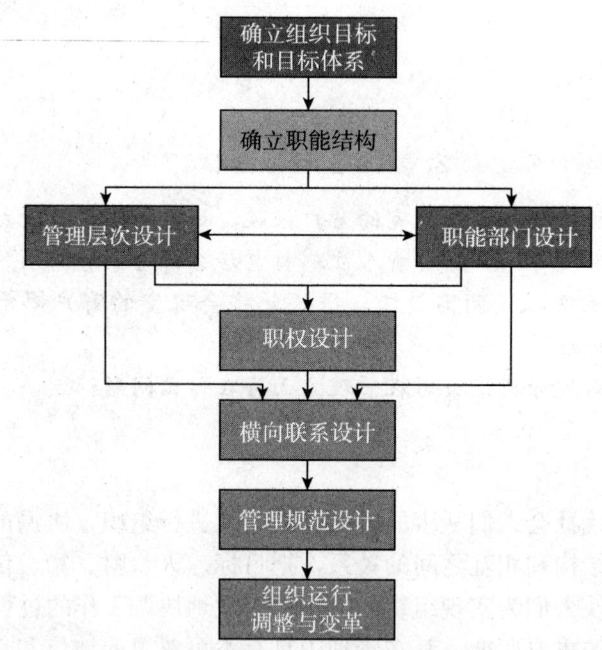

图 6—2　组织结构设计程序

组织结构设计的一般工作内容包括：

1. 明确目标，确定组织结构设计的基本原则

组织结构设计的首要环节，是要明确组织的目标和总体发展战略的要求，认清组织所在的外部环境及自身条件，明确组织结构设计要解决的问题及要达到的目的，确定组织结

构设计的基本思路、原则和主要参数。

2. 职能分析，确定职能结构

分析组织为实现目标和任务，使管理和业务流程顺利运作所需要的各项管理业务职能，在分解和合并的基础上，确定组织的职能业务工作体系。

3. 管理层次及部门结构设计，确定组织结构框架

根据实现组织目标的要求以及相应的职能业务工作体系的要求，确定组织自上而下的纵向管理层次结构、横向职能管理部门结构以及反映纵向管理层次之间、横向职能部门之间和纵横两套结构之间权责关系的权力关系结构。

4. 联系方式设计，确定组织结构内部的协调方式和控制手段

根据组织结构系统性的要求，为保证组织结构整体效能的发挥，确定组织内部上下管理层次之间、左右职能部门之间的相互关系、联系方式和协调控制手段。

5. 管理规范的设计，确定组织运行的标准

根据组织结构正常运转的要求，制定组织结构内各项管理业务的工作程序、工作标准和工作方法，用以规范组织成员的工作行为。

6. 人员配备，确定组织的人员结构

组织结构内不同性质的工作，需要不同才能的人来承担，为了使部门人员能够协调一致地工作，必须根据需要合理配置组织成员。

7. 组织的运行、反馈与修正

组织结构设计是一个动态的工作过程，其应保证组织结构的正常运转，并在运转过程中能够及时反馈信息，根据组织结构内外条件的变化，及时做出修正与调整。

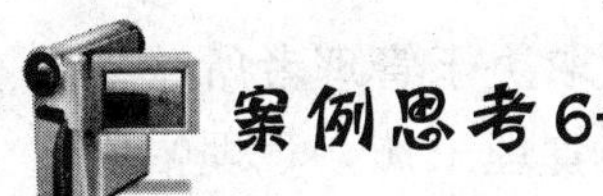

案例思考6-2

如何考虑组织设计的思路？

某软件销售公司大约有30名员工，主要从事软件的销售及售后服务。其客户主要有两类，即企业客户和家庭客户，这两类客户的需求具有明显不同的特点。针对企业和家庭客户的售后服务，对了解客户需求，改善客户关系，增加软件销售具有明显的促进作用。

该如何考虑该公司的组织结构设计思路？

三、组织工作的一般原则

建立和完善组织结构，健全组织机制，应遵循以下基本原则：

(一) 战略目标导向原则

战略目标导向原则是指组织结构的建立和工作的开展要有明确的目的，要以实现组织战略为基本着眼点。

战略是组织全体员工在一定时期内共同活动所要达到的最终目的，并规定着组织活动的基准和方向。战略的有效实施，取决于组织结构的合理性和效能。组织工作要善于根据战略的要求，将组织的各种业务工作进行分工和组合，划分部门和单位，以便有助于员工明确自己的工作目标和岗位要求，为实现战略目标做出各自的贡献。

（二）顾客满意原则

顾客满意原则是指组织结构的层次与部门的划分、职责和权限的分配、管理规范的确立要以顾客满意为基本出发点。

在激烈的市场竞争环境中，能否在需要的时间内为顾客提供质优价廉的产品和服务，以赢得市场，取决于组织是否具有以顾客为中心的业务流程，而业务流程的运转是以与之相适应的组织结构为支撑的。因此，组织结构的设计和运作也要以顾客满意为评价标准，要始于顾客需求，终于顾客满意。

（三）人本主义原则

人本主义原则是指组织设计和运作必须重视人，要以人为本，要能够最大限度地调动人的积极性和创造性。松下幸之助有一句名言："最好的资产是人。"纵观世界上著名企业的成功因素，都会发现对人的重视。由此可见，人本主义原则已经是现代管理的根本。

知识经济的到来，使得知识成为组织生存和发展的最重要资源。人是知识的载体，组织的生存与发展取决于人的作用的发挥。传统的组织观念过于注重组织层级和职能的划分，组织中的人被看做是机器的零部件，忽视了员工的心理和需求，从而导致了组织运作的低效率。现代组织设计与运作应将以人为本作为核心理念，要重视人，充分考虑员工的个性特点，充分尊重和发挥人性，倡导人本管理。

（四）有效管理幅度的原则

管理幅度是指一个上级领导直接指挥的下属人员的人数。由于一个人的精力和体力是有限的，这就决定了管理者的管理幅度是有限的。管理幅度过小，会导致机构臃肿，人浮于事，造成人力资源的浪费；管理幅度过大，会使管理人员的工作过多，易导致工作的失控。有效的管理幅度是组织结构设计应考虑的重要因素。

有效管理幅度，一方面取决于管理者的素质和能力；另一方面取决于管理者所从事的管理工作的范围和性质，一般高层管理者从事着组织的战略决策与管理工作，管理幅度应小一些；中层和基层管理者从事执行性管理职能较多，因而管理幅度可大一些。

（五）分工与协调的原则

组织的大量信息和复杂的管理工作，需要分门别类进行专业管理，专业分工有利于提高管理工作效率和水平。但是仅有分工是不够的，组织各个部门既要有专门的职责范围，每个部门的工作又必须在其他部门的协调配合下才能顺利完成。组织各部门和各环节彼此相互联系、相互配合，专业管理的作用才能发挥出来，组织才能正常运转。

组织工作贯彻专业分工和协调配合的原则，一方面，要合理划分组织各个专业职能部门的范围，分工应适应组织外部环境的变化，切实反映组织活动的客观需要和组织现有条件的可能；另一方面，要明确专业分工之间的相互关系，明确上下管理层次之间、左右管理部门之间的协调方式和控制手段，这样才有利于从组织上保证目标的实现。

（六）集权与分权相结合的原则

集权与分权反映了组织在权力分配上的两种不同做法，在相同的组织技术条件下，集权制还是分权制的组织体制往往反映出不同的管理效果。

集权与分权都是开展组织管理活动所必不可少的手段。一方面，集权是组织行动统一性的要求。组织作为人们共同劳动的集体，有着统一的目标，要使组织成员的行动达到协调一致，则集权下的统一命令和指挥是必不可少的。另一方面，也应看到分权是组织分工的必然要求。组织成员的共同劳动是以分工为基础的，要为组织成员创造履行分工职责的条件，则赋予一定的权限是必须的。正确地处理好集权与分权的关系，应注意把握好集权与分权的适度。集权的程度应以不妨碍下属履行职责，有利于调动积极性为准；分权的程度应以下级能够正常履行职责，上级对下级的管理不至于失控为准。

（七）责权统一的原则

权力是指在一定的组织中，为履行职责而由上级所授予的，能够影响其他人或组织行为的能力；责任则是指在接受职务时必须履行的义务。履行义务要以相应的权力为保证，权力的行使则是以履行义务为目的。

贯彻责权统一的原则，就要做到因事设职，因职设人，要明确规定每一个岗位、每一个人员的责任和权力，以利于增强人们的责任感。要使权力和责任相对应，做到责任到人，权力到人，不能有权无责或有责无权。有权无责会导致滥用权力，对工作不负责任；有责无权则会妨碍人们积极性的发挥和责任的落实。

（八）相对稳定和适时调整与变革的原则

组织的稳定性，主要是针对组织内部机体而言。组织内的部门设计、分工以及部门间的协作关系应具有一定的稳定性，组织人员安排也要保持相对稳定。组织结构的稳定性，有利于组织正常运转和协作关系稳固；人员的稳定，有利于各项工作持续正常地开展，也有利于专业化、标准化的管理。

组织适时调整与变革，主要是针对组织机体与外部环境的适应关系而言。它要求根据环境的变化，相应调整组织结构的内部构成，合理专业分工，强化组织功能，从而增强组织的适应能力。

案例思考6-3

三个和尚没水喝

俗话说：“一个和尚挑水喝，两个和尚抬水喝，三个和尚没水喝。”请从组织原理的角度分析一下是什么原因造成了“三个和尚没水喝”。

第二节　组织结构设计原理

一、职能结构设计

职能结构设计，是对组织的运作流程及管理业务进行总体设计，以确定组织各项管理职能及其结构。职能设计是设计组织框架的基础和前提，只有先理清组织的运作流程及各项职能，才能科学地划分管理层次、部门及其结构。

（一）基本职能设计

基本职能是指组织在活动中不可或缺的职能。组织为了获得生存和发展，必须对自身所需的人、财、物等资源和供、产、销等环节构成的动态循环过程，进行系统、有效的管理，这就必须具备一些基本的管理职能。例如对于制造业企业，技术研发、生产制造、市场营销、财务、人力资源管理等就是必备的基本职能。

基本职能的设计应建立在组织目标体系的基础之上。从系统的观点看，任何一个组织都有目标。组织是一个有机的系统，组织的目标也是一个完整的目标体系。组织的目标体系主要包含三个部分。

（1）总体目标，即反映组织基本功能的目标。

（2）职能目标，即对完成组织总体目标应从事哪些工作的规定，本质上反映了实现组织整体功能应具备的工作职能。

（3）工作目标，是对为完成组织总体目标而开展的各项职能工作应达到什么程度的规定。

上述三类目标是逐层分解的关系，如图 6—3 所示，总体目标规定了组织的发展方向；职能目标规定了组织内部各职能的工作性质；工作目标则规定了各职能的职责任务。从中可以看出，组织结构的实质是反映了组织目标体系的要求。

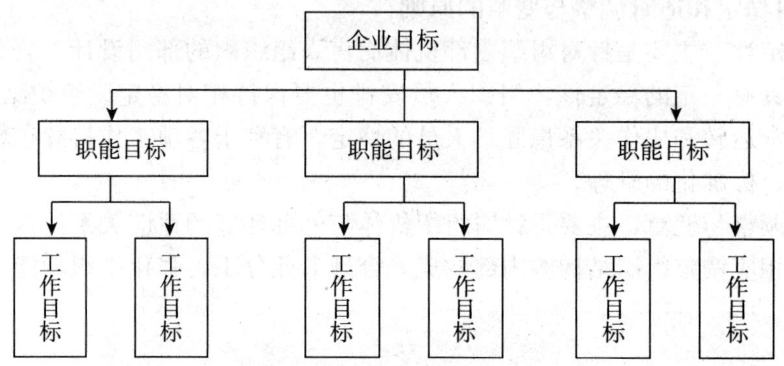

图 6—3　组织目标的分解

组织的职能设计应以组织的目标分解为基本前提，完善的组织目标体系可为组织结构中的职能划分提供可靠的依据，从而避免部门划分的盲目性。在组织结构设计中，职能目标的划分和确定对部门划分有着最直接的影响。

职能目标设计应注意以下两方面的问题：

（1）职能目标的形成应是由粗到细的分解过程，经过分解，可能形成多级的职能目标体系。例如，一个在国内外市场上从事生产经营活动的企业，其粗略的职能目标可分为国内市场和国际市场两个方面，若组织的生产规模大，则可进一步将职能目标细分，如按地区或按产品将国际市场或国内市场的职能目标进一步细化。

（2）职能目标的粗细应适度。职能目标的划分可有两种基本方式，即专业性划分方式和综合性划分方式。专业性划分方式是建立在专业化分工的基础之上，把职能目标进行较细的划分。细分的优点在于能够提高管理专业化水平和管理工作的效率。但是细分过度会导致机构的膨胀，造成部门间沟通的复杂化和协调困难。综合性划分方式是指在管理职能目标细分的基础上，再根据职能目标之间的相互关系加以综合分类，从而形成一套较为综合性的少量的职能目标，每一职能目标将包含较为广泛的工作内容。综合性划分方式有利于管理机构的简化，有利于各项管理工作之间的协调。但是综合过度会导致目标不明确和工作效率降低。

资料 6—2

企业管理职能分类

按管理范围和权限分类，可分为对外的经营职能和对内的生产管理职能两大类。

按管理层次划分，可分为高层（决策层）、中层（管理层）和基层（作业层）三个层次的职能。

按管理工作过程的不同阶段分类，可分为决策、计划、指挥、协调、控制、监督、反馈等职能。

按管理专业分工来划分，可分为计划管理、技术管理、营销管理、人力资源管理、财务管理等职能。

按业务工作的性质划分，有专业性、综合性和服务性这三类职能。

按照在实现企业战略任务过程中的重要性分类，有关键职能和非关键职能之分。

按制定和贯彻落实企业经营决策的不同作用分类，可分为决策性、执行性和监督保证性等三类职能。

按照对生产活动有无直接指挥关系划分，可分为直线职能和参谋职能。

（二）关键职能设计

关键职能是指对实现组织目标起关键作用的职能。组织的战略不同，关键职能则不同。确定关键职能的方法，实际上就是战略与关键职能相关分析法。组织设计人员应根据组织战略，认真思考以下三个问题：(1) 为了达到战略目标，什么职能必须得到出色地履行，取得优异成绩？(2) 什么职能履行得不佳，会使组织遭受严重损失，甚至危及组织的生存？(3) 组织的宗旨是什么？对体现这一宗旨具有重要价值的活动是什么？

这三个问题提醒我们，某项职能是否应列为关键职能，不在于它需要多少人员和资金才能维持运转，决定性的依据是它在实现组织战略任务和目标中的关键作用。

以企业为例，在实际工作中，企业常把以下几种职能作为关键职能，从而形成不同类型的组织结构。

(1) 以质量管理为关键职能的组织结构。有的企业，其外部环境和内部条件决定了该企业实行以优质取胜的经营战略，质量管理便成为关键职能，构成以质量为中心的组织结构。

(2) 以技术开发管理为关键职能的组织结构。如高技术产品的企业，其市场开拓和市场占有率的保持与提高，主要取决于企业能否开发出技术上更先进的换代产品和具有潜在需求的新产品。因此，这种企业往往实行以新技术、新产品取胜的战略，技术开发成为关键职能，组织结构以技术开发为中心，大力加强开发部门。

(3) 以市场营销为关键职能的组织结构。有的企业面临的市场经常处于供过于求的状况，各生产厂家在竞争中不容易建立质量和价格优势。这就需要把市场营销放在关键位置上，形成以市场营销为中心的组织结构，把市场营销部门的地位提高到决策性的管理层次。

(4) 以生产管理为关键职能的组织结构。有的企业产品在市场中属短线产品，供不应求。这类企业的战略重点是搞好生产，大力提高产量。因此，组织结构是一种以生产管理为中心的模式。

此外，还有以成本管理为中心的组织结构，以及以资源管理为中心的组织结构等。一个组织的关键职能类型是相对稳定的，但不是一成不变的。随着外部环境和内部环境的变化，战略会有所调整，组织结构也会调整，关键职能的设计也会随之改变。

（三）职能分解

职能分解，就是将已确定的基本职能和关键职能逐步分解，细化为独立的、可操作的具体业务活动。职能分解的目的，一方面是为了将各项职能具体化，使之能够执行和落实，另一方面是为后续的其他组织设计工作提供前提条件。例如，部门划分、职权结构的确立，管理规范的制定等，都要建立在职能分解的基础上。

职能分解过程一般采取逐级分解的方法，即将基本职能设计列出的职能为一级职能；为完成一级职能必须开展的几方面管理工作为二级职能；将二级职能再进行细化，就可分解为具体的业务活动，即为三级职能。通过这种职能分解的办法，就可将组织的各项职能细化到具有可操作性的工作上，从而为部门划分、职权分配、协调关系的确立打下基础。

案例思考6-4

关键职能是什么？

美国管理学家德鲁克在《管理：任务·责任·实践》一书中阐述关键职能时，曾把企业组织结构比喻为一幢建筑物。他指出，各项管理职能如同建筑物的砖瓦材料和各种构件，而关键职能就好比是建筑物中承担负荷量最大的那部分构件。因此，任何一家卓有成效的公司，都总是把关键职能配置在组织结构的中心地位。

试以中国的乳业巨头蒙牛公司和通信巨头中国移动公司为例，分析这两个公司的关键职能是什么？

二、管理层次设计

管理层次是指组织在纵向分级管理的基础上形成的组织层次。组织有着众多的员工，组织领导者不可能面对每一个员工进行指挥和管理，这就需要设置管理层次，在各管理层次上进行逐级指挥和管理。

（一）管理层次的划分

一个组织往往有多个管理层次，它存在于组织的直线指挥系统中，如工厂、车间、工段、班组等组织层次的划分，也存在于组织的职能参谋系统中，如厂部、专业职能部、职能科室等组织层次中。一般而言，组织的管理层次可分为高层管理层、中层管理层和基层管理层，不同管理层次在组织中的地位不同，其职能和权限也不同。

高层管理层的主要职能是对整个组织的管理负有全面责任，负责制定组织的大政方针，沟通组织与外界的交往联系，对组织生产经营活动实行统一指挥和综合管理等。高层管理层对组织的发展战略、计划与目标、资源安排拥有充分的权力，高层决策正确与否，直接关系到组织的成败。

中层管理层的主要职能是贯彻高层管理层所制定的大政方针，拟定和选择计划的实施方案、步骤和程序，对计划的实施进行控制，并指挥基层管理层的活动。中层管理层在管理组织中起承上启下的作用。

基层管理层的主要职能是按照规定的计划和程序，协调基层组织的各项工作和实施生产作业，直接指挥和监督现场作业人员，保证上级下达的各项计划和指令的完成。基层管理者直接与具体作业人员打交道，是整个管理系统的基础。

（二）管理幅度的确定

管理幅度是指一个上级管理人员直接指挥的下级人员的人数。其对组织结构的最终形成有着重要的影响，如图 6—4 所示，一般来说，在一定的组织规模条件下，管理者管理幅度的多少，在很大程度上制约着组织层次的多少。管理幅度与组织层次的关系是反比关系，即在组织成员数量一定的条件下，管理幅度加大，组织层次就会减少，反之，管理幅度缩小，组织层次就要增加。

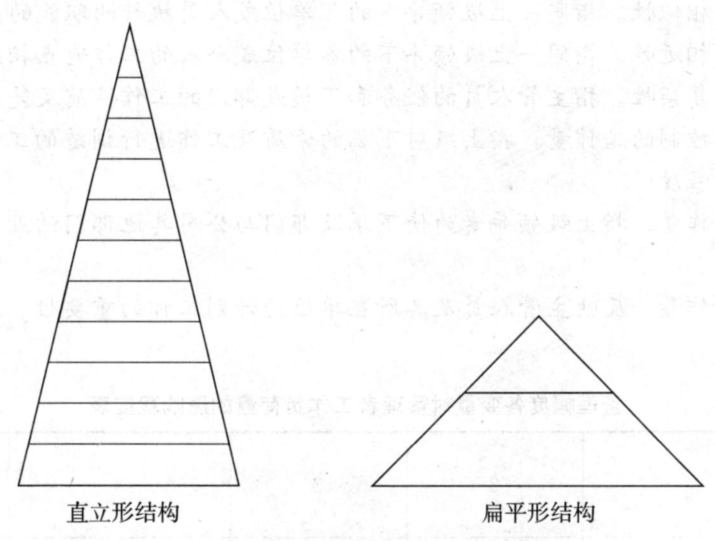

图 6—4　管理幅度与组织层次的关系

对一个组织而言，管理幅度过大和过小都是不好的。

首先，若管理幅度过小，则会导致组织层次过多，这会有明显的缺点：一是要大量增加管理人员，导致管理费用的增加；二是会导致上下级关系的复杂化，致使信息沟通迟缓，易失误；三是会导致计划工作和控制工作的复杂化；四是不利于下属人员积极性的发挥。管理幅度大，组织层次少的组织，一般能够克服上述缺陷，具有减少管理人员和费用，信息沟通迅速，易于管理的特点。

其次，若管理幅度过大，也有其不利之处，一是管理人员管理的下属越多，对下属提供的具体指导就会越少；二是可能由于管不过来，导致对下属管理的失控。

一个组织的管理层次设置多少个为好，各个层次的管理幅度究竟以多大为宜，要受多种因素的综合影响。一般的影响因素有：领导者的能力、下属人员的素质、上级对下级授权的明确程度、计划的完整程度、组织政策的稳定程度、考核标准的明确程度、信息沟通的效率、组织的凝聚力程度等。

目前，确定管理幅度的方法并不多，常用的有经验统计法，是指通过对不同类型组织的管理幅度进行抽样调查，以调查所取得的统计数据为参照，再结合组织的具体情况确定管理幅度。另外还有如资料 6—3 所示的变量测定法。

确定管理幅度的变量测定法

变量测定法是美国洛克希德公司在 20 世纪 70 年代提出的研究成果。这种方法把影响管理幅度的各种因素作为变量，采用定性与定量分析相结合的做法来确定管理幅度。其步骤与方法如下：

1. 确定影响管理幅度的主要变量。见表 6—1。

(1) 职能的相似性。指同一上级领导下的各单位或人员执行的职能的差异程度。

(2) 地区的相近性。指同一上级领导下的各单位或个人的工作地点相距远近。

(3) 职能的复杂性。指主管人员的任务和下属或部门的工作性质及复杂程度。

(4) 指导与控制的工作量。指上级对下属的素质及工作进行训练的工作量，及对下级需要亲自关心的程度。

(5) 协调工作量。指上级领导者为使下属及部门与公司其他部门的业务活动达到协调一致所需的时间。

(6) 计划工作量。反映主管人员及其所在单位的计划工作的重要性、复杂性和所需要的时间。

表 6—1　管理幅度各变量对管理者工作负荷量的影响程度表

影响变量＼等级	1	2	3	4	5
职能相似性	完全一致 1	基本相似 2	相似 3	存在差别 4	根本不同 5
位置相似性	都在一起 1	同在一座大楼里 2	在同一工厂的不同大楼里 3	在同一地区，但不在同一厂区 4	在不同的地区 5
职能复杂性	简单重复 2	常规工作 4	有些复杂 6	复杂多变 8	高度复杂多变 10
指导与控制的工作量	最少的监督、指导 3	有限的监督、指导 6	适当的监督、指导 9	经常、持续的监督、指导 12	始终严格的控制、指导 15
协调的工作量	同别人联系极少 2	关系仅限于确定的项目 4	易于控制的适当关系 6	相当紧密的关系 8	紧密、广泛而又不重复的关系 10
计划的工作量	规模与复杂性都很小 2	规模与复杂性有限 4	中等规模和复杂性 6	要求相当高，但只有广泛的政策指导 8	要求极高，范围与政策都不明确 10

2. 确定各变量对管理者工作负荷的影响程度。首先要按照每个变量本身的差异程度将其划分为若干个等级，并分别给予相应的权数。权数越大，则表示这个等级上的变量对管理幅度的影响越大。

3. 确定各变量对管理幅度总的影响程度。运用上一步得到的权数表，对照各变量的实际情况，确定该组织各变量应取的权数，再将其加总而得到一个总数值，即决定管理幅度大小的总权数。这个总权数越大，意味着领导者的工作负荷越重，管理幅度就应越小。

4. 确定具体的管理幅度。将计算出来的主管人员的总权数同管理幅度的标准值相比较，就可以判定目前的实际幅度是高于还是低于标准值，也可以为新机构的管理幅度提出建议人数。表 6—2 是洛克希德公司提出的管理幅度的标准值。

表 6—2　　管理幅度标准值

权数总和	建议标准管理跨度
40～42	4～5
37～39	4～6
34～36	4～7
31～33	5～8
28～30	6～9
25～27	7～10
22～24	8～11

三、部门结构设计

部门结构是按照水平专业化分工的原则，将每个管理层次划分为若干个管理单位。部门化是建立组织结构的基本途经，其在组织管理中具有重要意义。常见的部门划分方法有多种。

(一) 职能部门化

职能部门化是指按管理职能划分管理单位，即将具有相同管理职能的人集中在一个部门工作，如企业将组织结构划分为研究开发、生产、销售、财务等部门。见图 6—5。这是部门划分中最为广泛采用的一种方法。它的优点在于能充分反映专业化分工的原则，有利于提高各职能部门的工作效率，有利于提高管理人员的专业化水平。它的缺点在于部门的局部利益有可能导致部门间的协调困难，从而降低组织整体效能的发挥。

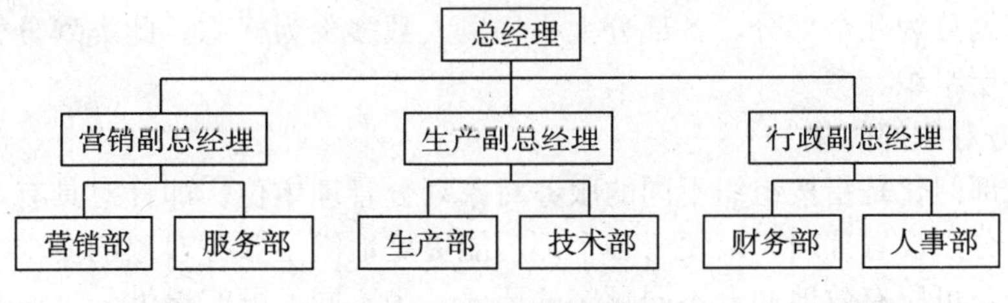

图 6—5　按职能划分部门

（二）产品部门化

产品部门化是指按行业或产品划分管理单位，即根据一个产品或一类产品建立部门，把涉及该产品的所有生产经营活动组织在一起，并给以相应的责权。见图6—6。它的优点是符合专业化生产的原则，有利于发挥各类专业技术力量的特长，提高产品专业化生产的工作效率和效益。其缺点是需较多的具有全面管理能力的人才，总公司与产品部门的职能机构设置重叠，加大管理成本。

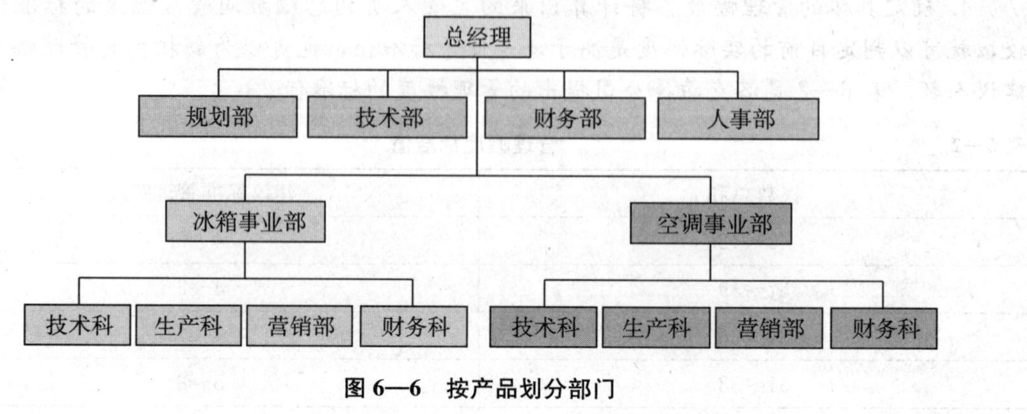

图6—6 按产品划分部门

（三）地区部门化

地区部门化是指按照地理位置划分管理单位，即在组织活动涉及的地区范围较大时，按地理位置划分若干个部门，以便于各部门能够根据本地区的特点，有针对性地开展经营活动。见图6—7。它的优点在于可以谋求地方化经营的效果，使组织更好地了解市场、接近顾客、适应市场。它的缺点在于组织的管理难度大，管理人员与费用增加。

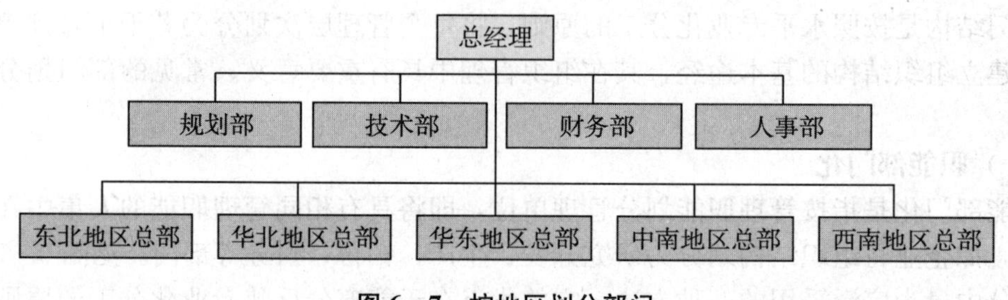

图6—7 按地区划分部门

（四）人数部门化

人数部门化是指按人数多少划分管理单位。即在一个组织中由于人数较多，不易管理，而将人们划分为几个部分，各部分大小均以人数多少为标志。此类划分方法主要见于一些组织的基层组织。

（五）服务对象部门化

服务对象部门化是指按组织不同的服务对象划分管理单位。即针对具有不同性质要求的服务对象，分别设置部门，以便于各个部门能更好地满足服务对象的要求。如按不同的顾客类别划分，可以有效地迎合不同顾客的要求，为不同的顾客提供分门别类的服务。

（六）工艺过程部门化

工艺过程部门化是指按照生产技术工艺特点划分管理单位，即将具有相同工艺特点的人员、设备、工作业务集中在一个部门内，以便提高工艺专业化水平，提高工作效率。

部门划分的各种方法，最终都是为了实现组织的目标。每种方法都有其优缺点，每个组织的横向部门结构都可能是多种方法的综合。进行组织结构设计时，应综合考虑，慎重选择。

案例思考 6–5

部门是如何划分的？

一家以物业经营为主要业务的企业。目前有写字楼租户 272 家，公寓租户 426 家，商场租户 106 家。公司在总经理下设有物业部、市场部、财务部、人事部、公关部、业务发展部等部门。物业部下设置了写字楼管理部、公寓管理部、商场管理部以及其他配套部门。

试问，其整个公司和物业部内部的组织结构设计分别采取了何种部门划分形式？这种方法的好处和弊端有哪些？

四、职权结构设计

职权结构是与组织的管理层次结构和部门结构相对应的。职权结构将不同类型的职权合理分配到各个层次和部门，明确规定组织上下级之间和同级之间的权力关系，为组织各部门认真履行职责，实现组织目标提供保证。

（一）职权的划分

组织内部的各种职权按其性质划分，主要有直线职权、参谋职权和职能职权，三种职权由各种不同类型的人所拥有，并在管理中有着不同的作用。

（1）直线职权是指上级指挥下级工作的权力，表现为上下级之间的命令权力关系。直线职权主要存在于组织内的各个层次及各个部门中有着上下级领导与被领导者关系的场合，是指由上级领导者为完成任务而负有直接责任的权力。直线职权主要表现为命令和指挥的职权。

（2）参谋职权是指在组织活动中的顾问性、服务性、咨询性、建议性的权力。参谋职权一般是组织的职能部门及组织其他成员所普遍拥有的权力，应当认识到，组织中的任何成员都具有参谋职权，他们可以就组织发展中存在的问题发表自己的意见，而组织职能参谋系统的成员则是专职的参谋人员。参谋职权的行使旨在协助直线职权有效地实现组织目标。

（3）职能职权是指组织的职能参谋机构和人员在高层管理的授权下，在一定的职能工作范围内，向下一级直线部门或其他部门和人员发布命令、提出要求的权力。如企业中的生产计划调度部门对各生产单位下达生产计划指令，财务部门要求各部门遵守财务管理规定等。职能职权的实质是组织的直线主管人员将本属于自己的一部分直线职权分离出来，授予了职能参谋机构和人员。这种授权适应了现代组织管理复杂化、专业性强、领导工作负担重、部门和层次增加等对管理工作提出的要求，有利于发挥专业管理职能的作用，减轻直线领导人员的工作负担，有利于加快信息传递的速度，提高管理工作效率。

职权划分应该保证组织内部管理指挥的集中统一。若统一性遭到破坏，就会出现多头领导、多头指挥，管理将产生混乱。因此职权设计中必须处理好直线职权、参谋职权和职能职权的关系。

首先，直线职权与参谋职权的关系可概括为“参谋建议、直线命令”的关系。确定这一关系主要是为了在组织的活动中贯彻命令统一性的原则。在组织活动中，若是所有的职能部门都拥有直线命令的权力，就会出现政出多门，多头领导的局面，从而导致管理上的混乱。因此，在组织中，只有各层次的直线人员才应拥有直线职权，掌握命令和指挥的权力。而参谋人员所拥有的参谋职权，只是建议权而不是指挥权，参谋人员提出的建议只有被直线人员采纳后，做出决定，并由直线人员向下发布命令后才能有效。

其次，职能职权的授予应注意把握一定的限度。高层管理人员将一些职能职权授予一些部门和个人，使这些部门和个人拥有了对下级直线组织的指挥权力，当这些职能职权扩大到一定程度时，就可能使下级管理人员失去对本部门工作的控制。因此，就维护权力的统一性而言，职能职权在组织中应限定其职能范围和作用的层次范围。

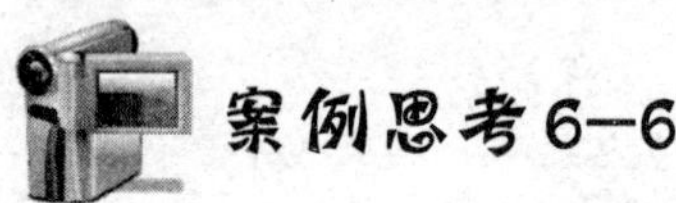

案例思考6-6

错在哪里？

程世远是美雅纺织品公司的总经理。一天，印染厂的经理王刚抱怨道：那位直接受总经理指挥的采购部经理买了不合规格的纺织品，并已运货到厂。王刚说：“我特别关照采购部经理，从那家进的纺织品把我们的工序搞乱了，以后别买它的了。”

程世远问：“那你为什么不来告诉我呢？”

王刚说：“我认为直接对他讲了，就不用绕圈子做官样文章了。再说，印染车间主任打过电话给供应商，叫他们以后别再运这种货来了。”

程世远说：“是吗？我们和那家厂已订了采购合同，他们对此会特别敏感的，你这样做真让我们处境难堪。以后，让采购部经理来决定我们买哪家的，别再给供应厂商直接打电话，那是采购部经理的责任。”

王刚说：“那个电话不是我打的，是印染车间主任打的。”

请问：这家公司在权力与责任方面存在哪些问题？应怎样解决？

（二）集权和分权

不同组织在管理层次之间的权力分配上有着不同的要求和表现，从而构成了组织权力系统的不同类型。组织权力系统的基本类型可以根据决策权的集中与分散程度划分为集权型与分权型两种基本类型。

（1）集权型组织是把组织的决策权限较多地集中在组织最高领导层的一种组织形式。此类组织决策权一般由高层领导掌握，中下层管理人员只有一般业务决策权，上级对下级的控制较严，一切行动听上级指挥；组织具有统一对外经营、统一核算的特点。其优点是利于集中领导，统一指挥，提高职能部门的管理专业化水平和工作效率。其缺点在于限制了中下层人员积极性的发挥，延长了信息沟通的渠道，使组织缺乏对环境的灵活性和适应性。

（2）分权型组织是把组织决策权限适当分散在组织中下层的一种组织形式。此类组织的重大决策权仍由高层领导掌握，但中下层可有一般的决策权，上级对下级的控制较少，以考核目标为主，不干预其日常工作过程，使下级能够在一定的权限范围内，自主地决定问题，自行履行工作职责；中下层在一定程度上有对外独立经营、独立核算的权力。分权的依据主要以职能、地区或产品划分。其优点在于可充分调动中下层人员的积极性，使高层领导免于陷入日常事务，组织对市场环境的适应性强。其缺点在于不利于部门间的协调，管理难度大。

集权与分权反映了组织领导层在权力分配上的两种不同做法，在相同的组织技术条件下，集权制还是分权制的组织体制往往反映出不同的管理效果。因此必须正确地认识和把握好集权与分权的关系。

首先，应认识到集权与分权都是开展组织管理活动所必不可少的手段。一方面，集权是组织行动统一性的要求。组织有着统一的目标，要使组织成员的行动达到协调一致，则集权下的统一命令和指挥是必不可少的。另一方面，也应看到分权是组织分工的必然要求。组织成员的共同劳动是以分工为基础的，要为组织成员创造履行分工职责的条件，这就要求给予下级履行职责的充分权力。

其次，应认识到集权与分权是相对的，而不是绝对的。在组织中，若是集权过度，领导者权力集于一身，独断专行，其结果常常会妨碍组织成员工作的正常开展，制约人们积极性的发挥。若是分权过度，乱派权力，任其下属各行其是，其结果则会导致管理上的失控，造成组织的混乱。因此，正确地处理好集权与分权的关系，应注意把握好集权与分权的程度。集权的程度应以不妨碍下属履行职责，有利于调动积极性为准；分权的程度应以下级能够正常履行职责，上级对下级的管理不至于失控为准。

最后，还要考虑多种因素对集权与分权的制约。集权与分权程度要受多种因素的影响，其中主观方面要受组织领导者的个性特征的影响，但更重要的是客观因素的影响，如决策的风险程度、下级人员的素质、组织政策的统一性要求、控制系统的健全程度以及组织环境的不同特点、组织规模的大小、各管理职能的不同要求等因素。

案例思考6-7

权力分配的原则

曾任美国通用汽车公司董事长和总经理的艾尔弗雷德·斯隆在任职期间，提出了“政策制定与行政管理相脱离”“分散经营和协调控制相结合”的组织管理体制。这种体制的总体思想是：集中保证整个公司的巩固和成功所必需的重大政策和规划的决策权，在此前提下，实行最大限度的职权分散化。

这种组织体制的好处是什么？如何保证这种职权分散化下的有效控制？

（三）授权

授权是指上级领导者给予下级一定的权力，使下级在一定的监督之下，拥有相当的自主权。在授权过程中，授权者对被授权者有指挥和监督的权利，被授权者有行使权力的权利，并负有向授权者汇报情况和完成任务的责任。

为保证正确的授权，在授权中应坚持以下原则：

1. 明确目标，清楚授权的内容和目的

明确目标是授权的基本前提。这里需要明确三个问题：一是授权者及被授权者首先应清楚地知道为什么要授权；二是要明确授权的内容是什么；三是要明确被授权人工作的考核目标。在实际的管理活动中，组织领导层在给下属授权时，必须向被授权者明确所授事项的任务目标及权责范围，使被授权者清楚地知道该做什么及应达到的程度。这样既有利于下属完成任务，也可避免下属推卸责任。

2. 要做到正确用人

正确授权一定要建立在合理用人的基础上，要保证接受权力的人能够履行职责，正确地行使权力。在现实的管理活动中，合理用人应做到：一要"因事设人"，而不要"因人设事"；二要"视能授权"，选择具有自觉履行职责的意愿，同时又具备行使权力所需能力的人作为授权对象。

3. 授权要适度

所授权力与承担的职责要相当。首先应认识到，科学授权应做到权力和责任的有机结合。这是因为履行职责是组织成员的工作任务，而拥有一定的权力是履行职责必不可少的手段。在明确职责的基础上，上级应授予下级履行职责所必需的权力。如组织领导层在向销售部门的主管授权时，即要明确提出销售目标，也要赋予其制定营销策略、决定针对市场的应变措施、相应的资源调配等权力，使其能正常地履行工作职责。其次也应认识到，授权不能过度。要明确授权者与被授权者责任的绝对性。授权的实质是上级将权力委托给下级代为行使，而权力的所有权仍然由上级掌握。因此就责任而言，应明确两个方面，一是下级接受了权力就要对上级负责，二是上级仍对权力负有最终的责任。过度放权，会导致对被授权者的管理失控。

4. 要保证授权过程的集中统一

为了保证组织活动的集中命令、统一指挥，正确的授权应坚持命令统一性的原则。一方面应注意要逐级授权，不应越级授权，即一个上级只能向自己的直接下属授权，而不应该越过自己的下属，向更下一个层次的人员授权。另一方面应注意一个下级只应接受一个上级的授权并对其负责。在现实的组织活动中，越级授权，或者一个下级同时接受来自多方面的授权并担负多方面的责任，容易造成管理上的混乱，导致工作效率的降低。

5. 要加强对授权后的有效控制

授权不是放权，授权者最终掌握着权力的所有权，并要对被授权者的行为负有责任。因此授权后，授权者仍应对被授权者履行职责的过程进行监督控制。以保证下级能够履行责任并正确地行使权力。

案例思考 6-8

失误是谁的责任？

某公司总经理因为临时有紧急事项需要处理，特别安排其助手去主持一个原计划由他自己洽谈的一个重要工程项目合同的谈判，此次谈判对公司的经营关系重大。但由于助手洽谈中考虑欠周全及经验不足等原因，致使合同最终被另一家公司接走。为此，公司董事会在总结经验教训和讨论失误责任时，出现了如下几种不同的说法：

(1) 总经理未能把握工作的轻重缓急，故应承担项目洽谈失败的主要责任。

(2) 总经理的助手既然承接了洽谈合同的任务，就应对洽谈的成败承担完全责任。

(3) 公司总经理既然已将此事委托给助手，就不应对洽谈的失败负什么责任。

上述说法对吗？你对这一问题又是如何看的？

五、横向协调设计

管理作为一个整体系统，各个组成部分之间必然有着相互联系和相互制约的关系，各部分之间只有在相互协调的基础上，才能发挥各自的效能以及组织的整体效能。因此，搞好部门间的协调是组织结构设计的重要内容。

(一) 组织结构的协调

组织结构的协调是指针对组织结构自身的缺陷而需要进行的协调。在组织活动中，常常出现由于组织结构设计不合理导致的问题，如由于管理层次或部门划分的不合理，导致出现管理真空或管理重复；由于缺少保证横向联系的部门和人员，从而无人解决因部门分工而产生的矛盾；由于机构设置和职权关系存在自身缺陷，妨碍了横向关系的协调等，此时就需要进行调整。

涉及组织结构的协调方式，一般需要对组织结构做出调整。常见的方式有：

(1) 设置联络员、临时性或永久性的任务小组或委员会，主管部门之间的横向联系和协调任务。

(2) 建立职能部，将工作联系较为密切的职能科室划归职能部领导。

(3) 建立事业部，把以某类业务有关的所有部门集中统一领导。

(4) 建立矩阵结构，围绕某项任务的完成，将职能部门进行纵横交错的组织等。

(二) 组织运行的协调

组织运行的协调是指针对组织的动态工作过程出现缺陷，而需要进行的协调活动。如在组织活动中，由于工作流程不科学、管理标准不合理、或管理规范不全等，常常导致工作人员的业务活动得不到必要的指导和约束，工作的主观随意性大，从而造成工作的混乱，此时就要做出调整。涉及组织运行的协调，目的在于调整和改善组织的动态工作过程，并不涉及组织结构的调整。常见方式有：

(1) 明确岗位工作标准，制定科学的管理工作规范，以利于各部门统一标准，协调配合。

(2) 定期召开工作例会，提出和研究解决工作中存在的矛盾和问题。

(3) 跨部门直接沟通，部门之间直接联系解决问题。

(4) 联合办公和现场调度等。

(三) 人际关系的协调

人际关系的协调是指为了防止或解决人际关系缺陷而需要做出的协调活动。在组织活动中，管理人员是组织结构和组织运行的主体，如果人员之间的人际关系不合，互相抱有成见，彼此存在误解等，就会使部门之间的横向联系受阻。因此，良好的部门之间的协调还有赖于良好的人际关系的支持。人际关系方面的协调对于组织的运转具有一种长期的、潜在的“润滑”作用。常见方式有：

（1）推行大办公室制，实行集体办公。加强员工之间和部门之间的沟通，创造和谐的环境和氛围。

（2）建立员工联谊组织，建立跨部门的横向联谊活动，增进员工之间的感情。

（3）为各级人员建立疏通反映意见的正式渠道。

（4）建立基层运营组织。建立各种自我管理的委员会，实现基层自主管理，培养员工的管理能力，增进他们之间的交流与感情。

（5）倡导人际关系和谐的组织文化等。

明茨伯格的协调方式发展三阶段论

加拿大麦吉尔大学管理学院教授亨利·明茨伯格认为，协调方式不是一成不变的，随着企业规模的扩大、企业人员的增加、分工的细化、工作复杂性的提高，协调方式也随之发展变化，一般经历以下三个阶段：

（1）相互调整方式。当工作人员很少，如只有两个人在工作中彼此协作，此时协调方式比较简单，只需双方直接接触，调整彼此的工作。这种协调方式不必借助规章和条例，通常只需双方进行简单的口头交换意见，甚至只要通过手势、面部表情就能彼此形成默契。

（2）直接监督方式。当协作劳动的人数增多，如增加到5人，甚至10人以上时，协调工作就复杂了，不仅个人彼此间要协调，而且全体人员的行为都要符合统一要求。此时只依靠个人之间相互调整就不够了，必须有一名管理者负责统一指挥和监督，以达到整体协调一致。运用规章制度、书面文件来协调工作的比重就逐步增加了。

（3）标准化方式。当组织规模进一步扩大，管理层次增多，分工细化，横向协调的工作量及难度也进一步增加。此时直接监督方式也不足以应付复杂局面，标准化方式便产生了。可具体分为三种情况：一是工作过程标准化，对工作过程的内容、程序和要求做出详细规定；二是工作成果标准化，如果工作过程不易分解，无法规定标准化的工作内容和程序，则可改为控制产出的成果，即对工作过程的最后成果做出标准化的规定；三是工作技能标准化，如果工作过程和产出的成果都无法预先规定标准，这时，只能控制工作过程的投入，即对工作人员技能素质实施控制，对从事某一工作所须具备的知识、能力、经验等做出标准化的规定，在招收人员时或录用后，定期加以检查和考核，由此来保证工作过程和成果达到统一要求。标准化协调方式与相互调整和直接监督方式相比较，将增加大量的规章、条例和书面文件。

第三节　组织结构模式

一、直线制组织

直线制组织结构形式是工业发展初期的一种最简单的组织结构形式，其特点是组织中的各种职位，都是按照垂直系统直线排列，不存在管理的职能分工，一个下属人员只接受一个上级主管人员的命令和指挥。直线制组织结构形式如图 6—8 所示。

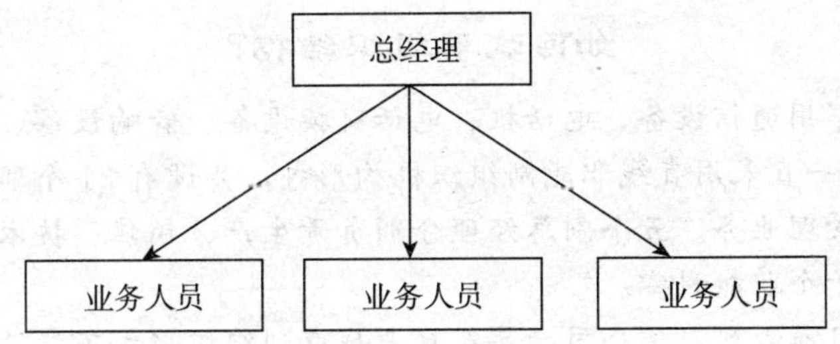

图 6—8　直线制组织结构形式

直线制组织结构形式具有机构简单、权力集中、责权分明、联系简捷、命令统一等优点。缺点是总经理不仅从事直线指挥工作，而且要承担组织的各种专业管理职能，一旦组织规模扩大，业务复杂的情况出现后，则一个人的能力就难以负担全部管理工作。这种组织结构形式，一般只适用于那些没有必要按职能实行专业管理的小型组织，或应用于现场作业管理。

二、直线—职能制组织

直线—职能制组织结构形式是组织较为广泛采用的一种组织结构形式。其特点是：在组织结构中具有两套系统，一是由直线指挥人员构成的按自上而下的组织层次划分的直线指挥系统，他们在相应的层次上具有对下级人员的指挥命令权；二是由专业职能人员构成的按照管理职能专业分工划分的横向职能系统，他们不具有对组织各层次的指挥命令权，而是为其所对应的直线指挥人员充当参谋，提供建议，协助工作。直线—职能制组织形式如图 6—9 所示。

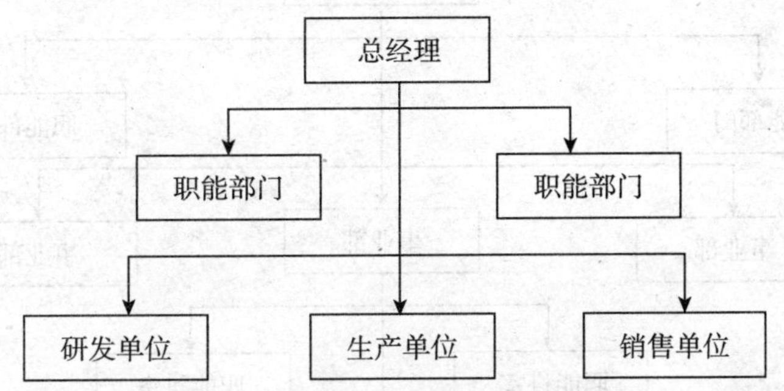

图 6—9　直线—职能制组织结构形式

直线—职能制组织结构形式有利于集中命令，统一指挥，有助于提高直线指挥人员管理的有效性；管理职能实行专业化分工，有助于提高管理人员的专业管埋水平，提高工作效率。但是易存在权力过于集中，也不利于下属人员积极性和主动性的发挥；管理职能的专业化分工较细，部门之间横向沟通差，协调的难度大等问题。

直线—职能制组织结构形式，一般在组织规模比较小、产品品种比较简单、工艺比较稳定、市场销售情况比较容易掌握的情况下采用。

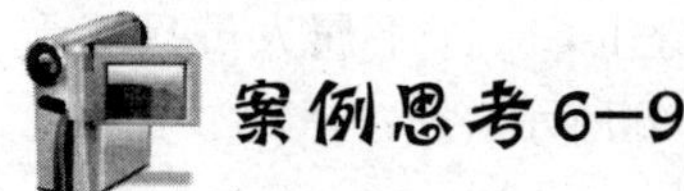

案例思考 6-9

如何改革组织结构？

新新公司共有军用通信设备、电话机、电话交换设备、音响设备、网络设备等产品系列。公司 30 多年来一直采用直线职能制组织机构形式，共设有 21 个职能科室，各职能部门各自负责一部分管理业务。五个副总经理分别负责生产、销售、技术、财务和人事等工作，并各自分管若干个职能科室。

随着市场竞争日益激烈，该公司领导人越来越感到组织形式不能适应发展的需要，主要问题有：由于产品种类多，技术差异大，而每个管理职能部门都要涉及对所有产品的管理，因此管理人员觉得工作头绪过多，难以应付；各种产品的生产经营管理在各部门和单位之间交叉进行，相互扯皮现象严重，协调难度大；公司的高层领导整天陷入繁忙的日常事务，无暇考虑公司的长远发展。

为了使公司获得更好的发展，你认为该公司的组织机构应该如何改革？为什么？

三、事业部制组织

事业部制组织结构形式按照“集中政策，分散经营”的原则，把组织的经营活动，按产品或地区的不同建立事业部。总公司主要负责研究和制定公司的各种政策和涉及公司整体发展的重大决策；事业部是一个利润中心和责任中心，在总公司领导下，实行独立核算，自负盈亏，对公司负有完成利润计划的责任。但在总公司的宏观控制下，有经营管理的自主权，可以独立地从事生产经营活动。事业部制组织结构形式如图 6—10 所示。

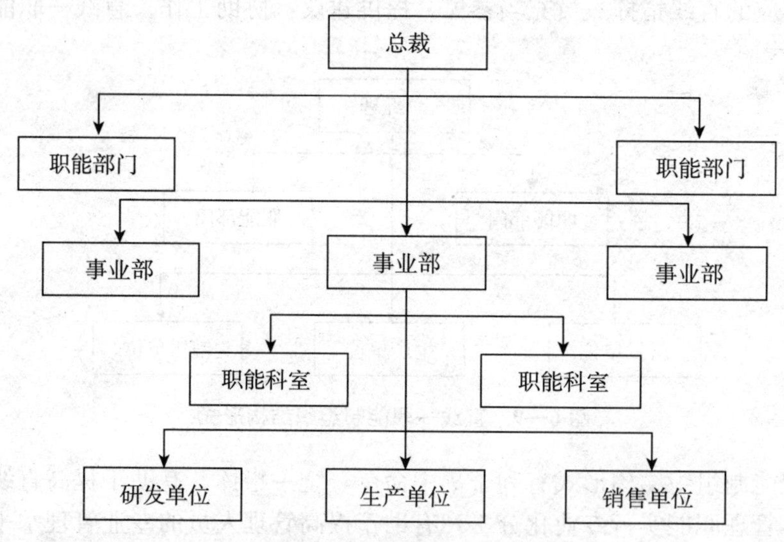

图 6—10 事业部制组织结构形式

事业部制组织结构有利于公司的最高管理层摆脱日常行政事务，搞好战略决策和长远规划；各事业部有相对独立的利益和自主权，事业部内部的生产经营活动比较容易协调，并能加强事业部领导人的责任心，发挥其积极性和主动性，有助于全面管理人才的培养；

有利于把联合化和专业化结合起来，一个公司可以经营种类很多的产品，形成大型联合组织，从整体上增强公司的市场适应能力和竞争能力。但是事业部组织结构从整个公司角度看，机构重叠，用人较多，事业部之间的协调难度较大。

事业部制组织结构形式一般适用于组织规模较大、产品种类较多、产品之间工艺差别较大、市场条件变化较快、要求适应性比较强的大型联合组织。

四、矩阵制组织

矩阵制组织结构形式是把按职能组合业务活动，以及按产品或项目组合业务活动的方法结合在一起的组织结构形式。在组织结构中既有按职能划分的垂直领导系统，又有按产品或项目划分的横向领导系统。矩阵制组织结构形式如图 6—11 所示。

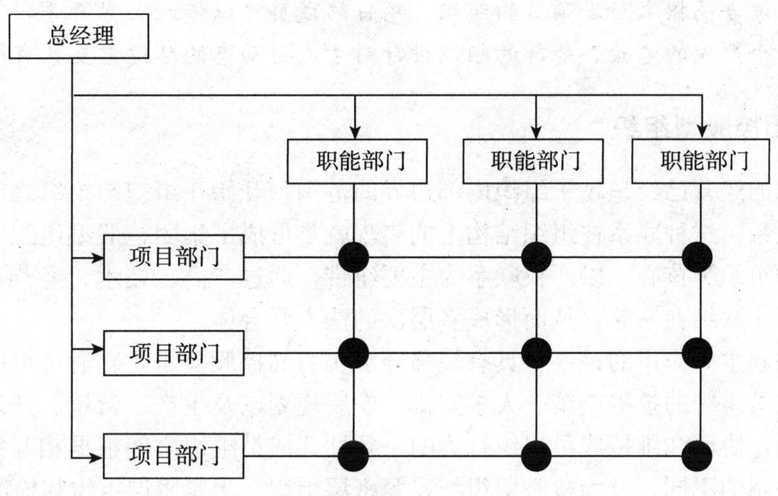

图 6—11　矩阵制组织结构形式

该形式的运作方式是：为了完成某项任务，例如新产品开发，组成专门的产品或项目小组去执行。在研究、试制、制造的各个阶段，有关职能部门的人参加小组，以利于协调各有关部门的活动，保证任务的完成。矩阵制组织结构形式是固定的，但每个产品或项目小组是暂时的，任务完成以后就撤销，成员回原单位，再去执行别的任务。

这种组织结构灵活性、适应性强，具有各种专长的人员组织在一起，便于沟通意见，协调各职能部门之间的协作。缺点在于组织的稳定性差；小组成员既接受小组的领导，也接受其原职能部门的领导，双重领导易产生多头指挥、责任不清的问题。

随着组织环境的变化，为提高组织对环境的适应能力，矩阵制组织结构在越来越多的组织中有广泛运用的趋势。

矩阵管理：我们这个时代的组织

这种特殊的组织通过在传统的等级制度之外建立专门的项目而形成矩阵结构。比如美国航空航天局的阿波罗登月计划就是一例，为了完成这项计划，走马上任的项目负责人有权从各个功能性部门抽调所需的资源。由任命项目负责人而出现的二维权威乃是向矩阵结构迈出的第一步。在等级制度中，权威是自上而下的，而现在，负责人有权对项目行使功能性的权威。于是，我们就有了权威的二维流动，这就是提出矩阵组织这个术语的理由。这种权威的二维流动明显违背了梯状链和统一指挥原理。

尽管这种复杂的权威流动要冒很大的风险，有可能导致不稳定和混乱，但是，项目结构所获得的收益则是功能性的组织安排所做不到的。围绕着项目而建立的组织在项目完成后又可以解散。从这个意义上说，它在功能上和战略上都拥有巨大的灵活性。只有当一个短期性项目由于各种原因需要长期存在，并且在这段相对长的时间内项目的管理要求更高的灵活性的时候，一个完整的矩阵组织才能形成。矩阵结构对于应付环境的需要非常有用，因此，很适合高技术研发项目的组织。项目的成员可以借此大显身手，同时对于项目负责人也是一个严峻的考验。矩阵的组织设计对于应付动态的环境需要具有特殊的价值。

五、集团控股型组织

现代组织的经营已经超越了组织内部边界的范围，开始在组织与组织之间结成比较密切的长期的联系。这种联系在组织结构上的表现就是形成了集团控股型组织。通常是以一个实力雄厚的组织为核心，以产权联系为主要纽带，通过产品、技术、经营契约等多种方式，把多个组织联结在一起，从而形成多层次的法人联合体。

联合体中起主导作用的是一个具有较强经济实力的控股公司，它通过控股所拥有的控制权实现对成员组织的投资决策、人事安排、发展规划以及生产、营销、开发等经营活动的控制和干预，协调和维持成员组织行为的一致性。成员组织之间根据相互控股、参股的程度和协作关系的不同，分为核心层组织、紧密层组织、半紧密层组织和松散层组织。

控股型结构是建立在组织间资本参与关系的基础上。基于这种持股关系，对那些组织单位持有股权的大公司便成为母公司，亦称为集团公司。被母公司控制和影响的各组织单位则成为子公司（指被绝对或相对控股的组织）或关联公司（指仅被一般参股的组织）。子公司、关联公司和母公司一道构成了以母公司为核心的组织集团。集团控股型组织结构形式如图 6—12 所示。

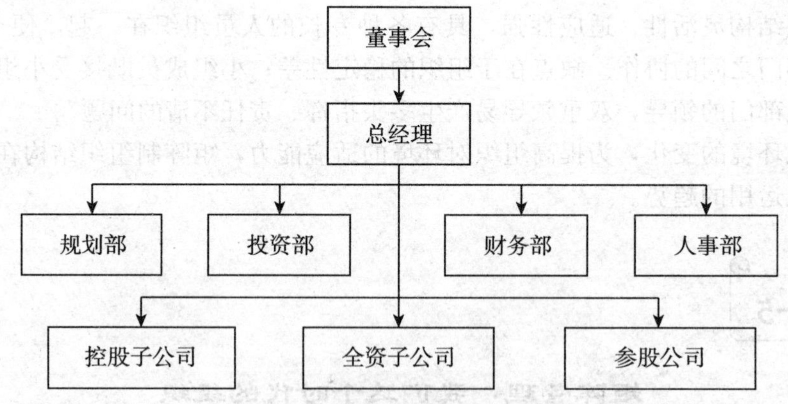

图 6—12　集团控股型组织结构形式

集团公司或母公司与它所持股的组织单位之间不是上下级之间的行政管理关系，而是出资人对被持股组织的产权管理关系。母公司作为大股东，对持股单位进行产权管理控制的主要手段是：母公司凭借所掌握的股权向子公司派遣产权代表和董事、监事，通过这些人员在子公司股东会、董事会、监事会中发挥积极作用而影响子公司的经营决策。

六、网络型组织

网络型组织是利用现代信息技术手段建立和发展起来的一种新型组织结构。现代信息技术使组织与外界的联系加强了，利用这一有利条件，组织可以重新考虑自身机构的边界，不断缩小内部生产经营活动的范围，相应扩大与外部单位之间的分工协作。这就产生了一种基于契约关系的新型组织结构形式，即网络型组织。

网络型结构是一种只有很精干的中心机构，以契约关系的建立和维持为基础，依靠外部机构进行制造、销售或其他重要业务活动的组织结构形式，如图 6—13 所示。被联结在这一结构中的两个或两个以上的单位之间并没有正式的资本所有关系和行政隶属关系，但却通过相对松散的契约纽带，透过一种互惠互利、相互协作、相互信任和支持的机制来进行密切合作。

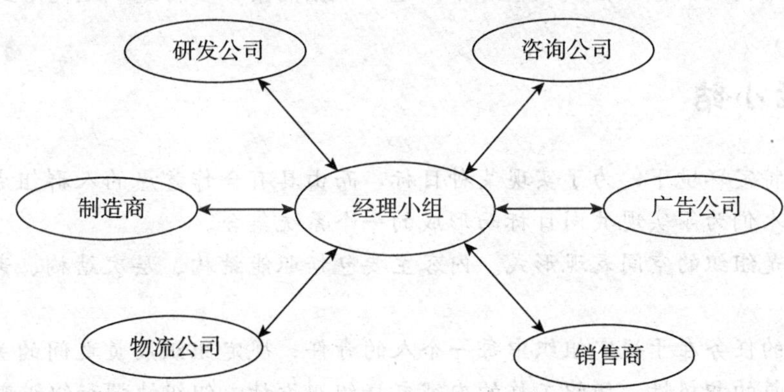

图 6—13　网络型组织结构形式

网络型组织的优点：高度灵活性；减少了自己创建相关业务部门的成本；组织集中精力做自己最擅长的事情；组织规模不大，易于管理；所创造的人均效益往往较高。

网络型组织的缺点：缺乏对外包活动的有力控制；存在大量的沟通协调成本；以设计为其核心业务的企业，在外包业务时容易导致设计创新泄密或被窃取。

企业组织的虚拟整合

1. 生产方面的虚拟整合。企业集中有限的智能和资源，抓住核心功能和核心竞争力，将专业技术、高增值技术、比竞争对手更擅长的关键性业务掌握在自己手中，而把其他业务进行外包，以降低营运成本、集中人力资源、提高质量、增加顾客满意度，从而避免企业的无限膨胀，达到精简、专注专业的目的。

2. 销售方面的虚拟整合。如果企业拥有具有一定市场发展基础的产品，并能以自身的品牌和技术优势保持其稳定性，那么，就可以把产品销售环节虚拟化，如采用特许连锁、总代理、网上销售等方式。

3. 技术方面的虚拟整合。企业在有限的资源背景下，为尽快占领市场，在竞争中取得优势，通过利益杠杆推动，开展纵向和横向的广泛合作，在保持核心技术优势的前提下，部分或全部将人力开发、资金筹集、技术更新等虚拟化，实现市场资源的最优配置和合理化利用，达到迅速开发新产品和新技术的目的。

4. 管理中的虚拟整合。构建网络型企业，实现虚拟经营，主要是经营思想、管理观念、运营策略的重大变革，一般不涉及具体主营业务的改变，需要的是整合资源的"外脑公司"。这样，专门为管理有多个资产关系的企业集团而构建的网络型企业应运而生。

（资料来源：任浩：《现代企业组织设计》，530页，北京，清华大学出版社，2005。）

以上多种组织结构形式，各有各的特点和优缺点。因此，在组织结构设计中，要注意从实际出发，合理选择。不同的组织，由于生产技术特点、规模、产品、市场等条件的不同，组织结构形式应有不同的选择。同一组织在不同时期，也要根据战略、环境的变化，相应做出组织结构的调整。在同一组织中，也可根据需要，多种组织结构形式综合并用。

本章小结

组织是在特定环境下，为了实现某种目标，而由具有合作意愿的人群组成的职务或职位的结构，是人们为了实现共同目标而形成的一个系统集合。

组织结构是组织的空间表现形式。内容主要包括职能结构、层次结构、部门结构和职权结构。

组织工作的任务在于规定组织中每一个人的责任；规定组织成员之间的关系；调动组织中每一个成员的积极性。组织工作的内容包括组织设计、组织协调和组织变革。

建立和完善组织结构应遵循的原则有：战略目标导向原则；顾客满意原则；人本主义原则；有效管理幅度原则；分工与协调原则；集权与分权相结合的原则；责权统一的原则；相对稳定和适时调整与变革的原则。

职能结构设计，是对组织的运作流程及管理业务进行总体设计，以确定组织各项管理职能及其结构。

管理层次是指组织在纵向分级管理的基础上形成的组织层次。管理幅度是指一个上级管理人员直接指挥的下级人员的人数。

常见的部门划分方法有职能部门化、产品部门化、地区部门化、人数部门化、服务对象部门化、工艺过程部门化等。

组织内部的各种职权按其性质划分，主要有直线职权、参谋职权和职能职权。组织权力系统的基本类型可以根据决策权的集中与分散程度划分为集权型与分权型两种基本类型。

组织的横向协调设计包括组织结构的协调、组织运行的协调和人际关系的协调。

组织结构常见形式有：直线制、直线—职能制、职能部制、事业部制、矩阵制、集团控股型、网络型等。不同的组织形式有着不同的特点、优缺点和适用范围。

1. 如何理解组织工作及其作用？
2. 如何理解组织管理的一般原则？
3. 如何理解管理层次与管理幅度的关系？
4. 部门划分的方法有哪些？
5. 如何理解直线职权、参谋职权和职能职权的关系？
6. 如何理解集权与分权的关系？
7. 如何正确授权？
8. 组织结构形式有哪些？如何理解它们的特点、优缺点和适用范围？

第七章

人员配置与团队管理

本章要点提示

- 人员配置工作及其原则
- 人员选聘
- 人员培训与绩效管理
- 团队及其类型
- 打造高绩效团队的途径

引　例

联想公司的发展得益于它的人才政策和用人之道。公司所确定的人才标准是相对于角色的要求而制定的。一个人如果要在企业中负有较高责任的话，那么他必须具备六个条件：与组织有共同信念和价值观念；对企业的忠诚与牺牲精神；具有审时度势、独当一面的工作能力；具有较强的组织能力能够组建新的管理班子和队伍；具有团结多数、协调一致的合作能力；孜孜不倦、吐故纳新的学习能力。公司的创始人柳传志认为：人才有三种类型，第一种是能够自己独立做好一摊事；第二种是能够带领一群人做事；第三种是能够制定战略。公司比较小的时候更多的需要是第一种人才；公司发展到一定程度需要较多的是第二种人才；公司发展到比较大以后，第三种人才就显得尤为重要。

人才的培养和人力资源的管理是组织管理的首要问题。现代组织管理是对开展活动所需的人、财、物以及信息等各种资源的管理。在众多的资源要素中，人力资源是起支配作用的要素。如何有效地开发人力资源，利用有限的人力资源获取最大的效益，在当今激烈的市场环境中对于组织的生存与发展有着决定性的影响。

第一节　人员配置

一、人员配置工作

人员配置是指对组织人员进行恰当而有效的选拔、培训和考评，配备合适的人员去充实组织机构中所规定的各项职务，以保证组织活动的正常进行，进而实现组织的既定目标。人员配置是管理的一项重要职能。在科学技术迅速发展及市场竞争的强大压力下，越来越多的组织认识到，竞争将日益表现为人才的竞争，组织的成功将越来越依靠更好地吸引、留住、用好和激励有用的人才。因而人员配置工作对组织越来越具有战略性的意义。

（一）人员配置涉及的对象

从广义上讲，人员配置是对组织中全体人员的配备，既包括管理者，也包括被管理者。如在一个企业中，总经理、各部门主管人员属于人员配置的范畴，而各部门从事具体工作的业务人员，乃至最基层的操作工人都同样属于人员配置工作的范畴。

（二）人员配置工作的目标

探索最大限度地利用人力资源的规律和方法，正确处理和协调组织活动过程中人和人、人和事、人和物的关系，使人与人、人与事、人与物在时间和空间上达到协调，实现最优组合，做到人事相宜，人尽其才，人尽其用，充分调动人的积极性，实现组织的目标。

（三）人员配置工作的内容

人员配置工作是管理的一项重要职能，包含了对组织成员的选拔、使用、考评与培养等多项工作过程。

（1）根据组织长期发展的要求，在组织外部环境和内部条件分析的基础上，预测组织的人才需求，制定组织人力资源规划及其发展战略，落实各项措施。

（2）根据组织发展的规划和要求，从组织的内部和外部开展招聘、录用和选拔工作，积极吸引及网罗组织所需人才，为组织配备符合职务（岗位）要求，能够认真履行职务（岗位）职责的合格人才。

（3）不断地对组织成员加强教育与培训工作，以适应当代社会各方面发展，提高员工的思想道德水平、科技文化知识水平、专业技能水平，不断提高员工素质。

（4）健全组织成员工作绩效的考评体系，规范岗位工作标准、劳动纪律和员工的工作行为，激励员工不断提高工作绩效水平。

（5）为业务部门提供有关人员管理的专业服务，为员工提供咨询和帮助，沟通部门之间、上下级之间和员工之间的各种联系，改善人际关系，创造和谐的劳动环境。

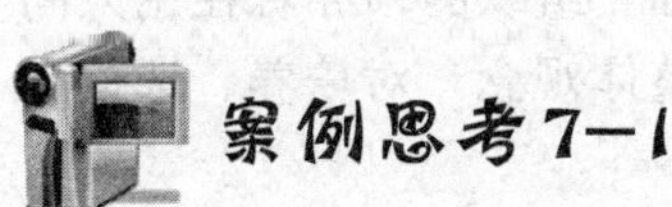

造物之前，要先造就人才

1956年，松下电器办了一期干部研讨会，与会者都是各部门的主要负责人。松下公司的创始人松下幸之助问："拜访客户时，如对方问你，松下电器是制造什么产品的公司，你们如何答?"业务部的A君恭恭敬敬地回答："我会告诉他，松下电器是制造电器产品的公司。""错!"松下幸之助更正道，"松下电器首先是制造人才的公司，同时我们兼做电器。"

从人员配置工作的角度谈谈对松下幸之助的话的理解。

二、人员配置工作原则

（一）职务要求明确的原则

职务要求明确原则是指对工作职务及其相应人员的要求越是明确，培训和评价的方法越是完善，组织成员工作的质量也就越有保证。对组织中的每一项职务应有明确的要求，这主要体现在：一是要有明确的职务名称、等级以及工作范围；二是要有明确的责任范围和工作要求，如任职人员需要完成的任务，应承担的责任，与其他人的联系，所接受的监督及所施予的监督等；三是要有明确的任职资格条件，如任职人员的年龄、性别、身体状况、受教育水平、经验、知识、技能等。

（二）整体效能的原则

组织作为一个有机的系统，是由众多的目标、任务和工作构成的。不同的目标、任务和工作，对人员素质的要求不同。管理者应清楚这些工作的性质和要求，并选择与之相适应的人员来承担。这样既能满足工作要求，各类人才的作用也能得到充分的发挥。由于人的自身素质存在差异性，各有所长或所短，因此用人要做到避其所短，用其所长，尽可能将每个人安排在最适合的岗位上，使之人尽其才，才尽其用。这就要求管理者应知人善任，使人员之间达到知识、能力、性格、年龄和关系等方面的优势互补，以利于企业人力资源整体效能的发挥。

（三）公平竞争原则

把竞争机制引入人员配置工作，是保证组织获得优秀人才的必要条件，也是激励员工提高自身素质，提高工作积极性的重要手段。竞争必须建立在公平的基础之上，才能产生应有的激励作用。在人员配置工作中，公平竞争反映在很多方面，如各类人员的录用要在严格考核的基础上择优录用；人事任用上要做到选贤任能，德才兼备，避免任人唯亲；用人要做到用人不疑，在合理任用的基础上，要信任下级，放心大胆地使用；各类人员的晋升与奖惩，要以客观工作成绩为主要依据等。

（四）培养和使用相结合原则

组织在用人过程中要处理好培养与使用的关系，这实质是当前利益与长远利益的关系问题。一些组织着眼于眼前的工作和利益，不重视员工的培养，这是短期行为在用人上的表现。培养人才，才可能做到选拔优秀人才和合理使用人才。没有系统的学习培养和丰富的实践，人员素质得不到提高，选拔和使用人才也就失去了基础。组织的领导者在用人问题上，既要考虑当前的利益，又要兼顾长远利益，要有系统的整体观念，对培养、选拔和使用都要予以足够重视，使三者成为合理用人的完整过程。

（五）激励强化原则

激励是指激发人的动机，鼓励人充分发挥内在动力，朝着所期望的目标，采取行动的过程。激励是管理的重要职能，是人力资源管理的重要内容。人的行为产生于一定的动机和需要的基础之上，管理者要充分发掘人的潜力，调动人的积极性就必须采取有效的激励措施。通过外在激励，如合理的薪酬、工作保障、有效监督等，引导人们从事各种工作。通过内在激励，使工作本身具有吸引力，使员工努力谋求上进，并充分发挥自己的才能。

（六）动态管理原则

现代组织面对的环境具有复杂多变的特点，组织的内在条件也在发生着各种各样的变化，这就要求组织的人员配置工作应保持与内外条件变化的动态适应性。要善于根据组织发展的实际需要，对岗位和人员进行动态调整，灵活调节人力资源；要做到合理用才，促进人员的合理流动；对人力资源的使用要留有余地，管理要有弹性，使人力资源能够得到合理的使用和保护等。

案例思考 7-2

他为什么要离开公司？

赵勇进入公司最初从事技术工作，他理论知识扎实、勤奋好学、工作兢兢业业。5 年以后，他成为第一事业部的部长。任部长以后，他抓了三项重点工作：(1) 新产品开发；(2) 控制产品质量；(3) 强化内部管理，将考核指标分解到人，实行工效挂钩。采取这三项措施以后，事业部发生了显著变化，销售收入明显增加，职工积极性大大提高。第一事业部也连续 6 年保持全公司营业额第一。鉴于此，公司一致决定派他到经营困难、职工思想混乱的第三事业部任党总支书记，协助事业部部长搞好经营工作。调任 4 年来，工作一直打不开局面，在企业民主评议中被职工评为不称职干部。由于在第三事业部待不下去，其他部门又无法安排，公司只能安排赵勇到厂里下属的合资公司做技术人员。合资公司经理分配他负责产品出厂检验。半年以后，赵勇提交了调离报告。

请问：赵勇为什么要离开公司？该企业管理存在什么问题？应该怎样改进？

三、人员配置工作规划

组织的人员配置工作常常会面临这样一些问题：组织结构和人员结构是否会发生变化？组织需要多少员工？这些员工应该具备哪些知识、技能和经验？组织现有人员能否满足这种需要？是否需要对现有人员进行进一步培训？是否需要从组织外部招募人员？能否招募到组织需要的人员？何时招募？组织应该制定怎样的薪酬政策以吸引外部人员和稳定内部员工？当组织人力资源过剩时，有什么好的解决办法？等等。面对变化，组织的人力资源管理不能是一种被动的管理，而应做到未雨绸缪。人员配置工作规划提供了一个有效的工具。

人员配置工作规划的内容一般包括对组织现有人力资源状况的分析、对未来人力资源状况的预测、人力资源规划的制定等内容。

（一）对现有人力资源状况的分析

对组织现有人力资源状况进行分析，目的在于掌握现状，分析问题，为人员配置工作规划进一步要解决的问题提供明确的方向。一般应分析的内容主要有：

1. 现有人力需求与供给的合理性分析

对组织在现有人力资源的需求程度、饱和程度进行分析，观察组织的各类人员是否符合定编定岗的要求，工作任务与人员安排是否平衡，是否有人力短缺或富余的情况等。

2. 现有职务（岗位）结构的合理性分析

对组织现有组织结构状态下，各类职务（岗位）之间及人力资源的匹配关系进行分析，观察各类职务（岗位）之间的比例关系是否合理，职务（岗位）标准是否恰当，对各类人员的要求是否合适等。

3. 现有人员结构的合理性分析

对组织现有人员队伍的质量和数量关系进行分析，观察人员队伍在知识、经验、能级、技能、学历、职称、年龄等结构上是否合理。

4. 现有人员使用状况的合理性分析

对组织各类人员的实际使用效果进行分析，观察各类人员是否能够达到各职务（岗位）标准的要求，各项定额指标的完成程度，各类人员工作潜力的发挥程度等。

（二）对未来人力资源状况的预测

对未来人力资源状况进行分析，目的在于掌握组织未来各种经营要素的变化对人力资源需求可能产生的各种影响，为编制人员配置工作规划提供可参考的内容和标准。一般应预测的内容有：

1. 未来人才和劳务市场的变化对组织人力资源需求的影响

预测未来人才和劳务市场的变化趋势，分析对组织获取人才的来源、难易程度、成本等有哪些影响。

2. 组织未来发展变化对人力资源结构的影响

根据组织长远发展规划的要求，分析经营方向或规模发生变化时，对组织人员结构在知识、技能及数量等方面的要求。

3. 组织未来组织结构的发展变化对人力资源结构的影响

分析组织的部门结构和权责关系发生变化对各级管理人员素质和数量的要求，对人员定编定岗产生的影响。

4. 组织未来技术结构的发展变化对人力资源结构的影响

分析产品结构变化、新技术的采用、设备的更新改造等对人员队伍知识、技能以及数量变化上的要求。

5. 组织未来工作生产率的变化对人力资源结构的影响

分析组织各种条件的变化趋势对提高工作生产率的作用大小，进而分析对人力资源需求的影响程度。

（三）人员配置工作规划的制定

组织制定的人员配置工作规划应包含的内容主要有：

1. 职务（岗位）的设置规划

此项规划的内容主要是根据组织长期或近期的发展特点以及组织结构的发展要求，确定职务（岗位）标准，规划组织的定编定员。

2. 人员的分配与使用规划

此项规划主要是从合理用人的角度进行的规划安排，包括各种人员的职务（岗位）分配，人员的工作调整、调动安排等。

3. 人员补充与更新规划

此项规划主要是对组织各种人员的新增、成长、减员、淘汰等做出的规划安排，以便于准确把握补充和更新人员的时机和数量，合理制订招聘计划。

4. 人员的教育与培训规划

此项规划主要是从不断提高组织员工素质的角度，适应组织长远发展的需要，对人员的教育与培训做出的规划安排，包括教育与培训的内容、途径、方法及人员安排等。

5. 人员的维护规划

此项规划主要是从维护员工有效的工作能力，激发员工积极性的角度，对人力资源开发与管理进行的规划安排，包括安全生产、员工保健与福利、薪酬制度的确定与调整等内容。

四、人员选聘

人员的选聘是指企业依据组织结构的需要，根据用人条件和用人标准，通过各种渠道，合理地选拔各类人员。

（一）人员选聘应注意的问题

1. 选聘的条件要适当

所谓适当的条件，一是要符合组织目标对人员配备职能的要求；二是要符合空缺职务的性质特点及该职务对任职人员的要求。

2. 主持选聘的人员要有较高的素质和能力，要善于识别人才

主持者的经验判断，特别是候选人的直接上级主管的判断将起到决定性的作用。因此对于主持选聘的人员而言，一定要有伯乐式的慧眼，要有识人的才能。

3. 要注意候选人的潜在能力

在人员选聘中不仅要看候选人的现实能力和现实的成绩，更要看其潜在能力是否适合职务的要求。

4. 要正确对待文凭与水平的关系

一个人的文凭可以代表一个人的知识水平，但知识水平并不等于能力。因此在人员选聘中，既要看文凭，但更要注意观察一个人的实际工作能力。

5. 要敢于任用年轻人

年轻人一般具有对新思想、新观念、新知识吸收消化快，精力旺盛，思维敏捷，勇于创新等优点。注重选拔年轻人应是人员选聘工作的一个重要方面。

案例思考 7-3

谁适合担当此职务？

某公司为了适应日益激烈的市场竞争，决定在 1 年内投资 1 000 万元开发并向市场推出一种新的产品。为提高成功率，公司领导决定按照项目制的方式运作，从各部门抽调了专业人才组成了项目组。对项目经理的人选，公司领导显得格外谨慎，通过推荐评议产生

了4位候选人：张涛，52岁，担任公司质量保障部经理已有14年，此前为工艺部工艺员。他工作勤奋，是质量体系方面的专家。吴畏，37岁，工学硕士，担任公司产品开发部主任。小吴具有很强的开发能力，在开发部能团结其他同志，具有较高威望。李锋，41岁，现任公司采购部经理。他的履历比较复杂，先后当过车间工程师、车间副主任、公司总工办主任、总经理助理等职，具有较强的协调能力。陈香，40岁，总经办主任。她具有很强的行政管理协调能力，对领导的指示领会快，群众基础也很好。假设上述4位候选人除了以上提到的情况以外，其他方面的差异不大。

你认为哪一位任项目经理最为适合？为什么？

（二）人员任用的主要方式

1. 聘任制

聘任制是指根据组织发展的需要，面向社会或在组织内部选拔和发现人才，并予以聘任。聘任制通常运用合同形式，规定组织和受聘者双方的责、权、利以及受聘期限。采用聘任制有利于广泛搜集人才，既可以保证用人单位和个人工作的稳定性，也有助于人才的合理流动。

2. 考任制

考任制是指通过公开考试的办法，考查应试者的知识和才能，并以考试成绩为依据，择优选拔任用人员。考任制遵循平等竞争的原则，有明确和统一的评价标准，有利于发掘人才，激励人们的积极进取。

3. 竞选制

竞选制是指由竞选人提出竞选方案，通过自由竞争，由具有选举资格的人员直接选举，确定任用人员。竞选方案一般包括施政纲领、任期目标、具体实施计划以及保证措施等。竞选制将竞争机制引入了人才的选拔过程，有助于人才的发掘，并且能够反映广大员工的意志，体现民主管理的原则。

4. 委任制

委任制是指由有任免权的机构或人员，直接指定下属人员职务的任用方式。委任制具有干部选拔权力集中，任用程序简单，便于统一指挥，上下级干部联系密切的特点，但也易产生主观随意的局限性。

（三）人员聘用中的内部提升与外部招聘

1. 内部提升

内部提升是指从组织内部提拔那些能够胜任的人员来充实组织中的各项空缺职位。从组织内部的现有人员中提拔管理人员，这是大多数组织在出现了空缺职位时，通常首先要考虑的办法。

众多的组织之所以看重内部提升的方式，主要在于内部提升有其明显的优点：组织和成员有着更为可靠的了解；可激励组织成员的进取精神；有利于提高组织成员的兴趣和士气；可以获得对组织成员培训投资的回报等。

在人员选聘中，内部提升这一方式虽然有其明显的优越性，但是我们也不能忽视这一方式存在的缺陷。如人员可选择的范围较小；近亲繁殖，使得组织的管理难于有所创新；组织成员之间的关系易产生不协调等。

2. 外部招聘

外部招聘是指从组织外部设法获得所需的人员，用以充实组织的空缺职位。在管理人员选聘过程中，外部招聘与内部提升相比，虽然占的比重相对较低，但仍然是组织获得所需人才的必不可少的一个有效途径。

外部招聘相对于内部提升有其自身的优越性：人才来源广泛，有利于择优录用；可避免近亲繁殖，为组织带来新的活力；可避免组织内部原有成员之间矛盾的产生；可节省培训费用等。

在人员选聘过程中，采用外部招聘的方式也有其自身的局限性。如组织与外部招聘来的人员可能缺乏深入的了解；可能挫伤组织原有成员的积极性等。

案例思考7-4

如何处理“空降兵”与“子弟兵”的关系？

在现实中，人们通常将从外部引进的人才称为“空降兵”，将内部培养的人才称为“子弟兵”。在处理“空降兵”与“子弟兵”的关系上，有许多企业倾向于给引进人才更多的关注，主要是给予更高的薪金与福利待遇，结果在无形之中挫伤了内部培养人才的积极性。对于产生这种情况的原因，存在着以下多种说法：

(1) 破坏了公平竞争的规则，使得“子弟兵”处于不利的地位。

(2) 相对于“子弟兵”来说，“空降兵”更能创造出业绩。

(3)“子弟兵”在与“空降兵”竞争中得到的内部支持较少。

(4) 相对于“空降兵”而言，“子弟兵”觉得自己利益受损。

你对以上说法如何看？你认为应如何处理好两者的关系？

第二节 人员培训与绩效管理

一、人员培训

现代组织的人力资源管理应重在对人力资源的开发上。人力资源开发包含两个方面的含义，一方面是对人力资源潜力的充分发掘和合理利用，另一方面是对人力资源的培养与发展。而要实现这两方面的目的，就离不开对员工的教育与培训。教育与培训是人力资源开发的必要手段。

(一) 对人员培训工作的要求

1. 要有健全的组织管理体制

应有健全的组织机构，负责员工教育与培训工作的全面协调和组织实施工作；要有员工教育与培训的长远规划和组织实施计划，使其成为组织的一项规范化、制度化、经常化的工作；对此项工作应有必要的投入，使培训工作具备必要的物质和资金条件；应有必要的规章制度，要将员工的教育与培训同考核、岗位责任制、奖惩制度结合起来。

2. 要针对不同的培训对象采用不同的培训内容

培训工作必须因人而异，有的放矢。对于组织的高层管理人员，应侧重对党和国家相关政策和法规的学习，侧重对开展市场经济所需要的系统管理理论的学习和综合管理技能的培训，不断提高人员的管理观念、经营思想和经营水平。对于组织的中下层管理人员，应侧重文化层次的提高以及相关专业管理理论的学习和技能的培训，不断提高人员的组织管理水平。对于组织的工程技术人员，应侧重追踪科学技术知识发展的知识更新学习，以提高技术创新能力。对于基层业务人员应侧重基础文化知识的学习和岗位技能的培训，以提高文化素养和操作技能。

3. 要注重培训内容的全面性与专业性的结合

全面性强调的是员工教育与培训工作应有利于员工整体素质的提高，对员工既要重视科学文化知识的培养，也要注重思想政治教育；既要注重技术与技能的培训，也要注重基础文化知识的教育。要使员工的政治思想、道德观念、知识水平和能力水平都有不断的提高。专业性强调的是员工教育与培训要以知识和能力的培训为重点，要密切联系组织发展的需要，有针对性地开展培训工作。

4. 要注重培训方法的理论性和实践性的结合

理论知识和实践技能二者是相辅相成的，人的实践活动要借助于理论知识的指导，人们对理论知识的深刻理解和认识，也有赖于实践活动的帮助。对员工的教育与培训，不能因为员工来自于实践，而只偏重于理论的学习，也不能就事论事，仅注重实践技能的培训。二者应有机结合，使员工通过理论的学习，加深对实践技能的认识，通过实践技能的培训，加深对理论知识的理解。

5. 要符合成人教育的特点，注重培训形式和方法的多样化

员工教育与培训具有在职教育和职业培训的特点，其培训的方式和方法不能等同于普通学校的在校教育。应能根据不同行业和组织的特点，根据组织的实际条件和不同的培训对象，采用多种形式的培训方法。

案例思考 7–5

培训出了什么问题？

刘斯是公司系统开发部经理，他在这家公司工作的 15 年间，训练了许多管理人员，他鼓励他们成长发展。但他看到的是，大多数人获得高级学位之后离开了公司。该公司实行一种开明的教育补偿政策（公司负担 75%的学费和书费），工程师中大约有 50%的人有技术方面的硕士学位，他们中的很多人得益于这种教育政策。

一位叫做王立的电气工程师来见刘斯，刘斯祝贺她通过公司教育计划的帮助获得了工商管理硕士学位。令刘斯吃惊的是，王立说她要离开公司到这家公司的竞争对手那里去工作，因为她在公司内看不到任何升职的机会。刘斯大为恼火，因为这种事以前已经发生过好几次。他立即去见主管的副总经理，对公司的教育补偿和缺乏系统的人事管理方法表示不满。

请问：职员在通过教育补偿计划获得学位后离开公司的原因是什么？

（二）人员培训的途径

1. 职前培训、在职培训和非在职培训

按培训与工作岗位的关系划分，主要有职前培训、在职培训和非在职培训。

职前培训，即对未进入工作岗位之前的人员，先进行职业技术培训。目的是为了使员工对所面对的新岗位有一个清晰的了解，使之掌握进入工作岗位时所必需的知识和技能，使人员能够在进入工作岗位后较快地熟悉和适应工作环境。职前培训的方式可以多种多样，如企业自办培训班；通过专业对口的职业学校招收人员；企业与学校共办培训班，学校为企业代培所需人才等。

在职培训，即对已进入工作岗位的人员进行培训。目的是为了使广大员工不断地增长知识和经验，提高技能以适应科技发展导致的知识更新和组织不断发展的需要。在职培训的方法可以多种多样，如请专家教授讲课、参观学习、现场实习、函授教育、职务轮换、多种形式的视听教育等。

脱产培训，即有目的地选拔人员脱离工作岗位，到专门的培训场所进行培训。目的是使员工得到系统的训练，使其专业理论知识和技能得到提高。

2. 正规院校教育、短期培训班、自学等形式

按培训的组织形式划分，有正规院校教育、短期培训班、自学等形式。

正规院校包括各种普通和成人高等院校、党校、中等专业技术学校等。正规院校承担的员工教育与培训主要侧重于员工专业理论知识的系统教育，如学历、专业资格教育以及较系统的短期或中期专业培训。此种方式学习的系统性强，但所需时间较长，成本也较高。

短期培训班主要是对员工进行专题性的专业培训，具有针对性强、时间短、成本低、见效快的特点。

自学是一种自我完善与提高的培训形式，组织应采取措施对有志于自学的员工加以支持和鼓励。

培训的系统模型

培训对象三层次：领导决策阶层、管理层、基层员工。

培训对象七类型：经营决策、科研开发、生产制造、市场营销、人力资源、财务、行政管理。

员工培训三内容：知识（基础知识和作业知识）、技能（基本技能和作业技能）、态度（素养、企业文化）。

员工培训三渠道：外派、内请、自培。

员工培训三类型：业余、半脱产、全脱产。

员工培训三手段：借脑工程（资讯报告、形势报告等）、长期教育（专业进修、学历教育等）、项目培训。

培训方式：报告、讲座、讨论、模拟、演练、训练、体验。

培训者三类型：讲授型（教授、老师、讲师）、互动型（培训师、教练、训练师）、启迪型（大师）。

二、人员绩效管理

在组织的人员配置工作中，人员的绩效管理是一项重要的、必不可少的工作环节。通过有效的绩效管理，可以了解主管人员的工作绩效，对人员的工作质量实施有效的监督，促进员工能力不断提高。

（一）绩效管理与绩效考评

绩效是指员工在一定的时间和条件下，为实现预定的目标所采取的有效工作行为以及实现的有效工作成果。如何看待员工的绩效，传统的观点是重在考核，但单纯的考核或流于形式，或仅仅把其当成了对员工奖惩的工具，而难以收到满意的效果。

应该看到，绩效考评不是绩效管理，而仅仅是绩效管理过程的一个部分。绩效管理是指管理人员和员工的持续不断的双向沟通过程。在这个过程中，管理人员和员工就工作目标达成一致，管理人员作为员工的辅导员、教练帮助员工不断提高能力以使绩效目标得以实现，最大限度地激发员工的潜能，使员工获得自身能力的提升，最终提高组织业绩，实现组织目标。

这个概念说明：

（1）绩效管理是一个过程。绩效管理作为一个完整的系统，包括绩效界定、绩效衡量以及绩效反馈。绩效考核与绩效管理并不等同，两者的区别见表7—1。

表7—1　绩效管理与传统考核的区别

比较项目	传统考核	绩效管理
目的	奖惩	绩效改善
重点	过去表现	将来表现
考核点	整体结果	细节过程
结果	选拔干才	培育干才
对象	以人为主	以事为主
主管角色	审判长	教练
行为差异	控制监督	咨询协助
执行方式	回忆与记录	立即回馈
部属反应	被动抵制	主动合作

绩效界定就是要确保管理者和员工在对于组织来说绩效的哪些方面是重要的这一问题上达成共识，其基础就在于工作分析，同时根据双方沟通的结果达成协议，该协议要对员工的工作职责、工作绩效的衡量、双方的协同、障碍的排除等问题做出明确的要求和规定。

绩效衡量就是要根据协议所确定的工作标准进行绩效的评价。

绩效反馈是指向员工提供绩效评价的结果。绩效考核的最终目的是为了能够找出员工在工作中的不足之处，与之进行沟通，做出评价和绩效改进的建议，以提高员工的工作绩效。由此，绩效反馈是绩效管理必不可少的程序，也是绩效管理过程中最为重要的部分。

（2）绩效管理的过程由管理人员和员工的共同努力完成。绩效管理是依据管理者与员工之间达成的协议来实施的一个动态沟通过程。

（3）绩效管理的着重点不是为了解释过去如何，而是要将考核结果作为组织和个人未来规划的基础和依据，更多地集中于对未来绩效的提高而不是对过去绩效的评价。绩效管理的终极目标是提升员工的能力、激发员工的潜能，并最终促进组织的发展。

（二）人员绩效考评应注意的问题

1. 考评要有客观的标准

标准的制定应注意四个问题：一是标准的含义应具体明确，用词不能过于抽象，要尽可能地能够用于客观的衡量；二是标准要尽可能量化，一些难以直接量化的定性标准也应采取如分级评分的方法等加以间接量化；三是考核标准应该在员工能力所及的范围之内，但是又要比一般的水平要高一些，使其具有挑战性，避免设立过高或是过低的标准；四是绩效标准应是公开的，也就是说，主管和员工对该标准达成了一致意见，同时还要公布于众，使标准对主管和员工来说都是非常明确的。

2. 考评要有可行的方法

考评方法选择应注意：一是方法的选择要有的放矢，即要明确考评目的，采用有针对性的考评方法；二是考评方法涉及的项目要简便适中，不宜过于繁杂；三是采用的考评方法获得的结果应是客观可靠，能够令人信服的。

3. 考评要有合理的时间安排

在考评的时间安排上应注意：一是考评时间要事先有明确的计划安排，不宜搞突击性、临时性的考评；二是考评的时间间隔要适当，时间间隔过短，考评的工作量过大，考评结果的差异性小，对被考评人的工作也会有干扰。时间间隔过长，也不利于及时发现问题，难以起到考评的作用。

4. 考评结果要向被考评人公开

这样做的目的，一是使考评具有促进上下级之间沟通，了解彼此对对方期望的作用；二是有利于被考评人员及时发现自己的问题，以便改进工作。

案例思考 7-6

如何看待考核标准？

最近，某企业专门请来了外部咨询公司，对企业原有考核体系进行了重新评估，并设计了一个相当完整的绩效考核体系。公司核心领导认为，按照新的考核体系，可以对公司上下 500 多名干部员工采取统一的考核标准，从而更好地贯彻“公平、公正、公开”的原则。但就在公司决定正式施行该考核体系时，却听到许多反面意见。如认为考核标准影响员工工作激情、严重侵害干部利益、影响了考核可比性、忽视了岗位差异性等。

试谈谈你对此问题的看法。

（三）人员绩效考评的内容

员工的工作业绩是员工工作结果的总和，它表现在多个方面，而影响工作业绩的因素也很多，任何一个单一的业绩指标都无法全面反映员工的实际业绩。因此，绩效考评应是对一个人的全面考察。其内容应包括：德，指一个人的政治素质、思想品德、工作作风、职业道德等；能，指一个人完成各项工作的能力，如分析问题和解决问题的能力、独立工作的能力等；勤，指一个人的勤奋精神和工作态度；绩，指一个人的工作成绩和效果；体，指一个人的身体状况。

人力资源管理中的日常绩效考评指标，一般主要包括工作成绩、工作态度和工作能力等三方面内容。

工作成绩是指一个人在其岗位职责范围内的工作任务完成的数量、质量、工作效率以及从事创造性工作的成绩，包括合理化建议、科研成果等内容。

工作态度是指一个人以多大的干劲在从事本职工作，包括人员的思想状态、职业道德、工作作风、工作的责任心等。

工作能力是指一个人在从事职能工作时，其自身能力的适应程度，包括独立工作的能力、分析解决问题的能力、领导能力、管理能力等，具体可划分为一个人的学识水平、理解力、判断力、决策力、创造力、表现力、反应力等。

进行绩效评价时，应根据不同的人员、不同的岗位，确定出具体的评价项目和标准。

（四）人员绩效考评的方式

1. 按一定的考评范围和角度的不同，考评可分为综合考评、工作行为考评、工作成果考评等

综合考评是指按照德、能、勤、绩、体的要求，对员工进行的全面考核与评价。综合考核的因素多、涉及面广、工作量较大，一般适用于领导干部的选拔、管理人员的晋升、职称评定等场合。

工作行为考评是指针对员工的工作行为表现进行的考核与评价，其考评的内容主要是针对员工的工作态度和工作能力。考评的方法可以是相对考评，即员工之间的相互比较评价；也可以是绝对考评，即按照预先确定的统一评价标准进行考评。行为考评一般适用于对员工绩效较难量化、以脑力工作为主的管理人员和工程技术人员的考评。

工作成果考评是指针对员工的工作成果进行的考核与评价，其考评的内容主要是针对员工的工作成绩。成果考评一般适用于员工的工作成绩可以直接量化为具体标准的场合，如对生产第一线的操作工人、推销人员等的考评。

2. 按考评方法的性质划分，考评可分为主观考评和客观考评等

主观考评是指主要由考评者的主观判断对被考评者进行的考核与评价。此种方法较为简便易行，但易受考评者主观心理偏差的影响，从而会削弱考评的公正性。为了降低主观心理偏差的影响，应强化考评指标的设计，尽量提高考评的客观性。一般可采用分值评价法，即对人员绩效评价的项目加以指标化，每一指标确定若干个等级和分值，并逐项对被考评者进行评级和评分，然后将各项指标的得分值汇总，其总分就是对人员绩效考评的结果。此方法定性与定量相结合，有较系统的评价依据，因而比较科学合理，有助于提高评价的效率和质量。

客观考评是指以客观标准对员工进行的考核与评价。此种方法不受考评者主观因素的影响，完全以硬性的客观指标为依据，如直接量化的生产指标和工作指标。此种方法客观性强，但也有重工作成果，忽视工作行为的局限性。

3. 按考评的时间划分，考评可分为定期考评和不定期考评

定期考评，是经过一定的时期，定期对员工进行的考评。

非定期考评，是指不定时间，不定期地对员工进行的考评。

4. 按参与考评的主体人员的不同，可分为上级、同事、自我、下属、客户甚至是专门的工作绩效评价委员会考评

上级考评是指上级主管人员根据组织的要求，定期对自己的直属下级人员的工作情况进行的评价。这是一种较为常见的考核方式。上级主管的评价更有一定的权威性，有助于做出正确的评价。这是因为，在大多数情况下，上级对该项工作的内容最为熟悉。同时，在获取其下属员工的工作情况时也较其他的评估人员容易。

同事考评就是由共同工作的同级别的员工来对该员工进行业绩评估。由于同事可以从不同的角度来观察绩效，因此同事评估所提供的信息在一定程度上会有别于上级所做出的评估结果，可能会更加准确地评估一位员工的优缺点，提供更加正确和真实的信息，尤其是在上级难以观察到被评估员工的行为时。因为员工总是会在主管人员面前尽量地避免自己的缺点而将自己最好的一面展示出来，但在同事之间一般来说表现的都是比较真实的一面。同时，员工的同事评估可以观察到此人的人际交往能力和领导能力，其评估结果可以有效地预测该人将来是否会在管理方面获得成功。

自我考评就是员工自己对自己的绩效情况进行评价，通常是与其他人员的评估结合起来使用的。当企业想提高员工在绩效考核中的参与程度或是当需要主管人员与员工一起来建立未来的工作目标或是员工发展计划的时候，这种方法都是非常有效的。员工的自我评估可以促使员工对自己的工作进行反思、总结，使员工端正工作态度，提高工作能力，提升工作业绩，同时也会增加他们对绩效考核的认同感。

下属评估就是让下属人员以匿名的方式参与到对主管人员的评估中去。在评估主管人员的时候，由于员工经常与他们接触，并站在一个独特的角度来观察许多与工作有关的行为，因此提供的信息也可能是其他人员进行评估所无法提供的。尤其是在对主管人员的领导能力、协调能力、授权能力、指导能力等方面，下属评估更有发言权。在使用下属评估的时候，可以使企业的高层管理人员对企业的管理风格进行诊断，认识到企业中存在的潜在人事问题。

顾客评估包括两个方面的内容，它既指企业外部的顾客，也指企业内部的顾客。通过外部顾客获取比较客观的评估数据，作为绩效考核的一个参考。而内部的顾客是指企业内部得到了该员工服务支持的人。比如销售部门的经理得到了人力资源部门关于在招聘、考核、培训等方面的服务支持，那么销售部门的经理就是人力资源部门的一个内部的顾客，就可以对其绩效进行一定的评估。

工作绩效评价委员会评估就是组织专门委员会来对员工的绩效进行评价。委员会一般是由员工的直接主管再加上3～4位其他方面的主管共同组成。由多人进行评估，可以从不同的角度、层次来进行，弥补了直接主管评估时的个人偏见以及视角的片面性，使评估更加公正可信。

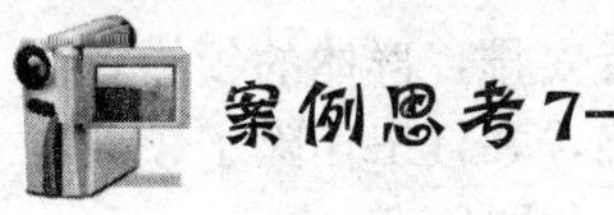

案例思考7—7

严经理的做法是否合适？

某公司技术开发部严经理带领大家做试验，由于受某种人为因素的影响没有成功，使

公司蒙受损失10万元。问题出现后，严经理并没有在部门内部追究责任人，而是及时向总经理汇报，主动承担责任，并请求再次进行试验。严经理的请求得到了总经理的批准。严经理和大家一起连续加班奋战1周，试验成功了。此时，严经理要求大家坐下来，认真总结反省第一次试验失败的原因，并适当追究责任。

严经理的做法是否合适？请对其利弊做出分析。

第三节　团队管理

一、团队及其特征

组织中的“团队”一词是20世纪80年代兴起的。如今人们越来越重视团队工作，团队与团队管理已成为管理界推崇的理念，越来越多的组织开始建立以团队为基础的工作模式。

（一）团队与群体

群体是两个或两个以上相互作用和相互依赖的个体，为了实现某个目标而结合在一起，每个成员在分工的基础上承担起自己的责任。社会上存在的很多组织都是群体的表现形态，如一个公司、一个学校，乃至公司、学校内部的部门、单位等都属于工作群体的范畴。

团队是指一种为了实现某一目标而由相互协作的个体所组成的正式群体，是由员工和管理层组成的一个共同体，它合理利用每一个成员的知识和技能协同工作，解决问题，发挥成员协同作用后的更大绩效，达到共同目标。如公司内部跨部门的项目小组、一个演奏团体、一支足球队等都是典型的团队组织形式。

人们经常将团队和群体混为一谈。其实二者之间既有共性，也有着本质上的差异。一般工作群体与工作团队有共性，如二者都有着组织目标，都需要成员共同努力才能实现目标，取得业绩。但团队作为一种特殊的群体，团队与一般的工作群体有着明显的差异。

1. 组织确定性和稳定性

团队作为工作群体的一种组织模式，它的组建、调整和撤销需要根据组织的实际情况灵活确定，甚至随时会有变更。而由一般群体构成的组织内的部门单位则是一个相对稳定的机构，其成员的角色很难变化，变化的只是其中的某些人员。

2. 组织目标的认同

一般工作群体的目标都是上级组织直接下达的，群体成员只有接受和执行的责任，导致群体成员对目标的认同程度较低，或者没有明确的群体目标，成员缺乏实现目标的责任感。而团队的目标通常是在大家充分协商基础上确定的，因而团队成员高度认同目标，有共同追求的目标和共同的责任感。

3. 职责明确的程度

一般工作群体有着职能划分，群体成员的工作是由群体领导者安排，群体的领导者要负很大责任。而团队对其中的每个成员的工作职责范围划分很明确，并且工作除了领导者要负责之外，每一个团队的成员也要负责，甚至要一起相互作用，共同负责。

4. 对成员技能的要求

一般工作群体成员的技能可能是不同的，也可能是相同的。团队成员的技能则是相互补充的，把不同知识、技能和经验的人综合在一起，形成角色互补，从而达到整个团队的有效组合。

5. 成员身份角色及决策权限

一般工作群体中，实行的是等级链制度，组织的个别人担当决策者和监督者的角色，大部分组织成员仅仅承担执行者的角色，执行者只能服从于决策者和监督者的工作安排，没有自行决定的权利；在工作团队中，没有等级制，团队成员享有高度的自主管理权和决策权，管理者与团队的其他成员关系平等，在团队中只是承担团队协调人的角色。

6. 相互信任与协作程度

一般工作群体内的互动缺乏足够的相互信任，内部竞争意识强，合作意识比较弱。而团队成员由于有着共同的目标以及技能的互补性，目标的实现依赖于大家的共同努力，因而更易产生相互信任、相互合作的意识，形成一种齐心协力的气氛，比一般群体有着更强的凝聚力。

7. 信息沟通的方式

一般群体的信息沟通是依据组织的层级结构，按“自下而上”，再“自上而下”的垂直方向进行。在团队之中，信息沟通的方向是平行的。由于团队成员有着相互的信任和合作意识，人们相互沟通更加真诚坦率，沟通的效率高。

8. 对组织绩效的评定

一般工作群体内成员更多的是各干各的事，责任和业绩主要落实到个人，群体的绩效是每一个个体的绩效相加之和。团队的个人业绩的意义包含在整体业绩之中，团队的绩效则是大家共同合作的结果，能够达到个人绩效之和所不能达到的更高的综合绩效。

案例思考7-8

足球队是团队吗？

前中国足球队外籍教练米卢在一次与记者的对话中，谈到团队与群体的区别。米卢问记者：“你知道团队与群体的区别吗？”记者回答说：“团队是有凝聚力的，而群体也许只是一帮乌合之众。”米卢使劲点了点头说：“一个优秀球员具备的首要素质就是能够为团队这个整体服务，无论是场上还是场下。这是我在自己的球员和教练员生涯中总结出的真理，往昔的辉煌和成功都因为具备了这个基础。”

足球队是团队吗？由不同球队的明星组合而成的明星球队是团队吗？米卢的谈话对我们认识团队有什么启示？

（二）团队的构成要素

1. 目标

目标是将人们努力聚合在一起的凝聚因素。没有一致的目标，人们就不会联合，也不会有共同努力的方向。每个团队都应该有一个既定的目标，这可以为团队成员们导航，使其知道向何处去。没有目标的团队是没有存在意义的。

2. 人员

人员是任何组织都具备的最根本的要素，团队目标是通过其成员来实现的，因此人员的选择是团队建设与管理中非常重要的部分。

3. 团队定位

一是团队整体的定位，包括团队在组织中处于什么位置，由谁选择和决定团队的成员，团队最终应该对谁负责，团队采取什么方式激励下属等；二是团队中个体的定位，包括成员在团队中扮演什么角色，是领导者，还是执行者等。

4. 职权与责任

团队的职权取决于两个方面：一是整个团队在组织中拥有什么样的决定权；二是组织的基本特征，例如，组织的规模有多大，业务是什么等。

5. 计划

计划是目标实施的具体工作程序，按计划进行可以保证团队的工作顺利，只有在计划的规范下，团队才会一步步地贴近目标，从而最终实现目标。

案例思考 7–9

为什么不同?

比尔与弗兰克同时进入一家公司工作，但进入公司一年后弗兰克的工资增加了，而比尔的工资却没有增加，对此，比尔愤愤不平地找到经理，问这是为什么。老板鲍斯对他说："你和弗兰克的确有些不同，我让你看一看你们之间有什么不同。"他接着对比尔说："你到市场上去考察一下棉花的价格。"

比尔应老板的要求去市场考察一番，回来告诉老板棉花的价格。老板接着问："市面上共有多少家卖棉花的店铺?"比尔摇摇头，表示不知道。老板对比尔说："你看看弗兰克是怎么干的。"接着老板叫来弗兰克，并向他安排了同样的任务。

弗兰克从市场上回来后，不但回答了棉花的价格，而且说明市场上有三家卖棉花的店铺，并了解了棉花的市场潜力；为了让老板清楚地了解情况，他还以要与其合作的名义，将棉花质量最好的一家店铺的老板请过来。

老板对比尔说："你看到弗兰克是怎么做了吧? 这就是你们俩同时进公司但工资却不同的原因。"

从团队管理的原理看，这个故事对我们有什么启示?

二、团队的类型及团队成员的角色构成

(一) 团队的类型

1. 问题解决型团队

通常是同一个部门的若干员工临时聚集在一起而组成，定期或不定期地一起讨论如何解决问题，如怎样提高产品质量、增加生产效率、改进工作程序和工作方法等问题，大家集思广益，互相交换看法或提供建议。问题解决型团队是组织中应用最广的类型，如企业里的全面质量管理小组、革新小组等。但这种团队尚达不到自主管理的程度，可以形成意见和建议，但无单方面采取行动的决策权。

2. 自我管理型团队

自我管理型团队是指能够独立自主地解决问题，并对工作的结果承担全部责任的团队。自我管理型团队承担了一些原本是上级所承担的责任。一般来说，他们的责任范围包括控制工作的节奏，决定工作任务的分配等。这种自我管理型团队甚至可以自由组合，并让成员相互进行绩效评估，这就使得主管人员的重要性下降，甚至可能会取消主管人员的职位设置。

3. 多功能型团队

多功能型团队通常是由来自同一等级、不同工作领域、跨越横向部门界线的员工组成的，它们聚集在一起的目的就是完成一项特定的任务。如企业中为创新而组织的研发小组、广告公司承接广告项目后组织的项目小组等。多功能型团队能使组织内（甚至组织之间）不同领域的员工互相交换信息，激发出新的观点，协调复杂的项目，解决面临的问题。

4. 虚拟型团队

虚拟型团队是一种建立在现代信息技术基础上的，以虚拟组织形式出现的新型工作组织模式。虚拟型团队通常由一些具有共同理想、共同目标或共同利益的人，结合在一起所组成的团队。虚拟型团队只需通过电话、网络、传真或可视图文来沟通、协调，甚至共同讨论、交换文档，便可以分工完成一份事先拟定好的工作。换句话说，虚拟型团队是在虚拟的工作环境下，由进行实际工作的真实的团队人员所组成的，它能够在虚拟组织的各成员相互协作下提供更好的产品和服务。

（二）团队成员的角色构成

团队成员的角色要求要各有特色，形成互补的关系。因此，团队成员的构成要有各种不同的角色。

1. 领导者

领导者，即团队的负责人。一位优秀的团队领导应该具备教练的素质，乐意接受并支持新观念；了解每个成员的个性，善于发现每个成员的才华，能够做到知人善任，善于解决团队的冲突；善于激励每个成员；关键时刻做决策。

2. 建议者

建议者是指团队中善于擅长评估、分析的个体。一位优秀的建议者应该对新事物有强烈的兴趣；创造性思维能力强，能够提出质量较高的建议；愿意在做出决策之前得到更多的信息；尊重他人，不愿把自己的观点强加于人；相信任何一个问题都一定有解决方法；把危机看做机会。

3. 创新者

创新者是指团队中思维活跃，富有新思想的个体。一个优秀的创新者富于想象力，喜欢创新和变革，独立性较强，愿意按照自己的工作方式和节奏行事。

4. 评论者

评论者是指团队中善于对各种问题做出分析的个体。一位优秀的评论者应该善于分析各种信息；逻辑思维能力特强，敢于表达自己的观点，对各种观点与建议能提出正反两方面的评价；善于提出解决问题的方案；找出团队的薄弱环节。

5. 执行者

执行者是指通过实际行动完成任务的个体。一位优秀的执行者应该善于按时完成任务，保证所有承诺都能兑现；思维条理清晰；百折不挠；有预见能力；坚信事情一定能办成。

6. 协调者

协调者是指解决团队内部人际冲突、协调人际关系的个体。一位优秀的协调者应该善于与人沟通；清楚任务之间的关系；善于处理危机；明白事情的轻重缓急；善于在较短时间内理解事情的本质；有耐心。

7. 联络者

联络者是指与团队外界保持较多联系的个体。一位优秀的联络者能够承担团队所有对外联络事务；处理团队的公共关系；善于与不同的人进行沟通；善于了解他人的心理状态；具有自信、可靠、权威的气质；具有外交才能。

8. 督促者

督促者是指监督团队活动是否按计划进展的个体。一位优秀的督促者应该善于控制团队活动的进程；有公平、公正的品德，严格实行团队的规章制度；善于观察他人的工作行为，奖励优秀成员；督促后进成员；善于发现团队的问题，善于纠偏，确保团队高质量地完成任务。

案例思考7-10

无处不在的领导者

无论是杰克·韦尔奇领导下的通用电气，山姆·沃尔顿领导下的沃尔玛，还是赫布·凯莱赫领导下的西南航空，公司内部都可以强烈地感受到这些领导人无处不在。他们一直在密切关注员工与运营方面的情况，他们了解来自第一线的事实，从来不避讳和员工讨论实情。他们对细节知道得非常多，对从事的工作也是热情高涨，以身作则，影响着整个公司的人。几乎公司里的每位员工都认识他们，都了解他们的主张，也都知道他们对员工有什么期望。

从团队领导者的角度看，这些领导人为什么能够在公司有着无处不在的影响力？这样的领导者应具备什么素质？

三、打造高绩效团队的途径

（一）树立共同目标

团队是为了实现特定的目标而组合和存在的。由于人的需求不同、动机不同、价值观不同、地位和看问题的角度不同，对目标和期望值有着很大的区别，所以，要使团队高效运转，就必须要有一个共同的目标，使团队成员清楚团队存在的目的和价值。目标能够为团队成员指明方向，是团队运行的核心动力。目标的制定应有团队成员的共同参与，才能使团队的目标更具有激励作用，使他们觉得这是自己的目标，不是别人的目标，从而获取团队成员对目标的共识，使每位团队成员都相信团队的目标并愿意努力去实现它。

（二）提升团队领导力

领导者是一个团队的旗帜，一个团队需要一个好的领导才能带动起来。在一个优秀的团队中，会有各种风格、各种能力的人才。优秀的领导者首先应该能够将各种不同类型、不同性格的人才有效地组合成一个整体，拥有团结一致的信念，应将有价值的并且可接受的价值观传达给团队，使团队成员接受内部的规范和规则，在价值观引导下培养起团队凝聚力；其次，领导者要能够亲和、平等地与团队成员进行交谈和工作，激发员工的积极性和创造性；要善于通过训练、辅导、参谋、教育等提升团队成员的素质；领导者也需要不断学习以提高自身的素质和能力，为团队的发展指明正确的方向。

（三）打造团队精神

团队精神是一个团队的灵魂，是指经过精心培养而逐步形成的并为团队所有成员认同的思想境界、价值取向和主导意识。它反映了团队成员对本团队的特征、地位、形象和风气的理解和认同，也蕴含着对本团队的发展、命运和未来所抱有的理想与希望，折射出一个团队的整体素质和精神风格，成为凝聚团队成员的无形的共同信念和精神力量。团队精神在团队与其成员之间的关系方面，表现为团队成员对团队的强烈归属感与一体感；在团队成员之间的关系上，表现为成员间的相互协作及共为一体；在团队成员对团队事务的态度上，表现为团队成员对团队事务的尽心尽力。

（四）创建学习型团队

强化学习型组织创建，提高团队的生命力是提高团队战斗力的基础。团队成员的素质与能力的提高，要通过不断的学习来实现。一是团队领导成员要率先垂范，加强业务与理论学习，带动全体成员营造浓厚的学习氛围；二是建立激励全体成员努力学习的机制，为大家创造学习环境和条件；三是创造使大家能畅所欲言、充分发表自己的观点与看法的机会；四是分期分批组织参加各种业务与技能培训，通过提高个人技能来实现团队整体素质与能力的不断提高；五是提倡知识管理，将对人的管理转变为对智力、对技术的管理，实现管理模式的变革。

案例思考 7-11

为什么大家一起没有了干劲？

刚进公司的几个大学生很自然地形成了一个团队，大家兄弟相待，一起解决各自遇到的难题，包括各自负责的经营工作。几年下来，这个团队的凝聚力很强，每个人都非常珍视这个团队。又过了几年，这个团队的成员普遍得到较好的发展，地位、收入等方面也没有形成多大的差距，然而大家却感到团队的凝聚力没有以前那么强了。

从团队管理的原理看，你认为造成这种松散情况的原因可能是什么？

（五）做到合理授权

正确的授权是正常开展团队活动的基本保证，关系到团队目标能否得到正确地贯彻实施，也关系到团队成员自主性和积极性的有效发挥。授权要做到明确目标，使团队成员清楚地知道该做什么及应达到的程度；授权要建立在合理用人的基础上，要保证接受权力的人能够履行职责；正确地行使权力，要“视能授权”；授权要适度，所授权力与承担的职责要相当；要保证授权过程的集中统一；要加强对授权后的有效控制。

（六）健全工作规范

团队需要统一的思想，统一的语言，才能发挥团队整体作战的能力。要使团队成员能够在自主管理条件下顺利开展工作，就要有健全的工作规范。适用的工作规范，在执行到位的情况下会促使团队的管理水平得到提升。健全的工作规范应规定团队成员必须遵守的行为准则，规定各个部门、岗位以及各项业务的职能范围、应负责任、拥有的职权以及业务的工作程序和工作方法，即规定应该“做什么”和“怎样做”的问题。要把工作规范的执行纳入绩效考核当中，促使员工养成执行工作规范的习惯。

（七）加强有效沟通

良好合作是团队凝聚力的体现，而沟通是良好合作的基础。沟通是指人与人之间、组织与组织之间的信息交流。高效的团队必须懂得运用沟通的方法，保证团队成员之间最大限度地合作。要在团队内部建立多种形式、交叉式沟通方式相结合的沟通平台，让每一个团队成员都能够参与进来，达到真正的全方位沟通；团队成员之间要能够做到开诚布公，让每位成员充分了解组织内外信息，了解团队做出某项决策的原因，鼓励发表自己的看法，做到充分沟通，坦诚相待，客观公平；团队要有沟通信任氛围，团队管理者要重视非正式沟通，要善于营造一种公开的非正式的集体气氛或称为家庭式氛围，使团队成员感到置身于集体中犹如置身于自己家庭中。

（八）强化有效激励

激励是指通过一定的手段使员工的需要和愿望得到满足，以调动他们的积极性，使其主动而自发地把个人的潜能发挥出来，从而确保团队实现目标。高效团队的运作必须建立起有效的激励与约束机制，以调动成员的积极性，激发成员的创造力。激励团队成员应认清个体差异，每一个成员都是一个不同于他人的独特个体，他们的个性、品质、文化层次、人生阅历、个人需求各不相同。激励应善于从团队成员的个体特性出发；激励要公平准确、奖罚分明，有健全、完善的绩效考核制度，做到考核尺度相宜、公平合理；要物质奖励与精神奖励相结合，奖励与惩罚相结合。

本章小结

人员配置是指对组织人员进行恰当而有效的选拔、培训和考评，配备合适的人员去充实组织机构中所规定的各项职务，以保证组织活动的正常进行，进而实现组织的既定目标。人员配置是管理的一项重要职能，对组织越来越具有战略性的意义。

人员配置是对组织中全体人员的配备，既包括管理者，也包括被管理者。人员配置工作的目标：探索最大限度地利用人力资源的规律和方法，正确处理和协调组织活动过程中人与人、人和事、人和物的关系，使人与人、人与事、人与物在时间和空间上达到协调，实现最优组合，做到人事相宜，人尽其才，人尽其用，充分调动人的积极性，实现组织的目标。

人员配置工作原则：职务要求明确的原则；整体效能的原则；公平竞争原则；培养和使用相结合原则；激励强化原则；动态管理原则。

人员配置工作的内容包含了对组织成员的选拔、使用、考评与培养等多项工作过程。

团队是指为了实现某一目标而由相互协作的个体所组成的正式群体，是由员工和管理层组成的一个共同体，它合理利用每一个成员的知识和技能协同工作，解决问题，发挥成员协同作用后的更大绩效，达到共同目标。

团队的构成要素有目标、人员、团队定位、职权与责任、计划。

常见的团队的类型有问题解决型团队、自我管理型团队、多功能型团队、虚拟型团队。

打造高绩效团队的途径：树立共同目标；提升团队领导力；打造团队精神；创建学习型团队；做到合理授权；健全工作规范；加强有效沟通；强化有效激励。

复习思考题

1. 人员配置工作的目标、任务和内容是什么？
2. 人员配置工作应贯穿哪些基本原则？
3. 人员配置工作规划的制定包括哪些内容？
4. 人员选聘应注意哪些问题？
5. 如何开展员工教育与培训工作？
6. 团队究竟具有什么价值？为什么要重视团队工作模式？
7. 如何打造高绩效的团队？

第八章

组织文化与组织变革

本章要点提示

- 组织文化及其构成
- 组织文化的特征和功能
- 组织文化建设的目标和内容
- 组织变革的权变因素
- 组织变革的方向

引　例

确立企业对社会的责任感，培养个人对企业的责任感，是联想文化的核心。柳传志说："联想集团之所以能获得一些成功。根本的一点在于联想人是用了船主的责任感在当船长，说到底就是联想负责任，有使命感。""负责任、重承诺、讲信誉"是联想企业文化的重要标志。柳传志一贯强调"办公司就是办人"。坚持对公司员工和干部灌输联想文化，进行思想培训和技术培训。要求公司职工要堂堂正正做事，清清白白做人，勤勤恳恳劳动，理直气壮挣钱。联想告诉我们：光有一颗有准备的头脑是不够的，还要有一颗有责任感的心。

管理既是一门科学，也是一门艺术，还是一种文化。优秀的组织不仅在于能够拥有现代化的技术、设备，以及优秀的人才。究其本质还在于现代化管理有着潜在的凝聚力量，它体现为组织及其成员中长期形成的共同思想、作风、价值观念和行为准则，这就是组织文化的作用。因此，研究组织文化，探求组织文化建设的途径，对于现代组织生存与发展有着重要的现实意义。

第一节　组织文化及其构成

一、组织文化的产生与发展

组织文化是与企业相伴而生的客观现象，人们对组织文化的研究是从企业开始的，较多地集中于企业组织。因此人们更多地听到的是企业文化这个词。

关于企业文化的发展，国内有的学者说：企业文化根在中国，发展在日本，形成于美国。这种说法有一定的道理。

根在中国主要是指20世纪二三十年代，在中国民族资产阶级的早期发展中就已经能够看到企业文化的影子。如20世纪30年代创立的民生精神，就是中国企业文化精神的突出代表。民生公司创建于1925年，从一条仅70吨位的小火轮起家，10年时间就发展成为川江航运的主力军，将外国轮船排除出长江航运界，统一和发展了川江航运事业。到1949年，航线从长江延伸到中国沿海、台湾地区、东南亚各国和日本，成为当时中国最大和最有影响的民营航运企业集团，创造了发展民族航运事业的奇迹。能有如此巨大成就的一个重要原因，就是民生公司有其独特的企业文化精神。民生精神的内涵十分丰富，它包括了爱国敬业、革新进取、科学求实、崇德重义、知难而进、无私奉献、艰苦创业、集体主义等。正是这种精神，推动了民生公司迅速发展壮大。

民生公司企业文化

民生精神——对外：服务社会，便利人群，开发产业，富强国家；对内：个人为事业服务，事业为社会服务；个人的工作是超报酬的，事业的任务是超经济的。

民生宗旨——安全，迅速，舒适，清洁；

公司口号——公司问题，职工来解决；职工问题，公司来解决。捏紧拳头，裹紧肚皮，渡过难关。梦寐不忘国家大难，作业均以人群之乐。

人们将这一管理现象上升到理论的认识和研究，则始于20世纪70年代。最初的企业文化研究是在美国和日本的企业管理比较研究中开始的。

进入20世纪60年代以后，美国经济长期陷于停滞状态，而日本经济迅速发展，其产品大量冲击和占领美国市场。这一严峻挑战引起美国各界的震惊和深刻反思。

经过多方面的比较研究，管理学者们发现美国成功的企业在管理方面与日本企业由许多相似的地方，而大量的企业的不成功是因为日本的企业管理方法中有不少是为美国企业界所忽视的，其根本差异表现在，美国企业注意管理的硬件方面，强调理性的科学管理。日本企业则不但重视“硬”管理，更注重“软”管理，即注重企业中的文化因素，注重企业共有的价值观念的建立，注重职工对本企业的向心力和团队精神的培养，注重企业中的人际关系。比较的结果使管理学界认识到，文化是企业管理中不可忽略的重要因素，对于企业的成功与否具有深刻的影响作用。为此，许多学者著书立说，探索企业文化的有关理论与模式。

美国加利福尼亚大学日裔管理学教授威廉·大内的《Z理论——美国企业怎样迎接挑战》，斯坦福大学教授理查德·伯斯卡尔和哈佛大学教授安东尼·阿索斯的《日本企业的管理艺术》，阿伦·肯尼迪和特伦斯·迪尔的《西方企业文化》，托马斯·彼得斯和小罗伯特·沃特曼的《成功之路——美国最佳经营企业的经验》。这些著作被合称为“组织文化研究的四重奏”，标志着组织文化研究的兴起。

20世纪90年代以来，组织文化在理论和实践方面均得到长足的发展，组织文化不仅作为一种理论得到系统地研究，而且成为现代组织的一种战略在组织中实施，这标志着管理从物质的、制度的层面向文化层面发展的趋势，管理进入了新的发展阶段。随着组织文化的普及，组织越来越意识到规范的文化对组织发展的重要意义。

组织文化研究在20世纪80年代理论探讨的基础上，由理论研究向应用研究和量化研究方面迅猛发展，出现了四个走向：理论研究的深入探讨；组织文化与组织经营业绩的研究；组织文化测量的研究；组织文化诊断和评估的研究。

组织文化是组织历史发展的产物，伴随着组织的发展而不断演变；组织文化属于思想道德范畴，与社会思想道德相对应，随着社会的发展不断升华。所以，组织文化是一个动态的概念，一个不断变革和完善的思想体系。从管理思想发展的演变和社会经济形态的变革中，我们都能找到组织文化变革的线索和印记。

案例思考8-1

地基与企业文化

联想的领导人柳传志有一个著名的比喻，即“房屋图”。柳传志认为，如果把企业比作一栋房屋，那么地基是企业文化与企业制度，屋体是资金流、信息流、物流等，屋顶是各种技术性的职能管理。

如何体会企业文化的地基作用?

二、组织文化及其构成

(一) 组织文化的含义

尽管组织文化已经在全球范围内产生了深刻的影响，但究竟什么是组织文化，人们还没有形成完全一致的看法。综合国内外的研究，对组织文化大致有两种看法。

第一种是狭义的，认为组织文化是意识范畴的，仅仅包括组织的思想、意识、习惯、感情领域。例如，美国学者迪尔和肯尼迪认为，组织的文化应该有别于组织的制度，组织文化有自己的一套要素、结构和运行方式。他们认为，组织文化包括四个要素，即价值观、英雄人物、典礼仪式、文化网络。这四个要素的地位及作用分别是：价值观是组织文化的核心；英雄人物是组织文化的具体体现者；典礼及仪式是传输和强化组织文化的重要形式，文化网络是传播组织文化的通道。

第二种是广义的，认为组织文化是指组织在创业和发展的过程中所形成的物质文明和精神文明的总和，包括组织管理中的硬件与软件、外显文化与内隐文化（或表层文化与深层文化）两部分。这种观点的理由是，组织文化是同组织的物质生产过程和物质成果联系在一起的，即组织文化既包括非物质文化，又包括物质文化。非物质文化是从精神层面讲的，强调组织文化是一种弥漫于组织各方面、各层次的组织风气、价值观念、思维方式和行为习惯。物质文化则是从物质层面讲的，组织人员的构成状况、组织的物质生产过程和物质成果特色等都是组织文化的重要内容。

（二）组织文化的构成

组织文化可以从三个不同角度进行研究。

1. 层次结构的研究

组织文化可以划分为三个层次。一是物质文化，是指组织内部的物质条件和组织向社会提供的物质成果。优秀的组织文化是通过重视产品的开发、服务的质量、产品的信誉和组织生产环境、生活环境、文化设施等物质现象来体现的。二是制度文化，包括组织的制度、规章条例、奖惩措施、管理方式、习俗、仪式、人际关系形式等。三是精神文化，主要是培植组织的价值观念和组织精神，形成组织特有的文化理念。精神文化有组织价值观、组织精神、组织作风、组织伦理道德、组织的英雄人物等。

各种文化形态在组织文化结构中位于不同的层次和地位。其中精神文化是组织文化的深层内容，表现于组织中人的存在方式，蕴含于组织领导者与职工的心理及行为活动之中，是组织文化的核心和灵魂；制度文化是精神文化与物质文化的中介，是通过组织和制度规范将人与物连接组合起来的纽带，是组织文化得以维护和延续的保证；物质文化是组织中物质要素的表现形式，具有直观的物质形象，是组织精神文化的物质体现和外在表现，处于组织文化结构的表层。所以，组织文化实质是由物质文化、制度文化和精神文化按照一定方式和层次结合而成的有机结构体。

2. 内外结构的研究

组织文化可以划分为经营性文化和管理性文化。经营性文化是组织在处理与外部关系时所持有的价值理念，也就是组织在经营活动中用于指导和约束自己行为、调整自身与环境关系的文化理念。如一些企业所一贯积极倡导的顾客至上的经营理念、服务创造价值的双赢合作理念、诚信守信的商业道德、优胜劣汰的理性竞争理念、快速反应的权变理念、持续发展防范风险的危机理念、扬长避短的比较优势理念、国际一体化的拓展理念等；管理性文化是组织内部协调各种关系和矛盾时所遵循的价值准则、价值观念和组织内部的非正式规则，通过树立内部文化、建立内部秩序可以形成良好的组织机制。如：以人为本的观念、主动合作的团队精神、追求效率和效益的竞争意识、责权利相结合的观念、成本与效益的观念、目标与手段相结合的观念等。

3. 核心内涵的研究

（1）价值观念，反映了组织在发展过程中所推崇的基本信念和奉行的目标，是一个组织对自身的性质、目标、活动方式的取向所做出的选择，是为员工所接受的共同观念。因此成为组织文化的基石与核心。价值观念体现了组织最高目标和宗旨。

（2）组织精神，这是指组织及全体员工共同具有的精神状态和思想境界。组织精神描述一个组织全体员工的主观精神状态，对组织发展具有极高的价值。塑造组织精神主要是对思想境界提出要求，强调人的主观能动性。

（3）制度规范。制度是组织内部按照组织程序正式制定的、成文的规章和规定，规范则可以成文或约定俗成，如道德规范、行为规范等。组织制度规范是组织价值观念、道德观和行为准则的具体化和条例化，是组织文化的组织保障系统，对员工行为形成有形和无形的约束。

(4) 习俗仪式包括组织内带有普遍性和程式化的各种风俗、习惯、传统、典礼、仪式、集体活动、娱乐方式等。习俗仪式是组织价值观念、精神境界与存在方式的积淀和体现。习俗仪式最能体现组织文化的个性，一旦形成，就会成为自然风气和习惯性行为。

(5) 英雄人物是指组织中具有行为表现超出一般员工的思想境界和行为表现，能够成为榜样和表率的先进个人和集体。英雄人物之所以构成组织文化的要素，是因为他们经常以自己的思想和行为卓越地体现了组织的价值观和精神风貌，是组织文化的人格化。

(6) 物化环境是指组织内部的物质条件和组织向社会提供的物质成果，包括店堂、服务、商品、环境布置等。物化环境是组织文化的物质表现和凝结。

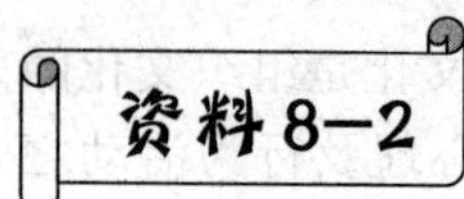

21世纪中国企业文化发展走势

1. 企业文化对企业兴衰、企业发展所起的作用将越来越显著、越来越大。
2. 企业文化的发展同企业的经营活动和管理创新将更加紧密地结合起来。
3. 企业结盟取胜、实施双赢战略将必然要追求“文化沟通”和“双赢思维”的发展。
4. 企业精神的概括和提炼更加富有个性、特色和独具的文化底蕴。
5. 在企业文化建设中，将要更加注重企业精神、企业价值观的人格化和“人企合一”的境界。
6. 作为“学习型组织”的企业文化将更加受到关注。未来最成功的企业将是个“学习团体”，学习越来越成为企业生命的源泉。
7. 企业文化的独特性将越来越表现为企业差别化战略和企业的核心竞争力。企业文化作为企业的核心竞争力的组成部分具有不可模仿性。
8. 作为企业文化的第一设计者——企业家的素质、决策力将越来越重要。
9. 企业文化建设与企业形象设计将更好地结合在一起。

（资料来源：贾春峰：《21世纪中国企业文化发展走势》，载《经济研究参考》，2001 (15)。）

三、组织文化的特征

组织文化作为组织的构成要素和一种管理现象，具有鲜明的组织特征。

(一) 组织文化是一种客观存在的文化现象

作为人类文化系统的一个重要组成部分，组织文化如同其他文化现象一样，是与其载体共生的，即组织文化依赖于组织而存在，没有组织就没有组织文化，没有组织文化也不可能有个性化的组织。组织文化的根源来自于组织的活动，归根结底是组织成员的主观意识对客观存在的反映。组织文化伴随组织的发展、变革而形成和演变，不同的组织由于规模结构、经营内容、组织形式、成员素质不同而形成具有不同特点的组织文化；同一组织的不同发展阶段，其组织文化的鲜明、系统和成熟度也会存在明显差异，充分认识组织文化的这些客观性质，是自觉推动组织文化建设的前提。

（二）组织文化是社会文化和民族文化的亚文化

社会文化是一定社会特有的文化，是社会生产方式、社会制度、社会结构以及主要民族的历史传统的综合体现。组织作为社会的组成成员之一，必然存在于一定的社会文化环境中，其亚文化的形成必然受到社会文化的熏陶、渗透和影响，从而带有浓厚的社会文化的印迹。不仅如此，组织的活动不是在真空中进行的，而是在社会系统环境中进行的，组织与其他社会主体存在紧密的依存关系，组织亚文化也因此受到其他社会主体亚文化的影响和制约。其中尤以民族文化的影响最为深刻。社会中主要民族的历史传统、文化背景、宗教信仰、风俗习惯、群体心理特性等，以潜移默化的方式渗透到职工的价值观念、道德规范和行为方式中，使组织文化具有鲜明的民族文化的烙印。如中国、日本和美国的组织文化都不可避免地带有本国社会和民族文化的烙印；市场经济不同发展阶段中，组织的文化价值观念就有着巨大的差异。组织文化的社会性、民族性、时代性特征，决定了社会文化和民族文化对于组织的基础作用。只有深深根植于社会及本民族文化的土壤之中，才能培育出具有强大生命力和深厚底蕴的组织文化。

（三）组织文化的本质是组织的“人化”

组织中的人是组织的物质、制度精神文化的直接创造者，同时，组织成员也是组织文化的接受者，在构成组织文化的诸要素中，人始终居于首要的主体地位。组织文化的主旨与核心就是以人为本，关心人，重视人，尊重人，为人的全面发展和价值实现创造条件。组织文化强调不仅要关心、重视组织内部的人，而且关注和服务所有组织面对的人，通过提供优质产品和服务满足其物质方面的需要，而且要为实现他们对社会和精神方面的追求创造条件。值得指出的是，组织文化既注重人对于组织发展的价值，把人视为组织的成功之本，同时也注意到组织对人的发展的积极作用，力求使组织成为人的价值实现场所，因而强调把实现组织的价值与实现人的价值有机结合起来，使二者协调统一，互相促进，同时达到组织兴旺发达与个人全面发展的双重目标。

（四）组织文化具有明显的个性

作为一种组织文化或群体文化，组织文化的形成除受所属社会文化及民族文化的制约和熏陶，从而带有明显的本社会、本民族文化特性的烙印外，更重要的是会受到本组织的组织环境和群体特性的影响和制约，尤其是组织的领导者的倡导和推崇。组织的规模与性质、行业及产品特点、组织结构、经营方式、人员构成与素质、管理水平、领导方式等，直接孕育和促成组织文化的生成。这些因素在不同组织中有着不同的存在形式和内涵，从而生成组织文化的诸多本质差异。如开采石油、煤炭等初级产品的组织，会更注重艰苦创业精神的培育，身在高科技领域的组织会更注重创新机制，而生产最终产品，直接面向消费者的组织会更注重服务意识的培养。组织文化个性化是客观的存在，也是组织主观的追求。组织文化的这一特征能够使每个组织培植和形成自己的无形资本，显示出独特的形象和风格，真正使组织文化成为经营管理的战略手段。

资料 8-3

长寿企业的秘籍

做企业的人都想赢，都希望企业能长久，成为长寿企业、百年老店。那么，长寿企业应该具备哪些特征呢？

(1) 环境生态适应机制。长寿公司能敏锐地感受环境的变化，及时调整自己，保持适应状态。

(2) 严格精密的制度机制。美国学者研究优秀的长寿企业，得出一个意想不到的结论：创业者都不是人们想象的那类非凡的人，而是十分平凡的人。平凡的人，没有特殊的人格因素可以利用，只有靠制度机制来整合，而这种制度机制恰恰是长寿的重要原因。

(3) 同心同德的文化机制。企业要有一个共同的价值取向，要有统一的价值观，要有统一的意志。员工对企业的价值观要有强烈的认同感。认同感不是认同一个人，而是认同一种超越个人的价值观，认同超越个人的文化力量。

(4) 追求理想的远景机制。生命型企业不是只顾赢利回报的，而是强调建立一个利益共同体，以此聚合人心。

(5) 持续不断的创新机制。企业要有不断否定自己的机制。一次创新就能一劳永逸的时代已经过去。比尔·盖茨所说的“永远离破产只差 18 个月”就是这个意思。

(6) 财务稳健的预警机制。财务稳健，甚至“保守”，意味着企业将生存权操纵在自己手中。

(7) 自我超越的成长机制。打败对手首先是战胜自己，即为自我超越的能力。只有那些能不断超越自己的企业，才能成为最后的赢家。

四、组织文化的功能

组织文化的各项要素具有不同的能量和效用。将这些要素有机结合起来，使各要素的潜在能量发挥出来，形成组织文化效用上的集合力，进而以整体功能的方式发挥作用。

(一) 导向功能

组织文化能够把组织成员的思想、行为引导到实现组织所确定的目标上来。传统管理在促使组织成员完成组织目标时，一是靠带有强制特点的权力支配的作用，二是靠物质利益的刺激，二者都使员工在完成任务时处于一种被动状态。而组织文化不同于物质手段，它通过对组织群体共有的价值观念的塑造，从精神上引导员工的心理和行为，使员工在潜移默化中接受共同的价值观念，指导员工做什么、怎么做，发挥无形的导向作用，使实现组织目标成为员工的自觉行动。

(二) 凝聚功能

组织文化有着把组织成员紧密团结起来，形成一个统一体的凝聚力量。这种凝聚力的产生，一方面是由于组织文化重视人的价值，珍惜和培养人的感情，注重集体观念的形成，因而有利于促进员工间的团结；另一方面，组织文化注重从多方面的文化心理去沟通人们的思想，使人们产生对组织目标、准则、观念的认同感、使命感、归属感和自豪感，从而使组织产生一种强烈的向心力和凝聚力。

（三）激励功能

组织文化有着激励组织成员自觉为组织发展而积极工作的作用。组织文化的这种激励作用，一方面，由于组织文化是一种以人为中心的管理，承认人的价值，尊重人，爱护人，注重对人的思想、行为的“软”约束，从而起到传统激励方式起不到的作用；另一方面，组织文化的激励功能不是消极被动地去满足人们对自身价值的心理需求，而是通过组织的共同价值观的形成，使其转化为员工实现自我激励的动力，自觉地为组织的生存和发展而工作。

（四）约束功能

组织文化有着对组织成员的思想和行为的约束和规范作用。组织文化一旦发育成熟，组织道德、组织风尚、组织规范和组织习俗等就会产生自觉性的约束力，作为一种无形的、非强制性的约束力量，其必然影响到组织每个成员的认识、感觉、思想、伦理、道德等心理过程。如组织的共同价值观深入每个员工的头脑中，则员工的心理就会产生与之相适应的感觉和认识，自觉或不自觉地按共同价值观行事，一旦违反这种价值观念，无论别人知道与否，自己都会感到内疚和不安，从而在自己思想和行为上做出调整，以服从组织价值观念的规范。

（五）辐射功能

组织文化对组织内外有着强烈的辐射作用。对内组织文化有着强烈的感染传播力量，对员工产生着影响，员工的来去，职位的调动，甚至领导者的改换，都难以影响组织文化的固有力量。组织文化也可以向组织外部传播，通过各种渠道对社会产生着影响，形成一种形象感染力，扩大组织的知名度，提高组织的美誉度。如通过高质量的产品和满意的服务，使顾客感受到企业独特的文化特色，通过利用各种宣传手段，如电视、广播、报纸、书刊、会议等传播方式，宣传组织文化等。组织文化对内对外的辐射过程，也正是组织形象的塑造过程，因而对组织的发展有着重要的意义。

案例思考 8-2

一台烘干机的作用

在广州的一家公司里，王工程师是一个有名的“工作狂”，脑瓜子有点“木”，可技术革新却屡建奇功。他妻子小陈刚给他生下一个胖小子，又值梅雨季节，小孩的衣服、尿布洗了很难晒干，小陈是又着急又没辙。这事被总经理办公室的小李知道了，小李是一位学工商管理的大学毕业生，她向总经理建议：王工一心扑在工作上，整天不着家，如果公司花 300 元钱买一台衣服烘干机送到王工家里，效果一定好极了。这一天，当王工又一次很晚才回到家时，一进门就听到妻子说：“今天你们公司派人送来了一台烘干机，可解决大问题了。”王工心里顿时一热，吃过饭后他又往实验室去了。

烘干机能起到什么作用？这个公司的文化有什么特点？

第二节 组织文化建设

一、组织文化建设的目标

组织文化建设的目标十分明确，通过文化的培育和弘扬，为组织的长久发展和不断升华奠定基础。为此，组织文化建设应瞄准的方向是：

（一）培育具有优良趋向的价值观念，培育杰出的组织精神

伴随着知识经济的到来，市场的竞争日趋激烈。组织的竞争首先是人的竞争，人的竞争背后则是人的精神的抗衡、人所依托的组织凝聚力的抗衡、组织发展潜力和团队对人的凝聚力的抗衡。组织文化作为一种组织长期发展和竞争的战略，目标是经过千锤百炼，培养和巩固坚定的组织信念，组织理想，组织精神，使这种专属于组织本身的价值观念和组织精神得到全体员工的接受与认同，使共享价值观和组织精神转化为全体员工做人的追求和自觉行动，使组织的使命和组织成员的人生价值实现完美地结合。

（二）坚持以人为本，有效开发和利用人力资源

组织文化建设的目标是开发和利用推动组织长期发展的有效的人力资源，应用知识提供智力、添加创意，将组织中的人力资源充分地挖掘和利用起来，形成组织全新的知识资本积累。组织文化的培养要形成尊重人、关心人、爱护人、培养人、成功人这一主线，坚持以人为本设计组织发展战略和组织管理活动，重视从文化和实现人的价值的角度关注员工的需要、特点和追求，通过情感交流、人际沟通、群体活动、参与管理和智力开发等多种形式和手段，为员工创造良好的文化氛围，引导组织成员不断加强个人修养，提高自身素质，成为有理想、讲道德、懂知识、有技能的新型人力资源。

（三）完善制度，实现管理创新

优秀的组织文化为组织提供优秀的管理理念和管理机制。管理思想、管理制度和管理方式都是组织文化的重要内容，也是组织文化得以维护和延续的基本保证。在组织文化建设中，应当弘扬组织共有的价值观念体系和组织精神，适时调整组织管理战略，围绕实现组织目标，创新管理理念和管理方法，建立健全各种规章制度，形成科学的规范网络，使员工的各种行为活动、相互关系的确立和调整以及行为效果的评价等均有法可依，有章可循。组织管理要适应新的经济时代的挑战，组织文化建设要不断为组织管理的提升和创新提供支援。组织文化通过组织精神的弘扬和全新管理理念的倡导，实现管理的全面提升和创新。

（四）加强文化灌输，促进组织文化的习俗化

习俗是组织文化个性或独特性的具体反映，也是组织文化建设的最高境界。构建组织文化时，要注重保留和维护能反映本组织优良传统和文化特点的风俗、习惯，同时根据组织文化的发展不断创新内容，反复强化和持久地灌输，使组织文化通过多样化、趣味化、娱乐化的表现形式，成为组织员工众望所归、喜闻乐见、乐于参与的群众性运动，使组织的价值观念、精神追求、道德准则和行为规范进一步习俗化，成为每个员工的自然要求和自觉行动。要达到组织文化的这一高境界，还要把礼仪建设贯穿和渗透于组织管理的全过程，在工作程序、办事风格、会议形式、待人接客、信息沟通方式以及内部公文格式等各种活动中充分体现本组织特有的习俗礼仪。

（五）塑造组织的良好形象

组织形象是组织文化系统中所有要素的综合表现。考察一个组织的形象，可以洞悉这个组织文化建设的全貌和整体水平。社会公众也往往从一个组织的形象去了解和评价其组织文化状况。为此，在培育组织文化时，应当将组织形象战略同时启动。塑造组织形象与培育组织文化的措施有着内在的密切联系，确立卓越的价值观和组织精神，提高员工素质，完善制度规范，加强礼仪建设等，都是塑造良好组织形象的重要内容。与单项措施的区别在于，塑造组织形象强调从全貌或总体状态的角度对各项措施进行统筹设计，系统运用。特别强调视觉系统要素在塑造组织形象中的骨架和轮廓作用。为此，从事“软”文化建设的同时，必须加强“硬”文化建设，要不断提高产品质量和服务，改进物质技术装备水平，改善工作环境，提供良好的福利设施和待遇，提高组织的经济效益，从而为组织文化建设奠定坚实的物质基础。

二、组织文化建设的内容

组织文化是由物质文化、制度文化和精神文化构成的，所以，组织文化建设的内容也围绕这三个方面展开。

（一）精神文化建设

精神文化是组织文化的深层内容，是组织文化的核心所在。精神文化建设主要是培植组织的价值观念和组织精神，形成组织特有的文化理念。

1. 价值观念

一般价值观通常是指人的价值观，是指一个人对周围客观事物的是非曲直、好坏善恶的评价标准。人们对各种事物，如金钱、地位、友谊、荣辱、幸福、诚实、自尊等，都有自己的评价标准，在心目中都有好坏、轻重、主次之分。这种好坏、轻重、主次的排列构成了个人的价值观体系。

组织文化强调的价值观是组织的价值观，是指组织在发展过程中所推崇的基本信念和奉行的目标，是一个组织对自身的性质、目标、活动方式的取向所做出的选择，是为员工所接受的共同理念。组织价值观体现了一个组织的基本理念和信仰，反映了组织对客观事物的认知程度及是非优劣的评判标准，因而是组织文化的核心和基石。价值观念的确立对组织文化的其他要素具有决定性作用，其他要素如制度规范、习俗仪式等，都是以一定的价值观念为基础建立和形成的。

一个组织对客观事物的认知往往是多元的，如创新、市场、人才、效益和社会责任等。各种价值的重要程度也有所不同。将多种价值按照其重要程度加以排序组合，就构成组织价值观念体系。一个组织是否具有稳定的、为全体员工共享的价值观念体系是组织文化发育成熟的重要标志。

无数例子证明，组织价值观建设的成败，决定着组织的生死存亡。因而成功的组织都很注重组织价值观的建设，并要求员工自觉推崇与传播本组织的价值观。为了让组织员工了解组织的价值观，价值观应该用具体的语言表示出来，而不应该用抽象难懂、过于一般化的语言来表示。

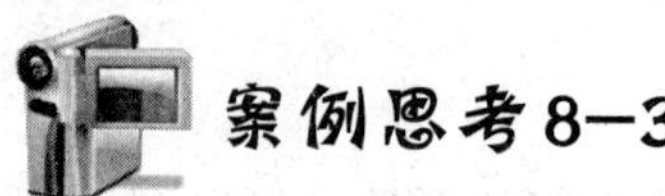

企业的价值观

海尔公司把价值观表示为“真诚到永远”。

IBM 提出“最佳服务精神”，把为顾客提供世界上第一流的服务作为最高的价值信念。

联想的核心价值观：

● 成就客户——我们致力于每位客户的满意和成功。

● 创业创新——我们追求对客户和公司都至关重要的创新，同时快速而高效地推动其实现。

● 诚信正直——我们秉持信任、诚实和富有责任感，无论是对内部还是外部。

● 多元共赢——我们倡导互相理解，珍视多元性，以全球视野看待我们的文化。

试剖析一些知名企业的价值观，看一看其理念的内涵都反映了哪些内容。

2. 组织精神

组织精神是指组织及全体员工共同具有的精神状态和思想境界，反映的是组织全体员工的主观精神状态。塑造组织精神，主要是对思想境界提出要求，强调人的主观能动性。

组织精神与组织价值观既有区别又有联系。组织价值观是组织成员对客观存在的正确认识和反映，组织精神的提出是建立在价值观的基础上的，是对组织价值观的进一步概括和深层体现。组织文化应在确立价值观体系的基础上塑造组织精神，因为，组织精神的作用更侧重于激发职工的主观能动性，鼓舞士气，在组织中形成一种高昂的、充满进取精神与活力的精神氛围，增强组织的凝聚力和职工行为的一致性。不同组织的组织精神有着不同的表现，如奉献精神、主人翁精神、服务精神、创新精神等。

案例思考8-4

部分企业的企业精神

蒙牛的企业精神：学习沟通、自我超越。

同仁堂的企业精神：同修仁德，济世养生。

海尔的企业精神：敬业报国，追求卓越。

IBM 的企业精神：IBM 就是服务。

试剖析一些知名企业的企业精神，看一看其理念的内涵都反映了哪些内容。

3. 组织作风

组织作风是指一个组织在长期的实践活动中形成的一种风气，是建立在组织信念、行为规范和道德标准之上的组织价值观的外在表现。组织作风反映组织的精神实质，具体体现了组织在各种活动中所表现出来的一贯态度和行为风格，是全体员工在组织发展过程中长期积累并形成的精神风貌。

组织作风是组织的一种氛围、风气，甚至是一种习惯。表面看起来，组织作风看不见，摸不着，但它却影响着组织的发展方向、经营行为。良好的组织作风能够协调组织的管理行为，有助于建立科学、规范的组织运行秩序，提升组织员工的工作境界，达到提高工作效率与效益的目的。

案例思考 8-5

部分企业的企业作风

海尔集团的组织作风：人单合一，速决速胜。

长安集团的组织作风：今天的事今天完，明天的事今天想。

中国人寿的组织作风：严谨高效，热情周到。

吉化集团公司的组织作风：严、细、实、快。

严：严密制度，严格管理，严明纪律，严谨作风，严格考核，严于律己，严肃认真，令行禁止，一丝不苟。

细：工作细心，服务周到，全面准确，耐心细致，全方位，全过程，无死角。

实：工作重实干，讲实绩，求实效，脚踏实地，实事求是。不弄虚作假，不搞形式主义。

快：迅速反应，马上行动，办事高效，不推诿，不扯皮，不拖拉，今日事，今日毕。

试剖析一些知名企业的企业作风，看一看其理念的内涵都反映了哪些内容。

4. 组织道德

组织道德是指调整本组织与其他组织之间、组织与顾客之间、组织内部员工之间关系的行为规范和准则。组织道德从伦理关系的角度，以善与恶、公与私、荣与辱、诚实与虚伪等道德范畴为标准对组织和员工提出要求。组织道德与法律规范和制度规范不同，不具有那样的强制性和约束力，但具有积极的示范效应和强烈的感染力，当被人们认可和接受后具有自我约束的力量。因此，它具有更广泛的适应性，是约束组织和员工行为的重要手段。组织树立正确的、高尚的、美好的伦理道德价值取向，并将其渗透到组织内外活动的所有领域，既有利于内部的稳定、团结，也有利于对外关系的协调和统一，是增强凝聚力、升华组织形象的有力措施。

案例思考 8-6

联想公司的企业道德观

宁可损失金钱，绝不丧失信誉；
生意无论大小，一律一视同仁；
待人真诚坦率，工作精益求精；
光明正大干事，清清白白做人；
勤勤恳恳劳动，理直气壮挣钱。

试剖析联想的企业道德，看一看其理念的内涵都反映了哪些内容。

5. 英雄人物

英雄人物是指组织中具有超出一般员工的思想境界和行为表现，能够成为榜样和表率的先进个人或群体。他们可以是组织的缔造者、领导者，也可以是员工中的模范代表。英雄人物构成组织精神文化的组成要素，是因为他们通常以自己的思想和行为卓越地体现了组织的价值观和精神风貌，使组织文化得以人格化、品质化，成为生动具体的形象。英雄人物具有榜样的作用，通过对英雄人物的仿效和追随，可以使广大员工形象具体地接受组织的价值观体系，领悟组织精神的精髓，进而积极遵从本组织文化的各种准则和规范，使员工群体的文化素养得到普遍提高。

（二）制度文化建设

管理制度和管理方式是组织文化的重要内容，也是组织文化得以维护和延续的基本保证。在组织文化建设中，应当高度重视建立在组织共有的价值观念体系和组织精神基础上的制度文化建设，围绕实现组织目标建立健全各种规章制度，形成严谨、规范的制度文化体系，使职工的各种行为活动、相互关系的确立和调整以及行为效果的评价等均有法可依、有章可循。

制度是组织内部按照组织程序正式制定成文的规章和规定，如人事制度、奖惩制度等。规范则可以是成文的，也可以约定俗成的，如道德规范、行为规范等。制度规范是组织价值观念、道德观和行为准则的具体化和条例化，是组织文化的组织保障系统。制度文化把组织职工的价值共识，以及在分工协作、协调相互关系、保持行为一致性方面的共同要求以条文的形式确定下来，从而对职工行为形成有形或无形的约束。在制度规范的约束下，每名组织成员能够确切地掌握行为评判的准则，并以此自动约束、修正自身行为，遵从共同的行为规范。完善合理的制度规范在保持组织活动的正常进行、协调领导和员工之间、组织与外部公众之间的关系方面，以及在调动各类人员工作积极性、主动性方面，都能起到有效的保证和加强作用。

习俗仪式也是组织制度文化建设的内容之一，包括组织内带有普遍性和程式化的各种风俗、习惯、传统、典礼、仪式、集体活动、娱乐方式等。习俗仪式是组织在成长和发展过程中长期积累、反复实践和总结而逐渐形成的，实质是组织的价值观念、精神境界与存在方式的积淀和体现。与制度规范相比，习俗仪式带有明显的动态性质，经常通过各种活动和日常的例行仪式表现出来，例如举办公司庆典、例行活动等。习俗仪式常常是组织文化最生动、最具特色的体现。具有鲜明文化特色的组织，大多形成一系列独特的习俗活动或仪式用以不断强化全体职工对本组织文化的认同，感受组织文化的鼓舞。组织行为习俗化，推动组织形成良好的自然风气和全员的自我管理，并且将组织文化传统代代相传，经久不衰。这是组织文化生长发展追求的更高境界，也是组织文化发展成熟的标志。

（三）物质文化建设

物质文化是指组织内部的物质条件和组织向社会提供的物质成果，包括厂房设施、技术设备、环境布置、文化设施、产品、服务、环境保护、社会赞助等。物质文化是组织文化的物质表现和凝结。就组织性质而言，组织文化如果仅限于价值观念、组织精神、习俗仪式等意识形态方面是极不完整的。只有将精神、意识状态的文化转化为员工的热情和创造力，生产出能够体现价值和理想追求的物质产品和服务，才能形成完全意义上的组织文化，才能体现组织文化的实际价值。物质文化建设的主要内容包括：

1. 产品文化价值的创造

要运用各种文化艺术和技术美学手段，作用于产品的设计和促销活动，使产品的物质功能与精神功能达到统一，使顾客得到满意的产品和服务，从而加强产品和组织的竞争能力。

2. 厂容厂貌的优化

要能体现组织的个性化，要有好的厂名、厂徽，有合理的组织空间结构布局，有与人劳动心理相适应的工作环境，从而促进员工的归属感和自豪感，有效地提高工作效率。

3. 组织物质技术基础的优化

要注意智力投资和对组织物质技术基础的改造，使组织技术水平得到不断的提高。

物质文化能够为组织成员营造赖以生存发展的环境和条件，对内，可以促使职工为追求理想目标和自身价值实现而更好地工作、学习，求得自身的全面发展；对外，充分展示组织的突出形象，积累和扩张组织的无形资产，使组织在市场竞争中赢得优势。此外，物质文化作为物质文明的体现，与组织的精神文明互为条件。培育优良的物质文化可以促进精神文明建设，为优秀组织文化的形成奠定物质基础。

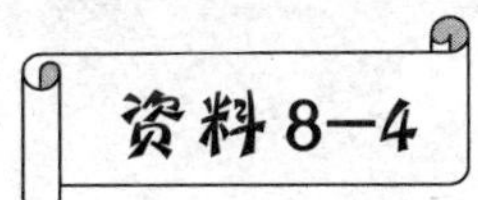

企业物质文化建设的内容

- 企业名称、标志、标准字、标准色。
- 企业外貌。
- 产品的特色、式样、外观和包装。
- 厂徽、厂旗、厂歌、厂服、厂花。
- 企业的文化体育生活设施。
- 企业造型和纪念性建筑。
- 企业纪念品。
- 企业的文化传播网络。

三、组织文化建设的步骤

优秀的组织文化不是自然生成的，其功能的充分发挥有待于精心培育和长期建设。组织文化建设是一项长期的系统工程。

(一) 组织文化的诊断

组织文化与组织存在是共生的，组织主动建设组织文化通常是在组织成立后的某个时期。在此之前，已经形成的组织理念、习俗和行为规范将是组织重建组织文化的背景。诊断现有组织文化是否被员工接受和认同，组织文化是否在对员工发挥作用，是组织文化建设的第一步。组织文化诊断主要是发现和研究原有文化的性质、特征、作用和状态，为创新文化奠定基础。

（二）组织文化的提炼与设计

组织文化是一种记忆文化，也是一种创新文化，首先要从历史中提炼。在组织的发展中，一定会沉淀一些支撑员工思想的理念和精神。这些理念和精神包含在组织创业和发展的过程之中，隐藏在一些关键事件之中。把隐藏在这些事件中的精神和理念提炼出来，并进行加工整理，就会发现真正支撑组织发展的深层次精神和理念，这就是组织的精神和理念。

有效的组织文化更是学习的文化、创新的文化、与时俱进的文化，所以，文化建设的关键是继承与创新、培育与弘扬。组织文化建设要从未来出发进行设计。对行业进行分析，对竞争对手进行分析，对自己的发展目标进行定位，找到现状与目标的差距。

文化设计的关键是在对历史提炼和着眼未来的基础上设计出组织的核心理念。核心理念在各系统的具体表现是不同的。以核心理念为指导，设计出各系统的理念，为每一个系统的理念确定相应的典型案例、典型故事、典型人物，形成由核心理念、与核心理念相应的典型人物与事件、各系统的理念和相应的典型人物与事件构成的文化理念体系。如海尔的核心精神为“敬业报国，追求卓越”。这种追求卓越的精神又进一步转化为各项管理的具体理念，每一个理念都有相应的典型事件与之对应。所以，海尔的组织文化建设就与生产经营活动密切联系起来了，避免了一般组织文化建设的单纯形式化。

资料 8—5

海尔理念

海尔在企业文化建设中，善于用简短的、朗朗上口的话语提出各种理念，以表达决策层对企业管理及发展等各方面的观点，统一员工思想，指导员工的行为。经过多年的发展，海尔在各个方面都形成了自己独特的理念：

（1）“永远战战兢兢、永远如履薄冰”——海尔的生存理念；

（2）“人人是人才、赛马不相马”——海尔的用人理念；

（3）“优秀的产品是优秀的人才干出来的”——海尔的质量观念；

（4）“先买信誉、后卖产品”——海尔的营销观念；

（5）“高于竞争对手”——海尔的竞争观念；

（6）“创造市场、只有淡季的思想、没有淡季的产品”——海尔的市场理念；

（7）“用户永远是对的”——海尔的售后服务理念；

（8）“东方亮了再亮西方”——海尔的资本运营理念；

（9）“创造新市场、创造新生活”——海尔的技术创新理念；

（10）“您的满意就是我们的工作标准”——海尔的职能工作服务理念。

（三）组织文化的强化与培训

组织文化作为经营管理的手段，必须贯彻到组织每一项工作、每一个成员的行为中，组织文化的最高境界是习俗化。所以，文化体系设计完毕就要进行持久、系统的宣传和培训。通过多种形式，使其深入人心，并在实践中不断得到强化。系统化讲解、制度化建设、树立英雄榜样等都是必要的手段。

组织文化建设应是长期行为，靠短期突击不能奏效，而且是有害的。组织文化模式的形成，不仅要长期积累，而且要同旧文化的“惰性”反复较量、长期斗争。因此，进行组织文化建设必须长期努力，持之以恒。

案例思考 8-7

为了升级而调走

“你能到我的办公室来一下吗，小李?”张经理问道。“可以，马上就来。”小李说。他是工厂质量管理部门负责人，来公司工作了三年时间。在大学拿到机械工程学位后，他先后当过生产工长和维修车间主任，然后提升到目前的职位。小李心里明白经理的电话是为了什么。

“看到你的辞职信我很吃惊，”经理直截了当地说，“我知道 A 公司将得到一位好员工，但我们这里更需要你。”“关于这我想过很久，”小李说，“可是这里好像没有我的前途。”“你为什么这样说?”经理问道。小李毫不掩饰地回答：“我上一级的职位是你的。你才 39 岁，我不认为你会马上离开这职位。”

“事实上我很快就离开，”经理告诉小李说，“这是我知道你提出辞职后为什么如此吃惊的原因。我想到明年 6 月份我会调到公司总部任职。另外，公司有几个分支机构比这大得多。那些地方不时地需要优秀的人手，不管是在质量管理方面还是在综合管理方面。”

“不错，我听说去年在大连开办了一家机构，”小李说，“但当我得知这消息时，职位已经都安排好了。我们只有在看到公司的报纸后才知道其他部门的工作机会。”

“这些不是我们现在要讨论的问题。告诉我，需要怎样才能让你改变主意?”经理问道。“我想我现在已无法改变主意了，”小李回答道，“因为我已经与 A 公司签订了合约。”

请问：是否能从这个事例中看出这个公司文化建设方面的问题? 企业如何才能留住人才?

第三节　组织变革

现代组织面对的是一个复杂的、瞬息万变的、充满竞争的外部环境，组织的形态、功能、结构、管理活动都要受到环境的制约，要在与环境的适应中求得生存和发展。这种适应性必然要求组织能够顺应外部环境和自身条件的变化做出相应的调整。因此，组织应是变革的、发展的。

一、组织变革的权变因素

引起组织变革的因素是多方面的，一般影响因素主要有以下内容：

(一) 组织环境

组织的发展与变革要受到外部环境的制约，包括资源供应条件、市场特点、国家的政策法规和经济形势等。如企业面临的市场稳定程度不同，对其组织结构的要求也不同，若市场相对稳定，产品销售受市场的影响比较小，或者企业处在卖方市场的环境下，此时企业组织结构倾向于封闭式的系统，以求从组织上保证最佳的生产效能；若企业面临的市场变化快，市场状况不稳定，或是处在买方市场上，生产者之间竞争激烈，此时企业组织结构就要向开放式系统转变，以保证企业组织的灵活性和适应性。

（二）组织战略

组织结构是实施组织战略的重要手段。战略与组织结构的这种关系，也就决定了组织的发展必须服从于战略的要求。这一点在一个组织的不同发展战略阶段上有着明显的体现。例如一个企业从成立、发展到壮大，甚至成为一个经营多样化的跨国公司，总是由小到大，有着不同的战略发展阶段，其组织结构也必然有着与之相适应的从简单到复杂的不断变革、完善的过程。当企业处于发展初期，规模小时，其战略目标可能仅局限在扩大生产规模上，此时企业组织结构比较简单，职能部门的划分是极其有限的，联系环节也较少；当企业处于发展壮大阶段，其规模相应扩大，经营领域向着行业内深度和更广大的地域扩散时，简单的组织结构无法适应战略的发展，此时就要求职能专业分工的进一步细化，形成一套较为复杂的职能管理结构；当企业的经营实力强大，以经营多样化战略，推动企业跨行业、跨地区，以至于跨国发展时，由于经营领域的多样化，单纯以职能划分的组织结构难以适应，此时就要求建立以产品或地区划分的更为复杂的组织结构形态。

（三）组织规模

以一定的形式存在的组织，客观上总是具备一定的规模，如生产能力的大小、拥有固定资产的多少、员工人数的多少等。组织结构模式要受到组织规模的制约。如组织层次的划分、职能部门的划分、各部门之间的联系方式都与组织规模直接相联系。组织规模小，组织结构相对简单；组织规模越大，相应职能专业分工越细，部门设置就要多，各部门之间的联系多且复杂。因此，随着组织规模的扩大，组织结构必然要有一个发展和变革的过程。

（四）组织的生产技术特点

生产技术特点与组织结构有着密切的联系。例如企业的生产技术水平、机器设备、生产的连续程度和自动化程度不同，对组织结构的要求也有所不同。若企业的生产自动化程度高，工艺联系紧密，组织结构就要强调联系的紧密性，分工要细化，生产指挥系统要强化。若企业的自动化程度低，产品品种繁多，工艺差别较大，在组织结构上就要强调专业化管理，生产经营系统要强调灵活性和适应性。企业重大的技术改造与更新，往往也要求组织结构的调整与变革。

（五）组织的员工素质

组织的员工素质水平，既影响到组织作用的发挥，又约束着组织结构的形成模式。例如管理人员的能力和水平必然影响到直线指挥和职能参谋部门作用的发挥，工程技术人员和工人的能力和水平必然影响技术和生产组织作用的发挥。组织内部纵向管理层次系统、横向职能参谋系统以及权力关系系统的形成和发挥作用，与员工素质及其主动性和积极性有着密切的关系。因此，员工素质的不断提高，必然要求组织结构的调整和变革。

二、组织变革的方向

组织变革的目标是适应生产关系调整和生产力迅速发展的要求，提高组织的管理效能，即改变不合理的管理组织状态，建立新的高效能的管理组织体系。要达到这一目标，从改革的发展趋势看，组织变革的方向应包括以下内容。

（一）适应组织战略化发展的要求

我国的各类组织长期以来受计划管理体制的影响，一般都带有内向型的特点，管理关注的重点常常是业务过程，高度集权的组织结构也使得高层管理人员的精力主要陷于处理日常事务。组织常常是处于一种被动应变的状态。这与组织所面临的复杂多变的环境是不相适应的。现代环境要求组织要有预见性的特点，应能在复杂的环境中，为自身的长远发展做出预先的估计和安排，并能有效地推进组织战略的实施。要达到这一点，有赖于组织内部战略管理组织的形成和完善。因此组织变革要符合战略管理的发展要求。既要在组织内部形成战略管理层次，也要将战略管理的思想和行为贯穿于组织系统的各个层次和各个部门。

（二）适应生产社会化和组织集团化发展的要求

现代社会生产力的发展，要求组织能够形成规模经济，只有当生产要素形成一定的规模，才能达到成本最低，效益最好。以企业为例，取得规模经济的途径有多种，一是单个企业实施组织规模的扩张；二是实现企业间的联合，通过企业集团化的发展，使生产要素得到合理配置和优化组合，以取得应有的规模经济效益。这种规模经济的形成，将超出地区或国界的范围，必然促进生产社会化和组织集团化的迅速发展。组织变革应顺应这一发展趋势，组织结构应能满足生产高度社会化条件下对生产经营的有效组织，并能有效协调集团化系统内部纵横交错的复杂关系。

（三）适应组织扁平化发展的要求

组织的扁平化是为了适应组织环境日益复杂多变所提出的挑战。传统的组织体系，管理层次越来越多，信息的处理和传递要经过若干环节，致使整个组织对外部环境变化的反应迟钝，在激烈的市场竞争中处于不利地位。为改变这一状况，20 世纪 80 年代以来，组织呈现出扁平化的趋势。组织的扁平化，是指管理层次的减少和管理幅度的扩大，组织结构形态由标准的金字塔形向圆筒形转化。扁平化可以促使组织成员的独立工作能力大大提高，管理者向员工大量授权，组建各种工作团队，员工承担较大的责任，普通员工与管理者、下级管理者和上级管理者之间关系由传统的被动执行者和发号施令者的关系转变为一种新型的团队成员之间的关系。

（四）适应组织柔性化发展的要求

现代组织面对的外部环境和自身条件的复杂性，使得在传统组织设计理论基础上形成的具有刚性特点的组织结构形式难以适应发展的要求。如统一领导的原则可能会对具有不同职能、不同产品或不同地区范围的组织部门产生不同的影响；统一指挥的原则，使下属只能服从一个领导，这可能会带来需要密切配合的部门之间的协调困难；集权虽有利于控制，但也会妨碍下级人员积极性的发挥等。因此，根据需要将刚性组织向柔性组织转变，以提高组织运作的弹性，是现代组织变革的重要方向。矩阵组织形式和多维组织结构形式的产生与发展都反映了这一趋势。

（五）适应组织虚拟化发展的要求

虚拟的概念最初来自计算机的虚拟存储器。20 世纪 90 年代，“虚拟”被移植到管理模式上。所谓组织虚拟化，就是利用信息网络技术，把处于组织供应链之中或之外的厂商、顾客以及同行的竞争对手整合成一个临时性网络组织，以达到分散风险、共享技术、分摊费用以及满足市场需求的目的。组织之间通过“虚拟整合”，能够在资金筹集、技术开发、技术使用、产品更新换代、市场销售等方面形成利益共同体，以弥补自身资源不足、缩短产品开发与上市时间、降低研发成本。通过“强强”联合降低研究开发风险，减少重复投资，且能在极短的时间达到规模效益，快速获得市场机遇。组织虚拟化是组织变革的重要方向。网络组织形式的产生与发展都反映了这一趋势。

（六）适应组织多样化发展的要求

在市场经济条件下，由于组织外部环境和内部条件的差别，要存在一种统一的、普遍适用的、最好的组织管理模式是不可能的。随着组织的发展，组织结构模式的多样化，必然是组织变革的重要方向。组织模式的多样化，一方面表现在不同组织之间由于发展条件不同而形成不同的组织结构形式；另一方面也表现在组织内部，随着组织规模的扩大，组织在人员、产品、技术等方面的构成也日益复杂，为使资源得到有效配置，各方面的效能得到充分发挥，组织内部结构形式也有多样化发展的趋势。

（七）适应组织运作高效化发展的要求

现代组织面临的环境具有科学技术日新月异、市场环境瞬息万变、市场竞争日益激烈的特点，组织的生存与发展在很大程度上取决于组织对外部变化是否具有灵敏的反应能力，而这种能力必须要建立在组织运作高效化的基础之上。提高组织运作的效率，要求组织变革能够做到：减少组织不必要的资源投入，强化组织的信息沟通和协调机能，规范组织内部的权责关系和工作标准，采用先进的管理方法和手段等。

（八）适应组织民主化发展的要求

在现代组织要素的构成中，人是起主导作用的因素。当组织之间的竞争在技术上的差距越来越小时，人才的竞争也就日益突出。组织的发展也越来越依赖于对人力资源的有效开发和利用，依赖于人的积极性的发挥。组织变革应顺应这一要求，要在组织中为人的能动性和创造性的发挥留有适当的空间，并建立起人员之间相互联系、相互作用的渠道和关系。要通过合理的组织措施吸引和依靠全体员工参与组织的各项管理工作，使管理具有更广泛的群众基础。这样既可以使各级管理人员的决策更具科学性，也能充分发挥各方面人员的主观能动性和积极性。

案例思考 8-8

杰出的管理者

要成功地精简一个公司行政机构的层次，其难度常被比喻为教会一只大象跳舞。但是，惠普公司首席执行官约翰·A·杨，却赢得了妙计制胜的声誉。

在 1990 年初，杨开始认识到公司的现有的行政机构会大大拖延决策的过程。他听说，公司在开发一组高速计算机工作站时，因为在技术决策问题上无休止地开会，结果使开发进程延期了一年多。惠普公司原先为促进各工作小组之间的沟通和更好地评估各项决策而设立的 38 个内部委员会，不仅增加了成本，还限制了创新和延缓了决策。比如，仅仅为给公司开发出的第一代计算机软件取个名字，竟用了 9 个委员会、近 100 个人讨论了 7

个月。

杨立即着手改革公司结构，以解决这一问题。他取消了公司的委员会机构设置，并采取措施实现组织扁平化。他将计算机业务划分为自治的两个集团：一个集团经营通过代理商销售的个人微机、打印机和其他产品业务；另一个集团负责向大客户推销计算机工作站和小型机。他还将公司集中的销售力量一分为二，使每个计算机集团拥有自己的销售和营销队伍。

结果是令人鼓舞的。一位现在只要与3个委员会而不是38个委员会打交道的总经理这样评论说："我们正在做更多的生意，正在以更少的人将产品更快地送出去。"数据也证实了杨重组机构的成功：1991—1992年，惠普公司的利润增加了49%。

惠普公司的组织变革对我们有什么启发?

三、组织变革的方式

针对组织发展的不同需要以及组织内部条件和外部环境的不同要求，组织变革可有多种方式。

(一) 改良与变革

改良与变革是针对组织变革涉及的深度而言的。

改良式的变革是以局部改变组织机构和人员数量为主的一种变革方式，变革的重点在于增加或撤销某些部门，增加或减少管理人员等。改良式变革一般属于修修补补的小改革，适于在组织结构基本适宜的条件下，用于解决机构臃肿、人员过多、管理开支过大以及局部协调等问题。它的优点在于符合企业的现实需要，涉及面窄，阻力小。但改良式变革一般只涉及组织的表层问题，难以触及组织的深层次矛盾，带有权宜之计的性质。

变革式的方式触及组织结构的质变，重点在于从根本上改变组织的内部结构和内部关系。一般适于在组织内外环境发生重大变化，传统组织结构严重阻碍组织发展时采用，如企业较长时间经营业绩不佳，管理效率低下，或企业间发生联合，企业进行较大规模的扩张等。组织变革的方式，可以有效解决组织内部的深层次矛盾，但由于变革对组织的稳定性会产生重大影响，因此必须建立在深入研究和科学规划的基础之上。

(二) 突变与渐变

突变与渐变是针对组织变革进程的快慢而言的。

突变式的变革方式是指短时间内一次性的完成对组织的变革。如两个企业合并后，对组织结构进行的迅速改组；一个企业新领导班子上任后，大刀阔斧地对组织结构和人员进行的调整等。这种变革方式具有一次到位、解决问题迅速的特点。但由于涉及面广，速度快，易引起组织的剧烈震荡，会使员工丧失安全感，甚至引起对变革的抵制，若计划不周，配套措施跟不上，还可能导致变革的失败。因此，除非组织面临严重危机，一般不宜采用。

渐变式的变革方式是指通过对组织的系统研究，在确定了完善的改革方案后，有计划、分阶段地逐步实施，最终达到改革的总目标。渐变式的变革方式适应组织长期发展的要求，可以保证组织工作秩序的相对稳定，员工的心理承受能力也会有一个逐步适应的过程。这种变革方式一般适用于组织结构需做出较大变革，但组织内外条件尚不完全成熟的情况。

（三）主动与被动

主动与被动是针对组织变革的动力来源而言的。

主动的变革方式来源于组织主观思变的动力，表现为对组织外部环境的主动适应，是一种预见性、超前性的变革。在现实生活中，由于组织的变革通常需要一段较长的时间才能见到效果，因此，组织若能在外部环境发生重大变化，并可能对组织发展产生重大影响之前做好应变工作，就可能避免因临时应变，仓促进行组织变革而对组织带来的不利影响。主动式变革要求领导者要具备对客观环境敏锐的洞察力，要有长远发展的战略观念，要有组织创新的开拓能力。

被动式变革的动力来源于外部环境对组织的压力，是一种被动的应变性的变革。在现实中的组织变革，更多的还是在外部环境的压力下进行的。要避免仓促应变可能对组织的不利影响，一方面要注意平时对组织的小改革，以不断增强对环境的适应能力；另一方面对重大的组织变革，要强化对组织改革的诊断调研工作，加强对组织变革过程的控制。

案例思考 8–9

壁虎的启示

管理理论来自实践，来自生活。观察自然界中的一些现象，也会让我们对管理问题有些感悟。壁虎能在天花板上爬行，因为它们脚趾上长有吸盘。吸盘是一排排极细的钩子，紧紧钩住天花板上肉眼很难分辨的粗糙表面，起到充分接触的作用。从慢动作镜头看得很清楚，壁虎爬行时，每只脚掌（吸盘）都不是猛地一下提起，而是先从一侧开始，一点点逐渐挪动，最后整只脚掌提起，就像我们揭掉紧贴在身上的膏药一样。

这一现象对组织变革有什么启发？

本章小结

组织文化是指组织在创业和发展的过程中所形成的物质文明和精神文明的总和。

组织文化可以划分为三个层次。一是物质文化，是指组织内部的物质条件和组织向社会提供的物质成果；二是制度文化，包括组织的制度、规章条例、奖惩措施、管理方式、习俗、仪式、人际关系形式等；三是精神文化，主要是培植组织的价值观念和组织精神，形成组织特有的文化理念。

组织文化作为组织的构成要素和一种管理现象，具有鲜明的组织特征：组织文化是一种客观存在的文化现象；组织文化是社会文化和民族文化的亚文化；组织文化的本质是组织的“人化”；组织文化具有明显的个性。

组织文化建设的目标：培育具有优良趋向的价值观念，培育杰出的组织精神；坚持以人为本，有效开发和利用人力资源；完善制度，实现管理创新；加强文化灌输，促进组织文化的习俗化；塑造组织的良好形象。

优秀的组织文化不是自然生成的，其功能的充分发挥有待于精心培育和长期建设。组织文化建设是一项长期的系统工程。

现代组织要在与环境的适应中求得生存和发展，必然要求组织结构能够顺应外部环境和自身条件的变化。因此，组织结构应是变革的、发展的。

引起组织变革的因素是多方面的，一般影响因素主要有以下几个方面：组织环境、组织战略、组织规模、组织生产技术特点、员工素质。

组织变革的方向应包括以下内容：适应组织战略化发展的要求；适应企业生产社会化和组织集团化发展的要求；适应组织扁平化发展的要求；适应组织柔性化发展的要求；适应组织虚拟化发展的要求；适应组织多样化发展的要求；适应组织运作高效化发展的要求；适应组织民主化发展的要求。

复习思考题

1. 什么是组织文化？组织文化对组织发展的意义何在？
2. 观察一个组织的组织文化应从哪些方面入手？
3. 组织文化建设的基本内容有哪些？
4. 什么是组织的价值观？组织的价值观在组织文化建设中的作用是什么？
5. 组织的权变因素有哪些？
6. 如何理解现代组织变革的方向？

第九章

领导与领导理论

本章要点提示

- 领导的含义和功能
- 领导的影响力与权威
- 领导特质理论、领导行为理论和领导权变理论
- 领导者的素质与修养
- 领导艺术

引　例

著名职业经理人唐骏在总结自己的工作经历时说过："我把我的管理生涯分为三个阶段。第一个阶段是管业务，也就是在创业期间，那时候脑子里都是如何经营、如何创造业绩。第二个阶段开始重视协调。这段时间是我到微软之后和就任总裁之前。当我开始成为部门经理的时候，我开始领悟到能够让团队协作、能够充分合理地调配资源是多么重要。第三个阶段是从我就任微软中国总裁到现在，重点是如何'影响人''管理人'。"

领导不等同于管理。在组织中，当一个人仅仅利用职权的合法性采用强制手段命令下属工作时，他充其量只是管理者，而不是领导者。只有当他在行使法定职权的同时，更多地依靠自身的权力和影响力指挥并引导下属时，才可能既是管理者，同时是一个领导者。显然，卓越的领导能力是成为有效的管理者的重要条件之一。

第一节　领导的本质

一、领导的含义

(一) 什么是领导

领导作为名词，是指领导者，特指进行领导活动的行为主体。如企业组织中的董事长、总经理、部门主管；学校的校长、院长、系主任等均可归入领导者的范畴。领导作为动词，是率领、引领的意思，指的是一种社会职能活动。

关于领导的含义，在有关管理文献中可以见到多种表述方式，诸如：领导是一种对下属进行指挥和控制的统治形式；领导是为达到目标而实施的影响力；领导是一门促进下属满怀热情完成任务的艺术；领导是权力、责任、服务的统一等。

我们认为，领导是指组织中具有权威和影响力的人，对其所在群体驾驭、影响和调动人们实现群体目标的活动。领导是一种人与人之间的交往过程，通过该过程来影响、激励和引导人们执行某项任务，以达到特定目标的一种行为。领导活动的关键是领导者，领导活动的特征是驾驭和影响，领导的结果是形成群体遵从和追随。从这一定义出发，对领导的实质应有以下几方面认识。

1. 领导是指向下属施加影响的过程

领导是指一种发挥影响力的工作，通过对下属施加影响，使下属自觉自愿而又有信心地为实现组织目标而努力。

2. 领导是一个有目的的管理工作过程

领导的目的是影响被领导者为实现组织的目标做出努力。领导工作贯穿于组织管理的各个方面，它的目的就是为了充分发挥组织成员的积极性，以更好地实现组织目标。

3. 领导是一项指导性工作

领导是一个对组织成员及其各项活动提供指导和协调的过程，指导组织成员明确目标，协调组织的各项活动，以保证组织活动的正常开展。

4. 领导是一项服务性工作

领导是一个为组织目标的实现提供服务的过程，为组织活动的正常开展创造良好的工作环境，能够给下属以有效的激励，为组织成员积极性的发挥提供必要的工作条件。

(二) 管理与领导的区别

通常人们把管理和领导混用，将管理者视为领导者。实际上管理和领导是两个不同的概念，二者既有联系，又有区别。

首先，领导活动是随着组织管理活动的发展而逐步发展起来的，逐步演变为一项管理的职能，并在实践的基础上形成了自己的独立学科和活动领域。在组织中，管理活动与领导活动，管理者与领导者，更多体现的是浑然一体，相辅相成。

其次，管理又不同于领导，领导与管理在类似活动上的侧重点各不相同；管理者与领导者分别扮演不同的角色，发挥不同的作用。例如，管理意味着操纵事情、维持秩序、控制偏差；领导意味着教导、引领跟随者去实现组织目标。管理者通过计划和预算处理复杂问题，他们设置目标、确定实现目标的方法、分配资源以实现目标；领导者规划组织的愿景以引导下属的行为，通过激励和授权鼓动员工自觉地行动。

最后，从本质上说，管理是管理者依据法定职权规定下属的工作方向和方式，对其工作过程进行计划、组织、协调和控制的活动。而领导则是领导者运用权力和影响力引导下属为实现目标而努力的过程。二者的差异主要在于其作用基础和实现目标的不同。因此，在组织中，当一个人仅仅利用职权的合法性采用强制手段命令下属工作时，他充其量只是管理者，而不是领导者。只有当他在行使法定职权的同时，更多地依靠自身的权力和影响力指挥并引导下属时，才可能既是管理者，同时又是一个领导者。显然，卓越的领导能力是成为有效的管理者的重要条件之一。

随着社会发展，组织中领导活动的地位不断提升，内容不断丰富，对人才要求也不同于管理，所以，领导与管理活动的区别越来越清晰。从发展趋势看，管理活动越来越具体、专业和程序化、自动化、职业化；领导活动越来越超脱于具体的事务，越来越战略化、系统化、情景化、哲学化。

案例思考9-1

哪些工作属于领导职能的范畴？

李利是某大型企业集团的总裁助理，年富力强，在助理岗位上工作得十分出色。他最近被任命为集团销售总公司的总经理，从而由一个参谋性人员变成了独立部门的负责人。下面是李利最近参与的几项活动，你认为这其中哪些工作属于领导职能的范畴？

(1) 阅读工作进度报告，以评估是否已达成预定目标。

(2) 与下级谈心，了解下级的工作感受。

(3) 编订本部门的计划。

(4) 对下级的工作表现给予评价并及时反馈给本人。

(5) 决定是否要增聘人手。

(6) 向下属解释为什么他未能如其所愿获得加薪。

(7) 向下属传达他对销售工作目标的认识。

(8) 与某用户谈判以期达成一项长期销售协议。

(9) 召集各地分公司经理讨论和协调销售计划的落实情况。

(10) 召集公司有关部门的职能人员开联谊会，鼓励他们克服困难。

二、领导的功能

美国军事家克里奇曾说过："没有不好的组织，只有不好的领导。"卓越的领导者是组织获得成功的重要条件之一。在一定意义上，没有成功的优秀领导者就没有成功的组织。松下幸之助、张瑞敏、卡内基、韦尔奇、李嘉诚等著名企业家以及他们领导、驾驭的优秀公司的杰出业绩已经一再证实了这一点。具体来说，领导的主要功能表现在以下几点。

首先，领导的功能在于成为组织的舵手。一个组织的发展需要有高瞻远瞩的领头人，需要有统一人们价值观念的导师，需要有带领成员克服艰难险阻的掌舵人。领导在组织中担当引领方向、驾驭全局、提供可持续健康发展的愿景与规划的角色。领导的作用就是号召人、引导人、引发团体成员的共同发展的追求。

其次，领导的功能在于能够给下属以有效的激励。在组织中，指望所有下属都热诚地、满怀信心地为实现组织目标做出贡献是不现实的。经常的情况是，下属中很少有人会以持续的热情和长久的高昂士气去工作。领导的作用就在于通过有效的激励诱导或劝说所有的下属，以最大的努力自觉地为实现组织的目标做出贡献。而实施激励的基础在于组织能满足成员的个人需要。事实证明，人们往往倾向于追随这样的领导者，即这些人能够为他们提供满足和实现其愿望、要求或需要的手段。当领导者了解下属的愿望，并为此拟定和实施各种激励方案时，下属的工作热情和主动精神就可以有效地得到提高。

再次，领导的功能表现为不同凡响的鼓舞能力，即能够激发下属自动地把他们的才能和力量用于其工作目标。与激励作用不同，鼓舞能力主要不是源于满足员工的需要，而是来自领导者本身。成功的领导者往往因其具有高尚的品格、非凡的才智，或超人的魅力，而引起下属的崇敬、信任和忠诚，赢得他们的自愿服从、追随和无条件的支持。当组织面临困境时，下属团结在他们所信任的领导者周围，与之同舟共济，就是这种鼓舞力量的作用体现。显然，领导的这一鼓舞作用是其他管理职能所无法替代的。

最后，领导的功能还在于设计和维持一个良好的工作环境，促进和提高组织的运转水平。严密的组织结构、制度和完善的管理是保证组织正常运转的基本条件。但是，若要使组织的运转状态达到高度有效与和谐的水平，则有赖于卓有成效的领导活动。领导者要善于创造和形成一种有利的工作环境，包括协调的人际关系、通畅的内部沟通网络、适度的指导和帮助等，使组织的各个组成部分达到高度整合状态。正如乐队指挥的作用在于将乐手的演奏融合为统一的节奏与和谐的曲调一样，领导的功能就在于促成各部门、机构、人员之间的协调统一，使之有节奏、高效率地协同工作。

三、领导的有效性

领导作为一种特殊形式的社会活动。如同企业的生产经营和各项管理活动一样，领导活动也必须讲求效益，即要以较少的投入取得较大的产出。这种投入和产出之比，就表现为领导的有效性。在领导过程中，职权、知识、能力等因素为实施领导提供了必要的资源投入。这些投入能否形成较大的产出，主要取决于领导者能否合理配置、利用各项资源，提高领导效能。有效性是领导活动的主要衡量标志，是领导水平的总体反映。

领导不是单方面的领导者行为，而是领导者和被领导者之间在特定情境下发生相互作用关系的过程。领导行为的有效性就是领导者、被领导者和领导工作情境等三方面因素综合作用的结果。领导的有效性可以用如下公式表示：

领导有效性 =（领导者·被领导者·环境）

领导行为能否产生预期的效能或效果，取决于如下三方面因素：一是领导者，领导者本身的背景、经验、知识、能力、个性、价值观念以及对下属的看法等，都会影响到组织目标的确定、领导方式的选择和领导工作的效率。二是被领导者，被领导者的背景、经验、知识、能力，他们的要求、责任心和个性等，都会对领导工作产生重大影响。被领导者的状况，不仅影响领导方式的选择，也影响领导工作的有效性。三是领导工作的情境，情境是指领导工作所面对的特定情境条件，与特定情境相适应的领导方式才是有效的，与情境不相适应的领导方式往往是无效的。

在组织的管理中，领导有效性是一个综合性概念，是指通过领导活动实现组织预定目标的程度。由于不同组织或同一组织不同职位的领导活动内容复杂，形式多样，因而难以用固定、机械的同一标准衡量有效性的高低。但就一般意义而言，一个组织或群体的领导是否有效，可以从以下方面反映出来：

（1）主动支持。下级员工主动而非被迫地支持领导者，不论这种支持是出自感情或利益上的考虑。

（2）相互关系。领导与下级员工之间保持密切、和谐的交往关系，并鼓励群体成员之间发展亲密的、相互满意的关系，组织内部关系处于协调状态。

（3）高度评价值。绝大多数员工都能高度评价所在组织或群体，并以成为该组织或群体的一员而感到自豪。

（4）激励程度。员工因自身需要获得满足而焕发出较高的工作热情和积极性，个人的潜能得到充分利用。

（5）有效沟通。领导者与下级员工之间能够及时、顺畅地沟通信息，并以此作为调整领导方式、协调相互关系的依据。

（6）促进工作。在领导者的引导、指挥和率领下，组织的各项资源得到合理配置，活动得以高效率地进行。

（7）实现目标。领导活动的效能或效果最终要通过是否实现组织的预定目标，以及实现的程度反映出来，其中既包括经济效益目标，也包括社会效益目标。

领导活动是由领导者、被领导者和环境三方面因素相互影响、共同作用的过程。这一过程能否有效进行，直接取决于三方面因素的契合或适应程度。因此，提高领导有效性的关键，在于最大限度地促成领导者、被领导者与环境之间的相互适应和协调。具体来说，可以采取以下两种基本途径：一是不断提高领导者的素质和修养，提高领导者的领导能力；二是根据现有员工状况和组织条件，采取适合其特点与要求的领导作风和领导方式。

案例思考 9-2

两个组长有什么不同？

长江生化科技公司为开发在 21 世纪具有广阔市场前景的 XR 类药品，成立了一个专业全面、职能齐全的综合研究攻关组，组员包括教授级工程师、高级工程师、工程师、助理工程师、实验员和行政辅助人员等。第一任组长老吴经常做全体动员，几乎每星期都要召开全组人员会议，向大家通报情况，鼓励大家艰苦奋斗，共创佳绩，但并没有取得理想的鼓励效果。第二任组长老张则不常开全组动员会，他喜欢个别谈话，有针对性地进行鼓励，大家的积极性却比从前有了显著提高。

请问：这两个组长有什么不同？个别谈话和召开会议的方式有没有实质性差异？

四、领导的影响力

(一) 领导影响力及其构成

领导影响力是指领导者在与被领导者的交往过程中，影响和改变被领导者的心理与行为的能力。领导影响力的有效发挥，可以促使被领导者自觉自愿而又有信心地为实现组织目标而努力。

领导影响力的大小取决于领导权威，即管理者在领导过程中所拥有的权力与威信。权威是管理者行使领导职能最重要的条件，管理者凭借权威进行有效的指挥。

领导的影响力广义上来自两个方面：

一是来源于上级所赋予领导者的职位权力，这是由管理者在组织中所处的地位赋予的，并由法律、制度明文规定，属正式权力。这种权力直接由职务决定其大小，以及拥有与丧失。职位权力实质上是管理者在组织规定的范围内对下级行为所拥有的支配权力。它具有明确性、直接性、强制性等特点。例如某公司正式任命A为部门的负责人，那么他就被授以指挥和管理该部门人员的职权。该部门的员工则必须在本部门活动范围内确认和接受公司赋予A的地位、职权和作用。同时，在该部门内，A具有权力和影响作用，并成为公认的管理者。

二是来自管理者个人威信形成的权力。这种权力是靠管理者自身素质及行为赢得的，主要是由领导者的品格、才能、知识、感情等因素决定的。威信实质上是管理者在领导过程中所形成的对下级的感召力。它具有隐含性、间接性和非强制性等特点。如上例，倘若A不具备领导者的素质和能力，不能对员工在职权以外施加任何影响，不为员工接受和认可，那么即使被公司授予相应职权，也无法有效地行使领导职能。相反的情况是，非正式群体的领导者经常不具有某种正式职权，但是却可以影响带动团体内成员采取行动，其关键是这些“领袖”具有职权以外的足以影响他人的个人权威。

案例思考9-3

刘经理的影响力

刘洪新到一家多年亏损、人心涣散的机械制造公司担任总经理。到任之后，他待人热情，早上早早地站在工厂的门口迎候大家，如果有的员工迟到，他并不是批评和指责，而是询问原因，主动帮助员工解决实际困难。一周下来，大家看到总经理每天都提前到厂，而且又待人热情，原来习惯于迟到的员工也不迟到了。刘总经理凭借自己多年来管理企业的经验和娴熟的机械加工技术，与该公司技术人员研制出新一代产品，迅速打进市场，初步扭转了企业被动局面。

从这件事情来看，是什么因素使总经理产生了如此大的影响力？

(二) 领导权威形成的基础

在各类组织中，各级领导者之所以能对下属员工施加影响，率领和引导员工为实现组织目标而努力，原因就在于他们拥有相应的领导权威。领导权威主要有五种表现形式。

(1) 法定权，是由组织按照一定程序和形式授予领导者的正式权力。凡是处于某一职位上的领导者，都拥有一定的法定权力，可在其职权范围内行使。被领导者亦必须服从领导者依权发布的指示、命令。

（2）奖励权，是决定给予还是取消奖励、报酬的权力。奖励的范围包括增加工资和奖金、提升职务、表扬、提供培训机会、分配理想工作、改善工作条件等。奖励权建立在利益性遵从的基础上。当下属认识到服从领导者的意愿能带来更多的物质或非物质利益的满足时，就会自觉接受其领导，领导者也因此享有相应的权力。在组织中，领导者对奖酬的控制力越大，他对下属人员在奖酬方面拥有的权力就越大。

（3）强制权，是一种对下属在精神或物质上进行威胁，强迫其服从的权力。这种权力建立在惧怕惩罚的基础上，实质上是一种惩罚性权力。在组织中，当下属人员意识到违背上级的指示或意愿会导致某种惩罚，如降薪、扣发奖金、分配不称心的工作、降低待遇、免职等，就会被动地遵从其领导。

（4）统驭权，是因领导者的特殊品格、个性和个人魅力而形成的权力。这种权力建立在下属对领导者尊重、信赖和感性认同的基础上。领导者公正无私，胆略过人，勇于创新，知人善任，富于同情心，具有感召力，善于巧妙运用领导艺术，则易获得下属的尊重和依从，获得统驭他人的权力。

（5）专长权，是由于具有某种专门知识、技能而获得的权力。这种权力是以敬佩和理性崇拜为基础的。领导者本人学识渊博，精通业务，或具有某一领域的高级专门知识与技能，即获得一定的专长权。专长权的大小取决于领导者的受教育程度、求知欲望、掌握运用知识的能力，以及实践经验的丰富程度。领导者拥有的专长权越多，越容易赢得下属的尊敬和服从。

上述各项权力中，法定权、奖励权和强制权主要决定于领导者在组织中的职位。例如，总经理所处的职位等级高于部门经理，他所拥有的法定权、奖励权和强制权比较多。这类由职位赋予的权力具有外在性质，不因领导者的个人因素而有所影响。外在性权力对于权力施受双方具有控制性的约束力。掌握权力者必须在规定范围内行使权力，依权办事；接受权力者必须遵从掌握者的命令、指挥和意志，二者之间是命令与服从的关系。外在权力是领导者行使职能的组织保障。在各类组织中，领导的外在性权力具体表现为决策权、用人权、指挥权、奖惩权等。这些权力通常以职权的形式体现出来。当领导者调离所在职位时，其权力也随之解除。

统驭权和专长权是一种内在性权力。无须外界授予，也没有正式的授权形式，仅仅来自于领导者本身的因素，权力的大小取决于领导者的品格、知识、才能等个人素质。内在性权力对权力施受双方均没有强制性的约束力，权力双方为影响和依赖关系。统驭权和专长权的形成的是个人魅力和非强制的影响力，称为“威望”。优秀的领导者具有的是：职权＋威望＝权威。第23届奥运会组委会主席尤伯罗斯曾说过：权威的20%是被授予的，但它的80%却是人们自己挣得的。

在正式组织中，无论外在性权力或内在性权力都是领导权威不可缺少的组成部分。其中外在性权力构成领导权威的基础，内在性权力则是提高领导效能的重要方面。领导者应在自己权力范围内敢于用权，善于用权，同时充分发挥内在性权力的作用，提高领导的影响力。

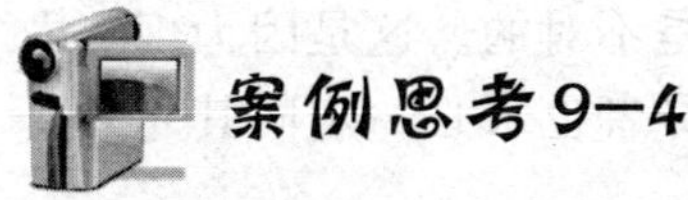

案例思考 9-4

来自下属的威胁

朱杰是一家公司财务部经理，他手下有 9 名会计人员和办事员。最近他招聘了一位商学院去年最优秀的毕业生赵斌。

在一段不长的时间后，办公室中的每个人都觉得赵斌是一个友善、开朗的人，易于相处，而且对会计也相当在行。不多久，赵斌就成了这些同事的朋友。朱杰注意到，许多会计人员开始将他们出现的疑问和问题向赵斌征询意见。而他似乎总有解决的办法，并且很乐意花时间帮助他人。他个人的一切工作也完成得十分出色。

赵斌工作独立性很强，他的到来使朱杰的工作轻松多了。只是在涉及本部门外要求的决策时，他才会来询问朱杰。从种意义上说，朱杰很为这里情况的变化感到欣慰，但有两件事使他担忧：一是部门内有些人员甚至开始同赵斌谈个人的事情。朱杰比赵斌大 20 岁，他觉得在这些方面他更有经验。二是赵斌在本部门以外也交了不少朋友，尤其是同公司的两位资深经理有很好的关系。对此，朱杰感到很不安。他想赵斌在职务上超过他只是早晚的事。

朱杰决定采取行动。他开始寻找机会在同事面前批评赵斌。当有人有问题或疑问找赵斌时，他就会提醒他们说“我是你们的直接上司”。而且，朱杰会想法更改或贬低赵斌的建议。没多长时间，办公室的人都了解到这一信号。朱杰的策略终于奏效了：赵斌辞职了。但一段时间后，朱杰部门的其他三个会计人员也提出了辞职，整个部门陷入混乱之中。

赵斌拥有哪些权力？朱杰的权力又有哪些？在何种程度上赵斌对朱杰构成了威胁？

第二节　领导理论

历史上人们对领导问题有着各种各样的探讨，其核心都是在探讨如何才能使领导工作更为有效。因此，领导理论就是研究领导有效性的理论。由于人们研究的角度和出发点不同，共出现了三种类型的领导理论，即领导特质理论、领导行为理论和领导权变理论。

一、领导特质理论

领导特质理论着重从领导者个性特征的角度来研究领导的有效性问题。他们根据领导效果的好坏来分析好的领导者与差的领导者在个性特征上的差异（品行、素质、修养等），力图通过这种研究找出一套有效领导者的标准。领导特质理论有传统特质理论与现代特质理论之分。

传统的领导特质理论认为，领导者的特性或品质是先天的，天赋是一个人能否充当领导者的根本因素。有人专门对著名领导人进行研究，发现领导人与一般人在外表、智慧、性格、意志等方面有着差别，由此试图得出领导者的特质主要是由先天因素造就的结论，即领导者必须具备某些天赋。应该看到，这种研究可以启发人们看到领导者确实有某些独特素质。但其强调素质的先天性，否定了后天环境的作用显然是不对的。这是因为现实中先天具备某些素质的人未必一定是成功的领导者；而出色的领导者也未必一定同其先天具备的某些素质有关。

德鲁克在《有效的管理者》一书中指出："有效的管理者，他们之间的差别，就像医师、教员和音乐家一样，各有不同类型。至于缺少有效性的管理者，也同样地各有各的不同类型。因此，有效的管理者与无效的管理者之间，在类型方面、性格方面及才智方面，是很难加以区别的。""有效性是一种后天的习惯，是一种实务的综合。既然是一种习惯，便可以学会的"，而且"必须靠学习才能获得"。

现代领导特质理论认为：有效的领导者必须具备一定的素质，但领导者的素质不是生而有之，而是在后天的实践中逐步形成和积累起来的，并且可以通过培养和训练来造就。选择领导者需要有明确的标准。对领导者的使用和培训也需要有具体的方向和内容。

美国著名的管理学家德鲁克认为，一个有效的管理者必须具备五项主要的习惯：要善于处理和利用自己的时间；注重贡献，确定自己的努力方向；善于发现和用人之所长，包括他们自己的长处，他们上级的长处和下属的长处；能分清工作的主次，集中精力于少数主要的领域；能进行有效的决策。

美国心理学家吉赛利为研究有效领导的素质曾调查了 90 个企业的 300 名经理人员，在其《管理才能探索》中研究了 8 种个性素质和 5 种激励素质。8 种个性素质包括：才智、创造力、管理能力、自信力、亲和力、决断能力、男性—女性、成熟程度；5 种激励素质特征包括：安全需要、对金钱奖励的需求、权利需要、对自我实现的需求、对事业成就的需求。

美国管理协会在 20 世纪 70 年代曾花了五年时间，从 4 000 个在这期间取得成功的管理人员中挑选了 1 782 名进行研究，发现一个成功的管理者一般具有以下 20 种能力：工作效率高；有主动进取精神，总想不断改进工作；逻辑思维能力强；富有创造精神；有很强的判断能力；有较强的自信心；能帮助别人提高工作能力；能以自己的行动影响别人；善于用权；善于激发别人的积极性；善于利用谈心做工作；热情关心别人；能使别人积极而又乐观地工作；能实行集体领导；能自我克制；能自行做出决策；能客观地听取各方面的意见；对自己有正确的估价，能以人之长补己之短；勤俭艰苦，具有灵活性；具有技术和管理方面的知识。

现代领导特质理论对于研究领导者素质，对于管理工作中考察、选拔、培训、评价管理者是具有一定意义的。

案例思考 9-5

领导与被领导者没有显著差异吗？

以研究领导行为而著名的菲德勒曾在比利时的海军中就领导品质进行过一次研究试验，他挑选了 288 人组成 96 个三人小组，在这些被试验者中间，既有领导者，也有被领导者。试验内容是让他们做几件事情：(1) 草拟一封招募士兵的信；(2) 规划一个护航队的最短路径；(3) 口头指示别人怎样拆装一件武器。

试验结果发现，领导与被领导者没有多大差别，得到的分数基本近似。而且，一个具体的领导人员，虽然对某一件事做得很好，但对其他任务却完成得不好。他的总结是，领导者没有一定比别人优秀的品质，与被领导者没有显著的差异。

对这一试验结果你是如何看的？

二、领导行为理论

领导行为理论将研究的着眼点放在了领导者与被领导者的关系上，注重研究领导者的领导行为和领导风格对组织成员的影响，力图找出一种最适于组织发展、有利于调动组织成员积极性的领导行为。

（一）勒温的领导风格理论

勒温的领导风格理论是由美国心理学家库尔特·勒温提出的一种领导行为理论。他以组织中的权力定位为基础，通过试验研究分析了领导作风对组织群体行为的影响。提出了组织存在的三种典型的领导作风。

（1）专制领导作风，是指把权力定位于领导者个人，靠权力和命令让人服从的领导作风。其特点有：独断专行，一切决策均由自己做出；领导者预先安排一切工作的程序和方法，下级只能服从；主要依靠行政命令和组织纪律约束下级；并与下级保持相当的心理距离，没有感情交流。

（2）民主领导作风，是指把权力定位于组织群体，以理服人、以身作则的领导作风。其特点有：领导者鼓励并指导下级参与决策，政策是领导者和其下级共同智慧的结晶；分配工作给下属以较大的选择性和灵活性，尽量照顾到个人的能力、兴趣和爱好；主要依靠非权力影响力使下属具有服从的意愿，而不是靠职位权力和命令使人服从；积极参加团体活动，与下级无任何心理上的距离，强调与下属的感情沟通等。

（3）放任自流的领导作风，是指把权力定位于组织的每一个人，把权力完全下放，不负责任的领导作风。其主要特点有：任由权力随便地给予下属，由下属去自行其是；工作不布置，事后也不检查，也无明确的工作规范；实行无政府管理。

勒温根据实验得出的结论是：放任式的领导方式工作效率最低，只能达到组织成员的社交目标，但完不成工作目标；专制领导作风虽能达到工作目标，但组织成员无责任感，工作积极性不高；民主式领导方式工作效率高，不但能够完成工作目标，而且组织群体也最有活力，组织成员之间关系融洽、工作积极主动、有创造性。

（二）利克特的领导系统模式理论

美国心理学家伦西斯·利克特对企业的领导模式进行了长期的调查研究，在1961年出版的《人群组织：管理和价值》等著作中，提出了一种“支持关系理论”。认为群体的所有成员应该实行一种相互支持的关系。在这种关系中，组织成员感到在需要、价值、愿望、目标与期望方面有真正共同的利益。

利克特认为，管理者的领导方式有四种类型。

1. 专权命令式领导模式

权力集中在最高一级，下属无发言权；管理者对下属不信任，靠发布指示，必要时以威胁及强制方式命令执行；利用奖罚控制下属，下属被迫在恐惧、威胁、处罚之下工作；上下级之间的信息交流很少，即使有些交流，也是在互不信任的气氛中进行的；易形成与正式组织的目标相对立的非正式组织。

2. 温和命令式领导模式

权力控制在最高一级，授予中下层部分权力，但加以严格的政策控制；上下级有些沟通，但沟通是表面的、肤浅的；用奖赏兼带有某些恐吓及处罚的办法激励下属，下级对上级有畏惧心理，工作主动性差；会形成非正式组织，其目标不一定同正式组织的目标相对立。

3. 协商式领导模式

主管人员在做决策时征求、接受和采用下属的建议，中下层在次要问题上也有决定权；管理者对下属有相当程度但不完全的信任，上下级联系较紧密，能够上下并行地进行信息交流；运用奖赏并偶尔兼用处罚的办法和让职工参与管理的办法来激励下属；非正式组织有时对于正式组织的目标表示支持。

4. 参与式领导模式

决策权和控制权不是集中于上层，而是分布于整个组织中；上下关系平等，管理者对下属有完全的信心和信任，上下级之间和同事之间的信息畅通；在诸如制定目标与评价目标所取得的进展方面，让群众参与其事并给予物质奖赏；非正式组织同正式组织通常是合而为一的，都为实现组织目标而努力。

利克特认为，应大力提倡专权命令式、温和命令式的领导方式向协商式和参与式的领导方式转变。并且认为，只有参与式领导方式才是最有效率的管理，从事这样管理活动的主管人员，一般都是极有成就的领导人。他认为，有效的领导者是注重于面向下属的，依靠奖惩来调动职工积极性的管理方式已过时，只有依靠民主管理，从员工的内在因素来调动积极性，才能充分发挥人们的潜力。

案例思考 9-6

是否有最好的领导方式？

美国有学者做了个试验，将一群儿童分为三个组堆雪人。各组组长事先分别训练成三种领导作风进行领导。试验结果表明，放任式领导下的第一小组工作效果最差，质量和数量都不如其他小组；专制式领导的第二小组数量最多，说明工作效率最高，但质量不如民主式领导下的小组；最后一个是民主式领导下的小组，由于儿童们积极主动发表意见，显示出很高的工作热情和创造性思维，小组长在旁引导、协助和鼓励，结果堆的雪人质量最高，但效率不如第二组，因为商量、发表意见、达成一致意见花去了大量时间。

这一试验对于现实中的领导者的领导行为有何启示？

(三) 领导行为四分图理论

美国俄亥俄州立大学领导行为研究组针对领导行为进行研究，在上千种领导行为的因素中，通过逐步概括和归纳，最后将领导行为的内容归纳为两个方面，即“关心组织”和“关心人”两大类因素，并建立了四分图理论。关心组织，是指领导者建立明确的组织模式和工作程序的行为，包括建立明确的组织结构，明确职责权利、相互关系和沟通方法，确定工作目标和要求，制定工作程序、工作方法与制度；关心人，是指建立上下级之间的友谊、尊重、信任关系方面的行为，包括尊重下属的意见，给下属较多的主动权，体贴他们的思想感情，注意满足下属的需要，平易近人，平等待人，关心群众，作风民主等。

将“关心组织”和“关心人”两种因素作为坐标轴，并根据两种因素所表现的程度不同，可将领导行为划分为四种类型，见图 9—1。

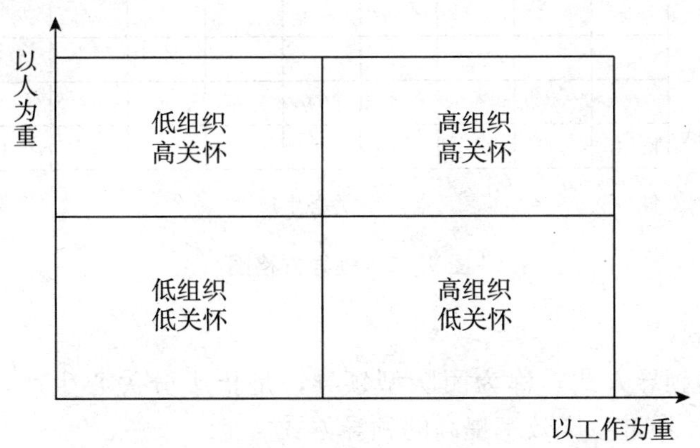

图 9—1　领导行为四分图

四种领导行为哪种效果更好，并无定论。一般说来，低组织、低关心人的领导者，对组织、对人都不关心。这种领导方式的效果较差；低关心人、高组织的领导者，最关心的是工作任务，易使员工工作满足感较低；高关心人、低组织的领导者关心领导者与下属之间的合作，重视互相信任和互相尊重的气氛，但工作绩效较差；高组织、高关心人的领导者，对工作对人都关心，一般来说，这种领导方式效果较好。

领导行为四分图理论认为，领导行为是两种行为的具体组合，一位两方面都高的领导人，其工作效率与领导的有效性必然较高。该理论从两个角度考察领导行为的尝试，为进行领导行为的研究指出了一条新的途径。

（四）管理方格图理论

管理方格图理论，也称领导方格图理论，是由美国行为科学家罗伯特·布莱克和简·莫顿于 1964 年出版的《管理方格》一书中提出的一种领导行为理论。该理论以领导者在工作中对人和生产的关心程度为着眼点，分析了由于二者程度不同而形成的各种领导行为模式。该理论将横向和纵向两个坐标轴各划分为九个等份，分别代表领导者对人和对生产的关心程度的高低，由此相应交叉，形成了 81 种领导行为模式，如图 9—2 所示。其中，81 种领导行为模式中典型的有五种：

（1）（1，1）型领导方式，称为贫乏的领导，是指领导者既不关心生产也不关心人，以维持组织现状和人际关系为目标的领导方式。

（2）（9，1）型领导方式，称为任务中心型领导，是指高度关心生产，主要借助权力来组织人们完成任务，追求工作效率，但不关心人的领导方式。

（3）（1，9）型领导方式，称为乡村俱乐部式领导，是指领导者关心人的程度高，高度重视友好和谐的人际关系，但关心生产的程度却很低的领导方式。

（4）（5，5）型领导方式，称为中间型领导，是指关心人和关心生产的程度都处于适

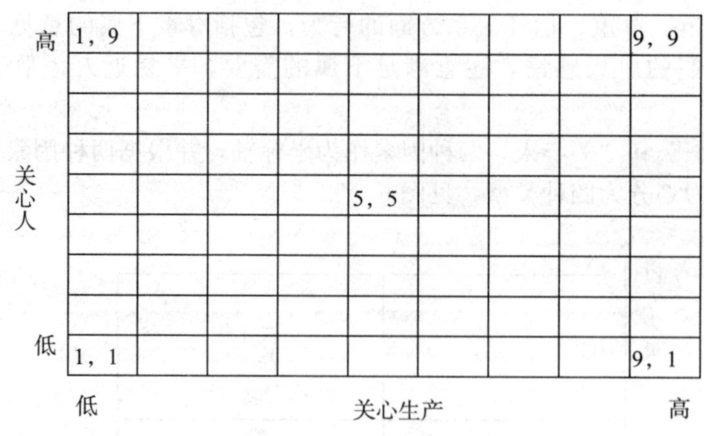

图 9—2　领导方格图

度的状态的领导方式。

（5）（9，9）型领导方式，称为团队型领导，是指十分关心生产，同时注重关心人，以和谐的组织气氛，促进生产效率提高的领导方式。

到底哪一种领导方式最佳，布莱克与莫顿认为团队型领导方式最佳，这种方式可以使员工都能明确组织的目标，组织成员之间有和谐的人际关系，可使整个组织的积极性充分发挥出来；其次是任务中心型领导方式，短期内可能提高生产效率，但由于不注意提高员工的士气，因而生产率不能持久；再次是中间型领导方式，是一种寻求妥协的方式，只能达到适度的组织绩效；又次是俱乐部型领导方式，虽然对人高度关心，但不利于生产效率的提高；最差的是贫乏型领导方式，属于一种无为型领导。到后来两人指出，哪种领导形态最佳要看实际效果，最有效的领导形态不是一成不变的，要依情况而定。

管理方格图理论提供了一种评价领导者领导行为的工具，也为管理者的培养提供了一种方向性的指导。

案例思考 9-7

属于哪种领导方式？

某大学计算机系的系主任王教授对新来系里工作的刘博士说：“下周一上午我们谈谈，我想请你介绍一下你的硕士论文的选题及博士论文的研究情况，还有研究专长和学术兴趣，这样我们可为你安排合适的教学和科研工作。”

从王教授的话来判断，他所表现出来的管理风格最接近于管理方格图理论中领导方式的哪一种？

三、领导权变理论

领导权变理论研究的着眼点放在了领导行为与领导环境的关系上，注重研究领导环境对领导品质和领导行为有效性的影响，认为并不存在一成不变的最好的领导模式，领导者应善于根据环境的变化选择不同的领导方式。

（一）领导行为连续统一体

美国学者罗伯特·坦南鲍姆和沃伦·施密特在1958年合著的《如何选择领导模式》一书中，提出了“领导方式的连续统一体理论”。这一理论摆脱了传统研究领导作风和领导方式的“两极化”倾向，用渐变的构思反映出领导模式的多样性。这一理论一经推出即受到普遍重视，成为研究领导问题的经典理论。在1973年重新发表时，两位作者利用这一时机回顾15年来种种发展和变化，对先前理论作进一步修改，突出领导者与被领导者与环境之间各种力量和因素的相互作用，使自己的理论更具动态性和活力，反映了管理实践的新发展。

坦南鲍姆和施密特认为，领导方式并不会存在以往理论中描述的几种或几十种方式，领导方式的变化应是一种连续性的变化过程，即领导行为连续统一体。该理论描述了从主要以领导者为中心到主要以下属为中心的一系列领导方式的转化过程，这些方式因领导者授予下属的权力大小有差异而不同，从而形成一系列不同风格的领导方式。如图9—3所示。

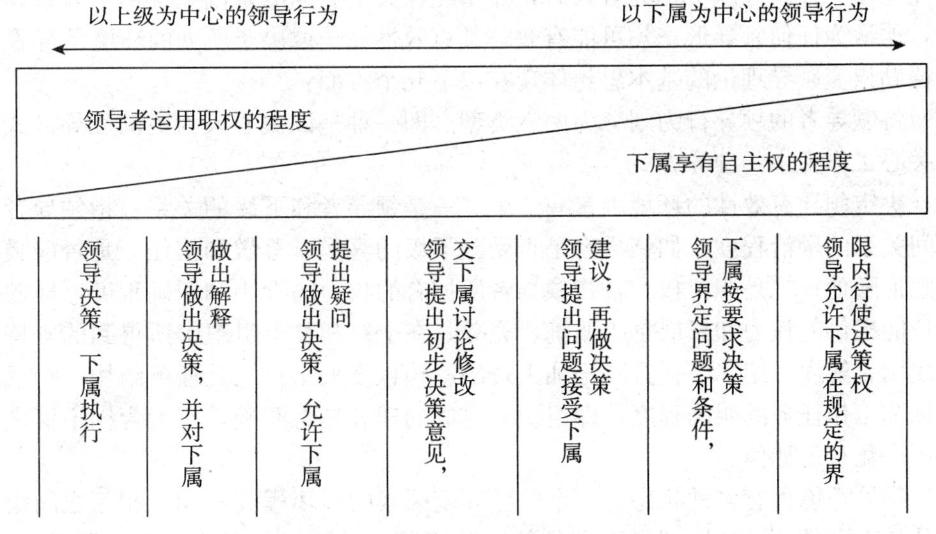

图9—3　领导行为连续统一体

他们在其模型中列举了七种有代表性的领导风格，这些不同的领导方式构成了独裁式的领导行为到放任式的领导行为的连续流。

（1）领导作决策，由下属执行。即领导者自行做出决策，然后向下属宣布执行，不给下属直接参与决策的机会。

（2）领导“销售”决策。即领导自行做出决策，但不是简单地宣布实施这个决策，而是在下属接受决定前作适当解释，消除下属的反对。

（3）领导做出决策，宣布前征求下属的意见。即领导者提出一个决策，并允许下属提出问题，以便下属能更好地理解领导者的计划和意图。

（4）领导提出决定的设想，交下属讨论修改。即领导者先提出一个可修改的初步决策意见，交给有关人员进行征求意见，再做决策。

（5）领导提出问题，征求意见，做出决策。即领导者先不提决策方案，让下属先提出自己的建议。最后，领导者从广泛的解决方案中选择决策方案。

（6）领导规定界限，在限定的范围内由下属做出决策。即领导者提出问题，并为下属提出作决策的条件和要求，下属按照领导者界定的问题范围进行决策。

（7）领导允许下属在规定的界限内行使职权。即给予下属充分的自主权，允许下属在规定的界限内行决策权。

坦南鲍姆和施密特认为：领导者不能机械地从独裁、民主两种方式中做出选择，而应根据客观条件与要求，把两者恰当地结合起来；领导方式是多种多样的，一个适宜的领导方法取决于环境和个性，成功的领导者在一定的条件下善于考虑各种因素，采取最恰当的领导方式。坦南鲍姆和施密特认为领导者在学习领导方式时主要应考虑三个方面的因素：领导者本人的经历、知识、经验、个性等；下属的基本素质、对参与管理的愿望和需求、对组织目标的认识和理解程度；环境方面的因素。

（二）菲德勒模型

菲德勒模型是美国著名心理学家和管理专家弗雷德·菲德勒提出的。在许多研究者仍然争论究竟哪一种领导风格更为有效时，菲德勒在大量研究的基础上提出了有效领导的权变模型，他认为任何领导形态均可能有效，其有效性完全取决于所处的环境是否适合。

菲德勒权变领导理论的基本思想体现在以下几个方面：

（1）将领导者的领导行为划分为两大类型。即一种是以关心人为主的领导方式，另一种是以关心工作为主的领导方式。

（2）决定领导有效性的环境因素有三个。一是领导者和下级的关系，指领导者与被领导者之间关系的融洽程度，如领导者是否受到下级的喜爱、尊敬和信任，是否能吸引并使下级愿意追随他；二是职位权力，指领导者所拥有的权力的大小和明确程度，即领导者所处的职位能提供的权力和权威是否明确、充分，在上级和整个组织中所得到的支持是否有力，对雇用、解雇、纪律、晋升和增加工资的影响程度大小；三是任务结构，指下属对自己的目标和工作任务的明确程度，即组织要完成的任务是否明确，有无含糊不清之处，其规划和程序化程度如何。

（3）领导环境可有多种状态。三个领导环境因素的好坏程度不同，相互之间组合，可以形成从最有利的领导环境到最不利的领导环境等共八种领导环境状态。见图 9—4 上半部分内容。

（4）不同的领导方式适于不同的领导环境。菲德勒将三个环境变数任意组合成 8 种情况，对 1 200 个团体进行了观察，收集了将领导风格同对领导有利或不利条件的 8 种情况关联起来的数据，得出在各种不同的情况下所应当采取的领导方式，其结果如图 9—4 所示。在对领导者最有利和最不利的情况下（例如 1，2，3，8），采用以关心工作为主的领导方式效果较好。当领导环境处于中等程度的情况下（例如 4，5，6，7），采用以关心人为主的领导方式效果较好。

菲德勒模型将研究的着眼点放在了领导者及其下属以及领导环境三者之间的关系上，注重研究领导环境对领导行为有效性的影响，认为并不存在一种绝对的最佳领导风格。领导者应当努力适应变化的环境，上级领导者也应该根据实际情况选用合适的领导者。

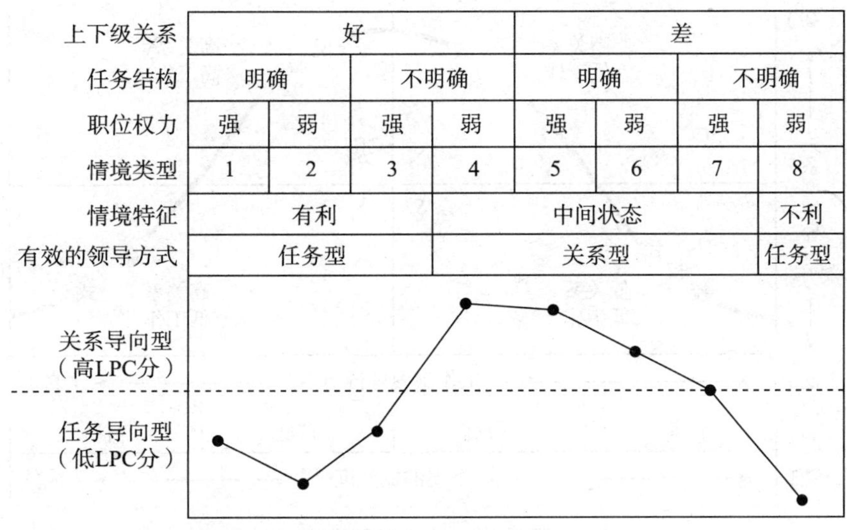

上下级关系	好				差			
任务结构	明确		不明确		明确		不明确	
职位权力	强	弱	强	弱	强	弱	强	弱
情境类型	1	2	3	4	5	6	7	8
情境特征	有利			中间状态				不利
有效的领导方式	任务型			关系型				任务型

图 9—4　菲德勒模型

（三）应变领导模式理论

应变领导模式理论，也称领导生命周期理论，是由美国学者保罗·何塞和肯尼斯·布兰查德提出的一种领导权变理论。该理论将对领导有效性的研究放在了对被领导者的研究上，认为有效的领导者应善于根据下属的成熟程度选择不同的领导方式。该理论的基本思想主要体现在以下几个方面：

（1）认为下属具有不同的成熟度。这里所指的成熟不是指年龄和生理上的成熟，而是指人们对自己的行为承担责任的能力和愿望的大小，如有成就感的动机，负责任的愿望与能力，以及具有工作与人际关系方面的经验和受过相当的教育等。成熟度可分为任务成熟度和心理成熟度。任务成熟度是指人们完成一定的工作所具有的能力的大小；心理成熟度是指人们完成一定工作的主观愿望的大小。由于成熟度的高低不同，因而人们的成熟度可分为四种情况：一是下属既缺乏完成工作的能力，也缺乏完成任务的愿望和动机，属于低成熟度；二是下属具有完成任务的愿望和动机，但缺乏完成工作的能力，属于较低成熟度；三是下属具有完成工作的能力，但缺乏完成任务的愿望和动机，属于较高成熟度；四是下属有完成工作的能力，也有完成任务的愿望和动机，属于高成熟度。

（2）根据领导者对关心工作和关心人的程度不同，将领导方式划分为四种基本类型：一是命令式，即强调直接命令指挥，由领导决定一切，下属只有服从的义务；二是说服式，指领导既给予下属一定的指导，同时也注意保护下属的积极性；三是参与式，领导引导下属共同参与决策，激发下属的积极性；四是授权式，领导授权下属独立地开展工作。

（3）要根据下属成熟度的不同程度，选择不同的领导方式。当下属的成熟度为低成熟度时，应选择命令式领导方式；当下属的成熟度为较低成熟度时，应选择说服式领导方式；当下属的成熟度为较高成熟度时，应选择参与式领导方式；当下属的成熟度为高成熟度时，应选择授权式领导方式。

（4）随着下属由不成熟向逐渐成熟过渡，领导行为应当按命令（高工作低关系）、说服（高工作高关系）、参与（高关系低工作）、授权（低工作低关系）逐步推移。如图 9—5 所示。

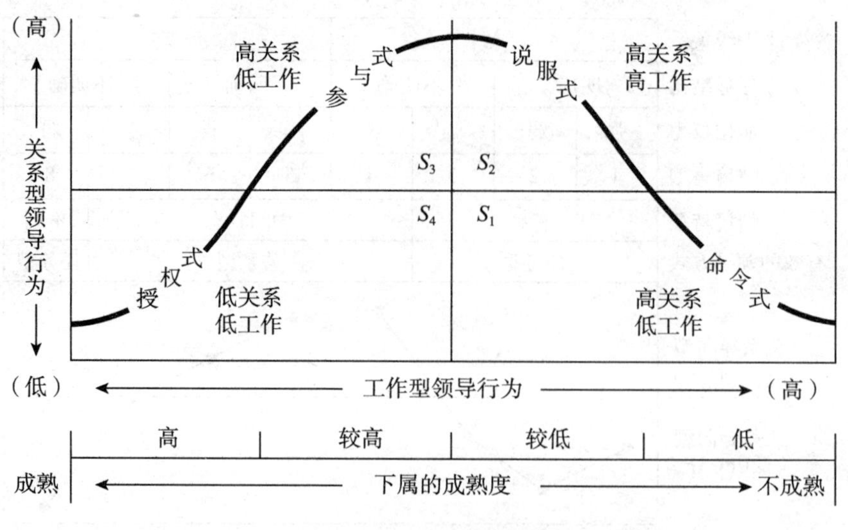

图 9—5 应变领导模式

应变领导模式理论告诉我们，对不同的对象应采取不同的领导方式，同时也要注意随着员工的成长发展采取不同的领导方式。

案例思考 9-8

如何对待这样的下属？

李刚前往某分公司担任总经理。在交接班时，前任经理特意对一位副经理的情况作了介绍，说他个性强，不好合作，有时经理决定的事，如果他不同意，决策就很有可能得不到有效实施。前任经理的介绍给李刚的心理造成了较大的阴影。

刘刚就任后，在与这位副经理的接触中，发现这位副手确实很有个性，如自尊心很强，人很正直，对工作有主见，也敢于负责，好胜心强，总希望自己分管的工作做得比别人好。

试分析对于这位副手，应该如何做，才能既调动积极性，又能实现有效的领导，保证组织目标的实现？

第三节 领导者的素质与修养

一、领导者的素质

所谓素质，是指领导者的品质、性格、学识、能力、体质等方面特性的总和。在早期的领导理论研究中，许多学者将注意力集中于领导者的品质、性格等特性分析上，试图寻找出某些领导者共有的或必备的基本素质，并以此作为提高领导效能的基础和前提条件。其中有些研究成果不乏参考价值。

例如，美国学者斯托基尔发现与领导才能有关的有五种身体特征（如精力、外貌与身高等），四种智能特征（如思维能力、反应敏捷程度等），十六种个性特征（如适应性、进取心、热心与自信等），六种与工作有关的特征（如追求成就的干劲、毅力和首创性等）以及九种社会特征（如愿意与人合作、人际关系协调能力和管理能力等）。

英国心理学家罗森与布朗在最新研究中指出，作为企业领导，必须具备八项要素：前瞻性；获得信任；参与意识；求知欲；多样性；创造性；笃实精神；集体意识等。

还有一些研究认为，一个好的领导者应具备这样一些特点：勤奋、忠诚、聪明、自信、果断、正直、关心他人、平易近人、幽默、善于鼓动人等。

广泛借鉴各家观点，一个卓有成效的领导者应具备如下基本素质。

1. 品德高尚

领导者要公正无私，诚信自律，襟怀坦荡，富于牺牲精神，严于律己，宽以待人，有极强的事业心和进取心。

2. 个性完善

领导者应性格开朗，豁达大度，意志坚强，自信，有自知之明，对事物具有广泛的兴趣和热情，有克服困难和承担责任的勇气和毅力。

3. 富于进取心和创新意识

领导者通常有较强的使命感和成就需求，希望通过事业的成功体现自身价值，有魄力和独创精神，勇于开拓新的活动领域。

4. 博学多识

领导者应具备较完备的知识结构，不仅通晓与领导工作有关的现代管理科学知识，同时精通与本部门业务活动性质有关的专业知识。

5. 多谋善断

领导者应有洞察全局、思考全局、谋划全局、指导全局、配合全局的思想方法和工作能力。应善于发现问题，提出多种解决方案，并从中进行优选决策；要能够根据情况的变化，随机应变地进行跟踪决策和适时处理。

6. 知人善任

有效的领导者应当善于观察人，了解人，用人之长，唯才是举，充分发挥每个成员的潜力和积极性。

7. 沟通协调

领导者要善于“亲和”，平易近人，要使下属觉得自己易于接近，敢于接近。领导者应具有较强的人际交往能力，善于与下属及外部公众建立良好的沟通关系，能够调节各种复杂矛盾，促进企业内外关系的协调发展。

8. 健康体魄

身体健康是每位领导者必须具备的条件，具有强壮的身体、充沛的精力，才能胜任不断变化的外界环境和日益加重的业务负担。

21世纪企业家十条标准

德国巴特瓦尔德塞国际综合经营管理学院的汉斯·W·戈延格教授说：“21世纪企业

家的兴衰取决于它的领导力量。”他认为，21世纪的经理人员应具备下面十个条件：

(1) 视野开阔，具有全球性眼光；

(2) 要向前看，具备战略性思想；

(3) 将远见卓识与具体目标结合起来；

(4) 要具有适应新的形势，不断变革的能力；

(5) 要具有较强的协调和沟通的能力和知识；

(6) 具有管理各种不同人物和各种不同资源的能力；

(7) 要能不断改进质量、成本、生产程序和新品种的能力；

(8) 要具有创造性管理的才能；

(9) 要善于掌握情况，各种信息和通晓决策过程；

(10) 具有准确的判断力，富于创新精神并能造就社会新的变革。

资料来源：http://www.jjxww.com，2002-06-23。

二、领导者的修养

领导者修养是领导者人格塑造的过程，是领导者不断提升自己能力的过程。一位有修养的领导者能极大地改善领导者与被领导者之间的人际关系。领导者的修养甚至比单纯的知识更为重要，因为某些行为方式是可以学到的，是可以熟练地被运用的。下面的修养内容是根据这一职能而提出的。

（一）懂得领导者的知识

领导活动是具有科学规律和创造性的专业活动范畴，领导者是一批特殊的人才，学习对领导者来说是职业生涯中的任务。如果懂得可使领导者更有效果的种种因素和随机应变的各种领导方式，将有助于领导者成为更为有效的领导者。诚然，领导理论及其研究工作量如此之大，不可能让每一个领导全部精通它们。但是作为领导必须学习和理解的领导基本原理和基本规律，则是领导者应该努力掌握的。当然，仅仅懂得这些知识是不够的，作为一个领导者还必须具备将这种知识应用于实际的能力。

（二）移情作用

“移情作用”是美学和心理学的概念，意思是说：一个人将自己的意识以想象力投射在他人身上的能力。正如通常所说的，就是将自己置于别人的地位、模拟他人的感情、意见与价值观念的能力。领导也像其他人一样，具有目标、抱负、价值观念和个人见解。如果没有这样的移情作用，他常常会假定他们的下属具有同他们一样的这些品性，对事物的观点都是一致的，而实际并非如此。因此，主管人员不应该主观地假定他们的下属与自己一定具有同样的情感。如果做出这种假设，在工作上往往就会导致独断专行的“家长式作风”。所以领导必须对下属进行全面的了解，除了工作之外，还要了解他们的个人关系、经济与健康状况、抱负、价值观等。把自己置于下属的位置仅只是一个方面，而直率又真诚地努力去了解下属将是更重要的方面。领导如果能自问一下“在他们的位置上我会如何反应”，这样长期坚持下去，会在实践中形成一种技能，从而为有效地指导与领导打下一个基础。

（三）客观性

领导应力求不带感情地去观察和寻查事情的起因。因为领导者也是人，必须和下属产生一定的感情，但重要的是要客观地对下属进行评价，判定结果的真实原因，并且采用明智的步骤来帮助表现较差者，鼓励表现较好者，这就要求领导不能只强调有移情作用。在客观性与移情作用之间要尽可能地予以平衡。为培养客观性，领导需要有很强的意志。领导者只要有决心和修养，就能克服仓促判断、愤怒、责怪以及感情用事的倾向，领导者的克制与冷静地分析是有素养的表现。

（四）自知之明

人们为了了解自己为什么这样做、自己的行为会引起什么别的反应或不引起反应，甚至可能是反感，那就要必须了解自己，即有自知之明。若没有自知之明或不能做到这一点而要移情或客观处理是不可能的。有些人的习惯、言辞或行为，往往会不自觉地影响别人。当然，在某些情况下也可能有意这样做，而这样做或许是符合需要的。但重要的是，友谊、赞赏会取得更好的效果。因此，领导应该了解自己，自己的处世态度与习惯对下属的影响，以便改进自己那些可能影响下属的言行。这就是说，要求人们有自知之明，并应对自己言行的反应查找原因。例如可以通过各种调查，找出产生各种不同反应的原因，从而正确地认识自己；正确地认识自己的作用，这将是十分重要的。

案例思考 9–9

小张为什么不高兴？

某公司业务员小张一直在追踪一个大客户，最近赶上机会，一笔大买卖即将签单。这不，赶上周五了，签了单，要与客户聚一聚，只能下周一去公司了，算算看，已经四天没去业务部门报到了，小张只是在电话里简单地跟上司王经理说了说，想下周一例会的时候拿着协议给王经理一个惊喜。业务部王经理这几天一直在想，早听说小张这人办事经常出格，哼，这几天还不知道他一个人在外面做什么呢？周一早上，王经理看到小张后，当着许多同事的面大声叫道："你上周几天没来公司，怎么回事？一会儿开会，你要讲清楚。"小张听到了，明显感到 A 经理的责怪与怒气，原本兴奋的心情，一下子凉了大半截。

例会上，小张说自己在跟踪一个大客户。王经理紧跟着问："那结果呢？"小张感觉到王经理咄咄逼人的气势，心里很不舒服，应付了一句："继续跟踪呗。"王经理又针对小张上周的事强调了一下销售队伍纪律问题，还声称下不为例，如有再犯，必定严惩。

会后，小张将合同交到了王经理处，王经理说："你怎么不早说呀！"小张无语……

从管理者的角度分析王经理为什么做得不好。

三、领导艺术

现代社会中的组织常常是由一个多种要素组成的复杂的社会性组织。因此，对组织中领导的方式、方法提出了更高的要求，同时也决定了领导的工作在很大程度上是创造性的。领导艺术就是富有创造性的领导方法的体现。在履行领导职能的过程中，科学是与艺术相互结合、彼此交织在一起的。主管人员要具备灵活运用各种领导方法和原则的能力与技巧，才能率领和引导人们克服前进道路上的障碍，顺利实现预定的目标。

领导艺术的内涵，目前尚无一致的意见，归纳起来，大体上有三种：一是从领导者角度，把其视为履行领导职能的艺术，主要包括沟通联络、激励和指导的艺术；二是从管理者的角度，强调决策艺术、授权艺术、用人艺术等；三是把它视为提高领导工作有效性的艺术。除上述内容外，还包括正确安排自己的工作和时间，处理好各方面的关系，以及吸引员工参加管理等。

在领导运用职权、权力和影响力的过程中，既要遵循客观规律和科学理论，又必须创造性地、艺术性地运用领导方式和方法。领导艺术建立在领导者的知识、经验、素质和能力的综合基础上。认真研究领导艺术，有助于提高领导工作的效率，有效的领导必须依赖精湛的领导艺术。领导艺术博大精深，内容丰富。

（一）决策艺术

在非程序化的决策过程中，主管人员的主观决策技能起着重要的作用。人们在一定经验的基础上，对未来事件的判断具有远见和洞察力，主要表现在及早察觉组织发展的有利与不利条件，依靠自己的周密考虑和集中群众的正确意见，做出既有事实根据又先于别人想到的不寻常的战略决策，促使组织取得重大的成就与改进。

（二）用人艺术

在充分了解和发挥员工长处的基础上，把工作的需要和个人的能力很好结合起来，使每个员工在各自的工作岗位上兢兢业业，积极进取；把发挥每个人的长处与组织目标很好地结合起来，使每个员工的长处同集体和别人的长处相得益彰；在组织中创造一种气氛，凡能做出显著成绩的人，都会受到应有的尊重和提拔；能顺利履行职责、依靠和运用平凡人的聪明才智做出不平凡的业绩，促使组织的目标实现。

（三）授权艺术

根据民主集中制，在不同的主客观条件下，把不同程度的领导权力下放给下级主管人员或其他人员，并对其进行指导与监督，使每项工作都能在最适当的层次得到较好的处置，既利于充分发挥下属的积极性、主动性，又能帮助上级领导集中精力研究和解决主要问题，维护和加强整个组织的统一指挥。

（四）指挥和激励艺术

在实践中树立和维护必要的权威，使员工自觉地团结在主管人员的周围，并接受其指挥。在管理过程中，善于运用各种通信手段进行沟通，认真听取下属意见，及时对所属人员进行必要的教育或发布必要的指令；根据加强思想教育和物质利益原则的精神，使组织中的鼓动工作和激励制度、方法等能适应广大员工多种多样的、经常变化的需要，进而起到维护纪律、鼓舞士气、充分挖掘潜力、克服各种困难、提高效益和效果的作用。

（五）集中精力抓主要环节艺术

在组织各项生产、工作任务中，找出对实现组织目标具有重要作用的某项工作或某个环节，在突出重点的基础上统筹全局，正确决定每个时期、每个阶段的工作秩序，科学地分配自己的时间和组织资源，并把这种决策坚持贯彻下去。

（六）领导变革艺术

组织在发展过程中不断革新技术，改进管理，必然引起人们的思想认识和组织行为的变革。要求主管人员因势利导，正确处理变革过程中革新与守旧的矛盾，达到既促进变革又稳定局面的目的。

本章小结

领导是一种人与人之间的交往过程，通过该过程来影响、激励和引导人们执行某项任务，以达到特定目标的一种行为。领导活动的关键是领导者，领导活动的特征是驾驭和影响，领导的结果是形成群体遵从和追随。

领导行为的有效性是领导者、被领导者和领导工作情境等三方面因素综合作用的结果。

领导影响力是指领导者在与被领导者的交往过程中，影响和改变被领导者的心理与行为的能力。领导影响力的大小取决于领导权威。权威是管理者行使领导职能最重要的条件，管理者凭借权威进行有效的指挥。

领导理论就是研究领导有效性的理论。由于人们研究的角度和出发点不同，共出现了三种类型的领导理论。

领导特质理论着重从领导者个性特征的角度来研究领导的有效性问题。

领导行为理论将研究的着眼点放在了领导者与被领导者的关系上，注重研究领导者的领导行为和领导风格对组织成员的影响。

领导权变理论研究的着眼点放在了领导行为与领导环境的关系上，注重研究领导环境对领导品质和领导行为有效性的影响，认为应能善于根据环境的变化选择不同的领导方式。

领导者素质，是指领导者的品质、性格、学识、能力、体质等方面特性的总和。领导者修养是领导者人格塑造的过程，是领导者不断提升自己能力的过程。领导艺术是富有创造性的领导方法的体现。

在领导运用职权、权力和影响力的过程中，既要遵循客观规律和科学理论，又必须创造性地、艺术性地运用领导方式和方法。

复习思考题

1. 如何理解领导的实质？领导与管理有何区别与联系？
2. 如何理解领导者的影响力？
3. 领导者威信建立的基础是什么？如何才能成为受下属爱戴的领导者？
4. 各种领导理论具有哪些不同特点？
5. 菲德勒模型和应变领导模式理论的内涵是什么？
6. 领导者应具备哪些素养？
7. 如何提高领导的有效性？

第十章

激励与激励理论

本章要点提示

- 激励与激励过程
- 内容型激励理论、过程型激励理论和行为改造型激励理论
- 有效激励的原则
- 激励的常用方法

引　例

在美国旧金山一家医院里的一间隔离病房外面，一位身体硬朗、步履生风、声若洪钟的老人，正在与护士死磨硬缠地要探望一名因痢疾住院治疗的女士。但是，护士却严守规章制度毫不退让。这位护士真是“有眼不识泰山”，她怎么也不会想到，这位衣着朴素的老者，竟是通用电气公司总裁，曾被公认为“世界最佳经营家”的世界企业巨子斯通先生。护士也根本无从知晓，斯通探望的女士，并非斯通的家人，而是通用电气加利福尼亚州分公司销售员哈桑的妻子。哈桑后来知道了这件事，感激不已，每天工作达 16 小时，以此报答斯通的关怀，加利福尼亚州分公司的销售业绩一度在全美各地区评比中名列前茅。

美国行为科学家 E. H. 沙因曾说过：一个人是否感到满足，肯为组织尽力，决定于他本身的动机和他同组织之间的相互关系。管理以人为本，管理的中心工作是做好人的工作，管理的最终目的也是为了人。在组织活动中，只有使所有参与活动的员工都保持高昂的士气和工作热情，才能取得最好的效果。激励就是调动员工积极性、促进员工价值实现的过程。激励是管理的重要职能之一。

第一节　激励原理

一、激励及其构成因素

所谓激励，首先是一种人类活动的心理现象，是具有加强和推动行为使之朝向预定目标的动力。激励作为一种心理机制和心理体验，不具有直观性，但是他对人的行为的导向和驱动可以由人的行为状态判断其存在和力度。

管理引入激励的概念，是指管理者运用各种管理手段，刺激被管理者的需要，激发其动机，使其朝向所期望的目标前进的心理过程。简而言之，激励是指激发人的动机，调动人们工作的积极性和创造性，自觉自愿地为实现组织目标而努力。在管理工作中，激励就是通常所说的调动人的积极性问题。

激励总是和人的行为过程紧密联系在一起的，是在人的行为过程中发生和进行的，所以，组织成员的行为表现和行为效果就与激励有着密不可分的关系，激励方向和激励水平直接影响到组织成员的行为效果。

在管理工作中，为了引导成员为组织目标的实现做出更大的贡献，管理者不仅要根据组织活动的需要和个人素质与能力的差异，将不同的人安排在其合适的岗位上，赋予相应的职责和任务，还要分析他们的行为特点和影响因素，有针对性地开展工作，以调动他们的工作积极性，改变和引导他们的行为，使之符合实现组织目标的要求。这就是管理者激励工作所要完成的任务。

凡人类有意识的活动均称为行为。而行为产生的原因是心理学家争论的焦点。现代的观点认为，人的行为是由动机决定的，而动机是由需要支配的。因此，构成激励的要素主要包括：需要、动机、行为和外部刺激。这些要素相互组合与作用，构成了对人的激励。

（一）需要

需要是客观的刺激，作用于人们的大脑所引起的，个体缺乏某种东西的状态。或者说需要是指人对某种客观事物的渴求和欲望，是人的行为的原动力。这里所说客观的刺激既包括身体内部的，也包括身体外部的。例如人饿了想进食是人的机体生理作用产生的饥饿感造成的，当某种新产品上市而产生购买欲望等。客观的刺激既可以是物质的，也可以是精神的，例如模范人物的奉献精神对人们的影响。

潜在的需要在外界刺激之下会显现出来，造成人的生理和心理的变化，促使人们追求需求满足的行为。但是需求不是一种纯主观的心理现象，而是客观事物在人脑中的反映，需要的内容和形式主要取决于所需事物的客观存在。在给予、改变或剥夺需要对象时人的行为就会有所改变。人的需求有多样性、结构性、发展性和社会制约性的特点。

（二）动机

心理学上把人们经常以愿望、兴趣、理想等形式表现出来，激励个体发动和维持其行动、并导向某一目标的一种心理过程或主观因素，叫做动机。简而言之，动机是推动人从事某种行为的心理动力。

需要作为一种潜在的心理状态，并不能直接引导人们的行为，只有需要指向特定的目标，并与某种客观事物建立联系以后，才能体现在行动上。这种需要与目标的连接和动力生成是通过动机实现的。

动机具有引导人的活动朝向某一目标、引发个体活动并维持这种活动的功能。动机取决于两方面的因素，一是个体生理或心理的需要；二是能够满足需要的客观事物的存在和存在方式。如周围越来越多的人有了房、车，自己就可能产生改善生活条件的强烈需要，进而会导致动机的产生，是努力工作多挣钱、还是跳槽到挣钱多的地方去、自己创业等。由于这两个因素的复杂性，所以，动机也具有多元复杂性、隐秘内在性和变化不规则性的特点。

激励的关键环节就在于使被激励者产生所希望的动机，以期引起有助于组织目标实现的行为，所以，激励的核心要素就是动机，关键环节就是动机的激发。

（三）行为

行为是激励的目的。这里所说的行为，是指在激励状态下，人们为动机驱使所采取的实现目标的一系列动作。组织成员采取有利于组织目标实现的行为，是激励的目的，也是激励能否取得成效及成效大小的衡量标准。

（四）外部刺激

外部刺激是激励的条件。它是指在激励过程中，人们所处的外部环境中各种影响需要的条件与因素。在管理激励中，外部刺激主要指管理者为实现组织目标而对被管理者所采取的种种管理手段及相应形成的管理环境。如给组织成员指定的工作目标，为完成工作制定的物质上和精神上的奖酬标准等。

案例思考10-1

应该如何做？

某企业有一位中层干部，长期以来工作认真负责，身先士卒带领下属，在目前岗位上为企业发展做出了突出的贡献，但偶尔会受其文化程度低（高中毕业）的影响，在工作上出现一些不尽如人意的地方。为了肯定该经理的工作，公司决定加大对他的激励，但具体在如何激励的问题上存在着以下几种不同的看法：一是除了给予正常的物质奖励外，将其晋升到高一级岗位；二是给予特别的物质与精神奖励，让他继续担任经理工作；三是重点给予精神奖励，提拔他担任更高一级的管理工作；四是由公司出钱让他到国内著名管理学院去进修管理课程。

你认为应如何做？制定政策的基础是什么？

二、激励过程

心理学研究证明，人的行为具有目的性，而行为目的源于人的动机，动机则产生于人的需求，需求不满而力求改善是人的行为的根本动力。所以，需求导致动机，动机导向行为，行为指向预定目标，是人类行为的基本模式。这一模式如图10—1所示。

当人们产生某种需要而未能满足时，就会引起人的欲望，想满足这种需要，它促使人处于一种不安和紧张状态之中，从而成为做某件事的内在驱动力。心理学上把这种驱动力称作动机。动机产生以后，人们就会寻找、选择能够满足需要的策略和途径，而策略确

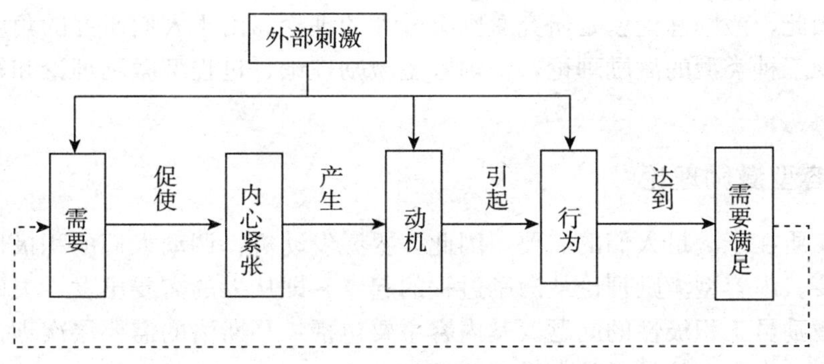

图 10—1　激励过程

定，就会导致满足需要的活动，产生一定的行为。行为的结果如果未能使需要得到满足，人们会继续努力，或采取新的行为（积极的或消极的），或调整期望目标。如果行为的结果使作为行为原动力的需要得到满足，则人们往往会被自己的成功所鼓舞，产生新的需要和动机，确定新的目标，产生新的行为。因此，从需要的产生到目标的实现，人的行为是一个循环往复、不断升华的过程。

此激励过程说明了以下几个问题：一是人的行为是具有目标导向的，目标的设置必须是激励者所迫切需要的。二是需要是动机和行为产生的基础，是行为产生的最根本的原因，动机则是行为产生的直接原因。三是相同的行为可能有不同的动机和需求。四是相同的需求也可能会有不同的动机和行为。

管理者应该正确地认识激励过程，认真研究人们在特定环境下的需要强度与动机强度，以及各种动机之间的矛盾和斗争，因势利导进行激励，以诱发组织期望的行为，遏制对组织不利的行为。激励工作就是设法协调个人的需要、动机和行为与组织期望目标的一致性，并对利于组织目标实现者加以强化，对不利者加以弱化。

案例思考 10-2

如何留住人才？

某大学毕业的一名 MBA 学员小王，2003 年到一家私营企业工作。当时，这家企业刚创建不久，小王被分配到 H 省担任销售主管。几年来，小王工作热情很高，全身心地投入，销售业绩连年快速增长，小王也被连续提升。2007 年小王再次被提升，任大区主管，负责指挥 7 个省的销售工作，工资收入也连续翻番达到年薪 30 万元。但最近，小王却准备离开公司，另谋高就。同学们询问原因时，小王解释说：“现在我所在的这家公司缺少谁都可以发展，我已经只是这部高速运转的机器中的一个部件了。”

根据小王的说法，你对他所在公司的发展情况做何判断？小王辞职的深层次原因是什么？为了挽留人才，公司应如何做？

第二节　激励理论

历史上人们对激励问题有着各种各样的探讨，其核心都是在探讨如何才能使激励工作更为有效。因此，激励理论就是研究激励有效性的理论。由于人们研究的角度和出发点的不同，共出现三种类型的激励理论，即内容型激励理论、过程型激励理论和行为改造型激励理论。

一、内容型激励理论

激励的实质在于满足人们的需要，因此，要激发动机，调动人们的积极性，就必须研究人们的需要。内容型激励理论从激励过程的起点，即从人的需要出发，去研究有哪些因素可以有效激励员工积极性的问题。其内容主要包括：马斯洛的需要层次理论、赫茨伯格的双因素理论、麦克利兰的成就激励理论等。

（一）需要层次论

人的需要究竟有多少种？人们需要产生的一般规律是什么？许多人曾对此进行过研究。美国心理学家亚伯拉罕·哈罗德·马斯洛1954年出版了《动机与个性》一书，系统地提出了需要层次理论。这一理论作为揭示激励规律的重要理论，受到管理学界的普遍重视，是行为科学家试图揭示需要规律的主要理论。其理论的主要观点如下：

1. 人通常有5种类型的需要

（1）生理的需要，指维持人类自身生命的基本需要。如对衣、食、住、行的需要。马斯洛认为，在这些需要没有得到满足以维持生命之前，其他需要都不能起激励人的作用。

（2）安全需要，是人保护自己免受身体和情感伤害的需要。如人们希望避免人身危险和不受丧失职业、财物等威胁方面的需要。

（3）社交的需要，是人在友谊、爱情、归属及接纳方面的需要。马斯洛认为，人是一种社会动物，人们的生活和工作都不是孤立地进行的。人们希望在一种被接受或属于的情况下工作，希望与伙伴和同事之间和睦相处，关系融洽而不希望在社会中成为离群的孤鸟。

（4）自尊的需要，分为内部尊重和外部尊重。内部尊重因素包括自尊、自主和成就感；外部尊重因素包括地位、认可和关注或者说受人尊重。自尊是指在自己取得成功时有一种自豪感，它是驱使人们奋发向上的推动力、受人尊重，是指当自己做出贡献时能得到他人承认。

（5）自我实现的需要，是人在成长与发展、发挥自身潜能、实现理想的需要。如人们希望自己担当的工作与自己的知识能力相适应，工作带有挑战性，负有更多的责任；希望进行创造性的活动并取得成功等。

2. 人的需要具有层次性

人的各种需要由于重要程度和发展顺序的不同，可以形成一定的层次性。马斯洛把生理需要、安全需要称为较低的需要；而把社交需要、尊重需要和自我实现需要称为较高级的需要。人的5种需要按照由低到高的顺序发展，人们通常在较低层次的需要得到满足后，才会产生更高层次的需要。如图10—2所示。

3. 人的行为是由主导需要决定的

人的行为受到人的需要欲望的影响和驱动，只有尚未满足的需要才能够影响人的行为。在同一时期内同时存在的几种需要中，总有一种需要占主导、支配地位，人的行为主要受主导需要所驱使，只有未满足的需要才对人的行为方向起决定作用。

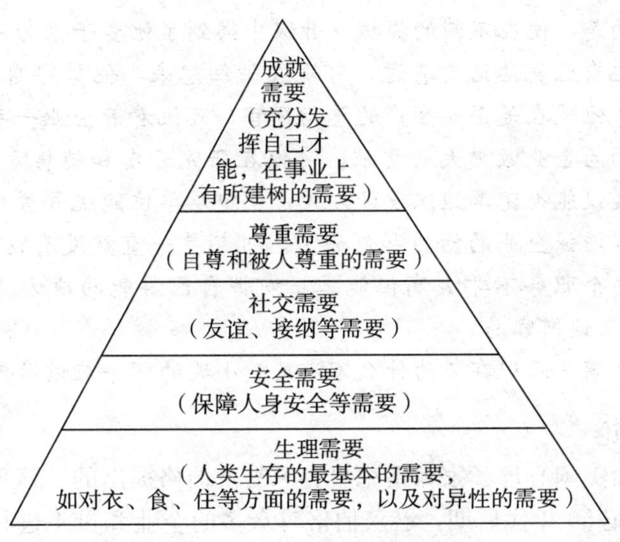

图 10—2　人的需要具有层次性

马斯洛的需要层次论揭示了一般人在通常情况下的需要与行为规律，为研究人的行为提供了一个比较科学的理论框架。这一理论对管理中的激励工作具有非常现实的指导意义。

首先，管理者要学会正确认识被管理者需要的多层次性。传统的管理者往往过于看重物质的激励，片面看待下属需要是不正确的。激励不仅要给人以物质的满足，而且要给人以精神的满足，特别是基本生理需要得到一定的满足以后，精神需要更为重要。因为，满足人的高级需要将具有更持久的动力。

其次，管理者应认识到人的需要是客观存在的，需要是人们动机和行为产生的最根本原因，管理者应充分认识需要对人们积极性的影响。要善于将组织目标与组织成员的个人需要结合起来，将激励手段同被管理者的各层次需要联系起来，以充分调动人们的积极性，保证组织目标的实现。

最后，管理者要重视激励的针对性。不同的需要有着不同的满足途径。管理者应善于针对不同层次的需要，找出相应的激励方法；要善于针对不同人、不同时间、不同条件有针对性地进行激励，以有效地提高激励效果。

案例思考 10-3

小梁为什么不满足？

小梁现已进入了四十不惑的阶段。回首这十几年的奋斗历程，他很为自己早年艰苦而又自强不息的日子感叹不已。当初自己没有稳定的工作就结了婚，有父母留下的一间虽然面积不小但很破旧的平房。妻子在待业之中，两人常为生计发愁。后来，小梁在某企业找到了一份固定的工作，并很快地被提拔为工段长，接着又成为车间主任，进而升为生产部长。他记得那段日子对他个人和公司来说，都是极重要的转折。他没命地为公司工作，很为自己是其中的一分子感到自豪。他的付出也给他带来了丰厚的回报，他的工资收入已相当可观了，更重要的是，他在不断的提拔、升级中得到了他妻子很为他感到自豪的权力和地位。有段时间，他自己也沾沾自喜过，可现在细细想来，他觉得自己并没有成就什么，心里老是空落落的。他现在是企业生产的总指挥官，可他看着企业一年比一年不景气，很想在开发新产品方面为企业做更大的贡献，可他在研究开发和销售方面并没有什么权力。他多次给企业领导提议能否变革组织设计方式，使中层单位能统筹考虑产品的生产、销售及研究开发问题，以增强企业的活力和创新力。可领导一直就没有这方面的想法。所以，小梁想换个单位，去个职务不要太高但能真正发挥自己潜能的地方。可自己都步入中年了，“跳槽”的决定又谈何容易。

小梁过去为什么满足而现在又为什么不满足？小梁的领导应该做什么？

（二）双因素理论

双因素理论是由美国心理学家弗雷德里克·赫茨伯格提出的。该理论的产生有着丰富的实验基础。20世纪50年代后期，赫茨伯格对众多的企业和员工进行了广泛调查，以便考察导致员工对工作满意和不满意的事件的类型。调查的主要结果表明，导致对工作满意与不满意的事件是截然不同的，其中导致员工满意的主要因素有五个，即成就、认可、工作本身的吸引力、责任、发展；导致员工不满意的主要因素有：企业政策与行政管理、监督、工资、人际关系以及工作条件等。赫茨伯格在调查和研究的基础上相继发表了一系列文章和论著，系统阐述了双因素理论的基本观点。

1. 激发人的动机的因素有两类

双因素理论认为，激发人的动机的因素有两类，一类为保健因素，是指与工作环境等外在条件有关的因素，包括组织的政策、对成员的管理监督方式、组织成员之间的关系、工作条件、劳动报酬、工作环境等因素；另一类为激励因素，是指与工作本身的特点和工作内容有关的因素，包括工作富有兴趣、富有成就感、富有挑战性、个人发展的可能性、职务上的责任感等。保健因素通常与工作条件和工作环境有关，而激励因素与工作内容和工作本身有关。

2. 保健因素与激励因素对于调动人的积极性所起的作用不同

对于保健因素，当人们得不到这些方面的满足时，人们会产生不满，从而影响工作积极性；但当人们得到这些方面满足时，只是消除了不满，却不会调动人们的工作积极性，即不起明显的激励作用。这些因素起的作用在于保持人的积极性、维持工作现状。

对于激励因素，当人们得不到这些方面的满足时，工作缺乏积极性，但不会产生明显的不满情绪；当人们得到这些方面的满足时，会对工作产生浓厚的兴趣，产生很大的工作积极性，起到明显的激励作用。激励因素像人们锻炼身体一样，可以改变身体素质，增进人们的健康，如上述的成就、认可、责任、发展等因素的存在，将给人们带来极大的满足。

赫茨伯格的双因素理论揭示了不同因素对员工行为的不同作用。这一理论对管理中的激励工作具有非常现实的指导意义。

首先，要善于区分管理实践中存在的两类因素，对于保健因素要给予基本的满足，以消除下级的不满。例如，工作条件、住房、福利等。

其次，要重视激励因素。根据赫茨伯格的理论，对职工最有效的激励就是让员工对所从事的工作本身满意。因此调动人的积极性的关键是激励因素。要调动人的积极性，不仅要注意工作条件和物质利益等外部因素，更重要的是激励因素所代表的内在因素的力量，要使人们对工作本身产生浓厚感情，激发人们对工作的热爱，以促使工作效率的提高。例如，调整工作的分工，宣传工作的意义，增加工作的挑战性，实行工作内容丰富化等来增加员工对工作的兴趣，千方百计地使员工满意自己的工作，从而收到有效激励的效果。

最后，要正确识别、挑选和运用激励因素。能够对员工积极性产生重要影响作用的激励因素在管理实践中不是绝对的。它受到社会、阶层及个人的经济状况、社会身份、文化层次、价值观念、个性、心理等诸多因素的影响。因此，在不同国家地区、不同时期、不同阶层、不同组织，乃至每个人，最敏感的激励因素是各不相同的，有时差别还很大。因此，必须在分析上述因素的基础上，灵活地加以确定。如工资在发达国家的一些企业员工中不构成激励因素，而在我国许多企业员工中仍是一个重要的激励因素。因此，双因素理论的理解和应用，也应有权变的观点。

案例思考10-4

激励措施会有效果吗?

广告公司总经理吴烨在一次公司全体会议上说：“上半年大家对公司管理提出了一些批评与建议，我们对大家反映比较强烈的一些问题进行了研究，比如午餐送餐、报销手续简化等问题，都将在近期解决。我们解决了关系大家切身利益的问题，我们有理由看到诸位更积极的工作态度和更大的工作成果。”

你如何看待吴总经理讲话的可能效果?

（三）成就激励理论

成就激励理论是美国哈佛大学教授、心理学家戴维·麦克利兰于20世纪50年代提出来的。1961年，麦克利兰出版了《有成就的社会》一书，1969年与另一作者温特尔共同出版了《激励经济成就》一书，在这本书中系统阐述了成就激励理论。

1. 人有三种基本需要

麦克利兰认为，除了生理需要外，还存在一些基本的需要引导着人的行为，即归属需要、权力需要和成就需要。

（1）归属需要是指人们在社会中所具有的寻求交往、希望被别人所接纳的欲望。有高归属需要的人更愿意与他人和睦相处，喜欢合作而不是竞争的环境，希望彼此间的沟通和理解。有着强烈归属需要的人可能是成功的“整合者”，如品牌管理人员和项目管理人员等。他们能够协调组织中几个部门的工作，具有过人的人际关系技能，能够与他人建立积极的工作关系。

（2）权力需要是指人们在社会交往中所具有的希望影响和控制别人的欲望。麦克利兰发现，具有较高权力欲的人对施加影响和控制表现出极大的关心。这样的人一般十分健谈、好争辩、直率、头脑冷静、善于提出要求、喜欢讲演、爱教训人。有着强烈权力需要的人，会有较多的机会晋升到组织的高级管理层。原因在于，成就的需要可以通过任务本身得到满足，而权力的需要只能通过上升到某种具有高于他人的权力层次才能得到满足。

(3) 成就需要是指人们在社会中追求卓越成就、争取事业成功的欲望。具有较高成就需要的人，对成功有一种强烈的要求。他们愿意接受挑战，为自己树立具有一定难度的（但不是不能达到的）目标。愿意承担所做工作的个人责任，对他们正在进行的工作情况，希望得到明确而又迅速的反馈。他们一般喜欢表现自己。麦克利兰的研究表明，对主管人员来说，成就需要比较强烈。

2. 成就需要与组织的绩效相关

麦克利兰认为，一个组织的成败，与具有高成就需要的人数有关。国外一些学者曾进行过系列的试验，检验企业家的成就需要水平与企业绩效之间的关系。试验的结论是：权力需要与企业的绩效完全没有关系；归属需要与企业的绩效甚至会出现负相关；在中等和高成就需要等级内，成就需要与企业绩效间有显著的正相关。因此，麦克利兰认为一个组织的成败，与它们具有高成就需要的人数有关。只有高成就需要才能导致高绩效的行为。

3. 具有高成就需要的人，有着明显的特征

凡具有高成就需要的人，都有以下行为特征：事业心强，敢于负责，敢于寻求解决问题的途径；有进取心，也比较实际；密切注意自己的处境，要求不断得到反馈信息，以了解自己的工作和计划的适应情况；重成就、轻金钱，工作中取得成功或者攻克了难关，从中得到乐趣和激情，胜过物质的鼓励。

4. 应重视对管理人员成就需要意识的培养

麦克利兰认为，成就动机不是一个人天生的，而更多的是环境、教育、实践的结果。成就需要可以通过培养来提高。

麦克利兰理论的重要性在于，它表明了使员工需要与其工作相匹配的重要性，对管理者的实际工作具有实际指导意义。

作为管理者要善于鉴别具有成就需要的员工，要敢于给予员工机会，赋予员工一定程度的自主权和责任感，逐步使其工作更具挑战性，把满足人们的成就需要作为调动积极性的重要激励手段。

对于组织而言，应重视对各级管理人员的成就需要意识的培养，要善于创造适当的工作环境来提高员工的成就需要，以提高管理人员队伍的素质。

案例思考10-5

木华公司的困境

木华公司是一家高新技术企业，在公司最初发展阶段效益较好时，总经理给员工涨工资、发奖金。虽然有些管理者提醒总经理应该采取一些别的方式来奖励员工，但是总经理认为奖励说到底都是钱，区别不大。随着市场同类产品的出现，公司效益开始大幅下降，员工的奖金也越来越少。尽管后来公司动用积累以维持员工的工资、奖金水平不变，还是有一些骨干人员提出辞职，还有人干脆不辞而别。

从激励的角度看，是什么原因导致公司的现状？

二、过程型激励理论

从激励过程的认识中，可以看到导致行为的直接原因是动机，促成动机和行为产生的根本原因是需要。过程型激励理论就是从激励的发展过程中，研究有哪些重要因素对人的动机和行为发生作用。其内容主要包括：弗鲁姆的期望理论、亚当斯的公平理论、帕特和劳勒的综合激励模式等。

（一）期望理论

1964 年，美国著名心理学家维克托·弗鲁姆在他的著作《工作与激励》一书中，首先提出了期望理论，试图通过人们的努力行为与预期奖酬之间的因果关系来研究激励的过程。这种理论一出现，就受到国内外管理学家和实际管理工作者的普遍重视。目前，人们已经把期望理论看做最主要的激励理论之一。

期望理论的基本观点是：人之所以能够有积极性从事某项工作并达成组织目标，是因为这些工作和组织目标会帮助他们达成自己的目标、满足自己某方面的需要。在这一过程中，人的积极性的大小取决于他所能得到结果的全部预期价值乘以他认为达成该结果的期望概率。用公式可表示为：

激励力＝效价×期望值

公式中的激励力是指激励水平的高低，它表明动机的强烈程度，也可理解为有效调动人的积极性的程度。

效价是指个人对自己所从事的工作或所要达到的目标的估价。也可理解为，一个人对某一目标（奖酬）的重视程度与评价高低，即主观认为奖酬价值的大小。在现实生活中，对同一个目标，由于各人的需要不同，所处的环境不同，从而他们对该目标效价的认识也往往不同。比如，企业为了有效提高产品的销售量，对销售人员确定了年销售额达到 100 万元，则年底按销售额的 10％提成的奖励指标。这一奖励措施对于非常想提高收入的员工而言，在他心目中的效价就高。而该目标对于提高收入要求不高，但想通过做出成绩获得晋升的员工而言，在他心目中的效价就低。当然这里讲的效价，既可以是精神的，也可以是物质的；既可以是正的，也可以是负的，还可以为零；既可以是指某一单项效价，也可以是指各种效价的总和。

期望值是指个人对某项目标能够实现的概率的估计。也可理解为，被激励对象对目标能够实现的可能性大小的估计。如上例，当企业对销售人员确定了年销售额达到 100 万元，则年底按销售额的 10％提成的奖励指标时，这一措施能否调动想提高收入的员工的积极性，还取决于这些员工对目标是否能够实现的可能性大小的估计。当员工个人认为经过努力有可能实现销售目标时，才会导致员工积极地行动；若员工个人认为目标过高，经过努力也没有实现的可能性时，则员工不会有积极地行动。

由此可见，效价和期望值的不同结合，会产生不同的激励力量。激励作用的大小，与效价、期望值成正比，即效价、期望值越高，激励作用越大，反之，则越小。如果其中一项为零，激励力量也自然为零。

弗鲁姆的期望理论揭示了调动人们工作积极性的条件，分析了员工努力与绩效、绩效与奖励、奖励与满足个人需要的关系。这一理论对管理中的激励工作具有非常现实的指导意义。

首先，要从实际出发考虑员工的实际需要，合理选择效价，即激励手段。一定要选择员工感兴趣、评价高，即认为效价大的项目或手段。这样，才能产生较大的激励作用。

其次，要善于确定合理的组织目标，目标的标准不宜过高。凡是具有广泛激励作用的工作项目，都应是大多数人经过努力能实现的。这样，就能够通过增大实际概率来增强激励作用。

最后，要善于创造条件，使组织成员增强实现目标的信心。当员工认为的期望概率太小时，管理者应给予鼓励，并创造条件增加其信心。还要注意期望心理的疏导，以防止员工出现强烈的挫折感，挫伤员工的积极性。

案例思考10-6

小周和小刘两人的行为为什么不同?

某市医院最近出台了一项政策：对在本医院工作满 10 年且平时工作积极的护士，经各科推荐和专科考核合格以后，可送到欧美等发达国家进修一年，回院后将作为护士长的主要人选。看到这项政策，护士小周和小刘都十分激动，但到实际报名时，小周积极地报名了，小刘却在犹豫一番后放弃了报名。

试用激励理论分析一下小周和小刘两人行为不同的可能原因。

（二）公平理论

美国管理心理学家、行为科学家斯塔西·亚当斯 1963 年发表了论文《对于公平的理解》，1965 年又发表了《在社会交换中的不公平》一文，从而提出了公平理论的观点。他通过社会比较来探讨个人所作的贡献与所得奖酬之间的平衡关系，着重研究工资报酬分配的合理性、公正性及其对员工士气的影响。

1. 员工对报酬的满足程度是一个社会比较过程

人的工作积极性不仅受其所得的绝对报酬的影响，更重要的是受其相对报酬的影响。这种相对报酬是指个人付出劳动与所得到的报酬的比较值。付出劳动包括：体脑力消耗、技术水平能力高低、工龄长短、工作态度等；报酬包括：工资、奖金、晋升、名誉、地位等。投入与报酬的比较方式包括两种。

一是横向比较，即在同一时间内以自身同其他人相比较。即要将自己获得的报酬与自己的投入的比值与组织内其他人作比较，只有相等时，他才认为公平。如下式所示：

$$\frac{\text{对自己所获报酬的感觉}}{\text{对自己所作投入的感觉}}=\frac{\text{对别人所获报酬的感觉}}{\text{对别人所作投入的感觉}}$$

这个等式说明，当一个人感到他所获得的结果与他所做投入的比值，与作为比较对象的别人的这项比值相等时，就有了公平感。如果这两者之间的比值不相等，一方的比值大于另一方，另一方就会产生不公平感，反之亦然。

二是纵向比较，即把自己目前投入的努力与目前所获得报酬的比值，同自己过去投入的努力与过去所获报酬的比值进行比较。只有相等时他才认为公平，如下式所示：

$$\frac{\text{对自己现在所获报酬的感觉}}{\text{对自己现在所作投入的感觉}}=\frac{\text{对自己过去所获报酬的感觉}}{\text{对自己过去所作投入的感觉}}$$

当上式为不等式时，人也会有不公平的感觉，可能导致工作积极性下降。

2. 比较的结果将直接影响人们今后工作的积极性

当获得公平感受时，心情舒畅，努力工作；当得到不公平感受时，会使人们心理产生紧张和不安，因而影响人们的行为动机，导致工作积极性和工作效率降低，旷工率、离职率随之上升。

3. 要实现相对报酬的公平性

要激励组织成员的积极性，领导者必须要做到公正无私，在奖酬上要公平合理，创造一个公平、民主的组织气氛。

亚当斯的公平理论揭示了个人做出的贡献与所得报酬之间关系的比较对激励的影响。这一理论对管理中的激励工作具有非常现实的指导意义。

首先，领导者要做到公正无私地对待组织的每一个成员。领导者掌握着对组织成员的工作进行奖酬的权力，领导者如何运用这一权力，是每一个组织成员所关注的焦点。因此领导者在此问题上不能具有私心或偏见，要平等地看待每一个组织成员。

其次，在奖酬上要做到公平合理。奖酬的不合理是影响组织成员积极性的重要因素。领导者在工作中应明确每一个组织成员的工作目标，加强管理过程中的控制，认真衡量每一个成员的工作投入和工作绩效，破除平均主义、大锅饭的旧思想观念，合理地分配奖酬。

最后，要做好思想教育工作，创造一个公平、民主的组织气氛。和谐的人际关系和组织内部环境是激发组织成员工作积极性的重要条件。领导者一方面应注意对被激励者公平心理的疏导，引导其树立正确的公平观；另一方面也应善于以各种方法引导人们的行为，创造公平民主的组织气氛，以激发人们的积极性。

案例思考10—7

什么是公平？

在对高校的工资制度改革中，需要对教师各职称系列进一步分级（如教授进一步分为四级，副教授分为三级，讲师分为三级等）。在如何对教师的职称级别进行评定时，有人认为应按教师的工作资历；有人认为应按教师的教学水平；有人认为应按教师的科研成果；还有人认为应按教师的绩效考核成绩。对于如何才能公平合理，人们议论纷纷。

为什么会出现这一现象？作为管理者应如何处理此问题？

（三）帕特和劳勒的综合激励模式

美国管理学家莱曼·帕特和爱德华·劳勒在 1968 年合著的《管理态度与工作绩效》一书中，在期望理论的基础上提出了一个综合的激励模型。该理论认为，不要以为设置了激励目标、采取了激励手段，就一定能获得所需的行动和努力，激励取决于奖励内容、奖惩制度、组织分工、目标导向行动的设置、管理水平、考核的公正性、领导作风及个人心理期望等多种综合性因素。帕特和劳勒的综合激励模式如图 10—3 所示。

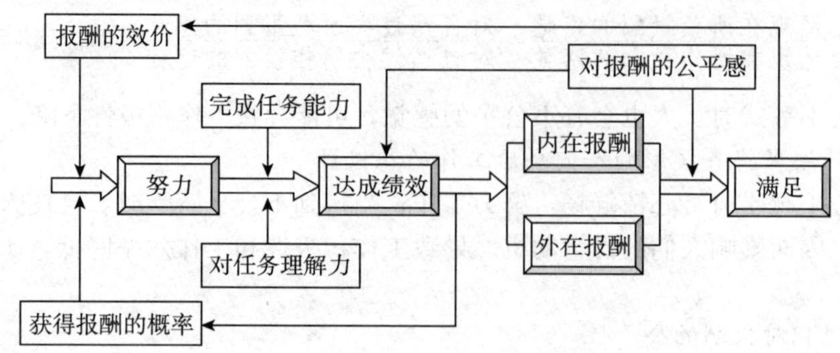

图 10—3 帕特和劳勒的激励模型

该激励模型主要包括四个变量，即努力、绩效、报酬和满足。

1. 努力

努力相当于期望理论的激励力。努力一方面取决于个人对报酬价值的主观评价（效价），另一方面还取决于个人对可能获得报酬的期望概率。

2. 绩效

经过努力并非一定会达成绩效。因为工作的实际绩效取决于三个因素：个人能力的大小、个人的努力程度以及对所需完成任务的了解、理解程度的深浅。

3. 报酬

达成绩效则会获得报酬。报酬分为内在报酬和外在报酬两种，前者指工作本身产生的报酬，如尊重、自我实现等需要的满足，后者指工作之外的工资、工作条件、职业保障等方面需要的满足。报酬属于奖励，奖励是否会起作用则取决于两个条件：一是奖励要以绩效为前提；二是报酬同个人对报酬的公平感结合在一起，影响着个人的满足，其中公平感又受个人对工作绩效的自我评价影响。

4. 满足

获得报酬导致需求的满足。满足是个人的一种内在的认知状态，表明个人在实现了预期的目标和报酬之后所得到的满意感觉。满足的程度取决于取得的报酬是否与预期的效价相符合。一个人最后得到的满意程度又将影响到以后的价值判断。当一个人从实现目标和报酬中得到了满足时，就会使他对此项目标所得报酬的评价提高，进而提升此项目标对个人的激励力，使他更加努力。

该模型综合了个体的外部刺激、内部条件、行为表现和行为后果的相互作用等各种因素，把整个激励过程——从激励的激起、绩效的达成、报酬的获得一直到满足的实现，表述得比较完备，将前面讲到的期望理论和公平理论有机结合起来，形成了系统化，导出了更完备的激励模式，较好地说明了整个激励过程。

帕特和劳勒的激励模式对管理中的激励工作具有非常现实的指导意义。管理者对于激励工作必须要有系统的观念，要认识到在管理实践中激励和绩效之间并不是简单的因果关系。不要以为设置了激励目标就一定会提高员工的积极性。激励工作要善于形成奖励目标—努力—绩效—奖励—满意—进一步努力的良性循环。

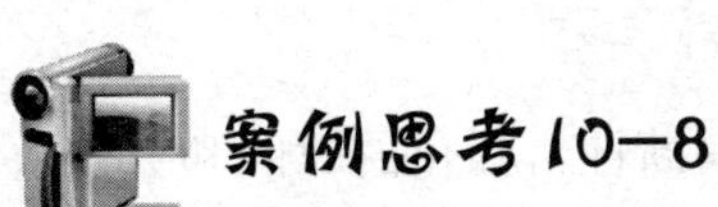

案例思考10-8

李科长的难处

李科长每年发奖金时都犯愁，科里有十几个人，工作积极性和工作成绩参差不齐，其中属小张表现最好。小张是硕士，聪明能干，工作积极，虽然来科里的时间是所有人中最晚的，但成绩在科里是最突出的。去年给了他最高的奖金，但却引起了科里其他人的不满。这使李科长很犯愁，不知如何是好。恰巧公司办了一个中层干部培训班，请了学校的教授讲课，课上讲到了有关激励的多种理论，其中的双因素理论讲到，影响人们积极性的因素有保健因素和激励因素，保健因素是指包括奖酬和工作环境等外在条件有关的因素；激励因素是指与工作本身的特点和工作内容有关的因素。二者在调动人的积极性上有着不同的作用。保健因素不能直接起激励作用，激励因素是影响人们工作的内在因素，对人的积极性有直接的激励作用。因此要调动人的积极性，应重视激励因素所代表的内在因素的力量。这些内容对李科长的启发很大，他逐渐有了主意。

这一天，李科长找小张谈了话，首先肯定了他一年中的贡献，特别表扬了他的成绩，并细致地讨论了明年如何使他的工作更有趣，责任更重，也更富有挑战性。最后谈到了奖金的事，告诉他这次的奖金他同大伙儿是一样的。

没想到小张听了这话立刻就火了，他说："什么？到头来我就值这么点儿，你那些好听的话留给别人去听吧，我不稀罕，表扬又不能当饭吃。"

试分析李科长的问题出在哪里。

三、行为改造型激励理论

行为改造型激励理论是从激励过程的终点，即人的行为出发，研究如何控制和改变人的行为。其主要包括：斯金纳的强化理论、海德的归因理论等。

（一）强化理论

强化理论是由美国心理学家伯尔赫斯·弗雷德里克·斯金纳（B. F. Skinner）提出的。强化是心理学术语，是指通过不断改变环境的刺激因素来达到增强、减弱或消失某种行为的过程。这个理论是从动物的实验中得出来的。开始，斯金纳也只将强化理论用于训练动物，如训练军犬和马戏团的动物。以后，斯金纳又将强化理论进一步发展，并用于人的学习上。现在，强化理论被广泛地应用在激励和人的行为改造上。

强化理论认为，人的行为是对其所获刺激的函数。如果刺激对他有利，他的行为就有可能重复出现；若刺激对他不利，则他的行为就可能减弱，甚至消失。如一个人做了一件好事，给予表扬，那么以后他还会做下去；反之，该行为可能就会消失。因此，管理人员可以通过强化的手段，营造一种有利于组织目标实现的环境和氛围，以使组织成员的行为符合组织的目标。强化可分为两大类型。

1. 正强化

正强化就是奖励那些符合组织目标的行为，以便使这些行为得以进一步加强，重复地出现，从而有利于组织目标的实现。正强化的方法包括物质奖励，也包括精神奖励，如加薪、奖金、对成绩的认可、表扬、改善工作条件和人际关系、提升、安排担任挑战性工作、给予学习和成长的机会等，都能起到正强化的作用。

强化理论认为，正强化的科学方法是：强化的方式保持间断性，强化的时间和数量也不固定，即管理人员应根据组织的需要和职工的行为状况，不定期、不定量地实施强化。实践证明，组织采用这种方法的效果更好。那种连续、固定的正强化，效果不一定好，因为久而久之，会使组织的成员感到组织的强化是理所当然的，甚至会产生越来越高的期望。

2. 负强化

负强化就是惩罚那些不符合组织目标的行为，以便使这些行为削弱，甚至消失，从而保证组织目标的实现。负强化的方法包括物质惩罚和精神处分，如减少薪金和奖金、罚款、批评、降级等都是负强化可用的方法，不进行正强化或者忽视，也是负强化可用的方法。

与正强化相反的是，负强化要维持其连续性，即对每一次不符合组织目标的行为都应及时地予以处罚，从而消除人们的侥幸心理，减少直至完全消除这种行为重复出现的可能性。

强化理论对管理中的激励工作具有非常现实的指导意义。首先，管理者要善于因人而异，采取不同的强化模式。要依照强化对象的不同需要，采用不同的强化措施。人们的年龄、性别、职业和文化背景不同，需要就不同，强化方式也应不一样。对一部分人有效的，对另一部分人不一定有效。其次，对员工的行为要奖惩结合，以奖为主。管理者应把重点放在积极强化而不是简单的惩罚上，应以正激励为主，负激励为辅，才会收到更好的效果。惩罚产生的作用可能很快，但效果可能是暂时的，也可能产生不愉快的消极作用。再次，管理者应善于把总目标分解成分目标。每完成一个分目标和分阶段目标都及时给予强化，以便增强下属信心，逐步实现总目标。最后，注意强化的时效性，及时反馈和及时强化。要使下属尽快知道自己的行为结果，使下属得到及时的鼓励和鞭策。

案例思考10-9

采用何种激励方法？

某公司来了一位新员工，工作一段时间后，领导发现该员工工作热情饱满，业绩提高很快。对于这种情况，除了按公司激励制度的正常规定给予相应奖励外，如果你作为该公司的领导，最赞同进一步采取以下哪种做法？为什么？

A. 及时肯定他的进步，鼓励他取得更大的成绩。

B. 顺其自然，让他通过自我激励不断提高绩效。

C. 给他提供进一步提高业绩的方法与程序指导。

D. 充分肯定他的成绩，并提醒他不要骄傲自满。

（二）归因理论

所谓归因，是指人们为了预测和评价人的行为并对环境和行为加以控制而对他人或自己的行为过程所进行的因果解释和推论。归因理论最初是由弗里茨·海德在1958年发表的《人际关系心理》中提出来的，1967年，美国社会心理学家哈罗德·凯利发表了《社会心理学的归因理论》，对海德的归因理论进行了扩充和发展。

1. 人们行为的原因包括内部原因和外部原因两种

内部原因是指个体自身所具有的、导致其行为表现的品质和特征，包括个体的人格、情绪、心境、动机、欲求、能力、努力等。外部原因是指个体自身以外的、导致其行为表现的条件和影响，包括环境条件、情境特征、他人的影响等。

2. 人们获得成功或遭受失败的归因倾向

海德认为，人们的行为获得成功还是遭受失败可以归因于四个要素，即努力、能力、任务难度、机遇。这四个因素可以按以下三个方面来划分：(1) 内因或外因：努力和能力属于内因，任务难度和机遇属于外因；(2) 稳定性：能力和任务难度属于稳定因素，努力和机遇属于不稳定因素；(3) 可控制：努力是可控因素；能力在一定条件下是不可控因素，但人们可以提高自己的努力，这种意义上的能力又是可控的；任务难度和机遇是不可控的。凯利认为，人们对行为的归因总是涉及三个方面的因素：(1) 客观刺激物；(2) 行动者；(3) 所处关系或情境。其中，行动者的因素是属于内部归因，客观刺激物和所处的关系或情境属于外部归因。

3. 人们把成功和失败归因于何种因素，对以后的工作和积极性有很大影响

把成功归因于内部原因，会使人感到满意和自豪，归因于外部原因，会使人感到幸运和感激；把失败归因于稳定因素，会降低以后工作的积极性，归因于不稳定因素，可能提高以后的工作积极性。

归因理论对管理中的激励工作具有非常现实的指导意义。在现实工作中，当人们做成一件事或受到挫折时，总要对其原因做出判断，而归因于何种因素，对以后的工作和积极性有很大影响。如人们常把自己的成功归因于内部因素，把别人的成功归因于外部因素；而把自己的失败归因于外部因素，把别人的失败归因于内部因素。不当的归因会导致员工进一步行为的不当。归因理论有助于主管人员了解下属的归因倾向，以便正确指导和训练正确的归因倾向，调动下属的积极性。

第三节　激励体系的建立

在管理实践中，激励是根据组织环境和条件的变化，因地制宜，多样化运用的。因此，激励理论仅仅为我们提供了思维方式和理论基础，而实际的激励活动需要管理者发挥主观能动性，有效加以利用。为了有效实施激励，通常组织会建立一个完善的激励体系，规范激励的原则、方法和组合手段。

一、激励的原则

(一) 以满足需要为基础的原则

人的行为与人的需要满足程度有着密切关系，激励的实质在于满足人们的需要，有效激励就要运用这一规律，从人的需要出发，了解、分析、引导和满足人们的需求，善于从满足需要出发调动人的积极性，并针对不同需要采用不同的激励方法。

(二) 个人需要与组织目标结合的原则

人的积极性是否能够得到充分发挥，取决于工作目标实现的可能性的大小和相应奖酬

对人的重要程度。当人们认为自己承担的工作目标有实现的可能性，且目标实现后所获得的奖酬对满足个人需要具有价值时，人的积极性才能得到发挥。因此，管理者应善于培育和描述组织愿景，积极参与员工的职业生涯设计，为员工确定合理的工作目标，并创造条件，使员工增强实现目标的信心，并且要把组织进步和发展与员工利益改善有效结合起来。任何忽视员工利益或组织发展的短期行为都是有害的。

（三）内在激励与外在激励相结合的原则

传统管理依靠的是外在激励手段，即对高绩效员工的奖励都是来自组织或主管。现代管理实践同时注重了内在激励的力量，也就是来自工作本身和员工自己的驱动力。内在激励是创造性激励的基础。管理者赋予员工以有挑战性的工作、创造发明的机会，个人不断进步和成功的感受等，就能提供鼓舞人们在工作上投入时间和精力，在事业上不断进取，在本职岗位不断创新的内在激励，内在激励还包括让员工自由地去做最感兴趣的工作等。

（四）物质激励与精神激励相结合的原则

人的需要即有物质需要，如生理、安全的需要；也有精神需要，如社交、尊重、自我实现的需要。要调动人的积极性，必须将物质激励同精神激励结合起来，物质激励作为基础，以满足员工生存的需要；精神激励作为根本，在努力改善员工工作环境和条件，不断提高员工权益、福利的同时，更要加强内在因素的激励。要使人们对组织发展树立信心，对组织事业充满追求，对个人进步与发展充满自信，从而激发人们对工作的热爱，以促使工作效率的提高。

（五）奖励与惩罚相结合的原则

管理者应善于引导人们的行为，使其朝着所希望的目标前进。引导人们行为的策略主要有正强化和负强化之分，正强化主要是指对员工正确行为的肯定和奖励；负强化主要是指对不希望出现的行为的批评和惩罚。管理者应善于运用以奖励为主、惩罚为辅的激励手段，奖优罚劣，扶正祛邪，使组织内部能够形成一个人人积极向上的工作环境和氛围。

（六）公平、公开、公正的原则

人们对自己获得的劳动报酬要同自己的工作投入相比较，也要同其他人所得报酬与工作投入的情况相比较，以评价是否公平合理，评价结果对员工的积极性起着积极或消极的作用。因此，要调动人的积极性，管理者应将公平作为重要的激励手段，要做到公正无私地对待组织的每一个成员。另一方面还要体现员工在素质、知识、技能、经验水平以及在不同岗位所做贡献的差异，考虑到员工不同的需求。激励应做到原则和标准公正，政策和过程公开，机会和结果公平。

（七）创造激励条件的原则

管理者的责任在于创造和维持一种有利于调动积极性的工作环境，创造这种有利于激励的环境则要做到：

1. 学会判断产生问题的原因

出现问题时，应判断其是否缺乏激励。一般来说，由于努力不够而造成目标和结果不一致时，就属激励问题。

2. 懂得激励过程

卓有成效的激励应包括五个步骤：（1）确定欲达到的目标；（2）确定需要的组织资

源；（3）洞悉下属的需要；（4）确定有效的激励因素；（5）使组织目标同个人目标达到平衡。

3. 扩大管理者的责任范围

评价管理者的绩效水平时，不要仅仅看管理者是否完成了一般的工作指示，还应该看他有没有努力促进下属的成长。

4. 奖励制度要明确

要结合实际制定奖励标准，明确等级，允许下属接受工作之外的教育和劳动以及发展个人爱好等。

5. 言行一致

行动总是胜于雄辩。主管人员的言行若自相矛盾，下属必然对之失去期望，甚至观其行而仿效之。

6. 避免消极因素

虽然有时下属缺乏积极性并不都是主管人员的过错，但是，他必须要注意到下属的消极情绪，找出消极因素，不能漠然置之。

案例思考10－10

林肯电气公司的激励

林肯电器公司的生产工人按件计酬，他们没有最低小时工资。员工为公司工作两年后，便可以分享年终奖金。在过去半个世纪中，员工平均奖金额是基本工资的95.5%，员工年平均收入44 000美元，大大超过制造业员工平均收入17 000美元的水平。

公司自20世纪60年代起一直推行职业保障政策，从那时起，公司没有辞退过一名员工。当然，作为回报，员工们也做出了贡献：在经济萧条时，他们接受减少工作时间的决定，而且要服从工作调换的决定；有时为了维持每周30小时的最低工作量，他们不得不接受被调整到一个最低收入的岗位上工作。

林肯公司对成本和生产率意识极强。如果一个工人生产出一个不合格产品，那么除非这个产品被修改至合格，否则就不能计入这个工人的工资中。严格的计件工资制和高度竞争性的绩效评估系统，形成一种很有压力的氛围。公司每年获利丰厚，没有缺过一次分红。该公司是美国工业界工人流动率最低的公司。

林肯电气公司的激励为什么有效？都有哪些方面从中受益？

二、激励方法

管理者在员工激励上可采用的方法是多种多样的，常见的方法有：

（一）目标激励

组织目标能描绘组织愿景，能成为组织及其每一个成员的行动指南，好的目标可以激发员工的工作热情，提高员工参与、追求的欲望，增强员工实现目标的自觉性。实践表明，当目标明确并具有挑战性时，能更有效地激励个体或团队行动。当员工亲自参加目标确定时，士气会更高，也会产生更大的责任感来完成目标。因此，管理者应善于确定合理的组织目标，要将组织目标逐层分解，形成组织各部门乃至每个人的工作目标，并将工作目标与员工的个人需要结合起来，让员工切实体会到完成工作目标对组织兴衰和个人利益所得的密切关系。

（二）工作设计与工作丰富化

一个人工作的积极性取决于其所从事的工作是否与其所拥有的能力、动机相适应。管理者要善于通过合理地设计和分配工作，激发员工内在的工作热情，提高其工作业绩。如根据员工每个人的才能结构分配相适应的工作；工作内容要考虑员工的特长和兴趣；工作目标应具有一定的挑战性和创造性；使每个员工都能承担一份较为完整的工作，为他们创造获得完整工作成果的条件与机会；通过工作调控，克服单调乏味和简单重复，千方百计地增加工作的丰富性、趣味性，以吸引员工；让员工参与一些具有较高技术或管理含量的工作，即提高其工作的层次，从而使职工获得一种成就感；灵活地安排工作日程以满足员工想得到更多闲暇时间的需要等。

（三）参与激励

增强员工的参与意识，可有效地激发员工工作的主动性和积极性。现代管理实践突出了员工参与对于员工绩效的激励意义，员工参与计划已经成为组织的普遍形式。如管理者应善于授权，让员工参与到不同层次的管理中，在决策中听取员工的意见，从而增强员工对组织的归属感和认同感；要使员工处于平等的地位来商讨组织中的重大问题，使员工感到上级主管的信任，从而体验出自己的利益同组织的利益、组织的发展密切相关，从而产生强烈的责任感；要支持下级自我管理、自我控制，充分信任他们，以满足其自主心理。

通过员工参与组织的管理工作可以增加员工自主性、提高员工的责任感、加强员工之间和员工与管理者之间的联系，从而使得他们的成就需要、归属需要和权力需要得到满足，员工积极性会更高，对组织更忠诚，对工作更满意。同时，正确地参与管理既对个人产生激励，又为组织目标的成功实现提供了保证。

（四）团队激励

20 世纪 90 年代以来，组织中的团队正在改变着传统组织的运作模式，有效地提高了组织的绩效。团队被看成是“未来的推动力”。项目小组、委员会、质量小组就是常见的组织内部正式团队。有效的团队有出色的产出，能够满足组织内外的需求；成员间有共同的价值观；有助于成员间的沟通和问题的解决；团队的最重要财产之一是凝聚力。凝聚力的重要性在于它有助于成员满意。

团队努力也来自于把团队的任务设计得更有激励性，团队激励使得团队成员关注自己的正面形象，努力地为团队的工作做贡献，对团队其他成员负责。团队成员之间相互负责，而不是只对管理者负责，责任激发了相互的承诺和信任。团队通过将绩效与相应报酬挂钩获得最大的激励。

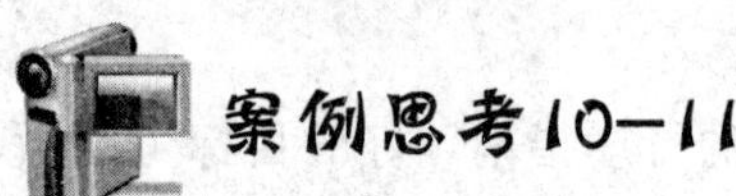

质量圈激励

质量圈激励是目前应用最为广泛的员工参与形式。在 20 世纪 50 年代，质量圈在日本得到充分的使用，因此，它常常被认为是日本组织获取低成本、高质量产品的技术。质量圈一般由8～10个员工和管理者组成共同承担责任的工作群体。典型的质量圈运作程序是通过定期讨论质量问题，探讨问题的成因，推荐解决问题的方案，形成解决问题的措施。一般认为，质量圈能够促进员工、技术人员、管理人员之间的交流，能够激发员工的积极性和创造性，提高产品的质量和生产的效率。

为什么质量圈活动能起到有效激励员工的作用？

（五）感情激励

现代管理理论认为，人不是单纯的“经济人”，而是“社会人”“复杂人”，除了通过劳动获得相应报酬之外，人们还追求人与人之间的友情、归属感和受人尊重等，因此管理者应注重感情因素对员工积极性的影响。要善于利用各种机会信任、鼓励、支持下级，努力满足其尊重的需要，以激励其工作积极性。应注意以维系感情为中心，组织开展各种健康、丰富多彩的组织文化活动，营造愉悦的氛围，使每个成员以置身于这一团体感到满意和自豪。要善于建立上下级之间的感情沟通渠道，在组织内部形成人与人之间关系融洽的团体气氛，增强员工的归属感和凝聚力，促进员工工作热情的提高。

（六）教育激励

员工的工作热情和工作积极性通常与员工的自身素质有密切的关系。因此，组织要通过组织文化培育和弘扬，通过思想教育、职业教育与岗位培训，提高员工素质，引导员工不断增强职业道德、对组织的忠诚感和自信心、进取心，提高个人追求。要善于利用各种谈心、沟通、说服等形式，解决员工思想和心理问题，缓释工作和竞争造成的心理压力，提高员工的工作能力。

（七）竞争激励

竞争是自然社会和人类社会的普遍规律。正当的竞争行为，有利于激发人们的进取心和工作热情。管理者应善于在组织管理的各个方面引入竞争机制，如招聘、用人、晋升、考评、奖酬以及各种技能的劳动竞赛等，以有效地调动员工的积极性。

案例思考10-12

鲶鱼效应

挪威人捕沙丁鱼时，总是将鱼放入鱼槽运回码头，到了码头，如果鱼活着卖价就要比死鱼高出很多，因此，渔民们就得想方设法让鱼活着返港。但除了一艘渔船总能带回活鱼外，其他渔船做了种种努力都没有成功。而带回活鱼的这艘渔船的老板从不公开他成功的秘密，也从不让人们参观他的渔船。直到他死后，人们才发现他的船舱里不过多了一条鲶鱼而已。

原来鲶鱼放进鱼槽后，由于环境陌生，就会四处游动，挑起摩擦。大量的沙丁鱼发现一个“异己分子”，就会紧张起来，加倍游动。这样一来沙丁鱼就会活蹦乱跳地回到码头。

鲶鱼效应对于激励工作有何启示？

（八）信息激励

人们对客观事物的认识，取决于视觉和听觉所感受到的大量信息，这些信息可以促成人们心理和行为上的反应。管理者应善于利用各种视觉形象和听觉能感受的信息，激发和引导人们的行为。如利用数据信息、图表、布告、光荣榜、模范事迹的宣传、各种形式的劳动竞赛等，以具有强烈的生动性、直观性和感染性的形象宣传，去激发人们的进取心。

（九）榜样激励

“榜样的力量是无穷的”，管理者应注意用先进典型来激发下级的积极性。榜样激励主要包括以下两方面：一是先进典型的榜样激励。管理者要注意发现和总结先进事迹和先进人物，以他们的感人事迹来激励下级。应用中，要注意事迹的真实性、与下级人员工作的可比性、可学性等，真正令下级服气，感动并激励下级。二是管理者自身的模范作用，即管理者号召和要求下级做到的，自己首先要做到，应身先士卒，率先垂范，以影响、带动下级。

（十）物质利益激励

物质利益激励是指以物质利益为诱因，通过满足组织成员物质利益需要来调动员工积极性的方式与手段。物质利益激励是一种最经常使用的激励员工的手段。但在员工心目中，物质利益绝对不仅仅是口袋中一定数量的钞票，它还代表了个人身份、地位以及在组织中的工作绩效，甚至个人能力、品行、个人的发展前景等。因此，物质利益激励不仅是金钱财富激励，实质上它是一种很复杂的激励方式，其中隐含了成就的激励、地位的激励等。当代组织管理对传统的激励手段——物质利益进行了不断的创新，在管理上出现了一系列形式新颖的激励方式，如绩效工资、利润分享、员工持股、总奖金、知识工资和灵活福利等。

激发员工潜力的十大法宝

著名学者尼尔森认为，为顺应未来趋势，组织管理者应根据组织自身条件、目标与需求，创建一套低成本肯定员工计划。他认为，上司的肯定和感激远比调薪重要得多。激励员工的十大法宝如下：

（1）亲自向员工出色的工作表现表示感谢，一对一亲自致谢或书面致谢；

（2）花些时间倾听员工的心声；

（3）对个人、部门及组织的表现，提供明确的回馈；

（4）积极创造一个开放、信任及有趣的工作环境；

（5）每一位员工了解公司的收支情况，公司的产品和市场竞争策略，以及讨论每位员工在公司所有计划中所扮演的角色；

（6）让员工参与决策，尤其是那些对其有影响的决定；

（7）肯定、奖励及升迁等，都应以个人工作表现及工作环境为基础；

（8）加强员工对于工作及工作环境的归属感；

（9）提供员工学习新知及其成长的机会，告诉员工在公司目标下，管理者如何帮助其完成个人目标，建立与每位员工的伙伴关系；

（10）庆祝成功——对公司、部门或个人的出色表现，都应安排时间给他们举办士气激励大会或庆祝、表彰活动。

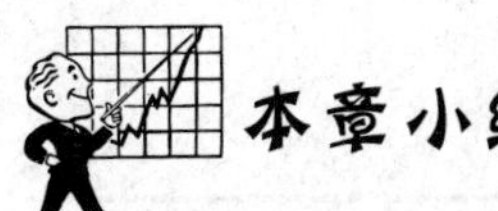

本章小结

激励是指管理者运用各种管理手段，刺激被管理者的需要，激发其动机，使其朝向所期望的目标前进的心理过程。

现代的观点认为，人的行为是由动机决定的，而动机是由需要支配的。因此，构成激励的要素主要包括：需要、动机、行为和外部刺激。这些要素相互组合与作用，构成了对人的激励。

激励理论就是研究激励有效性的理论。由于人们研究的角度和出发点的不同，出现了内容型激励理论、过程型激励理论和行为改造型激励理论。

内容型激励理论从激励过程的起点，即从人的需要出发，去研究有哪些因素可以有效激励员工积极性的问题。其主要内容包括：马斯洛的需要层次理论、赫茨伯格的双因素理论、麦克利兰的成就激励理论等。

过程型激励理论是从激励的发展过程入手，研究有哪些重要因素对人的动机和行为发生作用。其内容主要包括：弗鲁姆的期望理论、亚当斯的公平理论、帕特和劳勒的综合激励模式等。

行为改造型激励理论是从激励过程的终点，即人的行为出发，研究如何控制和改变人的行为。其主要内容包括：斯金纳的强化理论、海德的归因理论等。

激励理论仅仅为我们提供一个思维方式和理论基础，而实际的激励活动需要管理者发挥主观能动性，有效加以利用。

激励的原则有：以满足需要为基础的原则；个人需要与组织目标结合的原则；内在激励与外在激励相结合的原则；物质激励与精神激励相结合的原则；奖励与惩罚相结合的原则；公平、公开、公正的原则；创造激励条件的原则。

激励的方法是多种多样的，常见的方法有：目标激励、工作设计与工作丰富化、参与激励、团队激励、感情激励、教育激励、竞争激励、信息激励、榜样激励、物质利益激励等。

复习思考题

1. 什么是激励？如何认识激励过程与人的行为规律的关系？

2. 需要层次理论、双因素理论和成就激励理论对现实的管理工作有何启示？

3. 如何埋解期望理论的含义和内容？

4. 如何理解公平理论的主要内容和主要意义？组织中不公平感受会引发的员工行为的哪些变化？

5. 试分析个人努力、工作绩效与个人目标之间的关系如何影响个体行为绩效。

6. 如何有效建立组织的激励体系？

7. 在实践中如何实施多种激励手段？

第十一章

沟通原理与方法

本章要点提示

- 沟通与沟通过程
- 沟通的形式、网络与方法
- 有效沟通的途径
- 正确认识组织中的冲突
- 冲突管理的策略

引　例

美国著名未来学家奈斯比特曾指出："未来竞争是管理的竞争，竞争的焦点在于每个社会组织内部成员之间及其外部组织的有效沟通上。"美国著名学府普林斯顿大学对一万份人事档案进行分析，结果发现："智慧""专业技术"和"经验"只占成功因素的25%，其余75%决定于良好的人际沟通。哈佛大学就业指导小组的调查结果显示，在500名被解职的男女中，因人际沟通不良而导致工作不称职者占82%。

沟通是最普遍的管理现象。在组织中，每时每刻人们都通过沟通而共同工作和交流着。所以，沟通成为管理的重要职能之一，同时，也是组织面临的最大问题所在。正如有人总结的："人们用80%的时间进行沟通，而80%的问题也是出在沟通。"这就是研究沟通的意义。

第一节　沟通及其作用

一、沟通与沟通过程

（一）什么是沟通

沟通，即信息交流，是指将某一信息传递给客体或对象，以期取得客体或对象做出相应反应的过程。管理学家纽曼和萨默将沟通解释为，在两个或更多人之间进行的在事实、思想、意见和情感等方面的交流。组织的管理沟通，是为了达到既定目标，用一定的符号，把思想、感情和信息在组织人员之间进行传递的过程。

沟通作为一种管理职能，不同于一般人际交往的沟通。首先，管理沟通具有明确的目的性，服务于组织管理活动的需要；其次，管理沟通是意义上的传递，要实现目标，意义不仅需要被传递而且还必须被理解；再次，管理沟通是双向互动的，管理主体与客体之间必须得到交流和反馈，否则无法互动协同。最后，管理沟通通常借助正式组织的渠道，组织沟通政策、沟通渠道和沟通文化对管理沟通的效果影响深刻。

沟通从广义上讲涉及的对象范围是很宽的，如人与人、人与机、机与机等。管理沟通主要是指人与人之间的沟通。其形式包括：

（1）人与人之间的交流。例如管理者向下属发出指示，下属向上级汇报工作等。

（2）组织内群体之间的沟通。如企业中的营销部门与技术研发部门就客户需求和新产品开发进行的信息交流。

（3）组织与组织之间的沟通。如企业与供应商、客户、竞争对手、政府等组织之间的交流。

（二）沟通过程

沟通是一个复杂的过程，沟通过程的模型见图 11—1。任何沟通都是发送者将信息传递到接受者的过程，其中发送信息的内容可以多种多样，诸如想法、观点、资料等。信息沟通必须具备四个要素：发送者、接受者、所传递的内容、沟通渠道。完整的沟通过程应包括七个环节，即思想、编码、信息传递、接收、译码、理解、反馈。

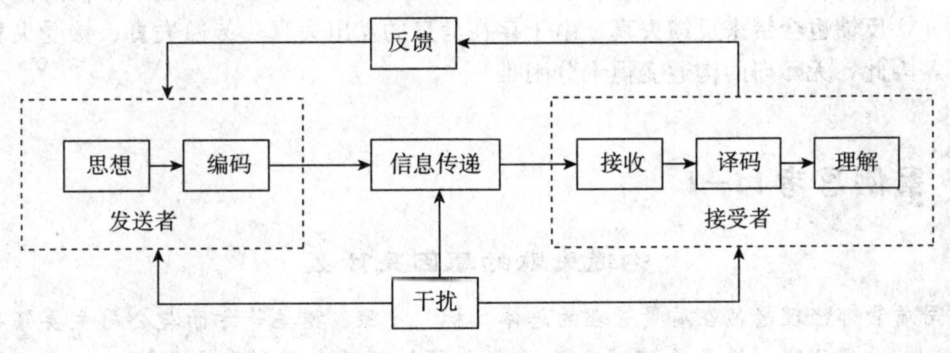

图 11—1　信息沟通过程

沟通的过程可以分解成以下步骤：

1. 发出信息

信息沟通过程是从信息的发出和发送开始的。从发送者的角度看，信息的发送包括思想、编码两个步骤。思想是指要传递的内容；编码是指发送者将信息译成接受者能够理解的一系列符号，如语言、文字、图表、照片、手势等。要传递的内容需纳入一定的形式之中才能予以传送，此即为编码。编码最常用的是口头语言和书面语言，除此之外还有借助于脸部表情、声调、手势等表现出来的身体语言和动作语言等（通称为非言语信息）。

2. 传递信息

通过某种通道将信息传递给接受者，由于选择编码的方式不同，传递的方式也不同。传递的方式可以是书面的，也可以是口头的，甚至还可以通过形体动作来表示。

3. 接受信息

接受信息是指信息的接收和接受的过程。信息的收受实际上包括了接收、译码和理解三个环节。首先，收受信息的人必须处于接收准备状态，才可能收受传来的信息；收受的第二步骤为译码，即将收到的信息符号理解、恢复为思想；然后用自己的思维方式去理解这一思想。只有当信息接受者对信息的理解与信息发送者传递出的信息的含义相同或近似时，才可能产生正确的信息沟通。

4. 信息反馈

为了核实、检查沟通是否达到预期的效果，信息沟通过程往往还需要有反馈的环节。如在口头沟通中“你听懂我的话了吗?”所得到的答复就代表着反馈。只有通过反馈，信息发送者才能最终了解和判断信息的传递是否有效。

沟通的过程中会有各种因素干扰和破坏沟通的有效性。所谓干扰因素，是指一切干扰、混淆或者模糊沟通的因素，它既包括了来自沟通过程系统外在因素的影响，也包括系统内部的功能上的扰动因素。例如，由于发送者、接受者自身的知识和能力的不足，而造成的对于有效沟通的扰动等。有数据表明，5%～20%的人存在着不同程度上的沟通焦虑，他们害怕在人群中讲话，缺乏沟通技术。

事实上，沟通的七个环节都会受到噪声的干扰。发送者不能明确所要沟通的内容，或者不能正确编码，就会造成发出的信息失真；沟通渠道的选择不利和传递中信号的遗失又会造成信息传递的失真；接受者在接收、译码、理解过程中的不当往往带来信息接受的失真；同样，反馈也会带来反馈失真。由于存在信息的发出失真、传递失真、接受失真和反馈失真，因此，无障碍的沟通变得十分困难。

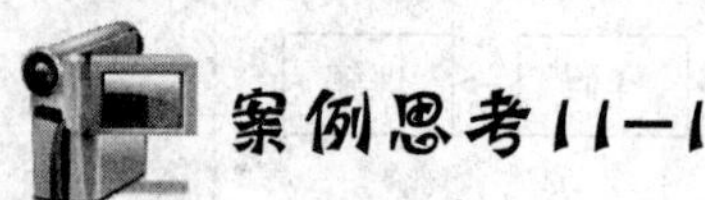

案例思考11-1

沟通失败的原因是什么

公司质管部经理老吕在质量管理的总体目标、步骤、措施等方面与公司主要领导人有不同看法。老吕认为，质量管理的重要性在公司上下并未得到充分重视。公司领导则认为，他们是十分重视产品质量问题的，只是老吕的质量控制方案成本太高且效果不好。最近一段时间，这种矛盾呈现激化现象。一天上午，老吕接到公司周副总的电话，通知他去北京参加一个为期10天的管理培训班，而老吕则认为自己主持的质量改进计划正在紧要关头，一时脱不开身，公司领导应该是知道这个情况的，他们做出这样的安排显然是不支持甚至是阻挠自己的工作。因此，老吕不仅拒绝了领导的安排，还发了一通脾气。公司周副总也十分恼火，认为老吕太刚愎自用，双方不欢而散。

你认为这里出现的沟通失败的最主要原因是什么？

二、管理沟通的作用

一项研究结果表明，一线管理者将80%的工作时间用于沟通。而在其所有的沟通活动中，有45%的时间用于“听”，30%的时间用于“说”，16%的时间用于“读”，9%的时间用于“写”。可见，沟通是最普遍的管理现象。不仅是最高管理者发出信息，其他人接收信息，也不仅是下级发出信息，上级管理者听取信息。事实上，组织中的每个成员既是信息的发出者，又是信息的接受者。因此，使组织中每一个成员认识沟通的作用是至关重要的。沟通具有以下几方面的作用：

（一）使决策更加合理和有效

任何组织机构的决策过程，都是把情报信息转变为行动的过程。准确可靠而迅速地收集、处理、传递和使用情报信息是决策的基础。为决策目的所需的信息流同组织层次有密切的关系。信息是由基层一级一级向上传输，并传输到最高主管部门。最高主管部门对收到的信息进行总结归纳，并用来进行决策。在决策过程中，信息的上下传输需要考虑传输的时间、范围和方法。事实证明，许多决策的失误是由于信息资料不全，沟通不畅造成的。因此，没有沟通就不可能有科学有效的决策。

（二）稳定员工思想，统一组织行动

当组织内做出某项决策或制定某项新的政策时，由于各个体的地位、利益和能力的不同，对决策和制度的理解和执行的意愿也不同，这就需要互相交流意见，统一思想认识，自觉地协调各个体的工作活动，以保证组织目标的实现。因此，沟通可以明确组织内员工做什么、如何来做，没有达到标准时应如何改进。可以说，没有沟通就不可能有协调一致的行动，也就不可能实现组织的目标。

（三）沟通是组织与外部环境之间建立联系的桥梁

组织的生存和发展必然要与政府、社会、顾客、供应商、竞争者等发生各种各样的联系。组织要按照客观规律和市场的变化要求调整产品结构，遵纪守法、担负社会责任，获得供应商的合作，并且在市场竞争的环境中获得优势，这使得组织不得不与外部环境进行有效的沟通。由于外部环境永远处于变化之中，因此，组织为了生存和发展就必须适应变化，不断地与外界保持持久的沟通。

（四）沟通“给员工一面镜子”，激励自觉

经验表明，烦琐的指导和严密的监督对有文化的、肯负责的员工不是行之有效的办法。他们能够对自己的工作负责并做好，他们需要了解他们的工作同整个工作的关系，以及对于组织的重要性等方面的情况。在个人考评方面，上级管理者评价其下级对组织所做的贡献，并将此评价传达给下级是十分重要的。因为这有利于下级了解自己的地位、了解上级对他们完成任务的看法、了解他们如何改进自己对组织的贡献、了解他们未来的前途等。

总之，进入21世纪以来，人类活动的全球化和社会信息化的进程在快速推进。政治与文化多元的冲突、经济之间的交融都使得“沟通”成为时尚词汇，管理沟通在今天变得更加重要。有效沟通可以澄清事实、交流思想、倾诉情感，降低管理的模糊性，提高管理的效能。有效沟通可以改善组织内的工作关系，可以了解员工的愿望，满足员工的需要，充分调动下属的积极性。同时，可以让员工了解组织，参与管理，增进对组织目标的认同，建立相互信任的融洽的工作关系。有效沟通是组织与外部环境之间建立联系的桥梁。组织间的沟通可以降低交易成本，实现资源有效配置，提高组织的竞争能力。

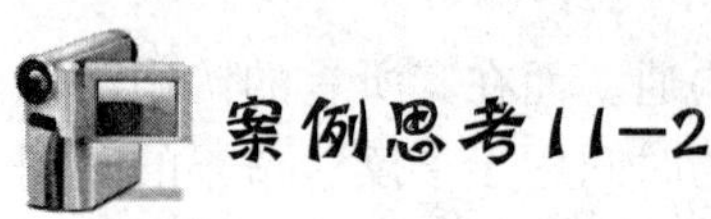

案例思考11-2

如何选择?

考虑以下两个事例，你通常是采取哪项行动，请做出选择，并说出原因：

1. 你的一名女雇员工作热情和效率一直都很高，每次都能圆满地完成工作指标，你对她的工作十分放心，不必予以监督。最近你给她分配了一项新的工作，认为她完全有能力胜任这项工作。但她的工作情况却令人失望，而且还经常请病假，占用了很多工作时间，你怎么办?

(1) 明确地告诉她去做什么，并密切注视她的工作。

(2) 告诉她去做什么，怎样去做，并设法查明她的问题出在哪里。

(3) 安慰她，帮她解决问题。

(4) 让她自己找出应付新工作的方法。

2. 你刚刚晋升为车间主任，在你被提升以前，生产平稳发展，但现在产量下降，因而你想改变工作程序和任务分配。但是，你的职员不但不予配合，反而不断地抱怨说他们的前任领导在位时情况是如何的好。你怎么办?

(1) 实施变更，密切注视工作情况。

(2) 告诉他们你为什么要做出改变，说明改变将会给他们带来的利益，并倾听他们所关切的问题。

(3) 同他们讨论打算改变的工作计划，征求他们提高生产能力的建议。

(4) 让他们自己找出完成生产指标的办法。

第二节 沟通类型和网络

一、沟通的形式

管理沟通是一个复杂的系统，各类沟通分别发挥着不同的作用，总结起来，主要有以下几种形式。

(一) 正式沟通与非正式沟通

正式沟通就是通过组织明文规定的渠道进行信息传递和交流。例如，组织规定的汇报制度，定期或不定期的会议制度，上级的指示按组织系统逐级下达，或下级的情况逐级上报等。正式沟通的优点：正规、严肃，富有权威性；参与沟通的人员普遍具有较强的责任心和义务感，从而易保持所沟通信息的准确性及保密性。

非正式沟通是在正式沟通渠道之外进行的信息传递或交流。例如组织中员工私下交换意见，议论某人某事等。现代管理中很重视研究非正式沟通。因为人们的真实思想和动机往往是在非正式沟通中表露出来的。典型的非正式沟通形式是小道消息，它们传播着各种各样的观点、猜想、疑问、刁难、敌意、奉承和威胁，这些内容都是员工所关心的信息。组织内的传言体系由一些非正式沟通网络在许多点上相互覆盖、相互交错而组成，有些消息灵通人士可能属于不止一个非正式沟通网络。传言产生于权力体系的周围，它能把各个方向的组织成员——水平方向、垂直方向和斜线方向等都联系起来。与正式沟通相比，非正式沟通具有信息交流速度快、效率较高、能够满足员工情感需要和不确定性等特点，但也伴随着随意性强、信息扭曲和失真可能性大等问题。

案例思考11-3

有效的沟通策略

在美国，从富兰克林·罗斯福执政时期开始，甚至可能更早，白宫就一直运用沟通手段激发冲突。高级官员把可能的决策通过名声不好的“可靠信息源”渠道透露给媒体，比如，把高级法院可能任命的大法官的名字“泄露出去”。如果该候选人能够经得起公众的挑剔考察，则将任命他为大法官，但是，如果发现该候选人缺乏新闻、媒体及公众的关注，总统的新闻秘书或其他高级官员不久将发表诸如“此人从未在考虑之列”的正式讲话。白宫的任职者们不论党派归属为何，都一直使用这种方法作为激发冲突的技术，它易于逃脱的特点使其十分流行，如果导致的冲突水平过高，则可以否决或消除信息源。

从沟通的角度看这是一种什么策略？

（二）上行沟通、下行沟通和平行沟通

1. 纵向沟通

上行沟通、下行沟通都属于组织中的纵向沟通。

上行沟通是沟通信息从组织的底层向较高管理层流动的过程，它通常包括进度报告、建议、解释以及关于支援和决策方面的请求等。上行沟通是下级的意见、信息向上级反映。管理者应鼓励下属积极向上反映意见和情况，只有上行沟通渠道通畅，管理者才能掌握全面情况，做出符合实际的决策。通过上行沟通，员工有机会向上反映问题，管理者也可以准确地了解下属的情况，就此减轻员工的挫折感，增强参与意识，提高士气。

下行沟通是组织中的上层领导按指导系统从上而下的信息沟通。向下沟通是信息从组织的最高管理层开始，通过各个管理层次向下流动的过程。向下沟通的主要内容可以是建议、指导、通知、命令、员工业绩评价等，沟通的目的是把组织目标和政策提供给员工。管理者把组织目标、规章制度、工作程序等向下传达，这是保证组织工作进行的重要沟通形式。

2. 横向沟通

横向沟通即平行沟通，是指组织中各平行部门或人员之间的信息交流，包括一个部门的人员与其他部门的上级、下级或同级人员之间的直接沟通。横向沟通经常发生于工作群体内部成员之间、两个工作群体之间、不同部门的成员之间以及直线部门和参谋部门的员工之间等。横向沟通的主要宗旨在于为组织协调与合作提供一条直接的渠道。横向沟通能够产生组织内不同部门间的信息共享、相互协作；它还有助于消除组织内部的冲突；通过朋友和同事间的交流，横向沟通产生社会和情感的支撑。因此，横向沟通可以避免纵向沟通中信息流动过于缓慢的弊端，减轻管理者的沟通负担。它能够帮助员工提高士气和效率，增加员工满意感。

今天的世界一流企业都将建立有效的横向沟通看做竞争的有力武器。摩托罗拉每年开会使整个公司的不同职能部门和事业部交流新发现和新经验；惠普利用公用数据库的形式使不同产品部门共享信息和主意；通用电气公司的杰克·韦尔奇用“整合化多样化”使得不同部门之间相互交流技术资源、人员、信息、观点和资金等。

（三）单向沟通和双向沟通

从发送者与接受者的地位是否变换的角度来看，两者之间的地位不变是单向沟通，两者之间的地位不断变换是双向沟通。做报告、发指示、做讲演等是单向沟通；交谈、协商、会谈等是双向沟通。美国心理学家莱维特曾做了一个实验，并得出结论：单向沟通的速度比双向沟通的速度快；双向沟通比单向沟通准确；双向沟通中，接受信息的人们对自己的判断比较有信心，知道自己对在哪里或错在哪里；双向沟通中，传达信息的人感到心理压力较大，因为随时会受到信息接受者的批评或挑剔；双向沟通容易受干扰，并缺乏条理性。从这些结论可看出，如果需要迅速地传达信息，单向沟通的效果好，但准确性较差。如果需要准确地传达信息，双向沟通较好，但速度较慢。事实上，从管理过程和管理追求的效果看，沟通作为管理的职能，一般都是双向对流的，因为它是注重结果的，任何沟通都需要响应和反馈，都需要得到一个与其相近的结果。

（四）口头沟通、书面沟通、非言语沟通和电子媒介沟通

口头沟通是指人们之间的言谈，通过别人打听、询问其他人的情况，也可以是委托他人向第三者传达自己的意见等。书面沟通则是用图、文的表现形式来联络沟通。口头沟通的优点是：具有迅速和充分交换意见的潜力，能够当面提出或回答问题。说话者必须与听者接触，而且他们必须要设法相互了解。但由于种种原因，许多听话者提不出应提的问题，因而只得到一些不完整的或断章取义的情报，可能导致代价高昂的错误，而且也不一定能节省时间。

书面沟通能使传递的信息作为档案或参考资料保存下来，往往比口头情报更为仔细。有时也能省钱或省时。书面沟通一般比较正式，可以长期保存，接收者则可反复阅读。书面沟通更具有准确性、正式性并易于广泛传播。但是，虽然用书面形式沟通，使人们有可能去仔细推敲，但也不一定能达到预期效果。写得不好的书面信息，往往随后需要用很多书面和口头的信息来澄清。这既增加了沟通费用，也引起混乱。

用含蓄的形式，也就是所谓“弦外之音”，或用非语言的某些重要方法来沟通。例如说话声调、语气，面部表情、手势或比喻等。这种形式往往被人忽视或不受注意。下级人员常常十分注意观察其上级的表情或姿态，即所谓“察言观色”，因为它表明上级所想的哪些是重要的，哪些会影响上级对自己的印象等。

电子媒介沟通是指通过电子设备进行的沟通，如传真、闭路电视、计算机网络、电子邮件等。这种沟通方法与传统的沟通方式有着很大的区别，具有传递快速、信息容量大、一份信息可同时传递给多人、沟通成本低等特点。

（五）组织间的沟通

组织间沟通是组织同其利益相关者进行的有利于实现各自组织目标的信息交流和传递

的过程。组织间沟通的宗旨是充分利用环境的各种资源，协调各方利益，实现组织共生的可持续发展。

按沟通范围和环境划分，有组织内部管理沟通与组织外部管理沟通。组织内部管理沟通是指发生在组织内的沟通，包括组织内的人际沟通、组织内的团体沟通、团体与个人的沟通等。组织外部管理沟通是指组织与外部环境互动的过程，也是信息互换和沟通的过程。如组织与供应商、合作伙伴、用户、政府的沟通等。

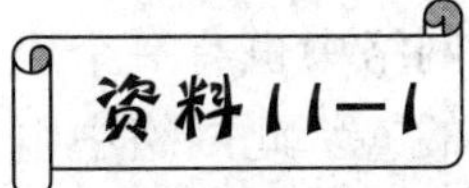

组织间的沟通

20世纪90年代以来，组织间的沟通日益成为组织沟通中重要的一环。企业无边界、世界一体化的发展趋势使人们越来越认识到全方位的信息共享对于组织的意义。通信和计算机技术的飞速发展，也为组织间沟通的理念提供了物质和技术的支持。

通用电气公司的杰克·韦尔奇认为一个无界限组织内部没有信息流动的障碍。传统的组织沟通造成了组织内部层级沟通的纵向障碍、部门间沟通的横向障碍以及组织与外在相关利益者沟通的障碍。现代组织使信息根据需要而足够便捷地流动，从而使组织发挥出整体大于部分的协同效应。通用电气公司著名的解决项目是由一系列会议构成，这些会议跨越多个等级链，为多个涉及某一业务的人员而召开，会议以特别深刻、诚恳、激烈的讨论而著称，有超过2万人参与，也包括供应商和客户，这样就打破了公司的外围边界。组织间沟通理论假设组织与其利益相关者之间是异质的，以个性化方式而存在的。换句话说，组织信息沟通的对方都有存在价值。组织沟通的目的不是追求消除对方、兼并对方，而是组织间对资源的共同合理地利用，组织可持续地发展。

二、沟通网络

沟通网络是指组织成员之间信息联系形成的结构化形式。传播学学者彼得·蒙日等认为，网络是通过个人在群体之间传递信息建立的。组织由许多结构组成，每个结构依靠组织内某种类型的沟通存在。一些学者通过研究，指出组织的沟通网络有五种类型：链式、Y式、轮式、环式和全通道式，如图11—2所示。不同的沟通网络对于组织活动的质量和效率有不同影响。

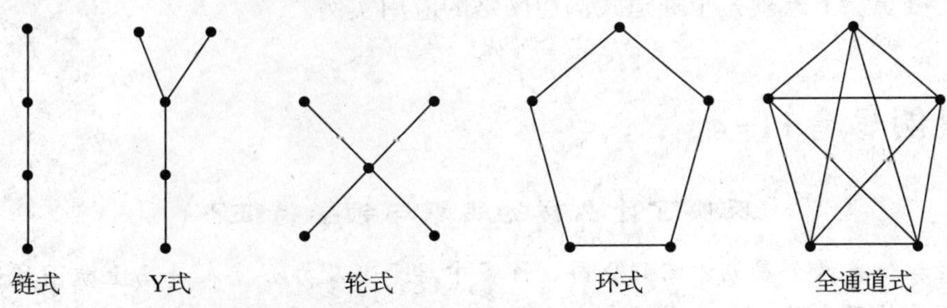

图11—2　五种不同的沟通网络

（一）链式

链式是信息在沟通成员间进行单线、顺序传递，形如链条状的沟通网络形态。在这种单线串联连接的沟通网络中，成员之间的联系面很窄，平均满意度较低。信息经层层传递、筛选，容易失真。在现实组织中，严格按直线职权关系和指挥链系统而在各级管理者间逐级进行的信息传递就是链式沟通网络应用的实例。事实上它也是各类组织中应用最为普遍和必要的一种形式，不过如果单一以此形式或链条过长对组织信息交流都是有害的。

（二）Y式

Y式是轮式与链式相结合的纵向沟通网络。与轮式网络一样，Y式网络中也有一个成员位于沟通网络的中心，成为网络中因拥有信息而具有权威感和满足感的人。此网络中组织成员的士气比较低，同时，与轮式网络相比较，因为增加了中间的过滤和中转环节，容易导致信息曲解或失真，因此沟通的准确性也受到影响。现实中经常看到的是倒Y网络形态。比如，主管、秘书和几位下属构成的倒Y式网络，就是秘书处于沟通网络中心地位的一个实例，由此不难理解为何秘书、助理等人物的职位并不高却常拥有相当大的权力。

（三）轮式

轮式网络中的信息是经由中心人物而向周围多线传递的。此网络中只有领导人物是各种信息的汇集点与传递点，其他成员之间没有相互的交流关系，所有信息都是通过他们共同的领导人进行交流的，因此，信息沟通的准确度很高，解决问题速度快，管理者控制力强，但其他成员满意度低，领导者可能面临着信息超载的负担。一般来说，轮式网络适合于组织接受紧急任务，需要进行严密控制，同时又要争取时间和速度的情形。

（四）环式

环式网络可以看做是将链式形态下两头沟通环节相连接而形成的一种封闭式结构，它表示组织所有成员间都不分彼此地依次联络和传递信息。环式网络中的每个人都可同时与两侧的人沟通信息，因此大家地位平等。环式沟通网络的组织，集中化程度比较低，具有较高的满意度。但由于沟通的渠道窄、环节多，信息沟通的速度和准确性都难以保证。

（五）全通道式

全通道式是一个全方位开放式的沟通网络系统，所有成员之间都能进行相互不受限制的信息沟通与联系。采取这种沟通网络的组织，集中化程度低，成员地位差异小，所以有利于提高成员士气和培养合作精神。同时，这种网络中没有一个总领信息的核心人物，具有宽阔的信息沟通渠道，成员可以直接、自由而充分地发表意见，有利于提高沟通的准确性。但由于这种网络沟通的渠道太多，易造成混乱，沟通过程通常耗时较长，从而影响工作的效率。委员会方式就是全通道式沟通网络的应用实例。

案例思考11—4

反映了什么样的组织与领导特征？

吴总经理出差两个星期才回到公司，许多中层干部及办公室人员马上就围拢过来，七嘴八舌一下子就开成了一个热烈的自发办公会。有人向吴总汇报近日工作进展情况，有人向吴总请求下一步工作的指示，还有人向吴总反映公司内外环境中出现的新动态。

根据以上情况，试评价一下该公司的组织与领导特征。

三、沟通的方法

管理沟通的方法是多种多样的，即使包括发布命令、会议制度、个别交谈，建立沟通网络，也不能全部概括。同其他职能运用各种方法一样，管理沟通的方法也是随机应变、因人而异的。

（一）发布指示

“指示”或者“命令”有许多的含义。指示作为一个领导的方法，可理解为上级的训令，它要求下级在一定的环境下工作或停止工作。它隐含有从上级到下级的直线指挥人员之间的关系，这种关系是不能反过来的。指示的另一个含义是：指示的内容应该和实现组织的目标密切关联。最后，指示的定义含有强制性的意思。如果下级拒绝执行或不恰当地执行指示，而上级管理人员又不能对此使用制裁办法，那么他今后的指示就可能失去作用，他的地位将难以维持。为了避免这种情况的出现，可以在指示发布前听取各方面意见，对下级进行训导，或者把下级尽可能地安排到另一个部门工作。

（二）会议制度

从历史上看，会议大约是有史以来就存在的。历史发展到今天，人类已步入“信息时代”，现在的领导者只要借助于各种先进的通信设备就可以与一切部门和个人进行有效的联络，甚至是遥控自如。但绝不是说面对面的会议已经不需要了。恰恰相反，尽管通信手段可以广泛采用，但其仍然不能完全取代面对面的会议。因为，指导与领导工作的实质是处理人际关系，而人与人之间的沟通联络是人们思想、情感的交流。采用开会的方法，就是提供交流的场所和机会。会议的类型根据所要达成的目的和参加人员的不同而定。诸如工作汇报会、专题讨论会、员工座谈会等。必须强调的是，虽然会议是管理者进行沟通的重要方法，但绝不能完全依赖这种方法。利用这个方法时，必须讲究实效，减少“会议成本”，避免“文山会海”。

（三）个别交谈

个别交谈就是指领导者用正式的或非正式的形式，在组织内或组织外，同下属或同级人员进行个别交谈，征询谈话对象对组织中存在的问题和缺陷的看法，对别人或别的上级，包括对管理者自己（谈话者）的意见。这种形式，大部分都是建立在相互信任的基础上，不受任何约束，双方都感到有亲切感。这对双方统一思想、认清目标、体会各自的责任和义务都有很大的好处。在这种情况下，人们往往愿意表露真实思想，提出不便在会议场合提出的问题，从而使领导者能掌握下属的思想动态，在认识、见解、信心诸方面容易取得一致。

案例思考11—5

沟通失败的主要责任在谁？

美国学者斯蒂芬·柯维在其著作《高效人士的7个习惯》中有一段父子沟通失败的描述。“上学真是无聊透了！”“怎么回事？”“学的都是些不实用的东西。”“现在的确看不出好处来，我当年也有同样的想法，可是现在觉得那些知识还蛮有用的，你就忍耐一下吧!”“我已经耗了十年了。”“你已尽了全力了吗？这所高中是名校，应该差不到哪儿去。”“可是同学们都有同感。”“你知不知道，把你养到这么大，妈妈和我牺牲了多少？已经读到高二了，不许你半途而废。”“我知道你们牺牲很大，可是不值得。”“你应该多读书，少看电视。”“爸，唉……算了，多说也没有用。”

造成上述沟通失败的主要责任在谁？为什么？

第三节 改善沟通的途径

一、有效沟通的要求

做到下列几项要求，将会有助于改进组织的沟通联络工作并提高效率。

（一）沟通及时迅速

及时沟通是指沟通双方要在尽可能短的时间里进行沟通，并使信息发生效用。为此要做到：一是传送及时，在信息传递过程中，尽量减少中间环节，避免信息的过滤，使信息最快到达接受者手中；二是反馈及时，接受者接收到信息后，应及时反馈，这有利于发送者修正信息；三是利用及时，信息具有较强的实效性，因而要求双方及时利用信息，避免信息过期失效。

（二）表达明确清楚

任何人发送情报，都应该遵循明确的原则，使接受者容易理解，力求避免措辞不当、文字松散、思想表达不严密、中心思想不清楚、千篇一律或用难懂的方言土语，以及不能理解或造成错觉的比喻、手势等。不然要纠正由此产生的错误往往需要花费高昂的代价，需要做许多本来不必做的解释工作。

（三）传递力求准确

失真的信息，往往会对接受者产生误导。处于组织沟通中心的管理者，起着接收和传递信息的作用。他们要接收从上级、同级和下级送来的各种情报，然后再把这些情报改编成适合于他的上级、同级或下级各自熟悉的语言，向他们传递。这种改编是力求接受者能够理解。但是，不能因此而使情报“失真”。有人进行过实验，按级别层次逐级传达同一条信息往往会降低情报的准确性。尤其是口头传达时，每传达一次大概要损失信息的30％。

（四）避免过早地评价

下级管理者位于信息沟通的中心，应当鼓励他们为起到这个中心作用而运用他们的职权和权力。然而，有的上级管理者常常忘记这一点。他们往往越过下级管理者而直接向有关人员发布指示、进行接触，也常常不能耐心等待下属将翔实的信息呈交完毕，而中途打断或取而代之。这样，常常会使下级管理者处于尴尬境地。一些管理学者在论述沟通障碍时指出，沟通的障碍与其说是在交往中采取固执不变的立场，还不如说是过早地对沟通进行评价。他们认为，这种评价会使沟通停顿，会使信息传递人员产生手足无措的感觉。因此，管理者应以不带任何条条框框、不带成见的态度听取信息传递人员的意见。这样才能完全地传递和接收全面的信息。

（五）管理者必须积极进行沟通联络

有的管理者不重视信息的传递工作。其原因在于人们的惰性，以为“每个人都知道”，办事拖拉，喜欢保密或故意与人为难等众所周知的弊病。由于人们不可能把每一件情报都传递出去，因而就需要选择。这会使有的人干脆什么情报也不去选择和传递。尽管有时信息情报会同时而来，使管理者感到头痛甚至烦恼，但是，管理者必须积极地给予沟通，应用各种渠道，保持它们的畅通无阻。

（六）善于发挥非正式组织作用

人们通常把非正式组织和非正式渠道所传播的信息不当一回事，而有的管理者却对此感到不安。其实，非正式组织是可以起到传递信息的积极作用的。情报沟通确实按正式渠道由上而下或由下而上地在各个管理层次中流动，但要及时地处理所有情报并能使人理解，仅此渠道是不够的，也不一定是完全可靠的。非正式组织存在于正式机构之外，因此，管理者利用它来发送或接收情报，以此来补充正式组织提供的信息，做好组织的协调工作，是有一定积极意义的。只有当管理者使用非正式组织来补充正式组织的情报沟通渠道时，才会产生最佳的沟通效果。

一般来说，非正式渠道的消息，对完成组织目标是有不利的一面的，而且小道消息盛行反映了正式渠道的不通畅。因而加强和疏通正式渠道，在不违背组织原则的前提下，尽可能通过各种渠道把信息告诉组织成员，是防止那些不利于或有碍于组织目标实现的小道消息传播的有效措施。

案例思考11-6

为什么一改再改？

某公司一位姓张的高工，负责新产品开发的总体技术工作。由于产品的不断更新换代，公司决定开发换代新产品。于是公司总工程师找到这位高工，要他负责这个产品开发的具体技术工作。这位高工非常乐意，“其实，我早就认为应该搞这个产品了。”他这样说了之后，马上接着说：“那么，给我安排一批助手，我们明天就讨论技术方案。”果然，此后的一周时间内，他们就拿出了总体设计方案，并开始工程化设计。一个月后，公司总工程师又找到这位高工，“老张，通过情报收集，我们发现国外已经搞出了这种换代新产品，而且国内已有厂家引进了这种技术，看来，我们得放弃这个项目，搞另外一个”。老张很失望，但一想也对，“跟在人家屁股后面搞，确实没意思”。于是，他马上又着手组织搞另外一个。结果是，三天后，公司又通知他不要搞了。而此时，老张已经把第二个项目的初步设想写出来了。

二、沟通常见的问题与障碍

管理沟通是一个系统问题，在分析沟通障碍时，应做系统地诊断。管理中常见的沟通问题主要来自四个方面：一是组织结构因素形成的沟通障碍，如组织结构层次形成的管理者的角色、地位差异，组织信息链的长短，组织规模等；二是人的因素形成的沟通障碍，如人的知觉、心理、情绪、沟通风格、人际关系等；三是沟通环境形成的沟通障碍，如时间、信息量、组织文化类型、领导者风格等；四是沟通手段中的障碍因素，如语言文化、各种媒介手段和工具、信息技术等。在这些沟通障碍中，有的属于组织的沟通政策、组织结构的问题，一般要通过调整组织政策去解决；有的则属于人的沟通技能技巧和个性心理的问题，这是需要不断培养的。

沟通中可能出现的一些策略性、技能性障碍主要有：

（一）语言文化障碍

语言障碍指语言表达不清，使用不当，造成理解上的困难或产生歧义。有时即使是同样的字眼，对不同人而言，也有不同含义。年龄、受教育程度、职业职位、文化背景等是较明显的因素，会影响到人们对语言的使用以及对内涵的理解。

（二）心理障碍

心理障碍是指个性特征和个性倾向所造成的沟通困难。人的行为是受其动机、心理状态影响的，现实的沟通活动常常被人的态度、个性、情绪等心理因素所影响，有时这些心理因素会成为沟通中的障碍。如个人与个人之间、组织与组织之间、个人与组织之间，由于需要和动机的不同、兴趣与爱好的差异，都会造成人们对同一信息的不同理解。

（三）过滤的障碍

过滤是指信息发送者有意操纵信息，以使信息显得对接受者更为有利。在沟通过程中，往往由于“过滤作用”，使得沟通受到影响。如为了让接受信息者高兴，信息传送者故意操纵信息。一些人喜欢对上级领导说领导爱听的话，报喜不报忧，这就是在“过滤”信息了。

（四）时间压力的障碍

如果接受信息者只有很短的时间理解接收的信息，就可能误会或忽视其中的一部分信息。管理者有时间的压力，因为决策是有时间限制的，而时间压力会造成沟通障碍。当事情或问题需要迅速判断和处理时，正式的沟通层次会减少，信息量就会不足和不及时；有时候因为时间紧急，导致信息传达不完整或模糊不清。

（五）信息过多的障碍

管理者所接受的信息来自四面八方。科技的进步，使管理者可以从计算机网络和其他渠道获得大量信息，如果他们只注重处理这些信息，沟通的效能可能会受到影响。或者因为缺乏对信息的系统管理，使管理者对大量涌进的信息一时无法掌握其精华，不得不忽视一些信息，这样有时会漏掉一些重要信息。

（六）角色、地位的障碍

由于每个人在组织中的位置不同，存在着自我认知和感觉的差异。由于员工与管理者之间地位差别的过分强调，如上级爱摆架子，爱发号施令等，都会使下级明显感到地位差别，从而加深了沟通中的鸿沟。另外，机构设置不当会造成一些部门岗位独立或过重现象，使其成员游离于集体之外或优越感过强，也会造成沟通地位的失衡和态度的改变。

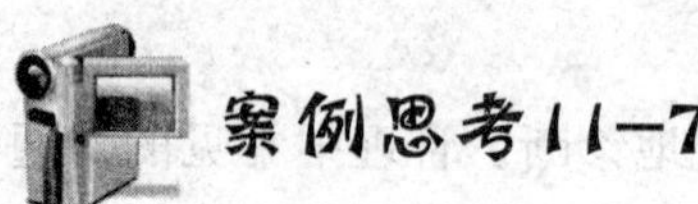

造成问题的原因是什么？

在一次公司经理联席办公会议上，二分厂张厂长激烈批评人力资源部刘经理说“二分厂需要学工业仪表的本科生或大专生，而公司却进了那么多搞化工设备、建筑材料的毕业生，还有搞系统集成的研究生和MBA，人力资源部到底在做什么？”刘经理则反驳：“公司的发展战略你知道吗？我们这样做是有依据的。”张厂长回答：“二分厂不发展，你那个发展战略有何用？”

对此现象，你认为造成问题的原因是什么？

三、促进有效沟通的对策

（一）重视沟通者自身沟通技能的提高

提高沟通者自身的沟通技能是改善组织沟通的根本途径。因为沟通者自身就是组织沟通的行为主体，他们的文化知识水平、专业背景、语言表达能力和组织角色认知等因素直接影响沟通的进行。

1. 要做好沟通前的准备工作，沟通内容要明确

沟通要有认真的准备和有明确的目的性。沟通者在沟通前要先对沟通的内容有正确、清晰的理解，明确沟通要解决的问题，达到的目的。沟通前缺乏准备，势必造成沟通过程中“东拉西扯”的局面，既浪费了沟通双方的时间，又不利于问题的解决。因此有效的沟通要有清晰的沟通主线和明确的沟通主题，做到心中有数。

2. 善于调整沟通心态

管理者应该清楚自己在沟通过程中为实现沟通目标所扮演的主导角色与职能，同时进行换位思考，将心比心。在沟通过程中要善于运用换位思考。既善于站在对方的角度思考问题，也应重视组织成员之间的心灵沟通。要善于在沟通中创造良好的沟通气氛，保持良好的沟通意向和认知感受性，使沟通双方在沟通中始终保持亲密、信任的人际距离。这样一方面可以维持沟通的进行，另一方面使沟通朝着正确的方向进行。

3. 要善于针对不同沟通对象的特点采用不同的沟通方法

要取得良好的管理沟通效果，必须深入了解沟通对象。沟通对象由于心理需求、年龄、性格、气质、受教育程度、管理风格等的不同，可以分为各种不同的类型。针对不同类型的人，在沟通过程中，应采用不同的策略。

资料11—2

沟通要诀

与老人（老员工）沟通，不要忘了他的自尊；

与男人沟通，不要忘了他的面子；

与女人沟通，不要忘了她的情绪；

与上级沟通，不要忘了他的尊严；

与年轻人沟通，不要忘了他的直接；

与儿童沟通，不要忘了他的天真。

4. 学会倾听

一名善于沟通的组织者必定是一位善于倾听的行动者。管理者要学会积极倾听，做忠

实的听众。沟通是双向行为，沟通双方一个要善于表达，一个要善于倾听，沟通的双方只有积极配合，才能使沟通的目的得到实现。

5. 注重非言语信息

非言语信息包括沟通者的面部表情、语音语调、目光手势等。非言语信息往往比言语信息更能打动人。因此，如果是沟通的信息发送者，必须确保发出的非语言信息强化语言的作用。如果是沟通的信息接受者，同样要密切注视对方的非语言提示，从而全面理解对方的思想、情感。

案例思考11-8

他为什么要辞职?

某公司一位部门经理蔡先生向总经理王先生提出辞呈，总经理感到不理解：他已经给了这位部门经理很好的职务和很好的待遇，为什么蔡先生还是向他提出辞职呢？他忽然记起一段时间以来，蔡先生每次想找他说什么时，他都因匆忙而耽搁了。因此，王总经理决定在一间豪华的咖啡厅里请他的部属蔡先生喝咖啡，详细面谈一次。在咖啡厅里，王总经理问蔡先生为什么要辞职，蔡先生正想仔细陈述原因时，想不到王总经理未等蔡先生开口，就急忙地批评了蔡先生辞职的行为是错误的，紧接着，王总经理陈述了他对公司发展的宏图伟略，陈述了自己对人事任用的意见，当王总经理好不容易停下自己口若悬河的叙述时，他只来得及听到蔡先生对他说的一句话："请不要挽留我，再见了。"从此，王总经理再也无法约到蔡先生谈话，蔡先生也永远离开了他的公司。

从沟通的角度看，王总经理为什么没有留住蔡先生?

(二) 健全组织的沟通政策与渠道

1. 灵活运用各种沟通方式

沟通方式有多种多样，纵向横向与横向沟通、正式沟通与非正式沟通、单向沟通和双向沟通、口头沟通、书面沟通、非言语沟通、电子媒介沟通等。不同的沟通方式有着不同的沟通效果，适用于不同的沟通条件。管理者应根据沟通的要求，善于采用不同的沟通方式。

2. 健全组织沟通网络，提高沟通效率

组织中不同的沟通网络对于组织活动的效率有不同影响。常见的有五种不同的沟通网络，链式、Y式、轮式、环式、全通道式都有其优缺点。各种沟通网络对于组织都是需要的，要根据条件和要求进行选择，如工作任务的复杂程度、对沟通准确性的要求、对员工士气的影响等。

3. 改善组织结构，减少沟通层级

参与的信息传递者越多，信息失真性越大。日本管理学家在实践中证实：信息每经过一个层次，其失真率为10%～15%；上级向他的直接下属所传递的信息平均只有20%～25%被正确理解，而下属向他的直接上级所反映的信息被正确理解的则不超过10%。因此，组织应尽量减少组织的结构层次，消除不必要的管理层，以加快信息的沟通速度，保证信息的准确和充分。

4. 注重组织沟通反馈机制的建立

沟通的最大障碍在于员工误解或者对管理者的意图理解得不准确。在工作过程中常常遇到这种现象，下属在执行工作中往往变形，与上级期望的不一致。这说明上级与下级之间存在着沟通问题，可能上级没有很好地传达自己的意思，也可能下级对上级的理解不太到位。事实上，这种沟通问题通过有效的反馈是完全可以避免的。没有反馈的沟通不是一个完整的沟通，完整的沟通必然具备完善的反馈机制。

5. 倡导积极的组织沟通政策

提高组织沟通的效率就要倡导富有实效的沟通政策。如倡导公开式管理，即与组织内的所有员工共享重要的信息，包括财务目标、预算、销售额和销售预测以及其他有关公司的绩效和前景的数据。同时，管理区域和管理政策向下属开放，每一名员工都可以方便并被欢迎与其领导随时随地进行沟通。完善的沟通系统可以使员工理解工作的意义，认清完成了预定的目标会得到什么回报，并促使每个人都关心公司的业务。

（三）注重组织沟通环境的改善

1. 要有民主氛围和科学的领导者作风

管理者应致力于营造一种民主的组织氛围。在领导方式上，善于充分发挥管理者非权力性影响力的作用，凭借自身的人格魅力去领导人，而不是以权力去领导人。善于和组织成员进行私人性的沟通，准确、全面地了解组织成员的思想感情，为组织的管理沟通建立良好的基础。

2. 塑造利于沟通的组织文化

任何组织的沟通总是在一定背景下进行的，受到组织文化类型的影响。管理者要善于塑造提供沟通机会的组织文化，鼓励员工去思考并表达自己的想法和意见。鼓励工作中员工之间的相互交流、协作，强化组织成员的团队协作意识。营造平等、理解、信任的组织文化氛围。

3. 根据具体的沟通需求来选择恰当的沟通场所

同样的沟通内容，在不同场合下的沟通常常有着不同的沟通效果。如管理者需要传达某项执行决议时，最好选择比较正式的场所，以增强信息的传递和执行效果。选择轻松的娱乐环境，可能会削弱沟通的权威性。

案例思考11-9

摩托罗拉公司的“Open Door”

在摩托罗拉公司，每一个摩托罗拉的高级管理层都被要求与普通操作工形成介乎于同志和兄妹之间的关系——在人格上千方百计地保持平等。“对人保持不变的尊重”是公司的个性。最能表现摩托罗拉“对人保持不变尊重”的个性是它的“Open Door”。所有管理者办公室的门都是绝对敞开的，任何员工在任何时候都可以直接进来“与任何级别的上司平等交流。”每个季度第一个月的1日到21日，中层干部都要同自己的手下和自己的主管进行一次关于职业发展的对话，回答“你在过去三个月里受到尊重了吗”之类的6个问题，这种对话是一对一和随时随地的。

摩托罗拉的管理者们为每一个下层的被管理者们还预备出了11条这种“Open Door”

式表达意见和发泄抱怨的途径：

I Recommend（我建议）

Speak Out（畅所欲言）

G. M Dialogue（总经理座谈会）

Newspaper and Magazines（报纸与杂志）

DBS（每日简报）

Townhall Meeting（员工大会）

Education Day（教育日）

Notice Board（墙报）

Hot Line（热线电话）

ESC（职工委员会）

589 Mail Box（589 信箱）

从摩托罗拉公司的做法看，其有效的沟通途径有哪些特色？

第四节　冲突管理

一、组织中的冲突

冲突对于任何组织都是难免的，特别是随着组织所面临的内外部环境越来越复杂，冲突越来越突出。美国管理协会进行的一项对中层和高层经营管理人员的调查表明：组织中的管理人员处理冲突问题的时间大约占他们工作时间的20%；对于管理者在管理发展中什么方面最为重要的一项调查中发现，冲突管理排在决策、领导和沟通技能之前，这进一步支持了冲突管理的重要性。管理冲突的能力可以说是成功管理者的基本素质。

一般认为，冲突指的是由于某种抵触或对立状况而感知到的不一致的差异。差异是否真实存在并没有关系，只要人们感觉到差异的存在，则冲突状态也就存在。按照冲突发生的层次来划分，可以分为四个层次：个人内心的冲突、人际关系冲突、团体间的冲突和组织层次的冲突。

1. 个人内心的冲突

个人内心的冲突通常涉及一些目标、认知或情感的冲突。它一般发生于个人面临多种难以做出的选择，此时会表现得犹豫不决或茫然不知所措。如个人需要与社会规范之间的冲突、保守心理和竞争心理的冲突等。

2. 人际关系冲突

人际关系冲突是指两个或两个以上的个人感觉到他们的态度、行为或目标的对立所发生的冲突。如人们与组织的态度、价值观念和可接受行为的看法不一致；组织成员间所承受的压力不同；成员之间信息、压力的不相容；成员一方的压力来自于另一方所产生的冲突。

3. 团体间的冲突

团体间的冲突是指组织内团体之间由于各种原因而发生的对立情形，它可能是同一团体内部成员间的冲突，导致成员分化成两个或更多个小团体，从而把团体内的冲突转化为团体间的冲突，也可能是分别处于两个团体内的成员间的个人冲突逐渐升级而成。如经营者与出资者之间的冲突、企业内部各个部门之间的冲突、劳资冲突、非正式组织与正式组织之间的冲突等。

4. 组织层次的冲突

组织在与其生存环境中的其他一些组织发生关系时，经常会由于目标、利益的不一致而发生各种各样的冲突。如企业与债权人之间的冲突、企业与消费者之间的冲突、企业与政府和社会公众间的冲突、企业与竞争对手之间发生的冲突等。

二、正确认识冲突

长期以来，对于组织的冲突有着三种不同的观点。

一是传统观点。20 世纪 40 年代以前，在早期的组织理论中，人们普遍认为冲突是有害的，会妨碍组织目标的实现，甚至认为冲突的出现是管理失败、组织崩溃的前兆。因此早期的研究和实践是建立在反冲突的基础之上的，都是致力于消除组织中的冲突现象。管理者有责任在组织中清除冲突。

二是人际关系观点。自 20 世纪 40 年代末到 70 年代中期，人们开始认识到冲突是不可被消除的，组织应当接纳冲突，使之合理化。即认为冲突是任何组织不可避免的产物，但它并不一定会导致不幸，而是可能成为有利于组织工作的积极动力。

三是相互作用观点。现代组织理论中对组织冲突的看法有了根本的改变。新的观点认为，冲突不仅可以成为组织中的积极动力，而且其中一些冲突对于组织有效运作是绝对必要的。这一理论观点认为，融洽、和平、安宁、合作的组织容易对变革和革新的需要表现为静止、冷漠和迟钝。因此，鼓励管理者维持一种冲突的最低水平，有一定的冲突能够使组织保持旺盛的生命力，善于自我批评和不断创新。冲突水平过高或过低对组织的绩效水平都是不利的，而适宜的冲突水平可以保持最佳的组织绩效水平。

相互作用的观点并不是说所有的冲突都是好的。一些冲突支持组织的目标，它们属于建设性的类型，可将其称为功能正常的冲突。而一些冲突则阻碍了组织实现目标，它们是功能失调的冲突，并属于破坏性类型。

组织发展过程中，矛盾和冲突是一种常态，表现为组织的活力所在。首先，环境的多变，要求组织面对创新、竞争、多样化，权变是一种基本的生存发展方式，而组织需要稳定、连续和协调，这就必然造成组织与环境间的冲突。其次，组织有其自身的目标，但是加入组织的个体也有自己的目标和追求，当组织目标与个体目标在内容上、进程上、结构上发生不一致时，冲突就是必然的。最后，科学、理性和人性在管理中融为一体，组织需要采取科学的办法、标准化的作业，而组织中成员是有血有肉、有思想的人，并非是理性的机器，这就会产生冲突。冲突表现了组织发展和组织谋求动态中的平衡，正确对待冲突的努力事实上是组织进化的过程，是组织发展的必然课题。

案例思考 11-10

是否需要激发冲突

在以下管理现象中，什么情况应该激发冲突？

(1) 管理者是否被“点头称是的人们”所包围；

(2) 管理者的下属是否害怕向其承认自己的无知与疑问呢；

(3) 决策者是否过于偏重折中方案以至于忽略了价值观、长远目标或组织福利；

(4) 管理者是否认为，他们最大的乐趣是不惜代价维持组织单位中的和平与合作效果；

(5) 决策者是否过于注重不伤害他人的感情；

(6) 管理者是否认为在奖励方面，得众望比有能力和高绩效更重要；

(7) 管理者是否过分注重获得决策意见的一致；

(8) 员工是否对变革表现出异乎寻常的抵制；

(9) 是否缺乏新思想；

(10) 员工的离职率是否异常低。

三、冲突管理的策略

根据现代组织冲突理论，组织的冲突管理应该包括三个方面的问题：如何避免冲突、如何解决冲突、如何激发冲突。

(一) 避免冲突的策略

如何避免冲突，现实中的方式方法非常多，从对冲突发生的原因看，如何避免冲突主要包括三个方面内容：

1. 减少相互依赖性，削弱冲突形成的客观基础

相互依赖性指的是两个主体之间（两个人、两个部门）的一种相互作用，其中一方的活动依赖于另一方。相互依赖性是专业化和社会分工的结果。如销售人员为了满足顾客的需求，必须依赖于生产人员及时交付产品，同时，生产人员又依赖于销售人员拿到订单；企业为了生产出优质低价的产品，又必须依赖于原材料供应商提供合格优质的原材料。按照双方相互依赖的程度，组织中的依赖关系有间接依赖、单向依赖、双向依赖。正是这种相互依赖性，使冲突的发生成为可能。如何防止冲突，从相互依赖性的角度看，一是在必须具有依赖关系时，努力协调双方的关系；二是尽量减少这种依赖性，削弱冲突形成的客观基础。如组织结构的调整、层级式组织向流程式组织的转变、简化分工等。

2. 减少彼此间的差异性，消除冲突形成的直接原因

冲突产生的直接原因可以归为冲突双方彼此之间的差异性。具有一定的相互依赖关系的双方，差异性越大，必然伴随着一定的意见分歧，导致冲突的发生。组织中常见的差异有如下四个：一是信息差异，是指双方由于信息来源的渠道不同或信息的非对称性，导致获得的信息、了解的事实之间的差异；二是认识差异，是指双方由于背景、文化、地位的不同，导致认识上的差异；三是目标要求的差异，是指相互依赖的双方因各自的目标有时不一致所产生的差异；四是角色差异，是指组织中的个人都充当着不同的角色。具有相互依赖关系的个体，在上述差异存在并达到一定程度时，必然会导致组织冲突。因此，消除相互依赖关系的个体差异性是避免冲突的重点。

3. 健全组织的内在机制，减缓冲突形成的推动力

组织机制的不完善是冲突形成的推动力。如组织结构不合理是产生冲突的一个重要根源，如果组织能够设计有效的结构形式，工作流程协调，组织内部能够进行充分的信息沟

通，那么冲突自然就少。组织内部部门之间、岗位之间和人员之间的权力责任界定不清，往往会导致冲突的发生。组织内部奖励制度不当，作为激励手段的竞争机制不合理常常会导致群体间冲突的增加。因此，健全组织机制上也是避免冲突的一种重要手段。

（二）解决冲突的策略

为了有效地解决组织中的人际关系冲突，美国的行为科学家托马斯提出了一种两维模式。托马斯认为，发生冲突以后，参与者有两种可能的策略可供选择：关心自己和关心他人。其中，“关心自己”表示在追求个人利益过程中的武断程度；“关心他人”表示在追求个人利益过程中与他人合作的程度。于是，就出现了五种不同的冲突处理的基本策略。

1. 回避策略

回避策略是指既不合作又不武断的策略。这时，人们将自己置身于冲突之外，忽视了双方之间的差异，或保持中立态度。这种方法反映出当事人的态度是听任冲突自然发展，对自己的利益和他人的利益均无兴趣。回避方法可以避免问题扩大化，但常常会因为忽略了某种重要的意见、看法，使对方受挫，易遭对手的非议，故长期使用效果不佳。

2. 强制策略

强制策略是指高度武断且不合作的策略。它代表了一种“赢—输”的结果，即为了自己的利益牺牲他人的利益。一般来说，此时一方在冲突中具有占绝对优势的权力和地位，并认为自己的胜利是必要的。相应的，另一方必然会以失败而告终。强制策略通常是使人们只考虑自己的目的，所以不受对手的欢迎。

3. 克制策略

克制策略代表着一种高度合作而武断程度较低的策略。可以说这是无私的策略，因为当事人是牺牲自己的利益而满足他人的要求。通常克制策略是为了从长远角度出发换取对方的合作，或者是屈服于对手的意愿。因此，克制策略是最受对手欢迎的，但容易被对手认为是过于软弱或是屈服的表示。

4. 合作策略

合作策略是在高度的合作精神和武断的情况下采取的策略。它代表了冲突解决中的“双赢”局面，最大限度地扩大合作利益，既考虑了自己的利益，又考虑了他人的利益。一般来说，持合作态度的人有几个特点：一是认为冲突是一种客观的、有益的现象，处理得恰当会有利于一些问题的解决；二是相信对手；三是相信冲突双方在地位上是平等的，并认为每个人的观点都有其合理性；四是他们不会为了共同的利益而牺牲任何一方的利益。

5. 妥协策略

在妥协策略中，合作性和武断程度均处于中间状态，它建立在“有予必有取”的基础之上，这种策略通常需要一系列的谈判和让步才能形成。与合作方式相比，妥协策略只求部分地满足双方的要求。但妥协策略却是最常用的也被人们广泛接受的一种处理冲突的策略。因为妥协策略至少有以下优点：一是尽管它部分地阻碍了对手的行为，但仍然表示出合作的姿态；二是它反映了处理冲突问题的态度；三是它有助于保持双方之间的良好关系。

上述五种策略的适用范围各不相同，没有哪一种是绝对有效的，管理者处理冲突时要根据实际情况来采取最适宜的策略。

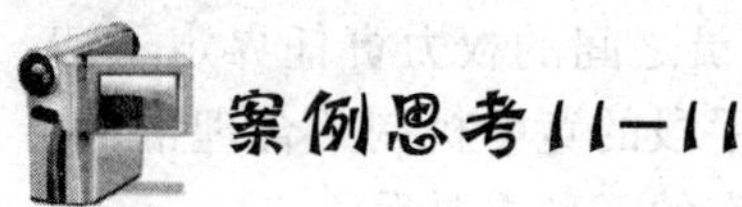

如何面对冲突

某大型企业在市场上发现自己的知名产品被人假冒，其质量与正牌产品不相上下。由于该产品供不应求，也不影响该企业的销售。但从长远看，这样下去对企业是不利的。

现在，请你为他们制定一份解决问题的方案。

（三）激发冲突的策略

冲突的激发，主要是指激发建设性冲突。

1. 改变组织文化

要倡导具有变革和创新精神的组织文化，应该对那些敢于向现状挑战、倡议革新观念、提出不同看法和进行独立思考的人给予大力奖励，如晋升、加薪或采用其他强化手段。

2. 组织结构的调整与变革

组织结构的调整，往往会打破部门利益和个人利益之间的平衡，这样做打破了现状并提高了冲突水平。

3. 鼓励合理合法的竞争

组织内部引进一定形式的竞争，往往可以激发人与人之间、部门与部门之间的冲突，而这些冲突在某种程度上又可以提高组织的效率和效益。但要注意作为诱发冲突手段，不能采取恶性竞争，以免使竞争双方展开你死我活的争夺，违背引入竞争机制的原意。

4. 引进外部刺激

为了诱发内部建设性冲突，引入一定的外部刺激是有必要的。如从外部引进各种新生力量，一方面可以调整内部人员结构，另一方面还可以对内部人员施加一定的压力，激发他们奋发向上。

5. 合理配置人员构成

优化组织人员配置，增强组织异质性，即有意识地在人员配置上将思维方式存在差异的、知识技能结构不同的人组合成一个团队，促使冲突的产生。

6. 运用各种沟通手段

如运用非正式沟通手段，模棱两可或具有威胁性的信息同样可以促成冲突。

本章小结

沟通，是指将某一信息传递给客体或对象，以期取得客体或对象做出相应反应的过程。管理沟通主要是指人与人之间的沟通。

沟通必须具备四个要素：发送者、接受者、所传递的内容、沟通渠道。完整的沟通过程应包括七个环节，即思想、编码、信息传递、接收、译码、理解、反馈。

管理沟通的主要形式有正式沟通与非正式沟通；上行沟通、下行沟通和平行沟通；单向沟通和双向沟通；口头沟通、书面沟通、非言语沟通和电子媒介沟通；组织间的沟通等。

组织的沟通网络有五种类型：链式、Y式、轮式、环式和全通道式，不同的沟通网络对于组织活动的质量和效率有不同影响。

管理沟通常见的问题主要来自四个方面：一是组织结构因素形成的沟通障碍；二是人的因素形成的沟通障碍；三是沟通环境形成的沟通障碍；四是沟通手段中的障碍因素。

促进有效沟通的对策，一是重视沟通者自身沟通技能的提高；二是健全组织的沟通政策与渠道；三是注重组织沟通环境的改善。

冲突指的是由于某种抵触或对立状况而感知到的不一致的差异。按照冲突发生的层次来划分，有个人内心的冲突、人际关系冲突、团体间的冲突和组织层次的冲突。

长期以来，对于组织的冲突有着三种不同的观点：传统观点、人际关系观点和相互作用观点。

根据现代组织冲突理论，组织的冲突管理应该包括三个方面的问题：如何避免冲突、如何解决冲突、如何激发冲突。

复习思考题

1. 在当前的管理实践中，人们为什么越来越重视沟通？
2. 完整的沟通过程包括哪些环节和要素？
3. 沟通有哪些常见形式？各有什么特点及适用条件？
4. 沟通形成的信息网络有哪些常见形式？各有什么特点及适用条件？
5. 管理沟通过程中的常见障碍有哪些？如果出现应当如何克服？
6. 如何提高个人的沟通技能？
7. 冲突形成的基本原因是什么？
8. 如何划分组织中不同类型的冲突？如何加以解决？

第十二章

控制工作原理与方法

本章要点提示

- 控制工作及其特点
- 控制系统的构成要素
- 控制的基本类型
- 控制过程的基本环节和工作内容
- 控制技术与方法

引　例

1995年2月，具有200多年悠久历史的英国巴林银行宣布倒闭。而这一切源于巴林银行新加坡分公司的一名年仅20多岁的交易员尼克·里森的违规操作。里森在巴林银行被视为期货和期权方面的专家，1992年巴林总部派他到新加坡分公司成立期货与期权交易部门，并出任总经理。他从1992年7月起，制造假账，导致出现了从2万英镑起，到几百万、几千万的亏空，直至8.6亿英镑的损失，这几乎是整个巴林集团资本的两倍。在这期间，由于里森同时任交易部和清算部主任，给他对失误瞒天过海提供了便利，总部虽然多次来查账，但都被里森搪塞过去了。令人难以置信的是，巴林银行在1994年底发现资产负债表上显示5 000万英镑的差额后，仍然没有警惕到其内部管理控制的松散及疏忽。连里森本人也说："对于没有人来制止我的这件事，我觉得不可思议，伦敦的人应该知道我的数字都是假造的，这些人都应该知道我每天向伦敦总部要求的现金是不对的，但他们仍然支付这些钱。"

从"巴林事件"中可以看出，一个组织如果没有严密的控制系统，没有迅速纠错的功能体系，该是多么可怕的事情！现代组织由于所面临的环境处在不断的变化过程中、管理权力的分散和组织成员工作能力的差异，导致管理功能的实施实际上不可能是完美无缺的。要使组织的各项活动达到协调一致，管理者就必须依赖于控制手段监督管理的全过程。

第一节　控制与控制系统

一、控制与管理控制

（一）控制工作

控制是人们日常工作和生活中的常见现象。如企业生产过程中对产品进行的检验；学校教学过程中对学生进行的测验；球队教练在赛前确定战术，赛中布置战术，比赛时经常换人等。这些措施都是控制工作的体现。

组织在开展活动中，由于受外部环境和内部条件变化的影响，实际执行结果与预期目标不完全一致的情况是时常发生的。对管理者来讲，重要的问题不是工作有无偏差，或者是否可能出现偏差，而在于能否及时发现已出现的偏差或预见到潜在的偏差，采取措施予以预防和纠正，以确保组织的各项活动能正常进行，预定的目标能够顺利实现。

因此，控制工作就是指组织在动态的环境中为保证目标的实现而采取的各种检查、纠偏和调整等一系列活动或过程。

对控制工作的理解，从其最传统的意义方面来说，就是“纠偏”，即按照计划标准衡量所取得的成果，并纠正所发生的偏差，以确保计划目标的实现。

但从广义的角度来理解，控制工作实际上应包括纠正偏差和修改标准这两方面内容。这是因为，积极、有效的控制工作，不能仅限于针对计划执行中的问题采取“纠偏”措施，还应该包括在适当的时候对原定的控制标准和目标做适当的修改，以便适应环境的变化。

（二）管理控制的特点

控制论是第二次世界大战后迅速发展起来的一门研究各种控制系统共性的学科。管理中的控制工作贯穿了控制论的基本原理，是控制论在管理学中的应用。管理控制有着与一般控制相同的共性。但是由于管理系统有其自身的特点，因而管理控制与一般控制相比，既有相同点，也有不同之处。

（1）管理控制是一个信息反馈系统。管理控制的过程通常是在确定衡量标准的基础上，对工作成效进行检查，反馈的信息若发现问题，则采取措施纠正偏差。这一信息反馈过程正是控制论的基本原理。

（2）管理控制具备两个基本前提条件，一是有着明确的控制标准，这一标准与实现组织系统的目标直接相关；二是有相应的控制机构和人员，他们构成了控制系统的主体。

（3）管理控制过程是由确定标准、衡量成效和纠正偏差等三个基本环节构成的，这也反映了一般控制的基本过程。

（4）管理控制是一个有组织的系统，这一系统有控制的目标体系，有控制的主体和客体，有完善的控制手段和方法。

（5）管理控制解决问题的过程慢于一般控制。这是因为一般控制（如机械、电子等控制系统）都是在事先编制的程序控制下，自动进行，并且在瞬间即可完成，如闹钟也是一个控制系统，调整好之后，到点就响。管理控制系统的主体是人，在发现问题、认识问题和解决问题的过程中，有一个主观认识过程，并要有各种资源的投入。

（6）管理控制的目的既要维持组织系统按计划运行，还要能够促进组织系统运行水平的不断提高。这个特点与一般控制是有所区别的。一般控制的目的就是为了维持系统的既定运行状态，属于维持现状的性质；而管理控制既要维持组织系统的既定运行状态，还要善于打破现状，使组织系统的运行水平不断提高。

（7）管理控制主要是由人来执行，并且主要是对人的行为进行控制。因此还要重视其中的人性因素。

从以上归纳的管理控制的一些特点看，前四个特点与一般控制的特点是相同的，而后三个特点则是管理控制所特有的。

案例思考12-1

哪些属于管理者的控制工作？

有学者对包括卫生系统、高技术企业、制造业企业、商业及服务部门等许多组织的一线管理者进行了实地调查，经过归纳分析后发现这些一线管理者所看重的各项职责按重要性排序如下：（1）工作安排和日常的工作计划；（2）安排和分配工作；（3）控制质量和成本；（4）沟通政策和程序；（5）激励和指挥员工；（6）纪律约束；（7）训练职工；（8）评价员工的工作成果；（9）维护设备，保证物资供应；（10）保证安全。

根据对控制工作的理解，看看上述哪些工作属于管理者的控制职能？

（三）控制工作的作用

管理的四大职能中，控制是管理过程中不可缺少的一个环节。管理者尽管可以制订出周密的计划，可以将组织结构设计得非常有效，可以通过领导工作充分地调动员工的积极性，但是这些往往并不足以保证所有的行动都能按计划执行，还必须要有控制工作。控制是管理过程中一项不可或缺的职能。

1. 控制可以有效应付环境的不确定性对组织活动的影响

现代组织所面对的环境具有复杂多变的特点，再完善的计划也难以将未来出现的变化考虑得十分周全，因此，为了保证组织目标和计划的顺利实施，就必须要有控制工作，以有效的控制应付环境各种变化对组织活动的影响。

2. 控制可以使复杂的组织活动能够协调一致地运作

由于现代组织的规模有日益扩大的趋势，组织的各种活动日趋复杂化，要使组织内众多的部门和人员在分工的基础上能够协调一致工作，完善的计划是必备的基础，但计划的实施还要以控制为基本手段。

3. 可以避免和减少管理失误造成的损失

由于组织所处环境的不确定性以及组织活动的复杂性，管理中的失误不可避免。控制工作通过对管理全过程的检查和监督，可以及时发现组织中的问题，并采取纠偏措施，以避免或减少工作中的损失，为执行和完成计划起着必要的保障作用。

二、控制系统

有效的控制必须以健全的控制系统为基础，建立有效的控制机制。

(一) 控制的目标体系

任何控制活动都是有目的的活动，控制的目的就是要保证组织目标的实现。因此控制目标的确定应以组织目标为依据，要与组织目标体系相协调，建立控制的目标体系。

控制的目标体系反映了控制与计划的关系，应能满足以下要求：

1. 要有明确的切实可行的组织目标和计划

控制标准的确定是以计划指标为依据的，控制工作的展开也是针对计划实施的全过程。因此，实现有效控制的基本前提是要有一套切实可行的组织计划，计划的可行性差，控制得再好，也只能是无效的控制。

2. 要能全面反映计划的实际要求和特点

组织控制系统的设计，必须要与其特定的目的相适应，要能正确反映组织各项工作的性质和需要。如对于生产冰箱、彩电的组织，由于消费者需求的变化以及市场竞争激烈的特点，控制工作的重点应放在产品质量、服务质量及新产品的开发上；而对于从事矿产品采掘的组织，如何提高生产效率、降价生产和运输成本，则应是控制工作的重点。

3. 要有一套切实可行的控制标准

控制标准是控制过程中对实际工作进行检查的衡量尺度，是实施控制的必要条件。实施控制工作一定要把确定控制标准作为控制过程的首要环节，控制标准的确定要以组织目标和计划为基本依据。

案例思考 12-2

销售工作的控制问题

一家以化学添加剂生产为主的小型民营企业，对其销售员采取了按销售额提成的奖励办法，希望能够借此激励他们努力工作，扩大企业的产品销售。然而，此方法实行一年多后，伴随着企业销售额的大幅增加，却出现了销售回款额下降的严重问题。

请问：产生这种现象最可能的原因是什么？应如何解决？

(二) 控制的主体

控制工作是要靠人来实施的，组织中承担控制工作的管理者及其相应的职能部门就成为控制的主体。控制主体水平的高低是控制系统发挥作用大小的决定性因素。组织中不同层次、不同部门的管理者都有其相应的控制工作，一般中低层管理者从事的主要是例行的、程序性的控制，高层管理者从事的主要是例外的、非程序性的控制。

控制的主体反映了控制工作与组织工作的关系，应能满足以下要求：

1. 组织内部的权责关系明确

一个组织内部的结构越是明确，职责分工越是清楚，就越有利于控制工作的开展。在实际工作中，由于组织内部结构及其职责关系的不明确，常常导致出现问题后，人们相互推诿责任，因而失去解决问题的时机，使工作遭受更大损失。而明确的组织结构的好处就在于：

一是在计划的实施中，一旦出现偏差，有利于迅速查明偏差产生的原因和责任；二是有了明确的权责关系，一旦出现偏差，有利于主管人员迅速采取措施，保证计划的顺利实施。

2. 要有专职的控制职能部门和人员

控制的对象涉及整个组织的活动，涉及管理的各个方面，为保证控制工作对各项活动的有效监督，组织应设有专职的控制机构和人员，赋予相应的责任和权限，建立和健全规章制度，以保证控制工作在组织活动中的权威性。

3. 应重视对主管人员素质和能力的培养

在人们从事的工作中，很多时候出现偏差是由于主管人员缺乏知识、经验和判断力造成的，即由于人为的管理失误造成的，如工作方法不当、领导不力等因素。越是合格的主管人员，其在工作中出现偏差的可能性越小，即使出现偏差，也会自觉地及时采取措施纠正偏差。因此，应重视对主管人员素质和能力的培养，通过提高主管人员的素质和能力，来防止和减少偏差的产生。

（三）控制的对象

控制的对象应是整个组织的活动。控制的对象的确定要处理好主要矛盾和次要矛盾的关系，应能满足以下要求：

1. 要科学地选择控制点，突出控制工作的重点对象

控制工作的对象是整个组织的活动，并不意味着组织事无巨细地直接控制各种活动。组织中的各个层次和部门，以及每一个组织员工的工作，其对组织目标实现的影响程度是有差别的。有的起着直接作用，有的起着间接作用；有的一旦出现问题会严重影响组织目标的实现，有的则影响很小。这就要求控制工作应善于认识和正确处理主要矛盾和次要矛盾的关系，控制工作的重点应是计划的关键点，即有效地控制应着重于那些对计划的完成有着举足轻重的关键问题上，以重点控制达到控制全局的目的。

2. 控制工作要有经济的观点

控制是一项需要投入人力、财力和物力的活动。是否进行控制，控制到什么程度，都涉及投入问题。为进行控制而支出的费用和由控制而增加的收益都直接与控制程度相关。因此，控制工作一定要坚持适度性的原则。从经济性角度考虑，控制系统并不是越复杂越好，控制力度也不是越大越好。

3. 主管人员要把注意力集中在例外情况

在一项计划的实施过程中，既有易出现偏差的地方，也有不易出现偏差的地方；而可能出现的偏差也是多种多样的，有的偏差可能在允许的限度之内，有的则会超出允许的限度；有的偏差即使超出允许的限度，对工作造成的损失并不大，而有的偏差一旦出现则可能对工作造成较大的损失。例外情况的原则强调的是：控制工作的主要着眼点应是一些重要的偏差，即应在易出偏差和偏差出现会造成较大损失的地方，这样控制工作的效率和效能才能达到最高。

案例思考12-3

控制越全面越好吗？

无论是在学校读书，还是在企业工作，你都不难发现有一系列的规章制度存在。对规

章制度的控制作用你是怎么看的？规章制度所涵盖的是否越全面、越严格越好？按照控制的关键点原理和例外原理进行控制，是否有可能导致控制工作的失效或无力？在你看来，成功地运用控制关键点原理和例外原理的关键是什么？

（四）控制的技术系统

控制的技术系统主要包括控制机构、控制方法和手段。控制机构从纵向看可分为各个不同管理层次的控制，从横向看可分为各种不同性质的专业控制。控制工作应注重采用先进的控制方法和手段，以不断提高控制工作的效率和效果。

随着市场经济和社会化大生产的发展，组织所面对的活动也日趋复杂化，从而对组织的控制工作水平提出了更高的要求。过去传统的单纯依靠经验的控制方法已难以适应。现代组织控制工作必须借助于各种科学的控制技术和方法。在实际工作中，各种控制方法都有其优缺点，应能根据各种不同的控制问题和实际条件加以灵活运用。特别是应善于将定性方法和定量方法有机结合，以不断提高控制的科学性。

（五）控制的信息反馈系统

控制过程是通过信息的传输和反馈得以实现的，也就是说，控制部分既有控制信息输入到受控部分，受控部分也有反馈信息返送到控制部分，形成闭合回路。控制正是根据反馈信息才能比较、纠正和调整它发出的控制信息，从而实现有效控制。控制的信息反馈系统应达到以下要求：

1. 要有健全的信息反馈渠道

控制工作的过程是对计划实施过程的检查与调整，要随时掌握工作实际并与标准进行比较，以便从差异中寻找问题，纠正偏差。这一过程的顺利进行是以信息的及时获取和反馈为前提的，只有具备畅通的信息渠道，才能有利于问题的及时发现和解决。

2. 要有健全的管理信息系统

管理信息系统是一个由人、计算机等组成的，能进行管理信息的收集、传递、存储、加工、维护和使用的系统。健全的管理信息系统可以监测组织的各种运行情况，利用过去的数据预测未来，从全局出发辅助组织进行决策，利用信息控制组织的行为，实现组织的目标。

有效控制系统的特性

有效的控制系统都倾向于具有一些相同的特性。尽管这些特性在不同的情况下重要性不同，但是我们可以总结出使一个控制系统变得更有效的一些特征：

（1）准确性。一个提供不准确信息的控制系统将会导致管理层在应该采取行动的时候而并没有行动，或根本没有出现问题而采取行动。因此，一个准确的控制系统是可靠的，并且能提供正确的数据。

（2）适时性。控制系统应该能及时地改变管理层的注意力，使之防止某一部门出现对组织造成严重伤害的行为。一个有效的控制系统必须能够提供及时的信息。

（3）经济性。一个控制系统在运用过程中，从经济角度上看必须是合理的。任何控制系统产生的效益都必须与其成本进行比较。

(4) 灵活性。控制系统应具有足够的灵活性适应各种不利的变化，或利用各种新的机会。

(5) 通俗性。有时需要用简单的控制手段来代替复杂的控制手段。一个难以理解的控制系统会导致不必要的错误，会挫伤员工的积极性，以至最终会被遗忘。

(6) 标准合理性。控制的标准必须是合理的且能达到的。如果标准太高或不合理，它将不会起到激励作用。控制标准应该是一套富有挑战性的、能激励员工表现得更好的标准，而不是让人感到泄气或鼓励欺诈的标准。

(7) 战略高度。管理层不可能控制一个组织中的每一件事。即使是能够这样做，也将是得不偿失。控制的重点应放在容易出现偏差的地方，或放在偏差造成的危害很大的地方。

(8) 强调例外。由于管理层不可能控制所有的活动，因此他们的控制手段应该顾及例外情况的发生。

(9) 多重标准。实际工作是很难用单一指标进行客观评价的，所以多重标准能够更准确地衡量实际工作。

(10) 纠正行动。一个有效的控制系统不仅可以指出一个显著偏差的发生，而且还可以建议如何纠正这种偏差。也就是说，它应该在指出问题的同时给出解决问题的方法。

资料来源：斯蒂芬·P·罗宾斯：《管理学》，488～489页，北京，中国人民大学出版社，1997。

三、控制的基本类型

在组织活动的实际控制过程中，由于工作性质、工作场合、工作要求的不同，所采用的控制也是不同的。应根据不同的适应条件选用不同的控制方法。

组织中最常用到的控制类型有前馈控制、现场控制和反馈控制（见图12—1）。

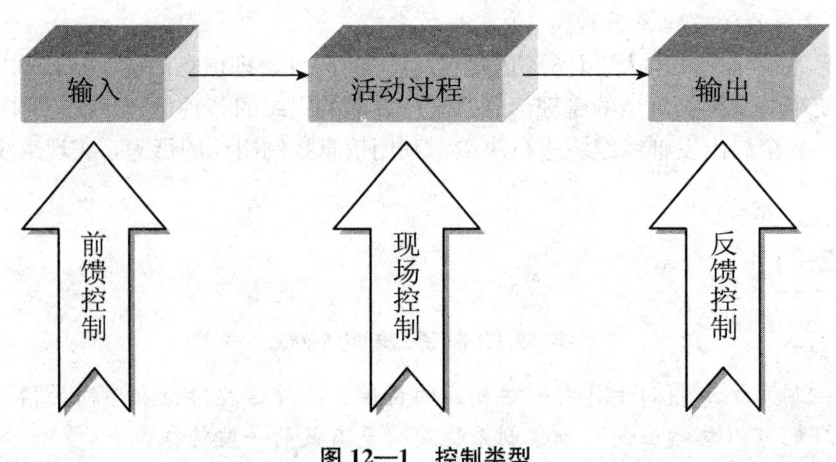

图12—1 控制类型

（一）前馈控制

前馈控制是指对未来可能出现的结果进行的预防性控制，即主管人员运用所能得到的最新信息，包括上一控制循环中所产生的经验教训，对可能出现的结果进行预测，然后将其同计划要求进行比较，从而在必要时调整计划或控制影响因素，以确保目标的实现。

前馈控制属于一种预防性控制，它的工作重点并不是控制工作的结果，而是提前采取各种预防性措施，以防止工作过程中可能出现的偏差。如企业为了开发一种能够有效满足消费者需求的产品，预先对消费者的实际需求进行的市场调查；再如对新加入组织的成员进行的岗前培训等。这些都属于前馈控制的范畴。

前馈控制较之反馈控制而言，其主要优越性在于：克服了反馈控制中因时间滞后而带来的缺陷，使主管人员能够及时预见到工作过程中可能出现的偏差，并预先采取预防措施以杜绝偏差的产生。

（二）现场控制

现场控制是指在某项活动或工作过程中进行的控制，即主管人员在现场对正在进行的活动给予指导与监督，以保证组织的各项活动按既定的计划进行。现场控制是组织控制工作的基础，是组织的基层管理人员主要采用的控制方法。如企业中生产制造过程的进度控制、对生产工人正在加工的产品进行的抽检等，都属于现场控制的范畴。

现场控制的主要工作内容包括：对下级人员进行必要的工作指导；监督下级人员的工作，以保证计划目标的实现；对工作中出现的偏差及时采取纠正措施。

要保证现场控制的有效性，应注意以下几个问题：（1）要授予主管人员相应的权力，使他们能够用经济或非经济的手段对下属施加影响；（2）要切实把组织的计划、目标、战略、政策、规范和制度等落实到基层，以便使基层工作的控制标准更为明确和具体；（3）要重视主管人员的个人素质、工作作风、指导的表达方式等对下属的影响。

（三）反馈控制

反馈控制是指根据已发生的情况，对现在或未来进行的控制，即主管人员将工作的执行结果与控制标准相比较，从中发现已经出现或即将出现的偏差，在分析偏差产生原因的基础上，采取纠偏措施，以防止偏差的进一步发展或今后再度发生。

反馈控制的实质属于一种事后控制，它的工作重点是对事物发生后的结果进行分析，并采取纠偏措施。如企业对成本报表进行分析，从中分析在生产制造过程中各种资源消耗是否合理；对企业的产成品进行抽检，分析产品在设计、制造过程中的缺陷；对组织成员的工作成效进行考评，从中分析组织成员在工作中的问题及能力和素质上存在的问题等。这些都属于反馈控制的范畴。

反馈控制与其他控制方法相比，存在的最大缺陷是时间的滞后性。这是因为从发现偏差到纠正偏差之间存在着时间延迟现象。在分析偏差产生的原因、制定出正确纠偏措施并实际执行纠偏时总要花费一定的时间，这就可能导致在进行纠偏时，实际情况已发生变化，从而降低了控制的有效性。

反馈控制虽然存在着时间滞后的缺陷，但由于现在组织中的很多活动尚无法进行准确的预测，因而反馈控制仍然在组织中被大量采用。其中用得较多的控制方法有财务报告分析、成本报告分析、质量控制分析和工作人员绩效考评等。

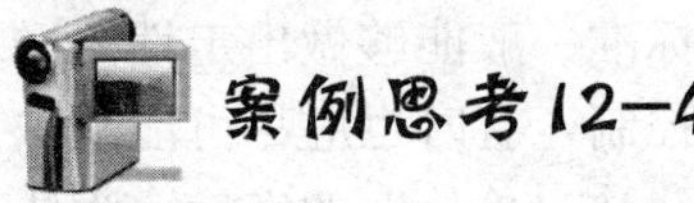

人员流失控制

某公司人力资源部门创立了一个规矩：每当员工离开公司时，人力资源部经理主动与离职员工交谈，收集员工对公司的意见与看法，并了解其去向。如果有3个以上的员工流向同一个企业（竞争对手），人力资源部将设法了解该竞争对手的战略、激励政策，并在此基础上向公司决策部门提出人力资源管理建议。

人力资源部的这种做法从控制类型上看属于什么类型？

第二节 控制过程

有效的控制过程一般应包括确定控制标准、衡量工作成效和纠正偏差等基本环节。

一、确定控制标准

实际工作中一些管理人员片面地认为用计划目标就可作为标准，从而用计划指标代替标准。应该看到，组织中的计划是各种各样的，而各种计划在详尽程度和复杂程度上又各不相同。因此，一般情况下是不能完全用计划目标来代替标准进行控制的。如企业确定当年成本降低10%为计划指标，此时以此为控制指标是不够的，因为成本的降低涉及企业工作的各个环节和众多的因素，成本的降低将直接取决于各项工作中各类资源的消耗定额，此时控制各类资源的消耗定额才是成本降低的有效控制手段。

控制标准是控制过程中作为规范对实际工作进行检查的衡量尺度，是实施控制的必要条件。确定控制标准是控制过程的首要环节。

（一）控制标准的种类

1. 定量标准和定性标准

按标准是否能够直接计量，控制标准一般可分为定量标准和定性标准。

定量标准是指能够以一定形式的计量单位直接计量的标准。计量标准便于度量和比较，是控制标准的主要表现形式。

定量标准主要分为：

（1）实物标准，是指以实物量为计量单位的标准，主要用于在投入和产出方面可用实物计量的场合，反映定量的工作成果。如企业中原材料、能源、劳动力的消耗标准，产品的产量、销售量，也可用于产品质量，如精确度、强度、可靠性等。实物标准是计划工作的基础，也是控制的基本标准。

（2）财务标准，也称为价值标准，是指以货币量为计量单位的标准，主要反映企业在各项活动中资金效益方面的成果。如企业的产品直接费用、间接费用、投资回收率、流动资产与短期负债的比率、债务与净资产的比率、销售利润等。

（3）时间标准，是指以时间为计量单位的标准，反映企业在各项活动中时间利用方面的成果。如工期、生产周期、生产投入期和出产期、工时定额等。

定性标准是指难以用标准的计量单位直接计量的标准。这类标准主要是体现在有关服务质量、企业形象、企业成员的工作表现等方面，这些方面的标准一般能够做出定性的描述，但都难以定量化。尽管如此，为了使定性标准便于掌握和控制，有时也应尽可能地采用一些可度量的方法。如麦当劳在经营上奉行“质量、服务、清洁、价值”的宗旨，为体现其宗旨，公司制定的工作标准是：95%以上的顾客进餐馆后三分钟内，服务员必须迎上前去接待顾客；事先准备好的汉堡包必须在五分钟内热好供应顾客；服务员必须在就餐人离开后五分钟内把餐桌打扫干净等。如此一来，对服务质量的控制也就有了明确的标准。

2. 有形标准和无形标准

按指标是否有直观的表现形态划分，控制标准可划分为有形标准和无形标准。

有形标准是指能够直观地用货币或实物量的形态进行计量的标准。这类标准有明确的定量和定性能力，是控制标准的主要表现形式。如上面讲到的实物量标准、财务标准和时间标准，就都属于有形标准的范畴。

无形标准是指不能够直观地用货币或实物量的形态进行计量的标准。无形标准所面临的往往是既无明确的定量标准，又无明确的定性标准的目标，因而此类标准的确定较为困难。如对一个主管人员的认识、分析问题的能力、决策能力、判断能力的衡量，对一个企业的公共关系计划实施有效性的衡量，判断一个主管人员是否忠实于组织的目标等。对这一类标准的衡量，主要依赖于人们的主观判断。

（二）制定标准的方法

1. 经验分析法

经验分析法是指根据对工作熟悉的人员的经验、判断和评估来为活动建立标准。如在制定生产过程中的工时定额时，可由有经验的管理人员、技术人员和工人组成估工小组，根据产品设计图纸、工艺规程和生产条件，凭各自的知识和经验进行判断，在充分了解情况、收集意见的基础上，科学地综合大家的判断，给出一个相对先进合理的标准。

这种方法简便易行，工作量小，但对标准的制定较为粗放，技术根据不足，受参加人员主观因素的影响比较大，易出现偏高或偏低的现象，从而影响标准的准确性。

2. 统计分析法

统计分析法是以分析反映组织在各个历史时期状况的数据为基础来为未来活动建立标准。如在制定生产过程中的工时定额时，可根据过去生产的同类型产品的实际工时消耗和完成定额的统计资料，分析当前生产条件变化，进而制定标准。

这种方法利用历史性统计资料为某项工作确定标准，有较多的统计资料作依据，比经验分析法更能反映实际情况，具有简便易行的好处。但它依据的是过去的资料，加之有可能存在某些不合理的因素，因而也会影响标准的准确性。

3. 技术测定法

技术测定法是通过对工作情况进行客观的技术性的定量分析来制定标准。如工人操作标准是研究人员在对构成作业的各项动作和要素的客观描述与分析的基础上确定的标准作业方法；劳动时间定额是利用工作研究和时间研究的技术测定基础上制定的。

技术测定法由于有一定的技术依据，方法更为科学，制定的标准也较为准确，但实际工作量也较大。

（三）确定控制标准应注意的问题

（1）要有明确的控制对象。确定控制标准首先要清楚控制的对象是什么，控制对象不清楚，则标准的确定难以明确具体。一般来讲，影响组织工作目标实现的主要因素有：环境特点及其发展趋势、资源投入、组织活动。

（2）控制标准的制定必须以组织计划和目标为依据。控制标准不能脱离组织的计划和目标。

（3）标准的确定要明确关键控制点。控制工作既不可能也无必要对整个计划和活动的细枝末节都确定标准加以控制。一般来说，对于实现各级目标有重大影响的因素和环节，才是要加以控制的关键点。

（4）标准要具体、可行，便于衡量。控制标准本身应具体体现以下要求：标准要直接指向组织的部门、岗位乃至个人；标准要表现为具体的衡量尺度；建立的标准应尽可能地体现出一致性；建立的标准应是经过努力后可以达到的。

案例思考12-5

控制目标难以确定

某教授讲到管理控制部分时，要求学员做一项练习。教授说："大家都受过高等教育，对大学的情况比较了解，你们是否知道目前大学管理部门都是从哪些方面控制教师的？每人只要说一个方面即可。"学员们发言踊跃，有的说要检查教师的教案更新情况，有的说要检查教师发表论文的数量和质量，有的说要检查教师所教授的学生的成绩……学员边说，教授边记，很快黑板被写满了。面对如此多的控制标准，教授问学员："现在，有谁愿意当老师，请举手。"大家盯着黑板，长时间没人举手。

请问：造成控制标准过多现象的原因是什么？应如何确定控制目标？

二、衡量工作成效

衡量工作成效是指控制过程中将实际工作情况与预先确定的控制标准进行比较，找出实际业绩与控制标准之间的差异，以便于找出组织目标和计划在实施中的问题，对实际工作做出正确的评估。

现实工作中所有的管理者若都有远见卓识，在各项工作出现偏差之前即能发现问题，并采取措施解决，则会大大提高控制工作的效率。但这只能是一种不切实际的理想状态。受各种条件的限制，更多的情况往往是在偏差已出现的情况下，人们才能有所意识。因此，管理者能否通过衡量工作成效，及时掌握工作偏差是否产生及其严重程度的信息，就成为控制过程中的重要工作环节。

（一）衡量工作成效需要解决的问题

在获取有关实际工作成效方面的信息时，管理者需要全面考察需要衡量什么、如何衡量、间隔多长时间进行衡量和由谁来衡量等问题。

1. 衡量的项目

衡量什么是衡量工作中最为重要的方面。管理者应该针对决定实际成效好坏的重要特征项目进行衡量。

2. 衡量的方法

为了获得控制信息，管理人员在实际工作中可以采用亲自视察、分析报表资料、召开会议和抽样调查等方法收集信息。

（1）亲自观察可亲眼看到工作现场的实际情况，还可通过与现场工作人员的交谈来了解工作的进展及存在的问题，进而可获得真实而全面的信息。但是，由于时间和精力的限制，要求主管人员对所有工作活动都亲自观察是不可能的。

（2）利用报表和大量的统计资料了解工作情况也是常用方法。这种方法节省时间，但获取的信息是否全面、准确往往完全依赖于报表和统计资料的真实性和准确性。

（3）召开会议，让各部门管理者汇报各自的工作近况及遇到的问题，既有助于管理者了解各部门工作的情况，又有助于加强部门间的配合协作。

（4）抽样调查是对从整批调查对象中抽取出的部分样本进行调查，并把结果看成是整批调查对象的近似特征，这种方法可节省调查成本及时间。

（5）组织中也会存在很多无法直接测量的工作，只能凭借某些现象进行推断。如从职工的合理化建议增多可以推断组织的民主化管理有所加强，职工工作热情下降现象增多可能是管理工作不当所致，等等。

这些方法各自的优点和缺点说明，在信息的收集过程中必须多种方法结合使用，以确保信息的准确和及时。

3. 衡量的频率

管理者要考虑需间隔多长时间衡量一次工作绩效，是每时、每日、每周，还是每月、每季度或者每年？是定期的衡量，还是不定期的衡量？

4. 衡量的主体

衡量的主体是指衡量实际工作绩效的人是工作者本人，还是同一层级的其他人员，抑或是上级主管人员或职能部门的人员。衡量实际的主体不一样，控制工作的类型也就不一样。如目标管理之所以被认为是一种“自我管理”“自我控制”的方法，就是因为工作执行者成了工作成果的衡量者和控制者。相比之下，上级主管或职能部门人员进行的衡量和控制就是一种外部或外在的控制。

（二）衡量工作成效应注意的问题

1. 要采用有效的衡量手段和方法

由于组织中的各部门各种工作都有着不同的性质和要求，即使有了控制标准，也还要根据各自不同的特点，采用适宜的控制手段和方法。有的工作需要在工作完成之后才能加以衡量评价，有的工作需要在工作开始之前进行控制，而有的工作则需要在工作之中进行即时控制。

2. 衡量成效应具备向前看的思想

衡量成效并不能简单地理解为是一项计量工作，只是拿标准与实际进行对比。衡量成效的目的既是对计划执行过程的一个客观反馈，同时也要求能够对计划执行过程中的问题做出客观反映。作为一个好的主管人员，不仅能够通过衡量成效发现已经存在的问题，还应具有超前意识，善于发现隐藏的、未来可能发生的问题，以便于及时采取措施，避免计划执行过程中偏差的出现。

3. 要重视对各级主管人员工作成效的衡量与评价

组织中的各级主管人员既是计划的执行者，同时也是计划的制订者和监督者。因此，对各级主管人员的控制必须要有系统的观点。要制定各种可行的标准，既要对主管人员的工作成效做出客观的衡量与评价，也要对他们的个人品质和工作能力做出客观的衡量与评价。

4. 要有完善的信息反馈系统

应建立有效的信息反馈网络，使反映实际工作情况的信息既能迅速地收集上来，又能适时地传递给恰当的管理人员，并能迅速地将纠偏指令下达给有关人员，使之能与预定标准相比较，及时发现问题，并迅速地进行处置。

三、纠正偏差

纠正偏差是控制工作的关键环节，及时发现并纠正计划执行过程中的偏差，以保证组织计划与目标的实现。这正是控制工作的目的所在。

通过实际工作成效同控制标准之间的比较，我们可确定这两者之间有无差异。若偏差在允许的范围之内，则工作继续进行，但也要分析偏差产生的原因，以便改进工作，并把问题消灭在萌芽状态；若差异在允许的范围之外，则应及时地分析产生偏差的原因，并采取相应的措施，使组织的各项活动回到预定的轨道上来。

正确的纠正偏差应做好差异的原因分析和采取纠偏措施两项工作。

（一）对偏差的原因进行分析

从实际工作成效与控制标准的比较中找出差异，并不是控制工作的目的。进一步进行差异分析，以找出差异存在的原因才是控制的关键所在。明确原因才能为采取相应措施解决问题打下良好的基础。

差异分析首先要确定偏差的性质和类型。偏差的产生，可能是在执行任务过程中由于工作失误而造成的，也可能是由于原有计划不周所导致的，必须对这两类不同性质的偏差做出准确的判断，以便采取相应的纠偏措施。

（二）有针对性地采取纠偏措施

在深入分析产生差异的原因的基础上，管理者要根据不同的原因采取不同的措施。一般而言，控制措施可从以下几方面进行：

1. 改进技术方法

在很多情况下偏差是来自于技术上的原因，达不到原定的控制标准，技术方法不当是主要原因之一，为此就要采取技术措施，及时处理工作中出现的技术问题。

2. 改进组织工作

组织方面的问题主要有两种：一是计划制订好之后，组织实施方面的工作没有做好；二是控制工作本身的组织体系不完善，不能对已产生的偏差加以及时跟踪与分析。在这两种情况下，都应改进组织工作，如调整组织机构、调整责权利关系、改进分工协作关系等。

3. 改进领导工作

控制职能与领导职能是相互影响的。偏差也可能是由于执行人员能力不足或积极性不高而导致的，那么就需要通过改进领导方式和提高领导艺术来矫正偏差。

4. 调整或修正原有计划或标准

偏差较大，有可能是由于原有计划安排不当而导致的，也可能是由于内外环境的变化，使原有计划与现实状况之间产生了较大的偏差。不论是哪一种情况，都要对原有计划加以适当的调整。需要注意的是，调整计划不是任意地变动计划，这种调整不能偏离组织总的发展目标，调整计划归根到底还是为了实现组织目标。

第三节　控制技术与方法

实施控制要有必要的控制手段。控制工作应注重采用先进的控制手段，以不断提高控制工作的效率和效果。

一、常见控制手段

控制的对象是组织的活动，其主要内容是对组织中的人、财、物等各方面资源运用状况和成效的控制。其常用的控制手段主要有计划控制、时间控制、数量控制、质量控制、安全控制和人员行为控制等。

（一）计划控制

计划控制又称程序控制，是管理控制的基本方式之一。在计划控制中，控制的手段是预先编制好计划，被控对象按计划指令运行，以保证组织的各项活动不偏离计划轨道。

在管理活动中，不论是目标责任者的自我控制，还是上级对下级的宏观控制，都需要以计划为依据。计划是在目标实施之前对决策目标的进一步展开和落实。一个好的计划，如同在现实状态和目标状态之间架设了一座桥梁，可以使人们在工作时方向明确，步骤有序，工作协调。

（二）时间控制

时间控制是指对组织计划中所规定的各项活动的时间期限以及各项活动之间的时间衔接进行的控制。任何组织的活动都是在一定的时间内进行的，对时间进行控制，可以使组织对其实现目标过程中的各项工作做出合理的安排，有利于缩短工作周期，提高工作效率。

时间控制的关键是要确定各项活动的进行是否符合预定时间表的时间安排。在时间控制中，甘特图和网络技术是两种常用的工具，它们都有助于物资、设备、人力在指定的时间到达预定的地点，使之紧密地配合，以完成任务。

（三）数量控制

数量控制是指组织在活动中对各种资源的投入量和产出量及其利用效率的控制。数量标准是衡量组织各项活动工作业绩的尺度，是控制标准的主要组成部分。有效的数量控制可以降低成本，提高资源的利用效率。

控制数量，关键是要确定控制的数量标准。标准是衡量实际业绩的尺度，应合理且为大家所接受。数量控制标准的制定可通过动作研究和时间研究、过去的经验、同业的资料比较等来确定。

（四）质量控制

质量控制是指对组织活动过程中的工作质量及其对顾客提供的产品或劳务质量的控制。质量是一个组织工作水平的综合反映。加强质量控制有利于组织综合效益的提高，有利于组织信誉的提高。

质量控制要有全面的观点，要实行全过程控制。随着影响质量因素的复杂化，提高质量需要组织中每一个人、每一项工作的配合，因此，在质量控制过程中，必须实行全员参加的全面质量管理。努力提高全体人员的责任心和工作能力，树立认真负责、严谨细致、用户至上、质量第一的风气，建立质量经济分析制度，开展质量管理小组活动等，对于加强质量控制都是十分必要的。

（五）安全控制

安全控制是指对组织活动中的人身和财产保障的控制，包括人身安全控制、财产安全控制、资料安全控制等内容。加强安全控制有利于组织成员人心的稳定，有利于组织活动的正常开展。

（六）人员行为控制

人员行为控制是指为使员工的行为更有效地趋向于组织目标而进行的控制。控制工作从根本上来说是对人的控制。由于人的行为是由人的价值观、性格、经验、社会背景等多种因素综合作用的结果，而这些因素本身又很难用精确的方法加以描述，这就使得对员工行为的控制成了控制中最复杂和困难的一部分。

在人员行为控制中经常用到的控制方法是规章制度和对员工工作绩效的考核。规章制度规定了组织中员工必须遵守的行为准则。工作绩效的考核对员工的工作表现制定出标准，定期鉴定，并根据鉴定结果进行奖惩，这是组织中最重要的控制手段之一。

人员行为控制手段

（1）甄选。识别和雇用那些价值观、态度和个性符合管理当局期望的人。

（2）目标。当员工接受了具体的目标，这些目标就会指导和限制他们的行为。

（3）职务设计。职务设计的方式在很大程度上决定着人们可从事的任务，工作的节奏，人们之间的相互作用，以及类似的活动。

（4）定向。定向规定了员工何种行为是可接受的或不可接受的。

（5）直接监督。监督人员亲临现场，可以限制员工的行为和迅速发现偏离标准的行为。

（6）培训。正式培训计划向员工传授期望的工作方式。

（7）传授。老员工非正式和正式的传授活动向新员工传递了“该知道和不该知道”的规则。

（8）正规化。正式的规则、政策、职务说明书和其他规章制度规定了可接受的行为和禁止的行为。

（9）绩效评估。员工会以使各项评价指标看上去不错的方式行事。

（10）组织报酬。报酬是一种强化和鼓励期望行为和消除不期望行为的手段。

（11）组织文化。通过故事、仪式和高层管理的表率作用，传递了什么构成人们的行为的信息。

资料来源：斯蒂芬·P·罗宾斯：《管理学》，483～484页，北京，中国人民大学出版社，1997。

二、常见控制方法

（一）预算控制

预算是一种以货币和数量表示的计划，它是按财务项目或非财务项目表明的组织的预期成果，反映了组织在未来某一时期的综合计划。预算控制是管理控制中运用最广泛的控制方法。预算将计划规定的活动用货币或数量表达出来，因而实现了计划的具体化，为控制工作提供了明确的控制标准，更加有利于控制工作的开展。

预算常见的种类有多种：

（1）收支预算，是指以货币单位表示的组织的收入和费用支出计划。

（2）实物量预算，是指不以货币为计量单位而以实物量为计量单位的预算方法，主要是指以时间、空间、原材料消耗量、产品产量等为计量单位的预算。

（3）投资预算，也叫基本建设费用预算或资本支出预算，是指组织在特定时间内固定资金运用情况的预算。

（4）现金预算，是指对组织在未来一定时期内的现金收入与支出的预测。

（5）资产负债预算，主要用于预测组织的资产、债务、所有者权益及其相互关系。

（6）总预算，是指由组织中各种预算综合而成的组织在未来一定时期内的总预算。

（二）损益控制

损益表又称损益计算书，是综合反映企业在一定时期内经营成果，提供该期间企业的收入、成本、利润或亏损等信息的会计报表。它根据“收入－费用＝利润”这一平衡公式，依照一定的标准和次序，把企业一定时期内的收入、费用和利润项目予以适当排列编制而成。损益表是企业的主要会计报表之一，利用损益表的资料，可以了解企业一定时期实现利润或发生亏损的情况，评价企业该时期经营业绩的好坏；检查影响利润（或亏损）变动的原因，分析企业的盈利能力和经济效益。

由于企业组织的生存与发展必须依赖于盈利，因此企业一定时期的损益状况可以作为一个明确的标准，用于表明企业的经营是否成功。因此企业可以利用损益分析原理作为一种控制手段，对企业内部的具有相对独立权益的部门进行控制。

（三）目标管理

目标管理，是指组织的最高领导层根据组织面临的形势和社会需要，制定出一定时间内组织经营活动要达到的目标，然后层层落实，要求下属各部门主管人员以至每个员工根据上级制定的目标，分别制定自己的目标和保证措施，形成一个目标体系，并把目标的完成情况作为各部门或个人的考核依据。

目标管理作为一种控制方法，其特点是标准清晰、明确，各级管理者容易做出判断。由于整个组织或系统的目标分解成为各个子系统的目标，若各个子系统能实现目标，就能够确保整个组织实现目标，这在某种程度上提高了控制的可靠程度。目标管理的核心是各级组织成员都参与自己目标的制定、员工的行为和态度与组织目标更加接近，这使人员行为的控制容易了许多。

（四）网络计划技术

网络计划技术的基本原理是：利用网络图来表达计划任务的进度安排及各项工作之间的相互关系；在此基础上进行网络分析，计算网络时间，找出关键工序和关键路线；通过不断改善网络计划，选择最优方案，并付诸实践；最后，在计划的执行过程中，进行有效的控制与监督，保证最合理地使用人力、物力和财力，达到预定的计划目标。

网络计划技术与传统的计划和控制方法相比有其明显的优点：有助于主管人员对计划和控制工作的重视；有助于计划工作的全面开展；有利于对关键点的控制；带有前馈控制

的特点；具有易于动态管理的特点。

（五）统计分析法

统计分析法是运用各种数量分析方法，对有关的历史数据进行统计分析，从而了解有关因素的发展情况，并据此进行趋势预测的方法。对组织运作和管理的各个方面进行数量化统计分析以及进行趋势预测，对于管理者实施控制是十分重要的。根据分析的结果，管理者就可以采取相应的措施，纠正已经发生的错误，预防可能发生的偏差。

（六）审计法

审计是常用的一种控制方法，它包括财务审计与管理审计两大类。

（1）财务审计是以财务活动为中心内容，以检查并核实账目、凭证、财物、债务以及结算关系等客观事物为手段，以判断财务报表中所列出的综合的会计事项是否正确无误、报表本身是否可以信赖为目的的控制方法。通过审计还可以判明财务活动是否合法，即是否符合财经政策和法令。

（2）管理审计是指以管理学基本原理为评价准则，系统地考查、分析和评价一个组织的管理水平和管理成效，进而采取措施使之克服存在的缺点或问题的工作过程。管理审计的对象是管理系统的管理质量，所关注的并不是一个组织最终所取得的工作成效如何，而是一个组织是如何进行工作的，关注的是其内在的素质和能力。通过管理审计，找出提高组织及其成员的素质与能力的关键所在，从而能够确保组织及其主管人员能够有效地从事管理工作。

（七）全面质量管理

全面质量管理是组织为了保证和提高产品质量，综合运用一整套质量管理体系、手段和方法所进行的系统管理活动。具体来说，就是组织召集全体员工和有关部门参加，综合运用现代科学和管理技术成果，控制影响产品质量的全过程和各因素，经济地研制、生产和提供用户满意的产品的系统管理活动。

全面质量管理有以下特点：全面质量管理的对象——"质量"的含义是全面的。就是不仅要管产品质量，还要管产品质量赖以形成的工作质量；全面质量管理的范围是全面的，即要求实现全过程的管理，要求把不合格品消灭在它的形成过程中，做到防检结合，预防在先，并从全过程各环节致力于质量的提高；全面质量管理要求参加质量管理的人员是全面的，即全员性的质量管理；全面质量管理用以管理质量的方法是全面的，采取的管理手段不是单一的，而是综合运用质量管理的管理技术和管理方法，组成了多样化的、复合的质量管理方法体系。

（八）平衡计分卡

平衡计分卡就是通过建立一整套财务与非财务指标体系，包括财务绩效指标、客户指标、内部业务流程指标和学习与成长绩效指标，对企业的经营绩效和竞争状况进行综合、全面、系统的评价。

在组织和人员行为控制中经常用到的控制方法是对组织和员工工作绩效的考核。但人们惯用的传统考核方式以财务衡量为主，存在着一定的片面性，导致其控制力度不强，难以达到控制的效果。而平衡计分卡以组织的战略为基础，并将各种衡量方法整合为一个有机的整体，它既包含了财务指标，又通过客户满意度、内部流程、学习和成长的业务指标等来补充说明财务指标，这些业务指标是财务指标的驱动因素。这样，就使组织能够一方面追踪财务结果，一方面密切关注能使组织提高能力并获得未来增长潜力的无形资产等方面的进展。

（九）管理规范

管理规范规定了组织员工必须遵守的工作及行为准则，是组织在人员行为控制中经常用到的控制方法。按其性质来划分，管理规范可以分为管理制度和管理标准两大类。

（1）管理制度，主要规定各个管理层、管理部门、管理岗位以及各项专业管理业务的职能范围、应负的责任、拥有的职权以及管理业务的工作程序和工作方法，即规定应该“做什么”和“怎样做”的问题，包括基本管理制度，即企业中带有根本性、全局性、综合性的管理制度，如企业领导制度、民主管理制度、经济责任制等；专业管理制度，即对企业各项专业管理工作的范围、内容、程序、方法等所作的规定；部门和岗位责任制度，即具体规定企业内部各个部门、各类人员的工作范围、应负责任及相应权力的制度，如部门责任制、员工岗位责任制等。

（2）管理标准，是为了更好地行使计划、组织、控制等管理职能，对各项管理工作（主要是各项专业管理工作）所做的各种详细规定，包括管理业务标准，即对企业中重复出现的、常规性的管理业务，科学地规定其工作程序和工作方法，并制定为标准固定下来，作为开展各项管理业务活动的准则；管理工作标准，即对每一工作程序和工作内容提出的工作质量标准；管理方法标准，即对管理领域中经常使用、功效显著，而且有普遍推广价值的一些管理方法标准。

（十）管理信息系统

管理信息系统指一个由人、计算机等组成的、能进行管理信息的收集、传递、存储、加工、维护和使用的系统。管理信息系统以管理为基础，用系统的观点，数学的方法，计算机和通信技术的应用，形成一个纵横交织的系统，是组织整体管理系统的有机组成部分。健全的管理信息系统可以监测组织的各种运行情况，利用过去的数据预测未来，从全局出发辅助组织进行决策，利用信息控制组织的行为，以期达到组织的计划和目标。

在执行控制职能的过程中，不掌握信息搜集与处理的方法与技术，管理者就无法有效执行控制职能。这是因为：一方面，现代社会，经济和科学技术迅速发展，进入“信息爆炸时代”，管理者所接受的信息的数量急剧增加；另一方面，管理者与“具体事务”打交道越来越少，而更多的是与事务的“信息”打交道。因此，客观上要求把各部门、各环节的分散信息集中起来，建立一个管理组织信息的整体系统，科学地处理信息，以便高质量、更有效地向管理者提供决策与指挥信息。

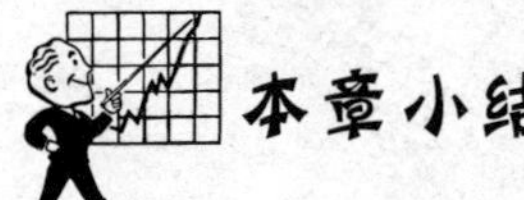

本章小结

控制工作是指组织在动态的环境中，为保证目标的实现而采取的各种检查和纠偏等一系列活动或过程。管理控制的根本目的在于保证组织活动的开展能够与预定的目标和计划协调一致，保证目标的最终实现。

控制工作是组织顺利开展活动，实现组织目标的基本保证。有效的控制可以应付环境的不确定性对组织活动的影响，使复杂的组织活动能够协调一致地运作，避免和减少管理失误造成的损失。

控制系统一般包括的基本要素有：控制的目标体系、控制的主体、控制的对象、控制的技术系统、控制的信息反馈系统。

组织中最常用到的控制类型有前馈控制、现场控制和反馈控制。

有效的控制过程一般应包括确定控制标准、衡量工作成效和纠正偏差等几个基本环节。

控制的对象是组织的活动，其主要内容是对组织中的人、财、物等各方面资源运用状况和成效的控制。其常用的控制手段主要有计划控制、时间控制、数量控制、质量控制、安全控制和人员行为控制等。

常用的控制方法有预算控制、损益控制、目标管理、网络计划技术、统计分析法、审计法、全面质量管理、平衡计分卡、管理规范、管理信息系统等。

复习思考题

1. 如何理解控制职能及其作用?
2. 控制系统的运行应符合哪些要求?
3. 如何理解控制工作中的例外原则?
4. 控制的基本类型有哪些?
5. 控制过程包括哪些工作和内容?
6. 常用的控制手段和方法有哪些?

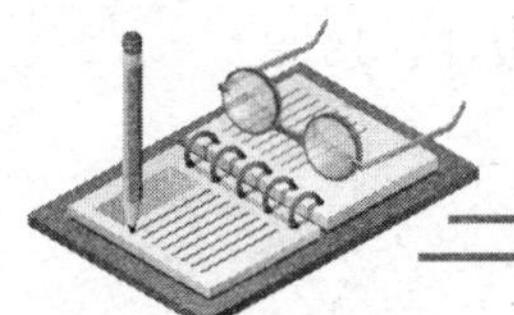

参考文献

[1] 安维，孙健升. 现代企业管理. 北京：中国金融出版社，2005.

[2] 郭咸纲. 西方管理思想史. 北京：经济管理出版社，2002.

[3] 孙耀君. 西方管理学名著提要. 南昌：江西人民出版社，2002.

[4] 张文昌，于维英. 西方管理思想发展史. 济南：山东人民出版社，2007.

[5] 陈佳贵. 现代企业管理理论与实践的新发展. 北京：经济管理出版社，1998.

[6] 俞文钊，吕晓俊. 学习型组织导论. 沈阳：东北财经大学出版社，2008.

[7] [美] 斯蒂芬·罗宾斯. 管理学（第九版）. 北京：中国人民大学出版社，2008.

[8] [美] 彼得·德鲁克. 管理的实践. 北京：机械工业出版社，2006.

[9] 王利平，黄江明. 现代企业管理基础. 北京：中国人民大学出版社，1994.

[10] 王凤彬，李东. 管理学. 北京：中国人民大学出版社，2000.

[11] 王凤彬等. MBA 管理考试辅导教材. 北京：机械工业出版社，2002.

[12] 杨文士，李晓光. 管理学原理. 北京：中国财政经济出版社，1998.

[13] 徐国华，张德，赵平. 管理学. 北京：清华大学出版社，1998.

[14] 邢以群. 管理学. 杭州：浙江大学出版社，1997.

[15] 刘志坚，徐北妮. 管理学——原理与案例. 广州：华南理工大学出版社，2004.

[16] 单凤儒. 管理学基础. 北京：高等教育出版社，2000.

[17] 徐二明. 管理学教学案例精选. 上海：复旦大学出版社，1998.

[18] 杨先举. 工商企业管理案例. 北京：中国人民大学出版社，1994.

[19] 席酉民. 企业外部环境分析. 北京：高等教育出版社，2001.

[20] 企业社会责任项目组. 中国企业社会责任报告 2007. 北京：中国社会出版社，2009.

[21] 殷格非，于志宏，崔生祥. 企业社会责任行动指南，北京：企业管理出版社，2006.

[22] 王方华，吕巍. 企业战略管理. 上海：复旦大学出版社，1997.

[23] 金观涛. 管理就是决策. 北京：中国商业出版社，2004.

[24] [美] 斯蒂芬·罗宾斯. 组织行为学. 北京：中国人民大学出版社，1997.
[25] 吴培良，郑明身. 组织理论与设计. 北京：中国人民大学出版社，1998.
[26] 郑海航. 企业组织学导论. 北京：中国劳动出版社，1996.
[27] 任浩. 现代企业组织设计. 北京：清华大学出版社，2005.
[28] 谭伟东. 公司文化. 北京：经济日报出版社，1997.
[29] 张云初，王清. 让企业文化起来. 北京：海天出版社，2003.
[30] 姜旭平. 变革管理课堂. 上海：上海交通大学出版社，2007.
[31] 张德. 人力资源开发与管理. 北京：清华大学出版社，1995.
[32] 王琪延. 人力资源管理. 北京：中国物价出版社，2002.
[33] 姚裕群. 现代人力资源开发与管理. 北京：中国人事出版社，2007.
[34] 余世维. 打造高绩效团队. 北京：北京大学出版社，2009.
[35] 张国才. 团队建设与领导. 厦门：厦门大学出版社，2008.
[36] 姚裕群. 团队建设与领导. 北京：首都经济贸易大学出版社，2006.
[37] 陈荣秋. 领导学理论与实践. 北京：清华大学出版社. 2007.
[38] 俞文钊. 现代激励理论与应用. 大连：东北财经大学出版社，2006.
[39] 崔佳颖. 组织的管理沟通. 北京：中国发展出版社，2007.

新编 21 世纪远程教育精品教材

公共基础课系列

书名	作者
应用写作（第四版）（“十一五”国家级规划教材）	孙秀秋
计算机应用基础	李　刚
马克思主义哲学原理（第二版）	霍福广
“毛泽东思想和中国特色社会主义理论体系概论”教学专题研究	王向明
全国高校网络教育大学英语词汇必备手册	王建华
全国高校网络教育大学英语学习与考试辅导	王建华
高等数学“学习包”（第二版）	张家琦　曹承宾
北京地区成人本科学士学位英语统一考试历年试题解析	常红梅
北京地区成人本科学士学位英语统一考试辅导（第三版）	常红梅
大学语文	黄　鹤
大学英语学习与考试辅导	常红梅
数据库基础教程	苏　俊
毛泽东思想概论	江长仁

经济与管理系列

书名	作者
西方经济学	缪代文
西方经济学（第二版）（微观经济学部分）	刘凤良
西方经济学（第二版）（宏观经济学部分）	刘凤良
经济法概论（第三版）	宋立成
国际金融（第二版）	刘　震
税务管理	王秀芝
邮政储汇实务	周艳海
中国税制（第二版）	杨　虹
投资银行学教程（第二版）	胡海峰 等
金融学概论（第三版）	宋　玮
国际贸易实务（第二版）	王晓明
财政管理	王秀芝
保险学	戴稳胜
证券投资学（第二版）	赵锡军　李向科
统计学教程（第三版）	金勇进

续前表

书名	作者
财政学	安秀梅
中国政治制度史	侯　力
经济学原理	韦曙林
商务英语	王学文
国际贸易理论与政策	王亚星
国际投资	胡曙光
人力资源开发与管理（第四版）	姚裕群
项目管理（第三版）（“十一五”国家级规划教材）	李　涛
物流管理（第三版）（“十一五”国家级规划教材）	刘　刚
组织行为学（第二版）	徐建平
公共政策原理	谢　明
公共政策案例分析	谢　明
公共管理伦理学	李传军
公共政策导论（第二版）	谢　明
公共经济学导论	代　鹏
公共关系学（第二版）	李兴国
领导力	祁凡骅
企业战略管理	邹昭晞
管理学原理	安　维
公务员管理	王甫银
秘书工作实务	张大成
人员选拔与聘用管理	苏　进　刘建华
绩效管理	徐　斌
质量管理学	李晓光
营销渠道决策与管理	吕一林
高级会计学（第二版）	张志凤　谢瑞峰
公司财务管理（第二版）	肖　万
财务管理学（第四版）	孙茂竹　范　歆
基础会计学（第三版）	徐　泓
管理会计	孙茂竹
审计学（第二版）	杨闻萍
财务会计学（第三版）	郭建华
成本会计	曹　伟

续前表

书名	作者
纳税筹划教程	张中秀
会计制度设计（第二版）	阎至刚
计算机会计理论与实务（第二版）	蔡立新
税务筹划教程	张中秀
国际税收（第二版）	杨志清

法学系列

书名	作者
刑事诉讼法（第三版）	王新清　李　蓉
民事诉讼法（第二版）	汤维建　等
行政法与行政诉讼法（第三版）	胡锦光　罗　杰
宪法学（第三版）	胡锦光 任端平
劳动法和社会保障法（第三版）	黎建飞
保险法（第三版）	贾林青
刑法学（第二版）	黄京平
中国法制史（第二版）	赵晓耕
企业和公司法学（第二版）	王欣新
税　法（第三版）	朱大旗
海商法（第二版）	贾林青
刑法学	徐松林
继承法（第二版）	孙若军
破产法学（第二版）	王欣新
经济法（第二版）	吴宏伟
国际法（第二版）	白桂梅　朱利江
法理学（第二版）	张曙光
法律文书写作（第二版）	陈卫东　刘计划
民法学（第二版）	龙翼飞

汉语言文学系列

书名	作者
中国古代文学史（一）（先秦至魏晋南北朝）（第二版）	叶君远
中国古代文学史（二）（隋唐五代宋辽金）（第二版）	冷成金
中国古代文学史（三）（元明清及近代）（第二版）	张国风

续前表

书名	作者
古代汉语（第二版）	殷国光
现代汉语（第二版）	吴永焕
外国文学作品导读（第二版）	刘洪涛
中国民间文学概论（第二版）	黄　涛
美学概论（第二版）	牛宏宝
文学概论（第二版）	许　鹏
中国古代文学作品选读（一）	诸葛忆兵
中国古代文学作品选读（二）	王　燕
中国文学理论史简编	成复旺
中国现当代文学作品导读	姚　丹
影视文学教程	邹　红
电视剧批评与欣赏	刘晔原
中国现当代文学	刘　勇
语言学概论	岑运强
西方文论概要	杨慧林
新时期文学思潮	张永清
文艺心理学	金元浦

新闻与传播系列

书名	作者
新闻理论教程	陈力丹　张建中
中国新闻传播史	赵云泽　孙萍
外国新闻传播史	陈力丹　钱婕
新媒体实务	黄　河
广告学概论	王　菲
新闻采访与写作	张　征

图书在版编目（CIP）数据

管理学原理/安维主编. —北京：中国人民大学出版社，2010
新编21世纪远程教育精品教材·经济与管理系列
ISBN 978-7-300-11601-3

Ⅰ.①管… Ⅱ.①安… Ⅲ.①管理学－远距离教育－教材 Ⅳ.①C93

中国版本图书馆CIP数据核字（2009）第236586号

新编21世纪远程教育精品教材·经济与管理系列
管理学原理
主编 安 维
Guanlixue Yuanli

出版发行	中国人民大学出版社		
社　　址	北京中关村大街31号	**邮政编码**	100080
电　　话	010－62511242（总编室）		010－62511770（质管部）
	010－82501766（邮购部）		010－62514148（门市部）
	010－62515195（发行公司）		010－62515275（盗版举报）
网　　址	http://www.crup.com.cn		
	http://www.ttrnet.com（人大教研网）		
经　　销	新华书店		
印　　刷	北京鑫丰华彩印有限公司		
规　　格	185 mm×260 mm　16开本	**版　　次**	2010年3月第1版
印　　张	18.5	**印　　次**	2017年10月第10次印刷
字　　数	432 000	**定　　价**	42.00元